华夏传播研究

中华文化立场·全球传播视野

谢清果／主编

Huaxia Communication Studies

第三辑

传媒集刊

2019

中国传媒大学出版社
·北京·

图书在版编目(CIP)数据

华夏传播研究.第三辑/谢清果主编. --北京:中国传媒大学出版社,2020.9
(传媒集刊)
ISBN 978-7-5657-2775-7

Ⅰ.①华… Ⅱ.①谢… Ⅲ.①新闻学—传播学—中国—文集 Ⅳ.①G219.2-53

中国版本图书馆 CIP 数据核字(2020)第 168723 号

华夏传播研究(第三辑)

HUAXIA CHUANBO YANJIU(DI-SAN JI)

主　　编　谢清果
策划编辑　王雁来
责任编辑　蒋　霞
特约编辑　于水莲
装帧设计　拓美设计
责任印制　李志鹏

出版发行　中国传媒大学出版社
社　　址　北京市朝阳区定福庄东街 1 号　　**邮　　编**　100024
电　　话　86-10-65450528　65450532　　**传　　真**　65779405
网　　址　http://cucp.cuc.edu.cn
经　　销　全国新华书店

印　　刷　北京玺诚印务有限公司
开　　本　787mm×1092mm　1/16
印　　张　16.25
字　　数　380 千字
版　　次　2020 年 9 月第 1 版
印　　次　2020 年 9 月第 1 次印刷

书　　号　ISBN 978-7-5657-2775-7/G·2775　　**定　　价**　78.00 元

本社法律顾问:北京李伟斌律师事务所　郭建平

通讯地址：福建省厦门市思明南路422号厦门大学传播研究所（新闻传播学院内），
《华夏传播研究》编辑部　收

邮　　编：361005

投稿信箱：hxcs2018a@126.com

主办单位：厦门大学新闻传播学院
厦门大学传播研究所

协办单位：
(美国)国际中华传播学会(CCA)
华夏传播研究会
中国新闻史学会新闻传播思想史研究委员会
中国新闻史学会台湾与东南亚华文新闻传播史研究委员会
全球修辞学会·视听传播学会
中国传媒大学媒体创意研究中心
中盐金坛盐化有限责任公司
两岸关系和平发展协同创新中心
厦门大学国学研究院
四川大学老子研究院
厦门大学道学与传统文化研究中心

国家社科基金一般项目“华夏文明传播的观念基础、理论体系与当代实践研究”(19BXW056)；

福建省专业学位研究生导师团队“华夏文明传播研究团队”建设成果；

福建省本科高校教育教学改革研究项目“华夏文明传播学的理论体系、教学模式与实践探索的综合改革研究”建设成果；

福建省高校人文社科研究基地“中华文化传播研究中心”建设成果；

厦门大学一流本科课程“华夏传播概论”建设成果。

刊首语

2019年恰逢伟大的中华人民共和国70华诞，把最好的理论创新成果奉献给我们的祖国是学者不懈努力的动力源泉。习近平同志在2019年3月4日看望参加全国政协十三届二次会议的文化艺术界、社会科学界委员，并参加联组会，听取意见和建议时发表的重要讲话中就殷切期望文艺界和社科界的同志要"为时代画像、为时代立传、为时代明德"，要"把中国精神、中国价值、中国力量阐释好"，要"提出具有自主性、独创性的理论观点"，要"更好用中国理论解读中国实践"。华夏传播研究的宗旨正是通过对中华文化传统中的传播观念、传播媒介、传播技术、传播制度进行系统的发掘、整理、研究和扬弃，形成富有中国气质、中国风格、中国气派，能够体现中国智慧、彰显中国力量、表达中国方案的传播学学科体系、话语体系和学术体系，从而为传播学"中华学派"的缔造奠定基础。而"华夏传播学"作为研究成果的表征，其价值在于不仅能够揭示并阐释中华文明能够传承于今的文明传播奥秘所在，而且能够为中华文明与其他文明共生交往提供理论指导。

2019年又逢五四运动一百周年，继承和发扬五四精神，是不忘本来、吸收外来、开创未来的应有之义。五四运动从本质上讲是中华优秀文化的一种革新，一次凤凰涅槃，浴火重生。五四时期，中国人民再一次睁眼看世界，而且相比鸦片战争时期催生的洋务运动对举国上下的触动，这一次似乎更为强烈。如果说前一次只是直观上和器物层面上对坚船利炮的效仿，那么这一次则是从精神和思想文化层面进行的一种更深层次的自我革新，积极地将科学与民主植入中华文化，进而在中华文化内部推动自我文化转型，即从侧重关注修身转向侧重关注治世，尤其注重充分发动人民，开展包括妇女解放在内的新社会建设运动，总之，既返本，又开新。返本追求的是对自我的反思、批判与超越；开新讲究的是立足"千百年未有之大变局"的严峻社会现实与世界形势，发挥中华文化的变通精神与智慧，继往开来，既不妄自菲薄，也不崇洋媚外，努力探索一条适合中国的发展道路。当前，中国已然进入新时代,这样的时代来之不易;这样的时代正是继承发扬中华优秀传统文化和包括五四新文化在内的革命和建设时期形成的社会主义新文化而开拓进取取得成就的。

《华夏传播研究》的宗旨是"中华文化立场,全球传播视野",其内涵就是要高扬中华文化的主体性,积极努力参与中西文明对话,充分汲取全球传播的最新成果,从而熔铸出华夏传播学。华夏传播学虽然将开创于中国,但其价值却是属于世界的。因为华夏传播学的理论特质是心传天下,共生交往。它充分反映中华文明和谐传播的历史传统与时代精神,它关心的是人类文明何以永续发展的根本性和全局性问题。而且最难能可贵的是,华夏传播理论首先服务于中国建构"人类命运共同体"理念落地的理论指导,因为这一学说立意在于向世界传播中华文明,并侧重从人类如何共生、如何交往的根本传播问题展开论述,进而认为建构人类命运共同体,有必要积极探讨如何建构人类交往共同体,也就是形成人类交往规范性和共识性的基本原则,从而为各国求同存异、求同化异提供思想方法和路线图。从理念上讲,我们可以阐发为"共生交往观",而从实践上讲,就是本着共商、共建、共享的丝路精神,谋求共体安全和整体安全,建构开放、包容、合作、共享的国际新秩序。

伟大的时代必将诞生伟大的理论,伟大的理论源于伟大的实践,伟大的实践必将造就更伟大的时代。让我们一起用建构"华夏传播学"的辉煌成就来庆祝祖国 70 岁生日!

主编:谢清果

2019 年 3 月 21 日

目录

CONTENTS

传播哲学研究

华夏传播媒介研究

华夏文明传播研究

华夏文艺传播研究

华夏跨文化传播研究

儒家传播思想研究

海外华夏传播研究

学术动态

传播哲学研究

意义、他者与身体：高度媒介化时代传播哲学的三个重要议题

Meaning, Otherness and the Body: The Philosophical Turn of Western Communication Studies and Its Major Themes

◈ 邓建国*
Deng Jianguo

摘要：20世纪80年代，欧洲传播学理论和哲学被北美传播学者“发现”；1999年，J.D.彼得斯出版《对空言说》；2009年，全美传播学会（NCA）成立“传播哲学”分部，同年，《欧洲传播哲学》出版。这似乎意味着美欧传播学研究已经出现了一个“哲学的转向”。本文先回顾了传播与哲学的漫长历史和短暂的建制关系，然后阐述了在信息与传播科技（ICTs）的推动下传播哲学中异军突起的三个重要议题——意义、他者性和具身性，以及一些重要哲学家对这些议题的思考。作者认为，此三者相互建构，相辅相成，成为今天高度媒介化时代中传播思想研究的哲学底色。最后，作者以此为基础，对中华传播思想研究提出了一些建议，并期望通过认识和了解西方传播学这一“并非太他者的”哲学转向能够帮助我们更好地观照自己，从而激发出更多具有对话价值的中西传播哲学比较研究。

Abstract: Since the "discovery" of European theories and philosophies of communication by American scholars in 1980s, the publishing of the now-classic book *Speaking into the Air* by J.D. Peters, and the founding of NCA Philosophy of Communication Division in 2009, the western communication studies has taken a "Philosophical Turn". This paper traces the relations of communication and philosophy, the relatively recent institutionalization of the philosophy of communication in the West, and examines its three major themes: meaning, otherness, the body and their relation to justness and authenticity in human communication. With the prevalence of ICTs, these three old-and-new philosophical themes have taken up unprecedented significance in communication studies in the

---

* 邓建国，复旦大学新闻学院传播系教授、传播学博士，曾任《上海日报》(英文版)记者和编辑。上海市浦江学者、哥伦比亚大学新闻学院访问学者(2013—2014)。研究领域为中外传播思想、传播理论和新媒体理论等，已在《新闻记者》《新闻大学》《国际新闻界》及 *Communication and Public* 等刊物上发表中英文论文共50余篇；出版专著两部，译著多部(其中一部为《对空言说》)，主持国家社科基金项目两项。

current highly-mediatized world. The author hopes a knowledge by Chinese scholars of these "not-so-other" themes in Western communication research can stimulate more comparative scholarship on western and Chinese philosophy of communication.

关键词:传播哲学,意义,他者,身体,具身性,在场,彼得斯,《对空言说》

Keywords: philosophy of communication, meaning, otherness, body, embodiment, presence, J.D.Peters, *Speaking into the Air*

一、传播哲学:漫长的实践和短暂的建制

据说每个人都有自己的"哲学",同时"人不能不传播"(One cannot not communicate)①,因此每个人都应该有自己的"传播哲学"②。然而,虽然每个人都会对生活中的各种问题进行思考,有些也与真、善、美、宗教以及生命的意义相关,但只有极少数人的思考才算得上是哲学思考;同样,也许每个人都对传播进行某种哲学性思考,但也只有少数关于传播的思考才属于"传播哲学"。

传播因其遍在而重要,关于传播的哲学,其重要性也就不言而喻。虽如此,传播哲学却长期被忽视。在"传播领域"(the field of communication),几乎所有人都会宣称自己掌握了很多传播理论,甚至将自己视为一名传播理论者(theorist),但很少有人会视自己为一名"传播哲学家"。

在彼得斯(J.D. Peters)看来,我们在学术上将哲学和传播凑在一起让人觉得很奇怪。哲学古老而深刻,具有极高的学术观照,曾经盛极一时——在古希腊,哲学包括自然界和人类世界的所有知识;但在今天,虽然众多博士学位仍然被称为"哲学博士"(Doctor of Philosophy),但这显然是客气。哲学的实际空间越来越狭小,哲学学者常常面临人们"哲学有什么用?"的诘问(当然,在中国,传播学也常常被人误当作"船舶

① PAUL W, BAVELAS J B, JACKSON D D. Pragmatics of human communication: a study of interactional patterns, pathologies and paradoxes[M].New York: W.W.Norton & Company,2011:51.

② 什么是传播哲学(philosophy of communication)?它是指哲学中的传播,还是传播中的哲学?或者两者都是?从相关文献看,传播学界对它的指称多种多样,内容模糊,还没有达成一致——如"面向传播理论的哲学传统"(the philosophical tradition for the theory of communication)、20世纪哲学中的传播主题(the theme of communication in the twentieth-century philosophy)、与传播相关的哲学视角(philosophical perspectives on communication)以及传播研究的哲学面向(the philosophical aspects of communication research)等。但近年来"传播哲学"(philosophy of communication)的出现频率明显增加,如(1)CHANG B G, BUTCHART G C, ed.Philosophy of communication[M].Cambridge, Mass: MIT Press,2012;(2)KLYUKANOV I E, HOLBA A M.A centennial celebration: benchmarks for philosophy of communication[J].Review of communication, 2015,15(4):332-335;(3)JENSEN K B, CRAIG R T, POOLEY J D, ROTHENBUHLER E W. The international encyclopedia of communication theory and philosophy[M]. Chichester, UK Hoboken, NJ: Wiley-Blackwell,2016;(4)ARNETT R C. Philosophy of communication: qualitative research, questions in action[J].Qualitative research reports in communication,2016,17(1):1-6;(5)STURGESS J N.Drawing from Heidegger: dasein and the question of communication[J].Empedocles European journal for the philosophy of communication,2016,7(1):23-37.有鉴于此,本文使用"传播哲学"这一表述。

学”)。[①]对照之下，传播学年轻而浅薄，一直缺乏学术合法性，却常常被很多人挂在嘴边。而且传播学有极大的学术雄心(野心)，试图超越其建制而将人类甚至后人类世界的所有问题都归为传播问题，纳入其管辖范围。[②]

彼得斯笔锋固然锐利尖酸，但是在实践中，哲学从诞生之日起就和传播如影随形，难分彼此。

西方传播观念的根源可以回溯到古希腊。[③] 当时，众多的哲学家都谈及传播(主要是修辞)。苏格拉底通过“苏格拉底式诘问”这一沟通/传播方式，在雅典的市场上不断地追问市民“什么是好的生活”；他还指出，人应该要“了解你自己”，进而又推断出“未经审查的人生不值得过”。苏格拉底的学生柏拉图则是西方哲学的原点，正所谓“哲学就是柏拉图，柏拉图就是哲学”，而“对话”这一沟通/传播形式在柏拉图的哲学中占据了关键位置；我们甚至可以说，对柏拉图而言，哲学探究不仅与传播有关，其本身就是传播话语。甚至，在其哲学对话中，柏拉图上演了一出关于传播的“两面剧”(double drama)。例如，他用对话体方式(我们今天看到的他的文字是其学生记下的)来书写哲学，但是他本人却几乎从未在对话中出现过(柏拉图的名字在其全部对话中只出现过三次，而且从未发言)。那么，在作者隔着时空完全隐匿的情况下，读者如何确认(authenticate)作者的观点？这已经成为后来的诠释学(传播学的传统之一)的核心问题。另外，哲学思想与其表达(沟通/传播)方式之间是何关系？对其哲学内容而言，柏拉图的对话体只是一种无甚关联的外在形式，还是一种密不可分的内在要素？或者说，我们是否可以问，在哲学探究中，麦克卢汉“媒介(传播方式)即讯息”的断言是否也成立？

涉及传播与哲学的古希腊哲学家中更有诡辩学派(Sophists)。诡辩学派的哲学家在各城邦间游历，他们发现不同城邦的人对同样的事情却各持已见，甚至一叶障目而不见泰山，这实际上是一种偏见(bias)。诡辩学派因此而从事“见鬼说人话，见人说鬼话”的诡辩，但由此也让人们认识到自己观点的局限性以及人与人之间的差异。诡辩学派的哲学告诉我们，传播起源于传播参与者之间的差异，我们如果想要获得新信息、洞见和知识，就要考虑到并包容这种差异的存在。[④]

与柏拉图不同，他的学生亚里士多德(以及后来的大多数哲学家)多以论文体的方式来探求哲学，而此时“传播”已经直接成为亚里士多德的论述对象。在《修辞学》一书中，亚里士多德提出了“政治—审议修辞”(political-deliberative rhetoric)的概念，进而引申出“对城邦(polis)而言，什么才是善的”这一问题的回答。海德格尔认为，亚里士多德的修辞学理论首次对人类成员彼此间的日常存在进行了系统的诠释学上的分析(吴增定，

---

① HANNAN J，ed.Philosophical profiles in the theory of communication[M]. New York: P. Lang，2012:499.

② PETERS J D. Institutional sources of intellectual poverty in communication research[J]. Communication research:an international quarterly，1986，13(4):527-559.

③ 彼得斯.对空言说:传播的观念史[M].邓建国，译.上海:上海译文出版社，2017:50.

④ 人们问汉斯-伽达默尔(Hans-Georg Gadamer)什么能激发洞见和知识，他回答说是“偏见”(bias and prejudice)。

2009)。

在同一时期的中国,孔子"述而不作",禅师"笑而不答",道家"道可道,非常道",老庄"得意而忘言""目击而道存"——这些尽管好像在说明他们都认为哲学不需要显在的传播,但无疑又都是对哲学与传播两者关系的深刻论述。"苏格拉底、孔子和耶稣这三位先哲都是口传身授的师表,然后有些矛盾的是,使他们名垂青史的却是'书写'这一媒介。"①

到了中世纪,教会和经院哲学家们也提出了与传播相关的各种思想,如当时的七艺(文法、逻辑、修辞学、算术、几何、天文和音乐)中,前三门都与传播相关,这体现了传播在中世纪学问中的重要位置。"在许多方面,经院哲学家圣·奥古斯丁可以说是交流/传播这一观念的源头,也是语言学理论史上的关键人物。"②后来,在欧洲和美洲,众多思想家,包括笛卡尔、莱布尼茨、休谟、洛克、康德、黑格尔、马克思、弗洛伊德、克尔凯郭尔、杜威、雅斯贝尔斯、卡尔-奥托·阿佩尔等都提出了与心灵、语言、社区和人类话语等相关的思想,其内容都成为后来我们所称的"传播哲学"的核心内容。

由此可见哲学与传播之间悠久与紧密的关系。但需要指出的是,这些思想家在最开始时都没有将"传播"作为他们的思考重点;在他们看来,"传播"对于哲学所关心的经典问题——例如存在(being)、真理(truth)、身—心(mind-body)和存在(existence)等——只不过有着辅助性或者周边性的影响。例如我们虽然能从莱布尼茨的"前定和谐"(pre-established harmony)理论中提炼出一种与传播相关的哲学观念,但是这一观念与莱布尼茨当时所处的神学—哲学背景紧密相关。我们今天对他的这一概念进行重构,也许能创造性地用之为我们今天所言的"传播哲学"服务,但是严格来说,莱布尼茨的这一思想并不是"传播哲学",因为它并非始终将"传播的问题意识"(problematique)作为其主要关注点。

到了20世纪中期,传播学开始"社会科学化",并作为一个独立的学科(discipline)在美国成立,它也因此成为"传播科学"(science of communication)③。哲学与传播开始渐行渐远。

直到20世纪80年代初期,欧洲传播学理论和哲学被北美传播学者"发现",并开始产生巨大影响(S. Littlejohn & Foss, 2009),美国传播学界的哲学转向④逐渐开始。在这个过程中,有以下几个标志性事件:苏联文学理论家和批评家巴赫金(Mikhail Bakhtin)的作品被翻译成英语;哈贝马斯(Jürgen Habermas)出版了《沟通行动理论》,对批判传播范

---

① 彼得斯.对空言说:传播的观念史[M].邓建国,译.上海:上海译文出版社,2017:3.

② 彼得斯.对空言说:传播的观念史[M].邓建国,译.上海:上海译文出版社,2017:97.

③ 例如,美国三大传播学专业协会,即全美传播学会(NCA)、国际传播学会(ICA)和新闻与大众传播教育学会(AEJMC)的官方期刊都倾向于将传播理论(communication theory)等同于以社会心理学为基础的传播科学(science of communication),而传播科学也长期统治了传播理论。

④ 在当代人文和社会科学中先后出现过语言学转向(linguistic turn,20世纪初,主要关注哲学与语言的关系)、文化转向(cultural turn,20世纪70年代,主要因反拨逻辑实证主义的认识论而关注意义的产生)。后来还出现了实践转向(practice turn)、人类学转向(anthropological turn)以及实用主义转向(pragmatic turn)等等。这些"转向"有的得到了普遍认同而成为专门表述,有的则尚未经普遍认同,只是被少数学者使用。本文所使用的传播学理论的"哲学转向"一词尚处于被普遍接受的过程中。

式影响巨大；科技哲学家，特别是麦克·加隆（Michael Callon）、布鲁诺·拉图尔（Bruno Latour）和约翰·罗（John Law）等，开始从符号生产角度研究科学，从而促生了行动者网络理论（actor-network theory）；斯图亚特·霍尔（Stuart Hall）推动了英国文化研究理论在批判学者中的流行。

真正做出传播学的哲学化努力，以专著形式发表成果的是彼得斯。[①] 早在 1982 年到斯坦福读传播学博士时，彼得斯就立志要“将大众传播哲学化（philosophizing mass communication）”，因此他也成为北美传播学“发现”欧洲进程中的主要推动者之一。在出版于 1999 年的《对空言说》中，彼得斯着意跳出传播学的美国中心主义和社会心理学中心主义，将视线扩展至欧洲，试图深入挖掘传播学的“史前史”及其哲学渊源。2008 年他回顾自己的研究历程时说：“我也许可以将我的研究对象称为传播哲学（communication philosophy）。”[②]

《对空言说》对传播哲学的推动意义重大，很快成为美国传播学界的必读书之一。彼得斯自己也十分看重《对空言说》之于传播学的哲学的重要意义。在一次接受采访时，他“不太谦虚地”将该书与弗洛伊德出版于 1899 年的《梦的解析》相比。在《梦的解析》中，弗洛伊德不无得意地指出，哥白尼将地球踢出了宇宙的中心，达尔文将人类踢出了上帝造物的中心，《梦的解析》则推动了人类自我认知的“哥白尼转向”——将理性踢出了人类意识的中心。我们也许可以说，和哥白尼、达尔文、弗洛伊德在其各自领域内所起的作用类似，彼得斯通过《对空言说》推动了传播学中的“哥白尼转向”——将信息论—社会心理学取向的传播科学踢出了传播学的中心，同时也将“对话”这一沟通的理想模式踢出了传播理论的中心。[③]

近些年来，传播学研究在某种程度上已经开始引用美国和大陆哲学传统，如杜威、米德、阿多诺、霍克海默、德里达、福柯、哈贝马斯等人的思想；20 世纪很多其他的专业哲学家，如列维拉斯、胡塞尔、保罗·利科、梅洛-庞蒂、理查德·罗蒂等的传播思想也正得到越来越多人的理解和欣赏。

然而，尽管传播与哲学的渊源久远且紧密，传播哲学的建制化成果却来得很晚。[④] 直到《对空言说》出版 10 年后的 2009 年，美国全国传播学会（NCA）才明确设立了“传播哲学分部”（The Philosophy of Communication Division）。NCA 的前身为“语言传播学会”（Speech Communication Association，SCA）。2009 年以前，SCA 下设有一个

---

① 邓建国.传播学的反思与重建：再读 J.D.彼得斯的《对空言说：传播的观念史》[J].国际新闻界，2017，39(2)：151-173.

② PETERS J.Old media，new media：lecture at U explores new media through lens of media history[EB/OL].(2009-05-06)[2018-04-12].https://archive.unews.utah.edu/news_releases/old-media-new-media/. 另外，综合彼得斯的众多学术作品来看，他将“传播哲学”“传播观念史”（history of the idea of communication）和“传播思想史”（intellectual history of communication）混用。《对空言说》应该属于观念史研究，但本文还是据彼得斯在犹他大学演讲中的正式说法，将他的传播研究取向称为“传播哲学”（邓建国，2017）。

③ 邓建国.传播学的反思与重建：再读 J.D.彼得斯的《对空言说：传播的观念史》[J]. 国际新闻界，2017，39(2)：151-173.

④ KLYUKANOV I E，HOLBA A M.A centennial celebration：benchmarks for philosophy of communication[J]. Review of communication，2015，15(4)：332-335.

成立于1992年的“符号学和传播委员会”(Semiotics and Communication Commission)。虽然当时很多传播学者对符号学并不陌生,而且也承认其对广义的传播研究具有较大的价值,但毕竟符号学当时在传播学专业群体中并非主流,而且它也仅仅被狭义地理解为一种文本(text)分析方法。由于“符号学和传播委员会”收到的投稿越来越少,会员兴趣也逐渐下降,因此,该委员会于2009年改名为“传播哲学分部”。改名后,该分部具有了更大的包容性,被更多的NCA会员所接受。2013年,分部主席Igor E. Klyukanov和副主席Annette M. Holba推出了一个“传播哲学”网站,为分部会员提供各种与“哲学与传播”相关的信息、宣传资料和资源。尽管“传播哲学分部”规模尚小,但与传播哲学相关的论文已逐渐增加,在欧美传播学研究生项目中,以“传播哲学”为名的课程也已变得常见,“传播哲学”的建制化在加速。2009年,《欧洲传播哲学》正式出版。“当年,传播学学科的缔造者也许对哲学报以敷衍了事的态度,但今天,那样的日子已经一去不复返了。”①

二、意义的传播如何可能?

从其肇始起,哲学或哲学探究(philosophy/philosophizing)就被定义为“一种特定的思考方式”,其目的为质疑广为接受的偏见或成见,同时也试图建构一种能够经受住同样质疑的一般性理论,各种哲学类别如心灵哲学、科学哲学、艺术哲学、哲学逻辑和形而上学(metaphysics)莫不如此。既然哲学始于对成见的质疑和相应的新的真理宣称(truth claims),那么传播哲学则应始于对与“传播”有关的各种成见的质疑并提出自己的真理宣称;反过来说,如果不能做到这一点,传播哲学将无法立足于哲学之林。

“成见”是一种刻板印象(stereotype),即“一种简化形态的,用以协助人们获得有关真实世界的意义的固定化、简单化观念”,它“可能不是世界的全部景象,但却是一个合乎我们需要的有可能的世界景象”②。刻板印象简单而易于理解和记忆,能提高人们的效率,但这也是其缺点:它是局部的、化约的、疏漏的甚至错误的。作为一个相对清晰的探究领域(inquiry),传播哲学始于对传播学中的成见/刻板印象——传播的“技术性话语”——的反思。

传播的“技术性话语”始于“二战”后行为主义和实证主义主导下的美国社会科学研究之繁荣。在这种繁荣背后隐藏着一种不言而喻、不假思索同时又流传极广的传播观(成见)——传播的“传输”模式。该模式受香农(Claude Elwood Shannon)《传播的数学原理》③的启发。香农作为一名工程师,主要关注如何测量在信源和信宿之间流动的信息量,但传播学者却认为这一模式极具魅力:描述和解释力强、简约、具有启发

① HANNAN J,ed.Philosophical profiles in the theory of communication[M]. New York:P. Lang,2012:58.

② 李普曼.舆论学[M].林珊,译.北京:华夏出版社,1989:61.

③ SHANNON C E.A mathematical theory of communication[J].Bell system technical journal,1948,27(3):379-423.

性(heuristic)[①]。于是,此后大量的人类传播现象都被简化为线性传输模式:信源、编码、讯息(信号)、解码、信宿。它影响深远,对后来的整个传播学学科具有建构(constitutive)作用。

追求确定性是"传播的传输观"的唯一目的。其实现过程是,在传输行为开始之前,信源根据事先设定好的原则和目标,对讯息进行切割、打包和排序,赋予每个信息包特定功能;信宿则在另一端根据事先设定好的同一原则和目标将这些信息重新组合,读出讯息。在这个被称为"信息解析"(parsing)的过程中,信源和信宿只要共享一个编码和解码方法,就可以相互理解无误。信源只要保证传输过程中有一定的信息冗余(redundancy),信宿以同样方式给信源以反馈(feedback),传输就能更加精确。

尽管这种"信息解析"将持续的、丰富的真实传播化约为断裂和局部的数据单元,但它使得"传播"可以被分析、测量和控制,因而"科学"起来。据韦弗(Warren Weaver)对《传播的数学原理》的解释[②],传播研究可以分为三个层面:

A 层面,处理传播的技术问题,回答的是"传播的符号在传输过程中有多精确"这个问题。

B 层面,考察传播的语义学问题,回答的是"被传输的符号(讯息)如何才能准确地传递出传者所预期的意义"这个问题。

C 层面,有着更多的社会学取向,回答的是"信宿在接收到信源发出的意义后,该意义如何进一步有效地以信源所期待的方式影响信宿的行为"这个问题。

对于以上三个层面,香农和韦弗的基本立场是,相较于传播的 B 层面(语义学层面)和 C 层面(社会学层面),传播的 A 层面(信息技术层面)应当处于首要位置,因为传播技术(A)能否确保讯息被精确地传递和接收,直接决定了该讯息的意义(B)和效果(C);而反过来,传播意义(B)和传播效果(C)却无法影响传播技术(A)。韦弗指出,"在 A 层面上的任何理论局限都必然影响到 B 层面和 C 层面",因此"A 层面上的任何理论在很大程度上都将成为 B 层面和 C 层面上的一种理论"。因此,传播的技术层应该是"传播学"的主要研究对象,包括:对信号或讯息的编码、讯息传输的物理渠道以及噪音对这些讯息传输可能产生的影响。在香农和韦弗看来,所谓真正的讯息(message)是不存在的,存在的只是信号(signal)而已,他们感兴趣的是通过数学公式来描述传播渠道对这些符号的编码和解码能力。

很明显,香农和韦弗是从数学和工程角度研究传播,而将传播的意义和行为归入次要的 B 层面和 C 层面的。需要指出的是,在这一"传播的传输观"出现之前,很早就存在着试图超越传播的技术(A 层面)而去分析 B 层面和 C 层面的传播观,例如在信息论出现之前,修辞学和符号学传统主导着人们对传播的理解。而以信息论为基础的传播观的出场,在今天看来,是对此前的主流范式——传播哲学与社会学路径——的推翻。

正是由于信息论对复杂的传播进行了"解析",并将传播的技术置于传播的意义和

---

① STEPHEN L, FOSS K. Encyclopedia of communication theory[M]. California: SAGE Publications, 2009: 614.

② 尼古拉斯,戴维.新媒介:关键概念[M].刘君,周竞男,译.上海:复旦大学出版社,2015:36-37.

社会影响之上,传播现象被"祛魅"了。由于在此视角下,所有传播现象都可以通过诉求于一个共同的可测量的元素——社会科学所热捧的所谓客观的和经验的"数据"来证实或证伪,传播研究因而变得"科学"了。

如果基于信息论的"传播的传输观"是对传播现象连续体的生硬解析和截断,那么传播哲学的所为就是要指出这种解析和截断是站不住脚的——而且这种质疑似乎只能由传播哲学做出,那些建立在信息论基础上的传播理论对此是无能为力的,因为正是它们维护了这种成见。因此我们可以说,传播理论无能为力之处,正是传播哲学的用武之地——它对被"传播的传输观"视为理所当然的东西提出质疑,同时也开始揭示那些被遮蔽的东西。

第一,关于讯息(message)。在传播的传输观中,讯息这一概念似乎理所当然,不容置疑,但是传播哲学会问:讯息具体指什么?什么才能构成讯息?它由什么决定(传者意图还是传播的编码)?如果是传者意图,那么这个意图如何能被信宿理解?传播编码与传播内容(讯息)之间是何关系?发生在信源和信宿之间的众多信息传输,哪些可以视为被成功传输的讯息?

第二,关于传输(transmission)。在传播的传输观中,传输具体指什么?如果传输仅是传者意图的原样投送,那么传播的传输观岂不是在说讯息在被发送之前(M1)和被接受之后(M2)是一模一样的?如果传输中存在信宿对信源的反馈,那么反馈又指什么?是不是指仅由信宿将原来的讯息再复制一遍给信源?如果信源和信宿两者是完全彼此独立的,那么在传输过程中,两者又是如何事先确定分配好谁是信源,谁是信宿的?

第三,关于编码和解码(encode/decode)。"代码"(code)是什么?它凭什么以及能在多大程度上克服时空距离以及信源和信宿之间的差异将讯息从信源原样发送到信宿?信源和信宿是如何确定使用何种代码的?代码事先是如何形成的,以至于信源和信宿都能毫无障碍地使用它?代码的这种超凡能力从何而来?

更重要的是,传播哲学除了对传播的传输观中的以上各个关键概念(以及这些概念之间的关系)提出质疑之外,还提出了一个根本性的问题——这个问题其实本来就是传播的传输观最初意图回答的——它一方面将"传播"简单地理解为由信源、编码和解码、讯息、传输、信宿五个环节(概念)组成的过程,但另一方面,它在解释这些环节(概念)时,却不得不诉求于很多额外的人类早就有的对传播的理解。这本身就说明,传播的传输观在试图揭示传播现象时漏掉了很多关于传播的以上五个环节之外的更加关键的信息,因而存在重大缺陷。或者说,传播的传输观只不过对实际上复杂得多的传播进行了表面的、简化的描述。这本身无可厚非,因为任何传播模式都是真实传播的简约化描述,因而总是在突出传播的某些方面的同时遮蔽另一些方面。但传播的传输观的问题在于,它在只描述了它能"客观"描述的方面后,却宣称自己对传播的描述很客观,而且还将这种描述视为唯一能站得住脚的描述,并获得了教条的地位。

传播哲学试图让现代传播学的其他重要基础——它们其实一直都存在,只是没有得到足够的承认——充分显现出来。它对传播的5W模式(传输观)进行了重新审视。

例如,传播哲学中的分析哲学传统——如语言行动理论——就对什么是“讯息”给出了自己的回答,将上下文、参照物、传者意图等考虑进来;它还考虑到“真理”的适用场景,指出讯息的意义会因不同的传者和受众以及情境而不同。传播哲学中的大陆哲学传统中的现象学和诠释学则要求传播学者对文本解读进行再思考;结构主义者和马克思主义者等则更加重视传播的社会面向因而形成了批判学派,认为信息传播远不是发生在“自治的”个体之间,而是发生在各种物质力量和话语力量彼此斗争的场域中;符号互动论和社会建构主义认为,意义甚至现实都基于符号互动产生;彼得斯则指出,无论“交流”是何意义,从根本上说,“它是一个政治问题和伦理问题,而不仅仅是一个语义问题”[①]。以上以及很多其他哲学流派尽管各有差异,但他们都从不同方面指出传播的意义生产并非如信息论所持的“对确定性的追求”问题,而是如同“檐下偷听”或“等待戈多”,永远充满着不确定性和“鸿沟”,这正为传播学新的学术生产方向(传播哲学)提供了丰富的生长土壤。

三、传播中的他者性/陌生性

虽然他者性(otherness)一直就是传播哲学中的应有之义,但直到近年来才引起传播研究者的注意。他者性对传统的传播理论形成了挑战,要求我们不能仅将传播视为一个涉及“知识传递”或“达成理解/共识”的问题,而是要将其作为一个关涉伦理和政治的问题,对之进行再思、反思乃至否思(rethink/reflect/unthink)。

他者性的出现和现象学与后结构主义相关。现象学和后结构主义提醒我们注意:我们在此世中的自身存有、体验(experience)与和他者交往,并非是理所当然的,而是需要具有一些前提条件。受这两种思潮的影响,近年来传播理论越来越具有反思性,开始更多地关注传播为何可能,它依赖哪些前提和本体论条件,各种传播理论传统背后存在着何种预设。正是在这种背景下,传播中的“他者性”问题出现了,成为当代传播理论和哲学的一个主要关注点。简而言之,该问题所揭露的是传播过程中“他者”对传播的抗拒,从而体现出传播的有限性。

那么,什么是他者性?要定义他者性是一个挑战,因为他者性本身就抗拒任何从认识论角度将其固化的企图。大致而言,他者性指的是处于“自我的存在”和“他人的存在”之间的、一种不可逾越和不可化约的差异。通常我们用 other 来表示他人,而用 otherness 来表示他者性。另外一个表述他者性的单词是 alterity[②],经常与 otherness 混用。还有一些相似的表达包括陌生性(strangeness)、差异(difference)、独特性(uniqueness/distinctness)和多元性(plurality)等。

总结现有的研究[③],笔者认为“他者性”问题对传播的哲学意义体现在三个方面:

---

① 彼得斯.对空言说:传播的观念史[M].邓建国,译.上海:上海译文出版社,2017:46.

② Alterity 一词源于拉丁语的前缀 alter,表示“不同的、另类的”,如 alternate、alternative、altercation 等。

③ JENSEN K B, CRAIG R T, POOLEY J D, ROTHENBUHLER E W. The international encyclopedia of communication theory and philosophy[M].Chichester, UK Hoboken, NJ: Wiley-Blackwell, 2016:64.

一是我们能否认识他者;二是我们如何呈现“他者性”;三是我们如何与他者建立关系。下面我们将分别进行阐述。

(一)我们能否认识他者

人与人之间的沟通是否可能,或者说我们能否认识他者?这触及传播中的“他者心灵”问题。此问题最初源自古希腊时代的怀疑学派,后来又为笛卡尔、约翰·洛克、乔治·柏克莱、托马斯·里德以及唐纳德·戴维森和约翰·塞尔等人所关注。

“他者心灵”问题即:我们是否能以及如何能知晓他人的心灵?我如何确信还存在着他人的心灵?他人心灵的认知和情感是不是和我的一样?我能不能接触到他人的心灵并且和它分享我的心灵?“他者心灵”问题是“图灵测试”和塞尔的“中文房间”这两个著名思想实验考察的核心问题,在如今的人工智能时代则更加受到关注。

如果从认识论视角考察传播中的“他者心灵”,并认为我们或者经由符号的中介,或者通过观察他者的外部行为来推测他者内部的心灵状态,那么在这一视角下,他者性是找不到位置的,它的存在要么因为它无法“被接触到”而被否认,要么虽然能被接触到,但因为我们可以通过接触而了解、改变甚至操纵它,所以它相当于不存在。

彼得斯认为,19 世纪末造的两个词——1874 年的新词“唯我论”(solipsism)和 1882 年的新词“传心术”(telepathy)[①]——很好地表明了当时人们从认识论角度对“他者心灵”所持的立场。

唯我论信奉者认为我对“他者心灵”根本无法了解,因而无从与之交流。如威廉·詹姆斯(William James)认为“我”和“非我”之间的生物性割裂是“自然界中最绝对的割裂”[②],因此人与人的沟通根本不可能,正如由于蝙蝠、海豚、机器和外星人与我们人类的感知器官不一样,因此我们绝不可能知道它们的“心灵”一样。换句话说,人与人之间是不可通约(incommensurable)的,正如“夏虫不可语于冰,井蛙不可语于海”。传心术信奉者则如洛克,他在《人类理解论》中指出,人类的语言能使个体脑中的“观念”为他所知,因此使沟通成为可能。洛克说,为了社会的舒适和益处,“人必须要找到某些外在的感官符号;凭借这些符号,那些由看不见的观念所构成的思想,也许才能被他人所知”[③]。传播学界如格雷戈里·贝特森(Gregory Bateson)在 20 世纪 60 年代试图通过研究海豚来突破人与动物之间的沟通障碍[④],而丹尼尔·丹尼特(Daniel Dennett)则认为所有生物的延续都是通过基因或媒姆(meme,文化意义上的基因),而两者的核心都是信息(information),因此不同生物之间的沟通并非不可能。[⑤]

对以上两派观点,彼得斯评论到,唯我论认为人的心灵围墙令人生畏,无法逾越;传心术则认为它令人高兴地能一捅就穿。“自那时起,‘交流’这个问题就呈现出一体

① 在中华(华夏)传播思想中也有类似对立的传播观,唯我论如“人心叵测”,传心术如“心有灵犀一点通”。

② 彼得斯.对空言说:传播的观念史[M].邓建国,译.上海:上海译文出版社,2017:6.

③ 彼得斯.对空言说:传播的观念史[M].邓建国,译.上海:上海译文出版社,2017:121-122.

④ BATESON G.Mind and nature: a necessary unity [M]. Cresskill, N.J: Hampton Press,2002.

⑤ DENNETT D C.Consciousness explained[M].Boston: Back Bay Books,1992.

两面：一方面是人与人之间‘瞬间可达’的交流美梦，另一方面是个体茕茕独立，迷宫般难以穿越的交流噩梦。”[1]

（二）我们如何呈现“他者性”

无论我们能否真正认识“他者”，我们对他者的呈现总是难以避免的。众多学者对此各有看法，因此形成了传播哲学的主体。

斯图尔特·霍尔提出了“他者之景观”（Spectacle of Other）的概念[2]，后来在文化研究学派那里，这一概念被转变为“文化上的他者是如何被表征的（signified）”问题，并成为其范式性框架。霍尔认为，将所谓他者以“他者”方式呈现，并标明和凸显出“他者”与“我（们）”之间的差异，这对集体意义的生产有着关键作用，意在对各种有意义的文化现象进行重新呈现和再组织，以服务于意识形态霸权所倡导的秩序。因此，在霍尔看来，各种概念如种族、性别、残疾等都是霸权力量通过各种符号过程（包括赋予刻板印象、做出二元分类、使之自然化以及直接驱逐等）呈现出来的他者性。霍尔认为，表征往往是一个政治过程，它武断地给他人贴上“他者”的标签，而这往往遮蔽了他者具有的真正差异。所以在霍尔看来，所谓“他者性”是霸权通过压迫性（repressive）的社会编码对他者进行的一种病态表征，在这种宰制性的编码表征过程中，“我们”与他者之间的真正差异被消减或完全遮蔽了。

霍尔对“他者性”的呈现显然持负面看法，让·鲍德里亚（Jean Baudrillard）的看法则“正负参半”。鲍德里亚认为，由大众媒介生产出的“他者性”是被驯化的，它对现有制度不仅具有异化作用，也具有补充作用。他提出，他者性就是那些对符号传播具有抵抗作用的东西，它只可能以极端方式存在，而无法被表征和传播，否则它就会被同化为所谓“戏谑性的”（playful）或“模拟性的”（simulated）差异。[3] 换句话说，鲍德里亚认为，他者性蔑视一切符号交换形式（而资本主义则是一种主导性交换系统），任何符号表征都对他者性无能为力，他者性只有在符号交流崩溃时才可能出现。我们有些时候之所以能描述一些他者性，只不过是对它进行的一种“否定抽象”（negative abstraction）；他者性从来没有以具体的方式出现过，否则必将造成巨大的灾难。

罗杰·思尔文斯通（Roger Silverstone）和朱迪斯·巴特勒（Judith Butler）对他者性的阐述更为细致复杂。思尔文斯通提出了“适切距离”（proper distance）概念，用之来协商对“他者性”的中介化表征。他认为，与他者保持一种不远不近的张力，对于我们培养一种对“中介化他者”（the mediated other）的道德立场非常重要。所谓适切距离，就是对他者既保持足够的距离以能区分出我和他者，但同时又能与之保持一定的接近度，能激发我们对他者的关心。思尔文斯通指出：

---

① HALL S.Representation：cultural representations and signifying practices[M].California：SAGE Publications，1997：225.

② 霍尔.表征：文化表征与意指实践[M].徐亮，陆兴华，译.北京：商务印书馆，2013.

③ BAUDRILLARD J，GUILLAUME M.Radical alterity[M].Cambridge，Mass.：MIT Press，2008：52.

世界具有一种不可化约的他者性，对此我们必须承认，然后才能承担责任——这是因为我们生活在这个世界中必须承担责任，同时也是因为还有很多其他人和我们一起生活在这个世界中——对于他们，我们也许永远不会完全认识——但对这些人我们也应该承担责任。①

巴特勒也考察了媒介对他者性的呈现，指出它在很多情况下都折射出生命的摇摇欲坠(precariousness)和充满悖论——成功必须通过失败来达到。媒介呈现如果要成功地展现出“人”(human)，只能通过自己的失败来实现，而且还得同时展现出这种媒介呈现是如何失败的。②

思尔文斯通和巴特勒两人都试图回答“我们怎样呈现他者才算是符合道德的”这一问题。他们认为，将他者拉入“我们”或与我们相隔离，这两种方式都不对；我们需要的是对他者表示承认并承担责任(acknowledgement and responsibility)。

(三)我们如何与他者建立关系

作为一个理论问题，“我们和他者的关系”源于生活中的种种悖论，如：在场却又缺席、接近却又遥远、具体却又空虚、欲说却又还休……他者性所引出的也许是传播所面临的最大挑战：对那些我们必须与之交流，但又逃避与我们交流的对象，我们该如何与他们交流？

《圣经》中提出“金箴”(Golden Rule)，教导信众要“己所欲，施于人”。萧伯纳想削弱“金箴”的力量，提出“‘己所欲，勿施于人’，因为别人的胃口也许和你的不一样”。我国儒家的仁道则曰：“己所不欲，勿施于人。”这些箴言的精神都是劝导人们要像对待自己(self)一样对待他人。

在众多哲学家中，将“我们与他者的关系”问题作为思想核心内容的是黑格尔。在《精神现象学》(1807)一书中，黑格尔指出，个体的自我(self)中也蕴含着他者性。个体只有在接触到这一他者性之后，才可能意识到自己，而自我又必须取代这种他考性，才能回到自我，并如我们发现他者一样重新发现自我。这是一个认识自我和他者，并且通过认识他者来认识自我的双重过程。③

哈贝马斯的沟通理性理论从实用主义哲学角度(而非认识论角度)指出，解决“他者心灵”问题的关键和知识无关，而是在于交流双方能否相互合作，沟通的目的不是要接触对方的心灵，而是要理解对方，因此交流双方要遵循一种话语伦理(discourse ethics)。④ 他指出，我们也许无法知道他人在想什么，但是我们可以遵循一些基本程

① SILVERSTONE R. Proper distance: towards an ethics in cyberspace[M]//LIESTØL G, MORRISON A, RASMUSSEN T. Digital media revisited: theoretical and conceptual innovations in digital domains. Cambridge, Mass: MIT Press, 2003: 472.

② BUTLER J. Precarious life: the powers of mourning and violence[M]. London: Verso, 2006.

③ 彼得斯.对空言说:传播的观念史[M].邓建国,译.上海:上海译文出版社,2017:163-167.

④ 哈贝马斯.交往行为理论[M].曹卫东,译.上海:上海人民出版社,2004.

序，例如，理性、平等和自由等原则——所谓沟通理性——就能实现自我与他者之间的相互理解。尽管哈贝马斯式的沟通理性倡导交流的开放和平等，但它将理性作为处理“自我”和“他者”关系的中介因素，也视之为双方通过交流达成共识的前提条件，因此有可能形成一种针对“他者性”的霸权，任何对理性构成挑战的因素，包括他者性，都面临着被它打压和驱逐的威胁。

胡塞尔和海德格尔提出的现象学理论则为我们讨论他者性问题提供了完全不同的视角和语汇。现象学关注主体和现象之间的关系，认为现象是主体根据其直觉而生发的。胡塞尔认为，主体具有关系性（relationality）和意向性（intentionality）。[①] 海德格尔认为，人类的“此在”（Desein，being there）是一种社会性存在（Mitsein，being with），即一种一直都与他者在一起，有他者在场的存在。[②] 这意味着，对于是否与他者发生关系，个体是无法选择的，而且它也不是一个认识论问题——它作为一种社会性存在，先于知识和理性。我们要和他者交流，就意味着我们与他者共享了语言，也意味着我们和他者之间通过语言能实现对这个世界的共享。

马丁·布伯（Martin Buber）的“对话哲学”结合存在主义和犹太神秘主义，将传播视为一种赎罪。布伯认为人与人之间的关系是根本的。他区分了“我和它”（I-It）以及“我和你”（I-Thou）这两对不同的关系。在“我和它”的关系中，“我”将他者视为众多客体中的一个，他者为“我”使用和操纵；在“我和你”的关系中，“我”从精神层面上对待他者，将他者作为时空中的独特个体对待，并将其作为一种超验性体验揭示出来，在我和他者之间流动着关爱。布伯认为，接触他者只能通过面对面的交流，而且只能为交流而交流，不能带有其他目的（例如为表演而交流）。布伯不喜欢任何形式的间接接触，特别是技术性的和中介化的接触。他认为，人与人之间的“我和你”的状态是非常少而短暂的，而且我们并不能有意去制造它，因为这样做就会使“我和你”的关系沦为“我和它”的关系。布伯认为，“我和你”的关系虽然很稀缺，但它是我们在与“他者”接触和交流时值得追求的道德标准。在他看来，人与人之间本真（authenticity）的交流好比在山脊上的狭路相逢——山脊的两边是阴暗汹涌的欺骗性（inauthenticity）。[③]

有关“我们如何与他者建立关系”的最全面且最具有挑战性的理论来自列维纳斯（Emmanuel Levinas）和德里达（Jacques Derrida）。这两个人的理论都借鉴了胡塞尔和海德格尔的思想，但又都精妙而具有原创性，对传播哲学深有启发。列维纳斯认为从柏拉图到海德格尔的西方哲学传统对“他者性”存在系统性偏见；他将伦理学视为“第一哲学”，并视之为“个体与他者的关系”问题，而其中最重要的就是我们对他者的响应和责任。列维纳斯认为“责任”（responsibility）是个体之主体性的基础性结构，我们甚至在与自己发生关系之前，就已经开始承担责任了；他认为人和人之间的关系是非同化性的（non-assimilative），是一条连接人与人的分割带（separation）。[④]

---

① 邓晓芒.胡塞尔现象学导引[J].中州学刊，1996 (6)：65-70.

② 陈嘉映.海德格尔哲学概论[M].北京：商务印书馆，2014.

③ 布伯.我与你[M].陈维纲，译.北京：生活·读书·新知三联书店，1986：17.

④ 顾红亮.责任与他者——列维纳斯的责任观[J].社会科学研究，2006 (1)：37-40.

列维纳斯认为传播不能化约为“知识的交换”或“语义内容的传输”。虽然他者性对于我们的思考和理性而言是不利的,但它对传播具有建构作用(constitutive),是我们符合道德地进行沟通的基础性条件。如果交流是完美的,能消除一切差异和他者性,那就会从实质上取消所有交流存在的价值,因此我们只有对交流中的故障和瑕疵(也就是他者性)保持开放,沟通才能存在。从这个意义上讲,“沟通”本身就意味着任何试图通过沟通去获得确定性的努力都会遇到挫折;沟通不是为了“自我拯救”,也不是两个主观意识之间的相互融合,而是不同主观性(subjectivity)之间的冒险,它注定包含着不确定性。“如果交流被打上了失败和不真实的烙印,那是因为人们将交流的目标竖得太高,将其作为相互融合来追求而导致的。”①

和列维纳斯一样,德里达认为他者性是传播中的一种有效力量。他对西方哲学中的基础主义(foundationalism)②,特别是“对话霸权”进行了解构。他认为,西方哲学中的基础主义话语将“在场”(presence)和“言语”(speech)视为真理的基础保证。它们分别体现为“在场的形而上学”——自我(self)对自己(itself)的所谓直接在场,以及“逻各斯中心主义”——它将口语(speech)优先于书写(writing),将后者仅仅视为对前者语音上的再现。在德里达看来,做解构研究就是要揭露出那些试图获得意义和确定性的各种话语背后的真相——这些话语貌似在追求确定性,但其自身实际上却是建立在不确定的基础概念之上的。

德里达批判了“对话”这一广受尊敬的传播理想,视之为一种强制性的交换经济(economy of exchange),以“在场”和“当前”为指导原则;他提出了一个与对话完全相反的建立在“书写”上的交换原则,其特征是:缺席、差异和延迟——他称之为“延异”(différance)。德里达借这个词来证明“文字可以反转口语”。在他的笔下,“书写”成了一种极端的批判武器,它总能指出各种悖论、不确定性和症结的存在。

德里达认为,在场需要缺席的支撑,表象需要差异的支撑,统一性需要他者性的支撑。他者性注定要在沟通中冒头,也正是因为他者性,传播会出现故障,同时又因之而得以持续。在传播中实现“地平线之间的融合”(加达默尔语)是不可能的。他者性伫立于传播者之间,既是传播的隔离器,又是传播的连接器。使传播不能实现的也正是使传播得以持续的。

延续海德格尔—列维纳斯—德里达谱系传统,彼得斯在《对空言说》中充分而雄辩地论证了人类历史上公共和私人领域里的种种悲剧背后都是沟通的失败(breakdowns);在大多数情况下,人类之间,人类与自我、与非人类(机器、海豚、外星人等)的“他者”之间的沟通都是远距离传播——“对空言说”。我们唯一能选择的是尊

---

① 彼得斯.对空言说:传播的观念史[M].邓建国,译.上海:上海译文出版社,2017:33.

② 基础主义认为知识必须建立在某种“基础”之上,该“基础”是独立于我们人的、中立客观、毋庸置疑和不可动摇的,而哲学家的任务就是去发现这种基础是什么。本质主义、逻各斯中心主义都是由基础主义衍生出来的。理查德·罗蒂(Richard Rorty)把几乎全部西方哲学传统都归结为基础主义,他认为从古希腊到后现代哲学产生之前的哲学史就是一部基础主义以各种形式表现以及它们之间相互更替的历史。

重他者,“交流的中心不应该是自我,而应该是对方”[①]。“这里需要的是,甘愿自我克制,实施行动,从而为他人激发真相。交流的问题并非源于语言的捉摸不定,而是存在于自我和对方之间无法修补的分歧。交流的挑战不是如何做到忠实于我们的内心,而是坚持即使他人不能像我们看待自己那样来看我们,我们仍然能做到宽恕待人。”[②]

因此,彼得斯提出了“撒播优于对话”的惊人传播观。他追溯了对话作为人类传播/沟通理想的最初渊源,然后指出了它的霸权性。他批评传播的杜威—哈贝马斯传统,认为“沟通对于哈贝马斯而言就如同阿波罗神原则——它追求统一、光明、清晰、阳光和理性”[③]。然而,“对话主义”(dialogism)的无能为力之处就在于,对于“那些不愿意跟我沟通/对话的人,我们如何办?”彼得斯讲述了抄书人“巴特比”这个“非常典型的存在主义小故事”并指出,对于信奉哈贝马斯式沟通的人(如耶鲁大学政治哲学教授布鲁斯·奥克曼)来说,拒绝对话的行为就是暴力行为。“对话所谓的道义高尚性会窒息那些‘宁可不’跟你玩的人。”[④]

在近代史上,中国曾一如遭受了对话霸权的巴特比。乾隆五十七年(1792),英王乔治三世派遣以乔治·马戛尔尼勋爵为首的800人使团来华为乾隆皇帝贺寿,同时代英王乔治三世向乾隆皇帝表达“对话”的愿望:一是中英两国进行友好往来,并请求遣使常驻中国以庇护侨民;二是与清朝交涉两国通商事宜。乾隆皇帝却让马戛尔尼给乔治三世带了一封信[⑤],云“天朝统治者四海,全力治国,并不看重稀罕之物”,以从无先例、不合体制等理由表示“宁可不”跟英国玩[⑥]。马戛尔尼失望地离开了中国,仅仅20年之后,乔治三世的“对话”请求就变成了坚船利炮的暴力侵略,中国的大门被强制打开,中国的近代史开始了。

在今天敏锐的批评家眼中,巴特比这一形象不再如从前那样被认为是完全病态和极端的,而是一个虽叛逆但正直诚实的形象。今天的研究者也对乾隆的世界观有了“同情之理解”。但无论如何,面对这样的“他者”,交流是不可能的。由此,彼得斯指出,单向的撒播“应该是我们更加冷静的根本选择”,是“一种更加友好的方式”,是“我们全部的身家性命”,就如同中国《论语》中所说的“恕”的境界一样。

---

① 彼得斯.对空言说:传播的观念史[M].邓建国,译.上海:上海译文出版社,2017:379.

② 彼得斯.对空言说:传播的观念史[M].邓建国,译.上海:上海译文出版社,2017:381.

③ PETERS J D.Distrust of representation: Habermas on the public sphere[J].Media,culture & society,1993,15(4):541-571.

④ 彼得斯.对空言说:传播的观念史[M].邓建国,译.上海:上海译文出版社,2017:233.

⑤ 该信出版之后,被西方观察者视为娱乐笑谈。1922年哲学家罗素(Bertrand Russell)在读过该信译本之后,却认为“直到这封信不再被视为荒谬可笑时,西方人才会理解中国”(Russell,2007,51页)。蒋廷黻(1934)曾在《清华学报》(*Qinghua University Journal*)上发文指出,马戛尔尼使团之所以失败是因为中国彼时没有“国际关系”和“国家平等”的观念;明清两代的中国安然无恙地待在和平式传统之中,认为自己比世界上其他任何国家都更优越,这种状态一直持续到第一次鸦片战争。马戛尔尼使团的“对话”请求并未能改变中国人的观念,相反,它证实了中国人在“我宁愿不(跟你对话)”这一点上的坚决,绝不会和平地放弃自己的传统观念。这也说明当时中英双方处于完全不同的时空中时,“对话主义”的无能为力。

⑥ 褚若千.英王乔治三世致乾隆皇帝的信函[J].历史档案,2017(3):2.

四、传播中的真实性、具身性和离身在场

传播哲学的议题还包括传播的真实性(authenticity)、在场感(presence)和离身性/具身性(disembodiment/embodiment)等问题。这三者密切相关,互为因果,所以在此一并阐述。

(一)西方宗教中的"具身"依赖与哲学中的"离身"传统

传播与宗教难分难解。在西方,最具组织性、规模性和持久性的传播实践者应该是宗教机构。这导致所谓的"上帝问题"成为人类传播研究中最古老、最持久的问题。① 一方面,研究传播者总是先从宗教的传播实践中去挖掘传播思想;另一方面,宗教信奉者因其对传播悠然心会和别有心得,常常成为卓越的传播学者。英尼斯、麦克卢汉、瓦尔特·翁和彼得斯等莫不如此。② 最显著的是,詹姆斯·凯瑞(James W. Carey)指出传播的"传递观"(transmission)和"仪式观"都源于宗教。③

宗教传播的核心问题是"上帝在空间上既无处不在,又无处可寻,在时间上既永恒存在,又从不存在,那么上帝与受到感官局限的凡夫俗子人类之间如何实现沟通?"套用笛卡尔的身心两分法,如果上帝是灵(mind),人类是肉(body),上帝与人类之间的交流就如同"机器中的幽灵"一样无法解释。

在奥古斯丁的笔下,这一问题的解决方案是"道成肉身"——上帝在与人类交流时不得不迁就人类有限的身体感官能力,为其信徒们制造自己存在的效果。而就在信徒们通过自己的身体感官在古代经典——神谕、经文、福音和神迹——中寻找真实的上帝旨意的过程中,诠释学诞生了。

彼得斯因此指出,奥古斯丁对上帝和人类交流的描绘,预示着现代传播的出现,也预示着这样一个挑战:在面临一个在时间、空间和程度上都显得遥远而不在场的受众时,我们如何才能制造出一种真实可信的在场感。④ 实际上,所有的沟通(包括生者和死者间的)都是与上帝一样的"远距离沟通",都涉及真实性(authenticity)问题,因而也都是一个诠释学问题。

传播中的真实性,其最可靠的源头显然还是人的身体感官。但在西方哲学史上,"心身二元"和"心先于身"有着悠久的传统。一如中国孟子"劳心者治人,劳力者治于人"之说,古希腊人和罗马人贬低体力劳动,认为体力劳动是奴隶才做的事。柏拉图认为只有"理念"(idea)才是真正值得追求的,亚里士多德认为"人是理性的动物"。这师

---

① SCHULTZE Q J. The "God-problem" in communication studies[J]. Journal of communication & religion, 2005,28(1):1-22.

② 邓建国.传播学的反思与重建:再读J.D.彼得斯的《对空言说:传播的观念史》[J]. 国际新闻界,2017,39(2):151-173.

③ 凯瑞.作为文化的传播[M].丁未,译.北京:华夏出版社,2005:5.

④ 彼得斯.对空言说:传播的观念史[M].邓建国,译.上海:上海译文出版社,2017:103.

徒二人都崇尚沉思默想和纯粹理论，认为哲学、数学和天文学涉及纯理论，才是值得沉思的对象。到 17 世纪，笛卡尔认为获得知识的最确定、最慎重的方法就是怀疑一切，直到找到一个绝对不能怀疑的经验或存在为止。在这个过程中，笛卡尔极大地贬低身体的感觉材料，以及这些材料给予我们确定性和真理的能力，从而切断了我们在寻找真理的过程中身体的作用。笛卡尔认为，科学只能建立在确定的知识和真理上，而任何确定的知识和真理都只能源自无躯体的心灵（理性主义）。从此以降的西方哲学史大多认为身体是可疑的、拖累的有形监狱，我们必须将心灵从其中解救出来。

（二）媒介技术发展对人类"离身沟通"渴望的不断撩拨

正是因为有了自古希腊到 20 世纪西方的"身心两分，心为形役"的哲学观，也就有了摆脱身体实现"哲学恋人" 间的"心灵融合"的沟通渴望。无疑，这一梦想从未真正实现过——身体被赶出门外却又总是从窗子里溜进来。但在这个不断反复的过程中，常有一种力量不断地撩拨着，使人们的离身沟通渴望愈发炙热——媒介技术不断增强的离身体验（"生者的幻象"）制造能力——"每一种新媒介都是生产鬼魂的机器"（卡夫卡）。

从部落"篝火故事"到石窟壁画，人类自古便有通过媒介获得"离身体验"（disembodied experience）的欲望和实践。从公元前 5000～前 6000 年苏美尔人发明文字开始，人类传播便从"亲身"转向"离身"。在随后媒介技术编码能力不断提升的过程中，人的身体痕迹（cues）被越来越多地过滤和压制。在口语文化向书写文化过渡趋势明显的古希腊，苏格拉底敏锐地感知到了此种"缺席而又在场"的离身趋势，并对之表示警惕。他认为，文字能够将人的说话声"抛"出去——而正是这一点最让人生疑。但通过媒介技术实现"远距离在场"毕竟已成人类社会发展的大势，苏格拉底显然独木难支。

19 世纪中期至 20 世纪初，各种新型记录和传播技术层出不穷，给人们带来了更加新颖的"离身体验"（时空穿越），让人们对之惊叹不已，异想天开。

在记录技术上，照片、留声机和电影不仅在当时是娱乐工具，而且成了保存意识供后人研究的新型档案工具。"从前对声音、形象和经验的死刑判决现在已经获得减刑。言语和行动可以超越人体之本源而幸存下来。一句话，记录性媒介使亡灵以新的方式复活再生。"①

在传输技术上，当时出现了一种与今天的 VR 头盔非常类似的"立体视镜"，能让人一眨眼便仿佛脱离身体实现全球飞行。1859 年，美国诗人和作家奥利弗·霍尔姆斯（Oliver Wendell Holmes Sr.）这样描述它给人的感受："人的感官经历到一种梦幻般的狂喜；在这种狂喜中，我们似乎扔掉了身体，驶离岸边而进入到一个接一个奇妙的场景中，像脱离了肉体的灵魂。"②

电报的出现对人们的"离身沟通"渴望火上浇油。它快速压缩时空，从而首次将物

① 彼得斯.对空言说：传播的观念史[M].邓建国，译.上海：上海译文出版社，2017：210.

② 彼得斯.对空言说：传播的观念史[M].邓建国，译.上海：上海译文出版社，2017：209.

质(身体)运输(transportation)和信息(心灵)传播(communication)两者分离开来。[①]澳大利亚传播学者约翰·斯特拉顿(John Stratton)指出,凯瑞提出的这一区分实际上造成了世界上最早的离身性的"虚拟空间"(cyberspace)。[②]

正因为电报的物质与信息的区分能力,19世纪末,查尔斯·霍顿·库利(Charles Horton Cooley)提出了"镜中自我"(the looking-glass self)的观念,认为人与人的亲近不是身体上的,而是符号上的;我们通过与他人的符号互动(传播),就能像看镜子一样认识到自我;只要符号交换可能,社区和社会就会存在,所谓"社会"也不过就是通过符号连接起来的原子化的个人;而物质世界或肉体则可有可无。库利并不为人体在交流中的日益缺席而哀叹,而是主动去拥抱那些"生者的幻想"。[③]

从20世纪中期的"图灵机"到今天的虚拟现实和人工智能,人们的"离身沟通"渴望愈演愈烈,这集中体现在对人类认知过程的"计算机隐喻"描述上——其背后是"离身性认知"研究范式。它一直主导着认知心理学、人工智能、机器人学等领域的研究。雷·库兹韦尔(Ray Kurzweil)甚至预测,在大数据和人工智能的支持下,人类在2045年将能上传大脑意识至计算机,脱离血肉之躯而实现数字化永生。2017年,Facebook已经可以根据用户发布的信息创造出用户本人(即使此人已去世)的代理(avatar)跟活人对话。[④] 一如19世纪的电报,这些技术让不少人惊讶不已又欢呼雀跃。

媒介技术之所以能不断撩拨人们的"离身渴望",是因为其制造"离身在场"(disembodied presence)的能力日益强大,以至于让人误以为身体可以为代理所替代。我们甚至可以认为,媒介技术给用户带来的"在场感"程度与用户对"离身沟通"的渴望呈正相关。"在场"[⑤]一词起源于马文·明斯基(Marvin Minsky)[⑥]。他最早使用"远程

---

① 凯瑞.作为文化的传播[M].丁未,译.北京:华夏出版社,2005:5.

② STRATTON J, ANG I. Multicultural imagined communities: cultural difference and national identity in Australia and the USA[J].Continuum,1994,8(2):124-158.

③ 彼得斯.对空言说:传播的观念史[M].邓建国,译.上海:上海译文出版社,2017:270.

④ WOLF L,TAIGMAN Y,POLYAK A.Unsupervised creation of parameterized avatars[EB/OL].(2017-07-09)[2019-04-01].https://doi.org/10.1109/ICCV.2017.170.

⑤ "在场感"存在于几乎一切媒介使用中(包括听故事、读小说等)。关于人为什么会有缺席而在场的感觉,存在三种解释:(1)如英国诗人和思想家塞缪尔·柯勒律治(Samuel Taylor Coleridge)1817年所说的,如果作家能够将"人情味和拟真性"注入到虚构作品中去,读者就会"自愿地暂时搁置其怀疑"(a willing suspension of disbelief)而相信小说是真的。该解释认为,媒介使用者的"在场感"是其积极和有意识的心理努力的结果。(2)李夫兹和奈斯(Reeves & Nass,1996)通过一系列实证研究对第一种解释提出严重质疑。他们根据进化论理论推断认为,经过漫长的进化,人类逐渐形成了一种基本心理倾向——视所有新接收的信息为真,这是因为对突然而来的信息或事物(如突如其来的岩石、掠食者或敌人),相较于先仔细评估其危险然后再做出行动,直接快速反应能让行动者获得更大的生存优势。到今天,人类在石器时代就已经定型的大脑不能有效地处理我们这个"太空时代"所产生的各种媒体刺激,因此我们仍然倾向于接受它们是真的,从而产生在场感。(3)Kwan Min Lee(2004)则提出了"认知劫持"概念。他从进化心理学角度提出,在我们的神经心智模块中断(劫持)了人的正常认知时,人就会产生"在场感"。例如,当机器人与人类用户交谈时,用户会自动对机器人做出响应,就好像它是真人一样,这是因为机器人的语音自动激发了人的语言处理模块,并且劫持了人对"这个机器人存在的不足"的认知,导致后者暂停,这时用户在与机器人互动的过程中产生一种社交"在场感"。媒介技术中所营造的"在场感"仍然是通过诉求于人的感官来实现的,但它和线下的在场感相比,可称为"在场2.0"。

⑥ MARVIN M.Telepresence[J].Omni magazine,1980.

在场”(telepresence)一词来描述那种人类在远程传输技术帮助下获得的自己被传输到远方“缺席而又在场”的感觉。之后出现的其他术语,如虚拟在场、中介化在场等,描述的也是这一现象。如同使徒约翰对上帝的描述——“上帝是有形的,但又不具有有形的特征”(God is in the appearance, but not of the appearance)——媒介技术“使人虽不在场,但却又具有了在场的特征”①。21 世纪的新型媒介技术具有更强烈的在场感(更高的参与性、浸润性和互动性),此时人们对“离身沟通”的渴望变得更加强烈就不令人奇怪了。

(三)人类传播中肉身的沉重、执拗与不可超越

如前所述,人类的“离身沟通”渴望强烈而漫长,与信息和传播技术的发展相互纠缠撩惹,但是这种渴望却久难满足——因为肉身执拗横亘,爱欲无法超越。正如苏格拉底 2500 年前对文字离身特征的警告提醒,无论媒介技术如何发达,身体总是执拗地挥之不去。

以电话为例。贝尔在首次接通电话时,对华生说的第一句话是:“过来,我要你。”彼得斯指出:“贝尔这句话是一切远距离交流的象征——它表达的是,渴望缺席的他人能亲临现场。”②他还详细地描述出,在电话系统出现的黎明时刻,电话中的“个人化接触”(具身信息)无处不在,包括隐藏在电话网络中的女性身体——接线员。

后来的各种大众传播都备受“离身—具身”矛盾的折磨。一方面,在内容生产端,为了便于“编码”,必须尽量去除内容中的具身性信息,或者说社会性提示(social cues);而另一方面,在内容的接收端则必须尽量复制出这些具身性信息,以让听众或观众信以为真(authenticity)。为了跨越鸿沟在大众接收端复制出身体信息,广播采纳了“私密的音效空间、家庭般的题材、温馨的话语风格和充满个性的播音员形象——伸出手去触摸听众”;广播节目主持人在向所有听众说话,却都尽力表现得如同向单个听众说话一样。③ “活人的各种表征通过电波被传送出去,以向听众确保广播的真实可靠性”,例如美国总统罗斯福在其著名的“炉边谈话”广播系列讲话中有意设置“喝水”的声音,以使自己显得真实,能与处在经济危机中的普通听众同舟共济;流行歌手凯蒂·史密斯(Kate Smith)在战争债券劝购广播演唱会上连续 18 个小时自我折磨式地演唱,以获得听众的同情而认购债券。从古希腊开始,苦难就被视为真实性的保证。默顿(Robert King Merton)认为,史密斯成功的原因在于她通过折磨自己的身体使听众感觉到了她的诚恳。“她用嗓子与疲惫进行了一场戏剧性竞赛,使得缺乏真实性的好莱坞相形见绌,光彩尽失。”④至今,我们仍然通过提前录制的假笑以及定制的表情包在电视和网络中复制出具身性信息来传递出一种真实性;扎克伯格在国会听证

① 彼得斯.对空言说:传播的观念史[M].邓建国,译.上海:上海译文出版社,2017:103.

② 彼得斯.对空言说:传播的观念史[M].邓建国,译.上海:上海译文出版社,2017:262.

③ PADDY S. Introduction: the relevance of talk [M]//Broadcast talk. Newbury Park, California: SAGE Publications,1991:1-9.

④ 彼得斯.对空言说:传播的观念史[M].邓建国,译.上海:上海译文出版社,2017:323.

会的面对面质询中仍然要通过不断喝水来展示自己是肉身凡胎从而获得议员们的信任与同情。

肉身的执拗为不少哲学家们所认识到。梅洛-庞蒂(Maurice Merleau-Ponty)[①]批评了笛卡尔的心灵的、内在的我思,认为笛卡尔的理性主义不能解释为什么对于同样的感官经验,不同的人却有不同的主观感受。他指出,我们身体的经验告诉我们,意义不仅来自我们的心灵,也依赖我们的身体——认知是具身的,“身体存在于我们的头脑之中”[②]。

在媒介哲学领域,基于基特勒[③]的信息唯物主义(information materialism),海尔斯(N. Katherine Hayles)指出,将心灵与身体、软件和硬件剥离开来是错误的,即使是在人工智能使得仿生性变得极为复杂的今天,意识和信息仍然总是包含于某一物质媒介之中,仍需要现实世界作为其基础[④]。

人类认知的具身性也得到了现代认知心理学研究的确证。与传统认知心理学的符号加工模式不同,“具身认知”(embodied cognition)认为身体的物理属性(构造和状态)及其与大脑之间的特殊感觉—运动通道对大脑的认知具有塑造作用。认知是具身的和嵌入的——大脑嵌入身体、身体嵌入环境,构成了一体的认知系统。[⑤]

很多证据都显示出,我们的日常思维是具身化的。例如,我们所使用的绝大多数名义性概念都是通过身体隐喻建构的。[⑥] “隐喻”(metaphor)一词来自古希腊语的metapherein,其中 meta 意指“超越”,而 pherein 意指“传送”或“转移”。隐喻是以熟悉物来喻陌生物。它首先是一套语言程序,通过这样的它,一个(我们更熟悉的)事物的某个方面被“传送”或“转移”到另一个(我们不熟悉的)事物上,人们就把这个事物说成那个我们更熟悉的事物,以此揭示出这个事物的某些特征或者以此对该事物做出评价。而我们往往是通过身体感官来熟悉某一事物的。可见“隐喻”一词中的具身传播意涵。[⑦] 在《中国成语大辞典》(辞海版)中,含人类头部部位语素的成语就达 1237 条[⑧];人类还以自己的身体为参照去理解抽象的概念,如基督教总是用父子关系来比喻上帝和其信徒之间的关系;又如,我们以身体为参照来理解时间,它或“流逝”(离我们远去)或“涌来”(向我们走来)。

五、西方传播学的“哲学转向”对中国传播学研究的启示

毋庸赘言,中华(华夏)传播思想研究取得了长足的成绩,但我认为,可以在以下几

---

① 普里莫兹克.梅洛-庞蒂[M].关群德,译.北京:中华书局,2003:56.

② JOHNSON M.The body in the mind: the bodily basis of meaning, imagination, and reason[M]. Chicago: University of Chicago Press, 1987.

③ GANE N.Radical post-humanism: friedrich kittler and the primacy of technology[J]. Theory, culture & society, 2005, 22(3): 25-41.

④ HAYLES N K.Writing machines[M].Cambridge, Mass.: MIT Press, 2002: 100.

⑤ 叶浩生.“具身”含义的理论辨析[J].心理学报, 2014 (7): 1032-1042.

⑥ LAKOFF G, JOHNSON M. Metaphors we live by[M].Chicago: University of Chicago press, 2008: 56.

⑦ 王柏华.中国诗学中的身体隐喻[J].东方丛刊, 2009 (1): 36-45.

⑧ 颜新芳.含头部类身体部位语素的成语语义研究[D].南昌:江西师范大学,2016.

个方面加强：第一，更深入地了解欧美传播哲学、理论和模式这一“他者”，从而更有效地了解“我”，并进行中西比较研究，同时也避免陷入东西方截然不同的二元区隔中。① 从以上传播哲学的主要议题看，中西方传播哲学有很多相似之处。第二，在分析层次上，有意识地区分传播哲学、传播理论和传播模式，并明确它们之间的相互关系，从而避免在中西传播比较研究中出现比较层次的错位，例如以中华传播哲学对谈西方传播理论或模式（而不是其背后的哲学观），或者以西方（多为信息论取向的）传播理论和模式来描述和分析中华传播哲学。前者是不在同一层面上对话，后者在哲学上（本体论、认识论和价值论）自相矛盾。基于信息论的传播理论和模式背后的哲学观是实证主义、分析性思维和宰制性立场，而中华传播思想背后的哲学观强调整体、阐释、综合、宽容、和谐。第三，进行更多的中华传播元理论（meta-theory）研究②，加强对研究现状的反思和形态分类（typology）建设。中华传播研究多体现为传播史研究，内容庞杂，类型模糊。我认为，可以区分三个研究层次：传播方式、特定群体在特定时期的传播实践以及特定群体对这些传播实践的共同看法，并因而形成中华传播研究的三个领域：媒介研究（如青铜器、甲骨文、竹简、印刷等）、传播实践研究（如修辞、宣传、新闻等）和传播思想研究（理论、元理论/哲学）。第四，根据元理论提炼出中华传播理论内部的多种传统（如儒、释、道、墨、法）以及同一传统内部的不同阶段，并促进它们之间的比较和对话。

作为社会性动物，我们不可能不传播。通过传播，我们得以确认自己和他人的存在。起源于西方的传播学作为一个领域，面临着日益扩大的社会和政治环境与学术发展趋势。作为对这些变化的响应，传播哲学的价值正在得到新的彰显和确认。实际上，本文所描述的西方传播哲学的主要议题也是中华传播思想/哲学所关注的内容；西方学者对其做出的回答也与我国传播学者有着很大的相似性，这意味着中西传播哲学的对话不仅必要，而且可能。只要哲学持续推动着我们去反思思考（thinking）本身，传播哲学就会持续推动我们去反思传播。思考和传播不停，传播的反思（传播哲学）就不会停，中西皆然。希望本文能成为激发中西传播哲学对话的一个卑微的开始。

---

① WAISBORD S, MELLADO C. De-westernizing communication sutdies: a reassessment[J]. Communication theory, 2014, 24(4): 361-372.

② CRAIG R T. Communication theory as a field[J]. Communication theory, 1999, 9(2): 119-161.

从大陆文明到空间文明

——文化遗产视角下的华夏形态重构

From Continental Civilization to Marine Civilization—The Reconstruction of Huaxia Appearance Under the Perspective of Cultural Heritage

林克勤*
Lin Keqin

摘要:文化遗产是历史文明留存的指称符号,是文化信息的载体,也是一个特定时期的思想文化代表系统。文化遗产还与人类的精神交往密不可分,是一定观念、思想、技术、知识的反映和固化,是一种宝贵的、活态的文化资源。在文化遗产的视角下,中国古代文明可以被视为大陆文明和海洋文明的共融体,而未来的文明则可能超越平面的延伸而迈向立体的空间。空间文明时代为华夏形态的价值重构与涅槃再生提供了新维度和新立场。中国政府目前提出的“一带一路”倡议就是在新世界主义价值指向下建构空间文明体系的一项实验性举措。

Abstract: Cultural heritage is a pointing-out code of a historic civilization which contains cultural messages, it's also an idea and culture system in a specific period. Cultural heritage has a close relationship with human spiritual intercourse which reflects some definite points, ideas, technologies and knowledge, it's a priceless and live cultural resource. Under the perspective of cultural heritage, the civilization of ancient China can be regarded as a convergence of continental civilization and marine civilization, but may step into a solid space in the future. The era of space civilization provides a new dimension and new standpoint for valuable reconstruction and rebirth of Huaxia appearance. The Belt and Road Initiative raised by Chinese government is an experimental method to construct the system of space civilization led by New Cosmopolitanism.

关键词:文化遗产,华夏形态,空间文明,重构

Keywords: cultural heritage, Huaxia appearance, space civilization, reconstruction

* 林克勤,四川外国语大学中外文化比较研究中心教授,中国认知传播学会常务副会长。

一、文化遗产的能指和所指:从长城到大运河

索绪尔把符号定义为可以映射和指代其他事物的某种介质。他认为,符号的实质是其指称性。符号由能指和所指两部分构成,能指即符号的表达面,是符号的物质构成;所指即符号的意义面,是符号所表示的概念与内涵。能指与所指结合起来形成一个完整的概念,在事物的构成上能指与所指就像一张纸的两面一样不可分割。[①]

文化遗产就是历史文明留存的指称符号,是文化信息的载体,也是一个特定时期的思想文化代表系统。我们对文化遗产的第一印象是,它是通过人体的感官系统合成的一个直观、形似、具体、实在的影像,这就是文化遗产的"能指"。文化遗产的象征意义则是文化遗产的"所指",即文化遗产所蕴含的、反映一个特定历史时期的政治、经济、文化、军事、科技、意识形态、社会制度等诸方面的内容和信息。文化遗产的能指和所指合起来,就完成了传递符号信息和诉诸价值意义的一般过程。在这个序列中,符号的能指与所指并非一一对应的关系,因为文化遗产的意义往往是立体的、多重的、动态的、渐显的,而不是直观型构和表象呈现的。对文化遗产的学术关注,就是要既分析、认识其能指,又研究、破译其所指,从而再现历史、解析历史;就是要在众多文化遗产之间建立起有机的联系,使之形成一个复杂的综合系统,交相印证、互为观照,在整体性视野下对文化遗产体系进行详尽的解读与诠释,从而揭示其作为思想价值符号的象征意义和深层内涵。文化遗产能最忠实地记载历史事件、反映历史原貌,是社会行为和民族精神的浓缩物和积淀体,它向当代人们传递着前在的信息与经验,并表达出多样化的意义构成,是沟通不同时代、不同空间人类文化与情感最具象的桥梁,对于重现历史影廓和进行科学研究有着其他史料所无法比拟的作用。[②]

长城是举世闻名的文化遗产,世界七大奇迹之一,也是中华民族坚强不屈、生生不息的指代符号,更是中华民族的精神象征。故宫是中国封建传统文化的一个重要形象凝聚,它既有封建皇权统治的历史指向,也具有中国建筑传统的民族风韵和美学价值,文化内涵十分丰富。圆明园是记载近代以来中华民族灾难与不幸的文化悲歌,是西方文明武力入侵中国、强势摧残古老文明的铁证,是我们民族记忆中不可磨灭的隐痛。它时时唤醒炎黄子孙的意识知觉:民族自强是立身之本,中华民族要想屹立于世界民族之林,就必须以历史为镜,大力弘扬民族精神,跟上时代前进的步伐,努力建设自己强盛的国家。大运河书写了一段中外文化平和自然的交流历史。明清时期的中国,经济发达,社会稳定,前往北京的外国使节、传教士、旅行者多取道于此,络绎不绝,他们的作品中有关大运河沿线的水利工程、城镇乡村和风土民情的观察与描述,促进了西方对中国的认知和了解。透过朝鲜人崔溥、日本僧人策彦周良、意大利传教士利玛窦、英国传教士理雅各等的著述文集和对中国文化的译介传播展现出来的历史记忆与话

---

① 索绪尔.普通语言学教程[M].高名凯,译.北京:商务印书馆,1996:8.

② 刘爱河.试论文化遗产的符号价值[J].辽宁行政学院学报,2008(8):185-186,194.

语想象,我们仿佛都可以感受到大运河波涛与中国文脉的共振激荡。现代西方文化进入中国,所谓西学东渐的历史进程,也是沿着大运河这条线路而四处植树成荫的。法国传教士金尼阁几度来华,长期住在西子湖畔,并以杭州为中心沿大运河进行文化传播活动,把数千部西方学术著作介绍给中国知识界。鸦片战争以后,大量外国传教士又沿大运河进入中国内陆腹地开展传教活动,并向中国各界介绍现代科技文化。相当规模的教会学校在大运河沿岸城市设点布局、生根发芽。有学者认为,教会学校对中国社会最直接的贡献就是把现代教育模式移植到了中国,并使之开花结果。经过多年经营,在整个20世纪上半叶,教会创设的13所大学和几十所中学普及的西式教育为中国融入现代文明、为教育和社会的现代化做出了贡献,而这些学校中的相当一部分就位于大运河沿线的城市或者与大运河密切相关的城市。从形而上的视角来看,大运河不仅仅是一条普通、有形的河流,更是一条文化之河、精神之河,它使得整个江南地区经济繁荣,积聚起深厚的思想文化底蕴,从而促进了中外文化交流在当时社会的各个层面广泛而又深入地开展。可以说,在中国历史上,大运河这一符号所指代表了多元文化的交流、融合和传统价值的再生及创新,蕴含了深厚的民族记忆和高远的文化精神。①

二、文化遗产的整体性意义:从历史符号到文化身份

文化遗产的思想蕴涵和象征意义与其本身具备的内在价值密切相关,要理解并阐释其符号指代的精神坐标,剖析、厘清文化遗产的价值体系至关重要。回顾和总结我国文化遗产保护工作的实践,文化遗产的价值不仅体现为对历史景观的保护,也体现为对传统文化的继承与发扬。② 文明的真谛是人文精神③,在发现、保护、传承、弘扬文化遗产和文化精神的时代背景下,构建文化遗产价值认知的整体框架,特别是从人本、民族的角度分析文化遗产对当代社会思想场域的影响,通过文物符号及其象征意义、内涵范畴等研究探讨中国文明产生的动因、机制和规律,发挥文化遗产对当代社会发展应有的启示和促进作用,具有重大的理论意义和现实价值。

随着文化遗产概念的不断扩展和类别的日渐增多,其蕴含多重价值的特点日益展现出来。一般认为,文化遗产具有历史价值、艺术价值、科学价值、社会价值和文化价值,其中人文景观、旅游线路、古代遗址等还可能具有连接与辐射相关自然要素和环境因子的价值。④

关于文化遗产的范畴剖析,前文已有明确阐述,但学术界迄今为止仍没有形成一个统一的标准,一般仍以联合国教科文组织的相关表达和本国的法律、制度规定为评判依据。文化遗产从外延上讲,可分为有形文化遗产和无形文化遗产,亦即物质文化

① 魏大锅.中国大运河:中外文化交流走廊[J].文化交流,2013(8):10-14.

② 吕舟.面对挑战的中国文化遗产保护[J].世界建筑,2014(12):24-27,122.

③ 彭树智.我的文明观[M].西安:西北大学出版社,2013:8.

④ 单霁翔.文化遗产·思行文丛[M].天津:天津大学出版社,2012:5.

遗产和非物质文化遗产；从具体类目与存在方式上，可分为各地区固定的史迹实物遗存和与人们生活密切相关的非物质文化遗产。随着大量新类型的保护对象陆续出现，有关文化遗产概念范畴的表述也在不断拓展与延伸。① 从文物保护到文化遗产保护的内涵延伸，标示着文化遗产研究从关注单体文物到关注整体的文化到各国立体化、复合型、多样性文化保护、传承和弘扬的转变。因此，目前文化遗产保护的对象几乎涵盖了体现历史文明物质和精神价值各个领域的要素，并发展为对相关文化传统、民族习俗的延伸保护，基本覆盖了物质和非物质文化遗产的所有内容。② 文化遗产的整体性意义显得越来越突出了。

文化遗产是人类在历史活动中的留置物，它的基本属性就是其历时性与传承性，首要价值就是其内含的史料价值。这包括以下几个方面的内容：一是文化遗产可以反映过往的时空下国家或民族的生活风貌及其发展状况，是对当时社会生活的镜像反映和历史演变的原始记录；二是文化遗产可以确证文明演进的历史印迹，在史学研究中可以开风气之先、发翔实之论；三是文化遗产可以其真实、具体的存在和客观、形象的书写补全历史记述的缺失，纠正人们认知的误区；四是文化遗产可以其具象的展示和记忆的发掘向后人言说历史的兴衰更替。文化遗产还有审美（艺术）价值。文化遗产在接受人们观赏时会因其形态、色彩、声音、质地等内在和外在的各种展示引起人们美的感受和知觉；文化遗产也让人们在雅趣赏玩的美学行为中进一步结合自己的前在经验而做出情感心理体悟和实践言行验证，这是感知的深化、具身的体验；文化遗产还让人们在接触、感悟其外在形象构成和内在本质意义的综合性认知和理想化追求的基础上，形成一种关于人生的审美趣味，提升人们的人文素质，这是文化遗产带给社会的一种独特的精神享受。另外，文化遗产还具有一定的科学技术价值，它可以反映前人的知识结构、层次、水平和在社会实践中生产出来的科学成果，也可以投射出前人创造的具有科学技术含量的工艺性追求及其物化形态。③

这些历史、艺术和科学等组成要素构成了文化遗产的主要具身性内涵，但它的价值体系还兼有一定的层次性分布。比如，文化遗产还包含一种社会价值，这些社会价值由于在知识的记录和传播、民族精神的传承、集体记忆和思想凝聚力的产生等方面具有不容忽视的社会效益，其重要性也越来越受到人们的关注。文化遗产毋庸置疑还具有文化价值，这是一种具有抽象意义的美学体悟，具备其内在结构中最核心的要素特质及应用功能。④ 文化遗产的社会文化价值反映了一定的历史发展时期精神思想层面的观念体系和行为模式的制度框架等内容，体现了该历史阶段的主流价值观，兼具政治性、社会性、哲学性和情感性等因素。发现、阐释、重构、传播历史遗产的社会文化价值，是塑造民族精神、对外宣示本国文化的重要基础。

价值是文化的核心精华，也是其象征意义所在。文化价值不仅是文化遗产已知价

---

① 刘艳，段清波.文化遗产价值体系研究[J].西北大学学报(哲学社会科学版)，2016(1)：23-27.

② 吕舟.《中国文物古迹保护准则》的修订与中国文化遗产保护的发展[J].中国文化遗产，2015(2)：4-24.

③ 蔡靖泉.文化遗产价值论析[J].三峡大学学报(人文社会科学版)，2010(1)：76-86.

④ 王欣，邹统钎，杨文华.遗产文化价值的创意构建与体验[J].资源科学，2013(12)：2352-2358.

值的一种综合,还关乎其更多未知价值的长期探索。任何社会历史时期都有属于这个阶段的核心文化价值观,在全球化背景下,它已经成为一些国家或地区绝大多数人表达认同并代代传承的思想标尺及道德律令。① 这种核心文化价值观既体现于物质文明的形态,又蕴含于精神生活的内核,是经过较长时期逐渐形成的一整套思想、道德或者规则体系;它统领和反映一定历史阶段的主流阶层诉求,对社会成员具有普遍的约束力;它导向着身份象征和群体认同,帮助引领族群实现共同的愿景,是构成族群文化的指导性纲领和言语行为基础。②

构成文化遗产的历代建筑实物、典章制度以及各种内含其中的哲学、宗教、文学、艺术等思想要素,首先强调了其作为文明载体客观存在的属性。同时,文化遗产还与人类精神交往密不可分,是一定观念、思想、技术、知识的反映和固化,是一种宝贵的、活态的文化资源。只有从价值观的角度对文化遗产进行分析和研究,才能读懂其象征意义,才能准确解析古老华夏政治、经济、社会与文化发展变化的互动关系和衍进结果。③

文化遗产是中国社会代际相传的历史符号,内含着中华民族的精神价值、思维方式、集体想象力和主体意识,隐藏着华夏文化独特而珍贵的遗传基因,是确立我们文化身份和文化主权的基本依据,是炎黄子孙世代递延的文化生态的组成部分,也是我们题解中华文明几千年来发端、衍进、创新、传播历程的表征指引。

三、华夏文明的“大陆型“与”海洋型“之辩

文化遗产是中国文明史的具象浓缩,几千年的中国文明史究竟走过了一条什么样的道路,很多情况下我们是通过文化遗产(包括物质文化遗产和非物质文化遗产)的话语推断、意义研究和价值审定来进行考据、钩稽、论述、想象的。从审视文化遗产到推定文明衍进,循具象而抽象,由微观而宏观,是梳理中国文明史发展轨迹并判别其表征、内涵、意指等要素转换更迭的现实逻辑。

中国古代文明究竟归类于何种形式的文明,不同的学者对此有表述各异的研究论定。有不少学者认为,中国是一个典型的大陆文明主率的内陆国家,秦统一天下实际上就是以秦国为代表的板块式内陆中原文明对齐、楚等国为代表的分裂型海洋、江河、湖泊文明的征服。④ 确乎,中国是被普遍认可的大陆文明的形象代表,其突出的大陆地理特征使得西方城邦制的分权文明模式无法生存。中国很早就形成了中央集权体制,到了秦汉时期,这种政治模式更是登峰造极,通过一个叠床架屋的文官行政体系的建立,地域辽阔的中国完全处于一个单政治中心的操控之下。这种大陆文明的政治表征是以实行大一统的皇帝——官僚专政体制的王朝更迭为基本存在形态的,即一个帝

① 张利华.论文化价值观的两重性[J].当代世界与社会主义,2015(1):96-101.

② 段清波.考古学要发掘遗产的文化价值[N].光明日报,2015-07-22(10).

③ 刘艳,段清波.文化遗产价值体系研究[J].西北大学学报(哲学社会科学版),2016(1):23-27.

④ 胡键.中国为什么需要海洋大战略?[J].社会观察,2010(12):30-33.

国被推翻后，经过短期的分裂与割据，又为一个新的中央集权的专政帝国所取代。秦亡汉继，依然是中央集权的大帝国，接着是魏晋南北朝的各自称雄，此后又是隋统一天下，紧随其后的是唐宋元明清历代承继的封建式重构序列周期。这是中国古代文明历史衍进的基本框架脉络。

这种混元一统文明的特点与西方城邦文明的小体量、多极化、分散型、自主性、流动快和尚竞争的表征有很大区别，其同质化和紧密性的结构十分清晰：一是小农经济和生活的单一性形成了人们劳动方式、生活习性、价值观念以及社会组织架构诸多方面的同质性；二是由于四面开阔的大陆地理因素，华夏文明圈的各部族、各诸侯国在言语行为方式上交往相对自由，各种小族群通过不断地相互兼并、融入中原文化，逐渐在精神思想上形成关系紧密的文明板块；三是华夏文明与世界上其他文明模式的交往非常困难，远离四通八达的地中海城邦文明那样的紧密交流圈，僻处于遥远的东方，极少与其他异质文明进行信息与资源的互动交流、借鉴吸收，由此导致了中华民族文化的划一融合和板块型中央集权文明模式的型构。故而，一方面，秦汉这样的统一国家是同质共同体相互影响和融合的必然结果；另一方面，“普天之下，莫非王土；率土之滨，莫非王臣”的专制帝国反过来又运用高度集中的权威进一步采取扁平化管理，通过书同文、车同轨的敕训，采取罢黜百家、独尊儒术的思想钳制手段，实施统一的官吏选拔制度，践行保守的重农抑商政策，进一步加快了华夏共同体内部的组织同质化和关系胶结式的演变与发展。①

这种同质化和板块化的大陆文明主要建立在结构单一、数量众多的小农经济体组织之上。皇权一统天下的主要开支基本上都依赖于这种小规模农业经济体提供的人力、物力、财力。中国历代统治者都把农业放在社会发展的首位，认为无农不稳、有粮不慌，实施重农抑商的国策。商人被列在士农工商的末位，其社会地位低下，经营活动又受到官府的严格管控。虽然到清朝出现了近代化的商业巨擘，积累了大量社会财富，但国家的收入来源仍然几乎全部依靠农业生产。近代商业虽在民间繁衍，但根本得不到政府的有力支持，官府、下层市场、管理机构之间相互掣肘、互不买账，商品市场只能在区域面上横向延伸，形不成向深度演进的发展态势。因此，现代资本主义经济无法在这种大陆文明的扁平化格局中产生，这也直接导致了以海洋文明为代表的西方国家的强势入侵与近代中国文明的衰落。②

也有学者认为，中国古代文明模式并非完全由单一的大陆文明构成，而是大陆文明与海洋文明相互结合的复杂构成体。其依据是：就地理条件而言，中国是一个海陆复合体国家，既面向无边无际的海洋又拥有广袤的内陆，中华民族的象征——“龙的传人”这个符号表述中“龙”的形象明显也产生于浩瀚的海洋；海洋文明书写了唐宋时代的辉煌，日本遣唐使、遣宋使的频繁往来，清明上河图中描述的发达的城市工商业经济就是最好的例证；郑和下西洋则创造了历史，保障了中国周边的安定，维护了东南亚、

---

① 萧功秦.从千年史看百年史——从中西文明路径比较看当代中国转型的意义[J].社会科学论坛(学术评论卷)，2007(1)：5-31，162.

② 梁正.大陆文明、市场经济与资本主义[J].社会科学战线，2000(2)：32-37.

南亚地区的稳定,提高了明朝的国际声望。① 一位法国学者做出了这样的评价,“郑和开创了地理发现时代,使得中国的海洋实力、海上贸易、航海技术、船队规模和海军军事力都达到了前所未有的高峰。这就说明中华文明是面向海洋的、有探索精神的、开放的文明”②。

我们认为,古代中国的这种海洋文明可能具有西方近现代海洋文明的萌芽阶段的某种特征,但还是与成熟的西方海洋文明模式有着较大的区别。文明固无高低优劣之分,但文明的互补和借鉴、交流与融合仍然十分重要。从精神维度上看,中华文明属于道德伦理型、内向保守型和家族本位型的文明,而西方文明属于逻辑法理型、外向进攻型和个人价值型的文明。两种文明产生于不同的历史条件下,都形成了自己的传承体系和演进逻辑,可以建构一种互补共荣的关系。③

海洋文明最早是西方学者在总结大航海时代以来海洋在世界发展中的历史作用时形成的概念。汤因比曾说,“西方划时代的发明是把文明进化的焦点放在了海洋上,重新界定了作为全人类物质交往的主要媒介。西方不是使用马匹,而是依靠航海的船只征服了整个西方文明曾经鞭长莫及的世界,其中包括南北美洲”④。与欧洲人文主义运动、宗教改革、经济社会转型等变化相呼应,“广阔的海洋与开放的国际市场在自由这个观念中汇合了……随着机器的发明,大工业生产的推广……巨大的海权同时成为改变人类社会的根本性机械力量……工业革命把那些横跨大海、远渡重洋的上帝子民变成了机器制造者并进而异化为机器的奴仆”⑤。在这样的背景下,黑格尔把人类文明繁衍的地理条件分为三种形态:高地、平原和海岸地区。他认为,在第一、二类地区,“人类被束缚在土地上,并被卷入等待、懈怠、懒惰的日出而作日落而息的程式化生活里边”,而在第三类地区,“大海迫使人类超越了那些思想和行动被局限的圈子”,产生出一种以船为交通工具,“从脚踏实地的大陆,摆渡到波涛汹涌的海面上”的海洋文明。“大海诱惑人类进行探险征服、开展掠夺,但是同时也鼓励人类追求利润、从事商业。”“经营贸易必须要有勇气,取得成功的前提是智慧与勇敢的紧密结合,因为久居陆地的人们到了海上,就不得不应付那无边的风浪和随时可能出现的危险,所以他们必须同时具有缜密的权谋和超人的机警。”⑥黑格尔眼中的海洋文明是现代社会兴起的动力,也是资本主义文明的同义词。在“片面而深刻”的西方哲学立场的审视下,他描述的世界历史把海洋文明看成人类文明的最高阶段,而中国和东方则被矮化为人类文明的童年。由此,他构建的海洋文明高于农业文明、游牧文明的人类先进文明形态的意义框架,并成为现代性视阈中西方中心主义话语体系的基石。

中国对海洋文明的理解更多地立足于地理位置、人文传统和文明复合体的视角,

① 袁南生.关于中国文明转型的战略思考[J].外交评论(外交学院学报),2016(2):1-12.

② 刘芳.郑和更像一位和平的使者——专访法国《回声报》记者阿德里安·孔博[N].参考消息,2005-07-05(1).

③ 何星亮.文化多样性与文明互补[J].中山大学学报(社会科学版),2007(3):1-7,124.

④ 斯塔夫里阿诺斯.全球通史:从史前史到21世纪[M].吴象婴,等译.北京:北京大学出版社,2006:335.

⑤ 施米特.陆地与海洋——古今之“法”变[M].林国基,周敏,译.上海:华东师范大学出版社,2006:57-59.

⑥ 黑格尔.历史哲学[M].王造时,译.上海:上海书店出版社,2006:83-84.

这与西方海洋文明的内涵、指向、特征区别很大。比如有的学者认为“在人类的足迹从陆地移向海洋的那个时间起，人类与海洋的对话就开始了，蓝色的海洋文明在主体与环境的彼此注视中诞生了”[①]。“只要海洋作为主体语境对这个文明体、文化区十分重要，都可以称其为由诸多‘海洋文化’现象和人类互动行为构成的‘海洋文明’。”[②]这些理解未免流于宽泛和自我想象，并非近代史框架中的海洋文明的特定内涵和范畴指向。还有的学者以西方海洋文明作为衡量标准和观照对象，从文明的高低优劣、发达与不发达的立场出发，认为中国有海洋文化而没有海洋文明。“一种海洋文明之所以被称为海洋文明，一是它要领先于当时人类社会的发展，二是这种领先主要得益于海洋文化，两者缺一不可。……中国古代文明的发展，得益于海洋的不多，尽管中国有漫长的海岸线，也创造了丰富的海洋文化，但也算不上海洋文明。”[③]这种论断又走向了另一个极端，即忽略了中西文明的差异化互补和文化创新的格局与现实，自觉不自觉地堕入了文明优劣论的意识形态陷阱。我们认为，全球视野下，应该正确处理和公平看待中西文明的关系，中西双方都应该发挥自己的优势，借鉴对方的长处，实现多元文明的并行发展、交流共融。

综上，我们应该承认海洋文明是与资本主义文明、西方工业文明等范畴相称、表述一致的一种文明形态，是全球海洋时代的一种文明类型，但不等同于世界文明的全部内涵和唯一指向。海洋文明作为按交往方式和经济手段划分的文明类型，是一种人类历史行为的演变，它经历了从低到高、从初始形态到现代型构的衍化历程，跨越了从区域海洋到全球海洋、多极海洋的不同发展阶段；作为国家或区域的海洋文明，体现出各自的属性，又在特定的历史时期扮演着差异化的角色，既有崛起后衰落，又有困顿中复兴或再生，在世界历史上演出了一幕幕生动的活剧。我们认为，海洋文明存在于海陆复合体结构之中，与陆地文明并非高低优劣的二元对立，而是一种互动、借鉴、融合的关系。海洋文明离不开陆地文明的滋养与扶持，陆地文明也受到海洋文明的影响与牵制。海洋文明的流动、开放、多元、包容的特质，是吸收了陆地文明、异质文明的优良元素，经过长期的互动、交流、变异、渐进形成的；在与陆地文明的相互观照中，海洋文明从区域走向全球，其影响力日渐提升，深刻地影响了人类社会的历史进程，形成海陆兼具、相济共生的现代世界大格局。[④]

即便把中国古代文明视为大陆文明和海洋文明的共融体，大陆文明也是其中坚与核心，海洋文明只是其配角和附属，中国近代百年史上这种海洋文明的细胞和组织更是逐渐萎缩，最后趋于消亡。从广义上看，其实任何一种文明都是混合形态的文明，只是哪一种地位更为突显和主导发展的问题。文明本身没有先进与落后、优质与劣等的划分，只要适应历史阶段发展和推动社会进步的文明就是优秀的文明、强大的文明、进步的文明。因此，顺应时代发展、推动社会进步是优秀文明的内生因子和衍化动力。

---

① 苏文菁，兰芳.世界的海洋文明：起源、发展与融合[M].北京：中华书局，2010：6-7.

② 曲金良.西方海洋文明千年兴衰历史考察[J].人民论坛·学术前沿，2012(6)：61-77.

③ 邓红风.海洋文化与海洋文明[M]//中国海洋文化研究：第1卷.北京：文化艺术出版社，1999：22.

④ 杨国桢.中华海洋文明论发凡[J].中国高校社会科学，2013(7)：43-56，155.

四、中国文明的形态嬗变:指向高处

中国文明有着悠久的历史和辉煌的过去,但是进入近代以来,拥有丰富文化遗产和优秀精神内核的中国文明遭遇到西方工商业文明的冲击,陷入断裂和停滞的危机之中。在全球化的语境中,中国文明已不再是世界文明的中心,而是持续地处于被边缘化、去中心化的拒斥与削弱之中:一方面,几千年文化精神的承续与代传,使得中国文明拥有丰富的思想资源和博大的精神空间,依然具有旺盛的生命力;另一方面,在西方中心主义的话语体系规制下,中国文明仍被孤立和挤压,并被不断地恶意误读。这种尴尬的处境,使得中国文明和文化一个多世纪以来一直在寻求自身的创造性嬗变之路。①

说到底,大陆文明和海洋文明都是平面的描述与概括,并没有反映出世界的高度和立体的空间。全球化本身就是一个扁平化的过程,所以"世界是平的"这个概念才如此深入现代社会自我规设的生活世界内核。中国文化自古以来就强调对精神高度的探索,重视对想象空间的追求,并由此构成了中国文化包容天下的品格风貌和高蹈宇内的思想境界,这也预示了中国文化未来转型发展的另一条道路,即"指向穹顶",这个"穹顶"指的是全人类的文化高度和精神海拔。在中国古代,"指向穹顶"的文化定位便是"胸怀天下"。"天下"是一个超越了国家、民族疆域的概念,即中国文人所说的不忧国而忧天下;但"天下"并不是一个人们脑海中无限扩大了的国家,"天下"也不聚焦于某个具体的疆域,而是对应着芸芸众生。"天下"可能会成为国家制度的一种空间想象,但它更多地代表了一种哲学批判、一种思想的维度和一种价值的指向。"天下"理念贯穿于整个中国历史的兴衰更替之中,中国古代典籍中对"天下"的意象指涉比比皆是,而以《老子》著述中归纳的"天下"内涵最为丰富和完整。在老子的解读中,"天下"是自然与社会的聚合体,在思维广度上与人类、世界等同,是一个包罗万象的体系;在对待"天下"的态度上则以"道、无为、无事"为指针,即让每一个人都具备"天下"意识,让孺子可教成为接近天道的红尘路径。老子的"天下"思想为人类文明的发展提供了一个可资借鉴的模式,即通盘考虑宏观、中观、微观的语境关系,使世上一切的物质存在和彼此互动合于天、证于道,以天下观指导言语行为方式,以有道"奉天下"。②

虽然说"天下"概念有其广泛的包容性,但中国历史上的"天下"思想也有其集权制度、中心理念、自我想象、文化优越感等方面的时代缺陷,所以以之为主导核心的大陆文明到了近代便逐渐衰落,但它也给人类未来文明的发展、走向提供了启示:要以大文化视野和全球性立场来促成人类文明的嬗变与转型,由平面走向立体,把二维变为三维,从地上走入空间。有学者把这一文明转局称为太空文明时代的到来,并不无忧虑地指出,"今天,如果我们错失了'太空文明'时代,就会像500年前错失大航海时代一

---

① 王岳川.后霸权氛围与太空文明时代[J].文艺争鸣,2006(5):1-3.

② 时胜勋.从天下文明到太空文明——中国文化未来发展的可能性[J].贵州社会科学,2008(1):13-22.

样失去相应的技术、社会发展机遇”①。另一些学者认为，太空文明包含两个层面：一是空间探索技术的发展给人类社会带来的实质性影响，即对外太空和其他星球的拓殖与发掘；二是多样化信息虚拟手段对世界观的改变，它超越工业时代对于物品、产品等实体形态的重视，转而关注符号、信息、符码、编码等虚拟存在。在这种高迈宏远的思想拷问和脚踏实地的技术超越下，人类文明完成了祛魅与复魅的转换，西方文明单一、僵化的实体思维模式终将为虚拟与实体并重的复合型空间考量所替代，并在后现代科学的助力下完成跨越现有思想体系和学科范式的超维度的融合。②

对于这个说法，我们基本上是认同的，但我们认为如果把“太空文明”替换为“空间文明”可能会更好。“太空”一词本来就是现代科学的概念，它是具象的、实在的范畴，而非哲学层面上的意义解读。一个抽象的、泛物意义的“空间”概念，其包含的维度更为复杂，想象场域与天下视角更为深远与辽阔。因此，“空间文明”的提法更能超越大陆文明与海洋文明的平面影廓，进一步凸显东西方文明的互体互用、共融进退。

空间文明时代为中国文明的价值重构与涅槃再生提供了新视角和新立场。现代性和全球化的快速蔓延与过度张扬对人类文明的转型提出了新的要求。大陆文明是世界历史上人类最初的辉煌，海洋文明是近代史上西方领衔的狂飙突进，这两种文明都有可取之处，亦有不适应目前时代的缺陷。大陆文明所滋生的封建王朝替代循环历史因其制度、组织的内部断裂和致命漏洞，在近代被西方海洋文明所颠覆，东方中心被瓦解并纳入西方中心的议程设置之中。西方人打破了东方的时空合一观，以现代性抹去了空间维度，还原成了时间维度，现代性的线性时间观统领了一切，全盘否定古代文明的灿烂辉煌，但也没有为人类文明的未来发展找到方向。而空间文明时代的提出，则从深层意义上超越了第一次工业革命以来的平面生产和线性递延，将时间与空间本体论紧密连接起来，侧重其文化意义和精神价值，展现了一个立体、交叉、互融、创新的路径与场域。在这个意义上，中国古老的智慧文明可以弥补西方海洋文明的缺陷和缝隙，正如“天下”观为“空间”观提供内涵滋养和外部观照一样。著名哲学家罗素看到了中西文明具有的这种很强的互补性，“我们文明的显著长处在于现代科学的分析方法；中国文明的长处则在于对关系的综合和对人生归宿的合理理解。人们一定希望看到两者逐渐结合在一起”③。他甚至认为中国智慧可以拯救西方文明和未来世界，“从人类的整体利益来看，欧美人颐指气使的狂妄自信比起中国人的慢节奏生活会产生更大的负面效果。……前现代的生活方式已沿袭数千年，若能被全世界采纳，地球上肯定会比现在有更多的欢乐祥和。然而，欧洲社会的人生观却推崇竞争哲学、不断开发、向外扩张、肆意消费以及对生态环境的彻底破坏。机器大生产的高效率最终只能带来人类世界的毁灭，而我们现实的文明正在走向这一深渊。若不借鉴一向被我们轻视的东方智慧，世界文明就丧失了美好的前景”④。

---

① 黄国柱，贾永，曹智.中国迈向“太空文明”新时代[N].新华每日电讯，2003-10-17(3).

② 王岳川.发现东方：修订版[M].北京：北京大学出版社，2011：160.

③ 罗素.中国问题[M].秦悦，译.上海：学林出版社，1996：7.

④ 罗素.中国问题[M].秦悦，译.上海：学林出版社，1996：8.

中国政府目前提出的"一带一路"倡议就是在新世界主义视角下建构空间文明体系的一项实验性举措,它不仅立意于中华文明的伟大复兴,更在慎重思考如何促进其伟大转型。它修订了内陆文明从属于海洋文明、东方依附于西方的西方中心主义观点,顺应世界重心东移的趋势,重塑均衡、包容的全球化文明,推动多种文明的平等对话和共生共荣。"一带一路"倡议肩负了引导人类文明创新发展的现实担当,一方面是重构全球化的包容性,实现世界的均衡发展、共同繁荣;另一方面则是创新人类文明生态,实现全球力量再平衡,建设和平之路、合作之路、和谐之路。从中国文明的递延和发展来看,"一带一路"倡议可以推动传统中华文明的三大转型:一是从单方面融入全球化、被动纳入西方话语格局向塑造全球化、参与全球话语体系构建转变,从中国走向世界到世界靠近中国的态势转变;二是以历史上的文明共同体理念为指导,打造华夏文明圈周边的利益共同体、责任共同体、安全共同体,最终形成命运共同体;三是强调共商、共建、共享原则,秉持开放、包容理念,重塑"中国制造"在全球市场的比较优势,重新发掘中国价值的世界应用,全面提升中国的国际竞争力和话语权。① 作为硕果仅存的文明古国,中国已经经历了从内陆文明向海洋文明、从农耕文明向工业—信息文明的转变,目前正在经历从区域性文明向全球性文明、从平面文明向立体文明、从海陆复合体向空间文明的质性飞跃。这是人类古老文明复兴与转型并举的关键时期,"一带一路"倡议的提出与实施顺应了时代的要求,充分展示了全球化时代中国的文明自信与文化自觉。

① 王义桅."一带一路"的文明解析[J].新疆师范大学学报(哲学社会科学版),2016(1):14-21.

华夏传播媒介研究

作为媒介的瓷器:论瓷器的传播功能

Porcelain as a Medium: The Study on the Communication Functions of Porcelain

李海文*
Li Haiwen

摘要:万物皆可为媒,瓷器亦不例外。瓷器最早产生于中国,富有中国特色,是中国文化的一张名片。它除了显而易见的实用功能外,还有不易觉察的作为媒介的传播功能。经过梳理近两千年的成熟瓷器发展史,探究制作与使用之场景,分析事后之效用,我们发现瓷器具有"五位一体"的传播功能:在政治传播上,宣扬国威、塑造形象、教化臣民;在经济传播上,传递商情、交换价值、象征财富;在文化传播上,传载文化、表达情趣、美美与共;在社会传播上,沟通神灵、体征信念、共享文化;在生态传播上,体现匠心、再现自然、对话自然、天人合一。

Abstract: Everything can be a medium and there is no exception for porcelain. Porcelain is first produced in China and full of Chinese characteristics, which is a business card of Chinese culture. In addition to its obvious utility functions, it also has the undetectable communication function as a medium. After sorting out the development history of nearly two thousand years of mature porcelain, exploring the scenes of producing and using as well as analyzing the aftereffects, it is found that porcelain has a "Five in One" communication function. In the political communication, it can propagate the national prestige, shape the image and foster the subjects; in the economic communication, it can carry business information, exchange value and symbolize wealth; in the cultural communication, it can disseminate culture, express interests and share beauties; in the social communication, it can communicate with gods, represent beliefs and share culture; in the ecological communication, it can reflect ingenuity, recreate the nature, and make dialogues with the nature and harmonize between heaven and man.

* 李海文,厦门大学传播学在读博士,研究方向为华夏文明传播与媒介学、文化传播史论。

关键词:瓷器,媒介,传播功能,"五位一体"

Keywords: porcelain, medium, communication function, "Five in One"

引 言

陶器起源多元化,而瓷器最早产生于中国,是中国人民的一项伟大创造。瓷器从陶器演变而来,商代就有了原始瓷器,在东汉发展成熟,至今已有三千年的悠久历史。至迟在唐朝,中国瓷器就远销海外,一直是丝绸之路上的大宗货物。到了宋朝,名瓷名窑遍布大半个中国,"五大名窑"产品加龙泉、建窑产品,更是享誉海内外。明清时期,瓷器发展到鼎盛时代,青花瓷、颜色釉瓷、粉彩瓷等精美绝伦。悠久的历史、精美的产品、深厚的文化气息,使得瓷器深受国内外人民的青睐,让中国享有"瓷国"之称,在英文中"瓷器"(china)与"中国"(China)同为一词。美籍华裔科学家李政道曾言:"一部中国陶瓷史几乎就是一部中华民族的文明史,也是科学技术与文化艺术互融、互动的发展史。"①近现代学者郭沫若也有类似的表述:"中国古陶瓷发展的历史,就是中华民族发展的历史。"②瓷器把工艺文化、民俗文化、历史文化、宗教文化、政治文明、科学技术等融为一体,成为中国文化的象征。

万物皆可为媒,媒介皆承载信息。瓷器作为一种器物,除了显而易见的实用功能外,还有不易觉察的作为媒介的传播功能。有句古话:"百代消亡,唯瓷永存。"瓷器可以跨越时空,蕴藏社会历史信息,发出"无声的语言",也是古代社会的一种重要媒介。媒介是一种介于两者之间的传达工具。③ 就瓷器制作而言,是融汇匠心的火与土的艺术,是审美情趣的一种表征;就瓷器自身而言,不管是形式各异的器型,还是丰富多彩的纹饰,抑或精致唯美的釉色纹理,无不透露着各种信息;就其使用而言,瓷器可作为礼物、礼器、商品,进行无声的沟通,传达人们的情感意图。诸如此类的瓷器媒介功能还有很多,有待系统挖掘研究。

学者王政挺曾指出:"一个人的生活方式,也就是他的传播方式,也可以说,一个人的传播方式,也就是一个人的生活方式。"④可见,生活与传播密切相关。作为生活中常用的器具,瓷器自然也与传播有着密切关系。若与其他中国特色的器物相比较,它比青铜金银器取材容易、工艺简单、造价偏低;又比陶器更为耐用、清洁、光亮;还具有玉质般的温润度,性价比高,广为烧制,使用覆盖面广,可谓走进千家万户的大众传播媒介。华夏传播研究的是中国传统社会的传播活动和传播观念,而瓷器作为器物文化的一大典型代表,内含诸多传播观念,涉及诸多传播活动,因此研究瓷器的媒介功能,进一步丰富、完善华夏传播观,显得不仅可行,而且亦有必要。

查阅海内外有关文献,涉及中国瓷器媒介论的并不多,整体闲散零碎。学术论文

---

① 黄庆桥.科艺相通:李政道论科学与艺术[N].学习时报,2017-11-08(A7).

② 河南省陶瓷文化研究会.古陶瓷集粹[M].郑州:中州古籍出版社,2010:序 1.

③ 王岳川.媒介哲学[M].开封:河南大学出版社,2004:4.

④ 王政挺.传播:文化与理解[M].北京:人民出版社,1998:1.

方面，《宋代瓷器文化的传播及其审美取向》（李龙生、费利君，2011）一文，着重勾勒的是宋代瓷器文化的传播途径、审美选择与审美取向；《明清景德镇瓷绘纹饰的媒介性研究》（秦树景，2015）一文，主要论述的是明清瓷绘纹饰是传统纸绢绘画借以走向民间的一种全新媒介；《我国文化海外传播的新路径——从中国瓷器的海外传播谈起》（凌继尧，2015）一文，从比较宽泛的角度探讨了瓷器的文化功能，即反映中国文化和融汇中西文化的载体；《论陶瓷作为媒介在艺术品中的运用》（任帅，2016）一文，把陶瓷当作艺术的表现材料，强调的是艺术创作者对于陶瓷的运用创意；《中国陶瓷故事域外阐述与中国陶瓷文化传播研究》（孙静艺、王伦，2016）一文，只简单提及了瓷器反映各个时期思想文化特征的媒介性功能。图书方面，《中国陶瓷文化史》（骆文亮，2012）展示的是中国陶瓷发生发展历程，侧重于介绍陶瓷的工艺文化；《中国陶瓷文化史》（赵宏，2016）虽从陶瓷文化结构方面逐一探讨了陶瓷文化，但尚未专门列出瓷器的媒介论述；《瓷话中国——走向世界的中国外销瓷》（曾玲玲，2014）重点讲述中国瓷器进入他国后出现的趣事和文化碰撞以及瓷器革命，从中谈及瓷器传播中国文化的媒介功能，还处在素材层面；美国学者罗伯特·芬雷的《青花瓷的故事：中国瓷的时代》（郑明萱译，2015）围绕瓷探讨中外文化交流，侧重文化传播功能，缺乏政治、社会等层面的探讨。总之，诸如这些文献虽然或多或少涉及瓷器作为媒介的传播功能，但论述偏向工艺文化，研究方法相对单一，观点缺乏系统性，而且并未从华夏传播研究的角度出发总结出瓷器的传播功能观。

一、政治传播功能

所谓政治传播，即政治信息在政治体系内外的流通过程。作为可移动、可赏赐、可使用的一种工艺器物，不管是瓷器本身，还是其使用场合，皆可传达政治信息。当瓷器被纳入政府监管体系之后，便造之有令、用之有序、输出有规，更是蕴含了丰富的政治信息。

（一）宣扬国威

自瓷器生产成熟以来，历代统治者经常将瓷器赏赐藩属国、赠予友邦，以示天朝富有、皇恩浩荡。宋建隆三年（962），东南亚的三佛齐国（Samboja Kingdom）来贡，回赐白瓷器等。[①] 明洪武十六年（1383），朱元璋赠予占城、暹罗和真腊瓷器各一万九千件。[②] 郑和七次下西洋，所带礼物包括丝绸、黄金和瓷器等，除为了寻找建文帝之外，

① 脱脱，等.宋史·卷二百四十八[EB/OL].(2013-06-30)[2018-07-18].http://www.gushiwen.com/dianjiv/81587.html .

② 明太祖实录·卷一五六[EB/OL].(2013-06-30)[2018-07-18].http://ex.cssn.cn/sjxz/xsjdk/zgjd/sb/jsbml/mtzsl/201311/t20131120_843539.shtml.

就是“耀兵异域,示中国富强”①。1984 年在西藏萨迦寺发现的宣德青花五彩莲池鸳鸯纹碗,是明代皇帝赠给西藏上层贵族的礼物。清乾隆四十五年(1780),御赐班禅有“磁”等珍宝。道光二十四年(1844),御赐达赖“瓷器十”等,“以光我国家亿万年无疆之休命”②。像清宫珍品珐琅彩瓷器,乾隆三年(1738)始陆续配制楠木匣,每年陆续赏给蒙古王公、达赖、班禅以及藩属国国王。③ 楠木匣装珐琅彩,好比好马配好鞍,显得“高大上”。

用于赏赐或贡赐贸易的瓷器,皆数官窑产品。官窑瓷器主要是指官办窑厂制品和其他窑厂专为皇室烧制的产品,精美绝伦,富有特色。瓷器虽非国之重器,但为中国特产,且精美瓷器来之不易,需要付出大量的人力、物力和财力。作为政治传播者,朝廷对待瓷器还是比较慎重的,主要利用这些瓷器建构主客二分的传播关系,宣传中国造物能力强、富有强大的国威,表达中国以德感人、善待友邦的外交政策,进而说服异域番邦心向天朝,朝觐天子,天下太平。

(二)教化臣民

众所周知,瓷器有官窑与民窑之分。官窑最早可追溯至唐五代时期,明清两朝更是盛况空前。从唐朝开始,官方就已介入,设有“将作监”“少府监”和产瓷区“司务”,对陶瓷、金工等进行操控,为统治者服务。官民瓷器,在烧造、使用上皆有明显差异,生动传达了森严的封建等级信息。例如,南宋学者周辉在《清波杂志》中记载:“汝窑宫中禁烧,内有玛瑙为釉。唯供御拣退,方许出卖,近尤难得。”④宋高宗宠爱刘贤妃,赏赐汝瓷于她,瓷上刻有“奉华”二字,以示与他瓷的区别,进而显示刘贵妃的尊荣。明宣德时期烧造的一种较大的碗,多为皇宫使用,故名“宫碗”。晚清官窑中的精品“大雅斋”款瓷器,是慈禧太后专用瓷,用于寿庆和赏赐。

封建社会不断加强皇权,明清时期到达顶峰,对于颜色釉瓷器,尤其是红釉、黄釉瓷器等的生产与使用有严格规定。因此,谁能生产,谁能使用,瓷器背后蕴含着政治权力,透露着政治身份。朱元璋“尚红”,指定红釉器为宫中器用。《明英宗实录·卷一六一》记载,正统十一年(1446)时有令:“禁江西饶州府私造黄、紫、红、绿、青、蓝、白地青花瓷器……首犯凌迟处死,籍其家赀,丁男充军边卫,知而不以告者,连坐。”⑤ 明清两代颜色釉瓷器,只许官窑生产,不许民窑生产,若违反此令,严重者会被砍头。在皇宫中,颜色釉瓷器的使用,也有严格的等级之分。例如,清《国朝公史·卷十七》记载,皇太后、太后用里外黄釉器,皇贵妃用黄釉白里器,贵妃用黄地绿龙器,妃嫔用蓝地黄龙器,贵人用绿地紫龙器,常在用绿地红龙器。这些瓷器好比外在标签,异贵贱别尊卑,

---

① 张廷玉.明史·卷三百四[EB/OL].(2013-06-05)[2018-07-18].http://ex.cssn.cn/sjxz/xsjdk/zgjd/sb/zsl/ms/201311/t20131119_841617.shtml.

② 熊寥,熊微.中国陶瓷古籍集成[M].上海:上海文化出版社,2006:28-29.

③ 朱家溍.故宫藏美:插图典藏本[M].北京:中华书局,2014:118.

④ 廖桂英.汝窑瓷器在台湾[J].紫禁城,2015(11):64-67.

⑤ 吕成龙.明清官窑瓷器[M].北京:中央编译出版社,2008:232.

警示不得僭越身份。后宫佳丽众多，争风吃醋乃常事，皇帝利用瓷器作为媒介进行政治操作，以稳后院和外戚。

若论造型，诸如象腿瓶、爵杯等也富有政治意味。象腿瓶身如直筒，粗壮如象腿，因“筒”与“统”谐音，在清初又叫“一统瓶”，意为“大清天下一统”。若论装饰，瓷器常用绘画来装饰，其中不少富有教化色彩。例如赏瓶，器型来源于玉壶春瓶，颈部绘青花蕉叶纹，腹部绘缠枝莲纹，“青”代表“清”，“莲”代表“廉”，有“清廉”之意。自清雍正皇帝开始，把赏瓶赐予臣子，不仅是奖状，也是一种警示，暗示为官要清廉。唐代画家、绘画理论家张彦远在《历代名画记》中开篇就言：“夫画者，成教化，助人伦，穷神变，测幽微，与六籍同功，四时并运。”①绘画还常用“渔樵耕读”“一路连科”“鱼跃龙门”“马上封侯”“太师少师”“一品清廉”“三纲五常”“四海升平”“太平有象”等图案宣扬崇尚科考为官、遵守伦理道德、打造太平局面的教化意识。随着瓷器走进千家万户并成为大众媒介，官方意识形态得到传播，政治社会化日渐凸显。苏联学者穆尔扎说：“物品携带着对日常意识产生重大影响的‘信息’……成为具有决定意义的力量。”②瓷器在生产与使用过程中，被赋予了政治信息，成为统治者用来监视社会秩序、协调关系和价值导向的一种工具。

二、经济传播功能

虽然经济传播的概念在学术界暂无广泛论述，没有普遍被认可的定义，但我们可以从传播的本质入手，确定内涵与外延。传播学者周鸿铎认为，经济信息传播有三大功能，一是刺激满足，二是指导服务，三是协调控制。③ 不妨这样理解，经济传播是指经济信息在经济体系内外流通的过程，包括经济报道、经济发展与变化的反映、体现经济社会关系等。瓷器并非新闻产品，但同样可以传递商情，甚至作为一种富有价值的器物，还可充当货币，衡量价值，象征财富。

（一）传递商情

瓷器不仅可以传达政治信息，还可以传递商业信息，提供“关于资源以及买和卖的机会的信息”④。就其自身而言，瓷器即信息，如外销瓷的造型、装饰具有异域风格，说明了当时当地人有相应的市场偏好。非外销瓷器上极少见到船纹，使用的是寥寥几笔的舟纹；外销瓷器上则经常出现船纹，多为海船，个体很大，描绘的是英国、美国、葡萄牙、荷兰贸易船只与中国贸易满载而归的场景，是中国瓷器外销的真实情况的反映。如今在土耳其伊斯坦布尔的托普卡帕皇宫（Topkapi Palace）珍藏着一批中国青花瓷，

---

① 张彦远.解读历代名画记[M].田村，解读.合肥：黄山书社，2011：2.

② 卡拉-穆尔扎.论意识操纵：上[M].徐昌翰，等译.北京：社会科学文献出版社，2004：4.

③ 周鸿铎.经济传播学总论[M].北京：中国纺织出版社，2005：46-51.

④ 郭庆光.传播学教程[M].北京：中国人民大学出版社，2011：102.

“透过这些青花瓷可以窥见500多年前中国与中东地区的瓷器贸易盛况”[①]。就其销售而言,瓷器是否外销,销量多少,深受国际贸易政策影响,也能反映商情。在外销瓷方面,1522年葡萄牙国王下令,所有从东印度回来的商船所装载的货物的三分之一必须是瓷器。[②] 如此明文规定,源于欧洲巨大的市场利润,反映了中国瓷器奇货可居。近现代经济学家冯和法在《中国瓷业之现状及其状况》(1932)中写道,宋末荷兰人由福建贩瓷往欧洲,价值每与黄金相等,且有供不应求之势。[③] 约在17世纪中叶,具有中国风的日本伊万里瓷器,开始大批出口欧洲,传递了清初的海禁政策。后来景德镇仿制具有市场一席之地的伊万里瓷,推陈出新,成为中国的“伊万里”,重新夺回了欧洲市场。中国瓷器恢复外销,体现了清政府开放海禁的政策。与现代媒介相比,瓷器传递商情侧重于非语言符号,尽管时效性不可同日而语,但在交通不畅、通信落后的古代,不失为一种较为可行的传播方式。若从历史研究古代经贸关系,瓷器更具媒介功能。无论是地上遗址出土的瓷器(包括碎片),还是海里沉船打捞的瓷器,皆是探究经济往来的重要渠道和证据。

(二)交换价值

众所周知,货币是一种媒介,具有表征、储存和交换的功能。瓷器具有普遍的使用价值,凝结了无差别的劳动,在诸多场合被视为一种价值交换的媒介,具有实物货币的功能。从历史上看,瓷器的前身陶器,曾有陶贝,被商周人民所使用,成为重要的原始货币之一。中世纪的阿拉伯学者查希兹(Al-Jahizi,约779—869)提到一份换货协议,其中一款是用瓷器交换货物。[④] 南宋政府为防止铜钱外流,曾在1219年下令,用瓷器等货物交换外国货物。[⑤] 明朝郑和下西洋,用瓷器作为朝贡贸易的结算手段。纵观古代丝绸之路的贸易,瓷器是三大外销品之一,经常被直接用来物物交换。时至今日,在收藏界、金融界,利用瓷器交换物品,抵押或冲抵债务之事也时常发生。可见,瓷器本身具有价值,又有较强的流通性,受到社会的广泛认可,具有货币符号的作用,能够充当交换媒介。

(三)象征财富

由于制作成本高、烧造难度大以及不易运输、保存等因素,精美瓷器富含价值,不仅可以衡量他物之价值,本身也是财富的象征。历朝历代收藏瓷器,乃至有赝品出现,正是说明了瓷器的经济价值。上层社会把精美瓷器陈设在宫殿、厅堂橱窗等,以显示高贵富有。瓷器是古今典当行常见的典当物,也是女子出嫁的常见嫁妆。宋代五大名窑产品,受人追捧。有着“青瓷之首,汝窑为魁”美誉的汝瓷,被人们言道“家有万贯,不

---

① 曾玲玲.瓷话中国:走向世界的中国外销瓷[M].北京:商务印书馆,2014:19.

② 梅彬.海上陶瓷之路[M].南昌:江西人民出版社,2016:162.

③ 周冉.德化外销瓷 迷倒欧洲人的“中国白”[J].国家人文历史,2013(6):104-105.

④ 沈福伟.中西文化交流史:第2版[M].上海:上海人民出版社,2006:186-187.

⑤ 王小甫,范恩实,宁永娟.古代中外文化交流史[M].北京:高等教育出版社,2006:234.

抵汝瓷一件”。有着“入窑一色，出窑万彩”之称的钧瓷，受到人们的推崇，形成了“黄金有价钧无价”“纵有家财万贯，不如钧瓷一片”的说法。建窑中的精品建盏也甚为值钱，日本《君台观左右帐记》记载：“曜变斑建盏乃无上神品，值万匹绢；油滴斑建盏是第二重宝，值五千匹绢；兔毫盏值三千匹绢。”[①]明朝“斗彩”鸡缸杯是难得的精品，在明朝本朝就极为珍贵，万历《神宗实录》记载：“神宗时尚食，御前有成化彩鸡缸杯一双，值钱十万。”仿古瓷器的精品也具有价值，像明朝制瓷名家周丹泉的“周窑”就以仿古见长，“每一名品出，四方竞重购之”[②]。清代仿明代，清晚期、民国仿清早期的瓷器，在今日的瓷器市场亦有交易空间。

受到中国文化影响的菲律宾人珍视中国瓷器，平时将瓷器埋在地下，节日才取出一用，用后又深埋地下。[③] 瓷器具有经济价值，尤其是在器物制造能力有限的传统社会，受到人们的追捧，自然可以象征财富。

三、文化传播功能

生活中有许多文化传播现象，关于文化传播我们容易理解。文化传播也被称为文化扩散，指一种文化跨越时空，在不同群体、个体之间传播。瓷器具有一定的表面，不管是平面还是曲面，皆可充当符号的载体。瓷器所载信息是一次生成的，不可擦掉，具有时间偏向。而且，瓷器本身就是文化与技术的结合体，即使面上无语言符号，也能传达信息。同时其还可位移，具有一定的空间偏向。瓷器成为兼具时空偏向的一种较为平衡的媒介，文化传播功能不可小觑。

（一）作为诗画的载体

瓷器装饰最明显、最常用的是纹饰，它反映着人们的思想、意志和情趣，是传播文化最主要的子载体。整体观照中国瓷器纹饰，我们发现它有三大主题，一是希望健康长寿；二是获得较高的社会地位或官职；三是祈求多子多福。瓷器上题写诗词的现象大致有三次高潮：一是唐五代的长沙窑题诗；二是金元时期的磁州窑题诗；三是清代青花器皿上的诗文。铭文题记开始出现在唐代长沙窑的瓷器中，以诗歌铭文居多。诗句通俗易懂，很少引用典故，大部分源于民间流传的古诗与谚语。随着瓷器走进寻常百姓家，除了诗词内容，汉字本身以及书法形式也从文化精英走向平民百姓。除了汉字，瓷器上的装饰文字还有少数民族文字以及宗教文字，如八思巴文、阿拉伯文、梵文等。瓷器作为诗词的载体，伴随着批量拷贝，传播了中国诗词文化，同时也促进了诗词的发展。

书画同源，除了诗词，人们还将绘画展现于瓷器上，主要体现为动物纹、植物纹、人物纹、吉祥纹等。动物纹经常使用瑞兽如龙凤、麒麟等，也包括具有美好寓意的鱼、猫、

---

① 林蔚文.“唐物天目”茶盏在日本的传播[J].农业考古，1996(2)：89-93.

② 史为乐.中国历史地名大辞典：下[M].北京：中国社会科学出版社，2005：1625.

③ 沈福伟.中西文化交流史：第2版[M].上海：上海人民出版社，2006：239.

蝴蝶等;植物纹中最常用的是莲纹,主要以莲花、莲瓣和莲枝出现,一方面传达莲花的高洁清廉,另一方面是作为佛教圣物,体现佛教思想;人物纹中的高士图,著名的有“四爱图”“竹林七贤图”“十八学士图”“五老图”等[①],体现文人雅士的情趣生活;吉祥纹中的八仙纹、八卦纹等体现道教思想,八宝纹、璎珞纹、卍字纹等体现佛教思想。清代创烧的珐琅彩,严格挑选白瓷器,精描细绘纹饰,将图画与精美的书法题诗相匹配,成为制瓷工艺和诗书画完美结合的艺术珍品。[②] 绘画纹饰承载的文化随着瓷器的物化,更为直观可感,传播范围与效果更大。

(二)作为美学的镜子

若比较陶器与瓷器,“陶器适用于生活实用,而瓷器则偏重于审美”[③]。作为融合了人的审美观的工艺品,瓷器的造型、装饰等随时代变迁而变化,可谓美学的一面镜子。唐代瓷器器型丰满圆润,反映了唐代以胖为美的审美情趣。宋代瓷器精致典雅,崇尚釉色之美,体现了宋代人追求古朴深沉、宁静淡雅、素雅简洁之美;造型纤细高挑,反映出宋代人追求内敛的艺术风格。元朝器型以大件瓷器为主,表达了草原民族粗犷豪放的性格特点;青花瓷的盛行,体现了尚白的国俗。明朝瓷器的纹饰出现了八卦图、八仙过海、十八罗汉、群仙庆寿等图案,反映出明朝道教盛行的社会状态。清朝彩瓷占据主流,瓷器五颜六色,表达了时人追求色彩的美学时尚。可见,瓷器的发展和传播过程是与中国社会的物质文明和精神文明相适应的,不仅能体现出瓷器工艺水平的进步和提高,还能反映出当时人们的生活状态、思想观念、审美特点、精神追求。简而言之,瓷器是各朝各代美学的代言人。

明末科学家宋应星曾言:“陶成雅器,有素肌玉骨之象焉。掩映几筵,文明可掬。”[④]瓷器一经创造,便受国人青睐,不仅因其质量更佳,而且也有文化上“尚玉”的传统。瓷器色泽远比陶器更为温润,声音更为清扬。瓷釉是否具有玉质感成为判断瓷器优劣的主要标准,玉质感越强,价值越高。宋代汝窑、官窑、哥窑、龙泉窑以及烧青白瓷的景德镇等都是在这种审美观的制约下烧制瓷器的,甚至将釉面开片的缺陷与文人士大夫的“宁为玉碎,不为瓦全”的审美观对应起来,看作一种美。瓷器可谓美学的一面镜子,反射出人们的审美观,照引人们的言行举止。

(三)美人之美,美美与共

瓷器产生之后,“器成天下走”,四方流传,与世界人民共享。我们在自美其美的同时,并未故步自封,而是美人之美,取长补短,美美与共。瓷器自身的工艺文化以及承载的制度文化、精神文化随着瓷器“走出去”与“引进来”,造就了中外文化交融。

---

① 伯季.瓷器图谱[M].长沙:湖南美术出版社,2011:143.

② 赵力,李清泉,邹清泉,等.中国美术史及作品鉴赏新编[M].北京:高等教育出版社,2014:195.

③ 潘嘉来.中国传统瓷器[M].北京:人民美术出版社,2006:3.

④ 宋应星.天工开物[M].钟广言,注释.广州:广东人民出版社,1976:180.

1.由中而外的跨文化传播

中国瓷器充满中国文化元素，是中国的一张亮丽名片。随着瓷器的外销，其生产技术、艺术风格、行为文化等也随之传播海外，不仅影响周边国家及东北亚、东南亚诸国，而且影响南亚、西亚，远至欧美诸国。具体而言，朝鲜与中国一衣带水，其陶瓷是在中国陶瓷影响下诞生的。中国瓷器的传入，对朝鲜的青瓷、白瓷都产生了重大的影响。在朝鲜半岛的古代都城遗址中，有许多中国古代青瓷和白瓷出土。进入中世纪后，日本社会上流阶层仰慕中国宋代的瓷器，以今之名古屋一带的濑户窑仿制中国宋瓷。受中国瓷的影响，日本创烧了日本风格的日瓷。日本前首相田中角荣 1972 年访华时，曾对周恩来说，就瓷器而言，日本是中国的"孙子"，因为日本的瓷器是从朝鲜传来的，朝鲜瓷又是向中国学习的。①

从 9 世纪开始，中国陶瓷体系与伊斯兰体系相互影响。② 唐代邢窑、定窑和巩县窑白瓷远销中东，促使中东的陶工模仿中国白瓷而生产白色陶器。埃及从法特米王朝(Fatimid Dynasty)开始仿制中国瓷器。在波斯 13 世纪仿制的瓷器中我们可以清晰地看到中国凤凰的图案。

阿拉伯人得到中国造瓷技法以后，于 1470 年将之传播到意大利。意大利在欧洲最早烧造瓷器，1627 年，比萨(Pisa)工人烧造出了软瓷青花碗。经意大利，中国制瓷技术又传到了其他国家。荷兰仿制中国青花瓷器，烧制了白釉蓝彩陶器。欧洲人称这种白釉蓝彩陶器为德尔费特(Delft)③，并一直沿用至今。其功绩在于把中国青花与欧洲陶器、珐琅工艺有机地结合，创造了独特的风格，给欧洲爱好艺术的人们以新的艺术欣赏与享受。德国迈森(Meissen)④瓷厂模仿中国清代康熙、雍正和乾隆时期的瓷器，成功试制釉下蓝彩，而后有描金、彩瓷。奥地利是继德国之后第二个生产真正硬质瓷的国家。在维也纳成立的皇家瓷器工厂，所烧瓷器与迈森瓷厂生产的瓷器一样，装饰具有东方花纹图案特征。法国中部纳维尔(Nevers)的陶器生产受荷兰、英国等商船运来的大量中国瓷器的影响，开始模仿中国瓷器。17 世纪，凡尔赛建立陶器工厂，并奉国王路易十四之命生产大小花盆及仿中国青花瓷器，以供凡尔赛宫使用。德化白瓷，色泽明亮光润，法国人对其特别偏爱，称其为"中国白"(Blanc de Chine)。远在西欧的英国，同样受到中国瓷器的影响。18 世纪，伦敦著名的"弓"(Bow)瓷器工厂从美国进口瓷土，制造坚硬的瓷器，生产雕塑及仿青花碗、瓶等。纹饰有描绘亭台楼阁、小桥流水、柳树、菊花等的瓷器，风靡一时。另外，还有切尔西(Chelsea)瓷器工厂、伍尔西斯特尔(Worcester)瓷器工厂，均生产具有中国风景图案的茶具等瓷器。1890 年，中国制瓷技术在美国落地、发芽，造型装饰兼具两国元素。

除了在工艺文化方面的影响外，中国瓷器还对精神层面的文化产生了影响。中国瓷器所表现出的精巧、细腻、华丽的风格对西方文化产生了一种刺激作用，法国"洛可

---

① 霍华.陶瓷述古[M].上海：上海文化出版社，1999：13.

② 霍华.陶瓷述古[M].上海：上海文化出版社，1999：236.

③ 也有人称之为"代尔夫特蓝陶"。

④ 也有人翻译为"梅森"。

可”风格的产生和中国瓷器有着密不可分的联系，甚至有西方学者认为“洛可可艺术风格和古代中国文化的契合，其全部秘密就在于瓷器所体现出来的纤细入微的情调中”[①]。18世纪，中国瓷器在英国被视为室内装饰和审美的标准，作家丹尼尔·笛福(Daniel Defoe)甚至断言：“住宅里若没有中国花瓶，不能算第一流的高档住宅。”[②]在绘画艺术中，中国青花瓷器经常作为一种元素出现在西方绘画中。如在意大利画家乔凡尼·贝利尼(Giovanni Bellini)的名作《诸神的宴会》中，青花瓷钵成为诸神喜爱的“神器”；在法国画家雅姆·蒂索(James Jacques Joseph Tissot)绘制的《贵妇》一画中，我们可以清楚地看到一套青花瓷茶具，茶具洁白幽兰、细腻明亮。瓷器是一种实物，由于“被赋予了文化价值，所以它具有符号意义”[③]，成为传递中国文化信息的媒介。

2.从外到中的跨文化传播

中国瓷器在畅销域外的同时，也受到了域外文化的影响。北宋初期，瓷器沿袭唐、五代的风格，器型庞大，纹样也多采自中西亚诸国的装饰题材。明朝永宣时期，中外交流频繁，官窑瓷器出现很多阿拉伯文装饰题材。品种方面，如青花瓷、粉彩、珐琅彩、锑黄釉瓷、胭脂红釉瓷等都是中西文化共同作用下的产品。造型方面，如军持、花浇、天球瓶、卧壶、观音瓶、鼻烟壶等都是外来文化影响下烧制而成的新器具。大小方面，如元代和明初的青花大盘、大钵、大罐等，因受中东地区的使用习惯而生产，是中东伊斯兰文化在华传播的一种反馈。

青花瓷是汉文化、蒙古文化和波斯文化的结晶。它的青料有多种，有苏麻离青、平等青、石子青、回青、浙料、明珠料和化学青料等。其中苏麻离青来自波斯，低锰高铁，呈色浓重青翠，有“铁锈斑痕”，俗称“锡光”，是难得的上好青料。元青花的一部分和明永宣官窑所用青料就是这种，之后无货可用，至今无法仿制，不仅使其身价倍增，也成为鉴定的重要标志。

明末清初以来，随着“西学东渐”，中国绘画受到了西方绘画艺术的影响。中国瓷器绘画也不例外，融入了西方绘画的表现方式，如对光影的追求和对阴影的注意，使画面富有立体感。创烧于清代康熙的粉彩，就是典型品种，在乾隆时期还被称为“洋彩”。它吸收外来技术，以含砷的玻璃白打底，表面凹凸不平，立体感较强，融中西之美为一体，成为珍贵品种。

金红釉彩瓷，创烧于康熙末期，因其技术从西方国家引入，又被称为“洋红金”“西洋红”。雍正、乾隆时期，金红釉成为珍贵品种，被列为贡品。雍正十三年(1735)督陶官唐英在《陶成纪事》中记载当时岁例贡御的57种彩、釉瓷中即有“西洋红色器皿”[④]一条。

另外，德国迈森瓷厂烧造的瓷器，起初在造型风格及纹饰方面尽量接近中国瓷器，以便挤进市场。之后，迈森瓷厂开始从原料到制作工序严格把关，绘画也极尽精美工

① 梅彬.海上陶瓷之路[M].南昌：江西人民出版社，2016：160.

② 张国刚.海上丝路的一抹晚霞：明清时期的外销瓷[N].文汇报，2016-08-05(W12).

③ 陈华文.文化学概论[M].上海：上海文艺出版社，2004：141.

④ 毛晓沪.雍正瓷胎画珐琅嫔妃对弈图盘考[J].收藏家，2005 (10)：41-46.

细之能事，并努力吸收中国瓷器的一切长处，把瓷器做到尽善尽美。于是欧洲人把目光从中国瓷器转向了迈森瓷厂，以至于中国瓷工也掉过头来借鉴迈森瓷厂的瓷器。瓷器及其承载的文化在中西方之间旅行，是一场跨文化交流，既有差异与碰撞，亦有理解与融通，既遇见陌生风景，亦重新发现自我，从而进化自己，展现新的魅力。

四、社会传播功能

社会传播有广义与狭义之分，在不同框架内有不同的定义。广义上，相对于物理信息、生物信息而言，一切社会信息的传播都属于社会传播。这里所说的并不是人类社会广义层面的传播，而是指狭义上人与他人，包括死人、超人（神灵）之间的传播。

（一）祭天礼地，沟通神灵

中国礼器继玉器、青铜之后，就是陶瓷产品。在祭祀方面，古人十分看重祭祀，“国之大事，在祀与戎”[①]。“礼有五经，莫重于祭，是以事神致福。”[②]早期中国皇室祭祀天地多用金属器，自宋以后，祭祀天地开始“器用陶匏”体现古礼“尚质贵诚”的精神。明太祖朱元璋在洪武二年（1369）降旨“祭器皆用瓷”。有些颜色釉瓷器也与祭祀有关，如“霁红”“霁蓝”“霁青”等，其本意就是“祭红”“祭蓝”“祭青”，在文献中互为称用。犹如青铜器，陶瓷成为中国庙宇、祠堂里的祭祀重器，主要品种有琮式瓶、瓷鼎炉、瓷双牺耳尊等。平民在祭祀中则更早使用陶瓷。在丧葬方面，“夫礼，始于冠，本于昏，重于丧、祭”[③]。丧葬礼仪作为人生的最后礼仪，在中国传统文化中具有重要地位。早期的瓷器从商周到唐代，大部分是作为明器，用于陪葬。古人事死如事生，随葬品离不开日用瓷器或仿日用瓷器。例如，东吴、西晋时期，最典型的随葬品是堆塑的谷仓罐[④]，被称为“魂瓶”或“神亭”。北魏宣武帝景陵出土的青瓷盘口龙柄壶、唾盂等，陕西法门寺唐塔地宫出土的秘色瓷，就是当时的御用青瓷。宋元时期，常见明器蟠龙瓷瓶，亦称“扳依瓶”或“招魂瓶”。明清时期，除了王侯将相之陵墓，一般平民墓随葬品也常见陶瓷器。这些瓷器被埋在地下，是沟通所谓“天、地、神”思想的物质载体之一，以求保佑国家长治久安或子孙享福。

民间烧窑在不少地区形成了“祀神酬愿”的习俗，人们认为瓷器是否精美离不开上天的保佑。清代督陶官唐英曾在《陶冶图说》中写道：“工匠人夫不下数十余万，靡不藉瓷资生。窑火得失，皆尚祷祀。”[⑤]祀神酬愿成为景德镇制瓷的一道必备工序。瓷器从产生就被赋予天人沟通的媒介功能，在生活中将瓷器用于祭祀、丧葬，沟通鬼神就变得自然而然。

---

① 左丘明.左传[M].长沙：岳麓书社，2015：137.

② 衢州市柯城区档案局.“立春祭”[J].浙江档案，2012(8)：42-43.

③ 杨天宇.礼记译注：下[M].上海：上海古籍出版社，2016：994.

④ 马利清.考古学概论：第2版[M].北京：中国人民大学出版社，2015：352.

⑤ 唐英.陶冶图说[M].北京：中国书店出版社，1993：16.

无独有偶,精美的瓷器还在中国周边国家或地区被当作祭器。他们认为它有着漂亮的外衣,可以媚神,轻叩之可以发出清脆的响声,能够通神。① 缅甸常将中国瓷器埋在地下或送往佛庙供奉。在泰国、菲律宾等地,青花瓷是最重要的陪葬品。② 马来西亚沙捞越(现称砂拉越州)的墓前柱子上镶有中国青花瓷。远在非洲肯尼亚的马林迪,在城北一处墓地的圆柱型墓碑上竟也镶有中国青花瓷盘。瓷器成为祭祀、丧葬的重要法器,被视为人与神灵之间沟通的媒介。

(二)体证信念,共享文化

瓷器源于人的制作,蕴含了匠人的精神信念。在民窑瓷器上,我们经常可以看到吉祥纹装饰,意在追寻"福禄寿",过上美好生活;在官窑瓷器上,人物故事图案"劝课农桑""渔樵耕读""忠君报国"等意识形态引领社会风尚,塑造主流价值观。在各种题材中,更为凸显信念的便是充满宗教元素的瓷器。南北朝时期,瓷器常采用塑贴飞天、凸刻莲花等装饰技术,表达对佛教的信仰,如1972年南京市东郊梁朝墓出土的青瓷仰覆莲花尊。元朝,青花瓷使用阿拉伯经文做文字装饰,表现的是伊斯兰教的信仰。明朝,青花瓷使用八仙纹,表现的是道教信仰。德化瓷雕中的一类是宗教瓷雕,直接以观音、达摩、吕洞宾等人物展现佛教与道教的追求。当人们使用这些瓷器时,便会接触、感知这些社会价值观或规范,实现跨越时空的交流,因此瓷器具有传递社会遗产的功能。

制瓷本是一种社会底层职业,书画是上层文人所为,然而瓷器却把它们有机结合起来。自唐朝开始,书画作为一种纹饰被用来装饰瓷器,使人人皆可欣赏阳春白雪,也可感受下里巴人。瓷器用来装饰家居,最早流行于上层社会,但随着瓷器的普及,这一审美也走入寻常百姓家。宋代有诗言道:"道旁三两户,共营一店家;干净且明亮,无粥亦无茶。劳者农户耳,不是鉴赏家;却见一瓷瓶,绽放一枝花。"③从唐朝开始,全国盛行喝茶。源自唐朝贵族的饮茶仪式,即中国的"茶道"随着茶具的普及,也逐渐下传民间,甚至外传日本、朝鲜。宋朝的斗茶之风也受建盏的量产影响,上至皇帝下至百姓,莫不喜好。文人骚客陆游、苏东坡等人写下不少诗篇,赞誉茶盏。瓷器好比一张网,把诗画与泥土、高雅与低俗、文人与工匠连接起来,共享文化。

五、生态传播功能

何为生态传播?德国社会学家尼克拉斯·卢曼(Niklas Luhmann)认为,生态传播是"旨在改变社会传播结构与话语系统的任何一种有关环境议题表达的交流实践与方式"④。生态传播与环境传播类似,指的是生态信息在生态体系内外的流通过程,展

---

① 吕成龙.明清官窑瓷器[M].北京:中央编译出版社,2008:279.

② 沈福伟.中西文化交流史:第2版[M].上海:上海人民出版社,2006:281.

③ 芬雷.青花瓷的故事:中国瓷的时代[M].郑明萱,译.海口:海南出版社,2015:132.

④ 刘涛."传播环境"还是"环境传播"?——环境传播的学术起源与意义框架[J].新闻与传播研究,2016(7):110-125.

现的是人与自然之间的关系。瓷器是水的韵律、土的语言和火的艺术，从设计到烧造再到使用直至销毁，无不直接体现了人与自然的关系，凝结了国人的生态传播观。

（一）体现匠心，再现自然

瓷器从自然界索取不多，其精美更多来自匠人，巧师造化。他们内求于己，重视匠心独运。创意设计源于自然，成形于人工，再现为自然，可谓从自然界中来，再到自然界中去。瓷器中不乏利用自然界动植物做造型、做装饰，如葫芦瓶、瓜棱瓶、马蹄尊、苹果尊、凤头壶、天青叶式水洗、莲瓣纹碗、三秋杯等。最突出的要数清代的仿象牙、仿玉器、仿木釉以及仿生瓷。所谓仿生瓷，即模仿禽、兽、虫、鱼、植物等外体表征，展现材质或肤理所烧造的瓷器。乾隆时期仿生瓷仿制的范围更加广泛，不仅仿制生活用品，还仿制宗教用品，所仿制的成品栩栩如生，惟妙惟肖。福建德化瓷雕，颇具匠心，名扬海内外。除了整体仿生，更为常见的是局部仿生，如一些碗盘的口沿呈莲花瓣、荷叶形等。邛窑瓷器中的柳斗式杯，仿的是柳条编织纹。1991 年四川遂宁出土的青釉荷叶形盖罐，罐身圆润，胎质洁白细腻，外施梅子青釉，釉色柔和淡雅，碧绿如翡翠，温润如春水。作为一级文物，青釉荷叶形盖罐精美绝伦，是四川宋瓷博物馆的镇馆之宝，也被尊称为三大国宝之一。[①] 江西吉州窑创造了“木叶贴花”“剪纸贴花”等技法，贴饰纹样与器皿浑然天成，形成新奇美妙的艺术效果。

青瓷是中国瓷器最常见的品种，历史最为悠久。其大自然的颜色，深受世人喜爱，尤其是文人，更欣赏青瓷的自然美。自宋代以来，人们青睐汝窑产品，在中国陶瓷史上素有“汝窑为魁”之称。其造型古朴大方，色调清淡，并且多以天青为正品，显示出对自然天趣的追求。观其釉色，随光而动，呈现大自然之美。在明媚的光照下，颜色会青中泛黄，恰似雨过天晴后，云开雾散时，澄清的天空上泛起的金色阳光；而在光线暗淡的地方，颜色又是青中偏蓝，犹如清澈的湖水。可惜，汝窑生命力不长，始于唐，盛于北宋，衰于南宋，产量并不多。因此，仿制汝窑被提上议事日程。从现有传世品来看，景德镇御窑厂从明代宣德年间就开始生产仿汝窑瓷器。雍正、乾隆年间的宫廷记事档中，多处记载了当时的仿汝釉情况，足见皇室对此釉色的钟爱。瓷器生产重视人内传播，不苛求于物，内求于己，发挥主观能动性和创造性，以图再现自然。

（二）对话自然，天人合一

很多瓷器时间久了，会布满不规则的裂纹，在瓷器学上被称为“开片”。这本是一种釉面缺陷，却被人因势利导，化腐朽为神奇，塑造成自然美，从北宋至今为世人所追求。汝窑的“蝉翼纹，晨星稀”、哥窑的“金丝铁线”、钧窑的“蚯蚓走泥纹”等，犹如风行水上，自然成文，美不胜收。建盏中最为出名的三大品种是“曜变”“兔毫”和“油滴”，它们都以纹理著称。这些纹理本是偶然出现、自然生成的，非窑工人力可为。然而，匠人们敢于与自然对话，问道于天，不断研究瓷艺，复制自然纹理，再现自然之美。

---

① 程裕祯.中国文化要略[M].北京：外语教学与研究出版社，2011：348.

北魏孝文帝迁都洛阳后,"尚白"的习俗推动了白瓷的发展。元朝统治者出身于游牧民族,热爱蓝天、草原,形成"尚蓝尚白"的传统。他们从中受到启发,发展了青花瓷(亦称白地蓝花瓷)烧造。自元代起,青花瓷开始成为主流产品。到了明清时期,青花瓷达到鼎盛,在瓷坛独占鳌头。清代督陶官唐英在《陶冶图说》中记载:"青花绘于圆器,一号动累百千。"[①]可见,青花瓷生产一方面分工细致,另一方面从业者众。尽管其只是单一的蓝色,但有深有浅,有浓有淡,有疏有密,如同中国水墨画,与汉人的艺术审美一致,深受全国人民的喜爱。

瓷器取水土于自然,物尽其用,人尽其才,探索自然之道。"虽有人工,宛如天作",不管是造型,还是颜色,抑或纹理都要像天然生成一样,传达的正是对自然的崇尚,追求自成天然之趣,最终实现天人合一,人与自然和谐相处。瓷器源于自然,环保生产,最终也回归于自然。

结 语

瓷器的日常实用功能,促使其满足人们第一层次的生理需要,正所谓"民以食为天",因而在人们的生活中举足轻重。随着生产力的发展、人们生活水平的提高,"仓廪实而知礼节",瓷器的功用也不断得到开发。作为物质的瓷器,不断发展演变,也决定了相应文化的发展演变,而文化也会反作用于瓷器的再生产。在数千年螺旋式的互动之中,意义不断增加,瓷器不再是单纯的瓷器。

瓷器静默,但非无言。瓷器集工艺文化、制度文化和精神文化于一体,在生产和使用过程中具有媒介传播功能。作为媒介的瓷器,通过造型、装饰和使用场合等实现各种信息流通,反映、传达和协调人与自己、他人、社会乃至大自然的关系。总之,瓷器在中国的语境下,具有中国特色政治、经济、文化、社会和生态"五位一体"的传播功能,成为华夏传播观的重要组成部分。

---

① 唐英.陶冶图说[M].北京:中国书店,1993:10.

崇德尚才:儒家“人观”与王充的传播主体论*

To Promote Virtue and Talent: The Confucian “View of Man” and Wang Chong’s Communication Subjectivity

◈ 吉　峰**
Ji Feng

摘要: 我们可以透过儒家传统对于人的整体性认知,来理解王充的传播主体人格层次以及传播主体素养境界。王充对传播主体人格层次的看法,实际上是承袭了儒家的思想,也与两汉的经学家们对此问题的认知保持了一致。“立德”是“立功”与“立言”的基础,从孔孟到王充,都延续着这一量才标准。此外,王充主要从两个方面来规约传播主体的基本素养,其一为“德”,其二为“才”。他要求一个作家在“德”的方面,要以成德修身、建构人格的境界为目标。而关于“才”,他则认为传播主体要达到“博达疏通”、取诸家所长而成其才的境界,要能够在“博通”各类知识的基础之上做到“能用”,具体到实践上就是要著书立说。这种思想其实也是先秦儒学家们一直推崇的。

Abstract: Through the Confucian traditional holistic cognition of people, we can understand Wang Chong’s personality level and the literacy of communicators. Wang Chong’s view on the personality level of communicators is actually inherited from Confucianism, which is also consistent with the cognition of the Confucian scholars in the Han Dynasty. “Virtue” is the foundation of “talent” and “speech”. From Confucius and Mencius to Wang Chong, they all continued this standard. In addition, Wang Chong mainly regulates the basic literacy of communicators from two aspects, one is “virtue”, the other is “ability”. He asks a writer to aim at achieving morality and constructing a state of personality in terms of “virtue”. As for “ability”, he thinks that the communicators must reach the realm of “boda dredge” and learning from the talents of others. To be able to “use” on the basis of all kinds of knowledge, the specific practice is to write books. This kind of thought is actually what the Confucian scholars in the pre-Qin Dynasty have always admired.

---

* 基金项目:2017年福建省科技厅软科学项目(2017R0092);2018年莆田学院校内科研项目(博士育苗基金)(2018063)。

** 吉峰,博士,莆田学院文化与传播学院副教授、硕士生导师,研究方向为中国传统文化与文学传播研究。

关键词:儒家,王充,传播主体,人格,素养

Keywords: Confucianism, Wang Chong, communicator, personality, literacy

引　言

传播行为与人类一起出现和发展,传播意识也是自古就有。王充作为"后汉三贤"[①]之一,穷尽30年心血撰写了《论衡》。他笔耕不辍、崇尚真理、不慕富贵、失位不恨、得官不欣。他身上那种不滞于物、不凝于心、恬静旷达、萧然意远的姿态,身体力行地诠释了一个传播主体应有的贤者形象。"士"是中国古代文化和思想的主要传播主体,体现着社会良心与责任。

王充为士人确立了一种作为文化思想传播主体的使命感。其一,著书立说以去弊澄明,廓清社会风气;其二,发议政之风以匡时济俗,针砭时弊;其三,文以载道,宣扬施政治国之方略。王充《论衡》中对"德"与"才"有着独到的见解,对于"贤人",也有着不流于俗的判定标准。他直接将对传播主体"德行"的要求,推到了一个更高的层次。在王充的观念中,"成德修身"是传播主体的人格层次,"博达疏通"是传播主体的素养境界。王充在如何完善传播主体方面,有着独特的认知。他崇德尚才的传播主体观念,基于两汉经学的语境所萌生,吸纳并发扬了儒家"人观"的思想。

"人观"一词多用于人类学科或社会学科领域,主要强调对于人的整体性认知。简言之,就是"关于'人是什么'的观念及其相应的行为模式。不同文化、不同视角得出的结论千差万别,人都只能从自己所在的视域出发来认识人,……不同时代观念塑造着不同的'人'之存在类型"[②]。我们可以透过儒家传统对于人的整体性认知,来理解王充对传播主体人格层次与素养境界的规约。

一、"成德修身"的传播主体人格层次

传播主体的人格层次,指的是一个传播主体的内心思想以及外在行为所呈现出来的一种状态,展现的是一个人的品质、待人接物的态度等综合素质。儒家自先秦时期开始,就十分重视对于传播主体个人修养的提升与塑造。儒家所秉持的基本"人观"的外在表现就是要求每个人都能够成为"君子"。"君子是儒家的道德典范,是五行和谐状态的外在表现,既有内在化的道德意识,又有外在具体的道德行为。君子之道就是人道、天道,从君子是人的角度来说,君子体现的是人道,但君子是人中的典范,是'五行和'的理想状态,所以,君子之道就是天道,是人们追求的最高道德目标。"[③]

---

① 东汉时期,王充与王符、仲长统三人并称"后汉三贤",分别以《论衡》《潜夫论》与《昌言》留名于世。他们对东汉各个时期的文化、社会风气、经济、政治、学术等都有诸多批判与传播。

② 唐启翠.儒家"人观"的当代启示——以《礼记》为中心的考察[J].社会科学家,2011(7):19.

③ 唐启翠.儒家"人观"的当代启示——以《礼记》为中心的考察[J].社会科学家,2011(7):33.

儒者企慕自身能够以圣人的标准去修身、践行，无论是孔子所提倡的“仁”“义”“礼”，还是孟子所信守的“仁心”，抑或荀子在性恶论基础之上所强调的学习和后天教育的重要性。各家说法或许有所侧重，但基本内容都是对个人德行修养的一种关照。备道而美身，成为儒者强烈的生命意向。儒家劝导弟子修身养德，这也一直是儒家自我神圣化的策略之一。“儒家是在继承西周文化的基础上来建构自己的学说的，商人尊鬼神，周人重德行，所以他们就抓住了一个‘德’字来为自己的立法者角色确立合法性。”[①]儒家观念中，对于做人尚且制定了如此标准，那么对于传播主体而言，又当如何？在王充所处的经学时代下，自上而下对于人的主体人格有着怎样的规约？

从东汉初年开始，汉光武帝就规定了选拔人才入仕的标准为“四科”[②]。《后汉书·孝和孝殇帝记》中记载：“诏曰：‘选举良才，为政之本。科别行能，必由乡曲。’”[③]从汉光武帝至和帝都强调的是四个衡量人才的标准：首先是“德行”，其次是“才华”，再次是对于“法令”的熟知，最后是一个人的办事能力。东汉期间，官方以这几种尺度去评判一个人是否有机会得到任用。这种政治见识自然会影响到当时文人们的观念，因为“四科”辟士的前两条为“德”与“才”，这也正是一个优秀的传播主体应当具备的基本素质。中国历代的大多数知识分子都会将仕途的成功与否，视为自身生命价值是否实现的一个重要标志。于是，他们自然就格外看重对于自身“德”与“才”两个方面素质的提升。之所以经学时代对人才有这样的要求，归因于下述两点：

其一，从政治环境方面来看，汉代官方认同人对于“德行”的完善。从当时社会政治文化生活的角度而言，汉代政府选拔官吏的途径有很多。除了“任子”这条途径是由祖上荫庇和担保外，其他的选官主体如察举[④]、课试、征辟则都带有对于德行和个人才华的全面考量。

其二，从学术环境方面来看，儒家普遍认同文章创作和传播的前提是“修德”。《易传·文言》曰：“君主进德修业；忠信所以进德也；修辞立其诚，所以居业也；……将叛者其辞惭，中心疑者其辞枝，吉人之辞寡，躁人之辞多，诬善之人其辞游，失其守者其辞屈。”[⑤]孔子言明了人的品性、人格对其文章言辞的深层次影响。人的心中一旦呈现背叛、疑惑、吉利、浮躁、诬陷、失节之情，反映在其言辞、文辞之中就会出现惭愧、支支吾吾、少言、话少抑或话多，或是言辞游移，或是语气软弱而不强硬的现象。推及这些东西表现在文章上的情状，应该也是极为明显的。

---

① 李壮鹰，李春青.中国古代文论教程[M].北京：高等教育出版社，2005：43.

② 关于“四科”的官方记载是：“汉官仪曰：‘建初八年十二月己未，诏书辟士四科：一曰德行高妙，志节清白；二曰经明行修，能任博士；三曰明晓法律，足以决疑，能案章覆问，文任御史；四曰刚毅多略，遭事不惑，明足照奸，勇足决断，才认三辅令。皆存孝悌清公之行。自今已后，审四科辟召，及刺史、二千石察举茂才尤异孝廉吏，务实校试以职。有非其人，不习曹事，正举者故不以实法。’”（范晔，李贤.后汉书[M].北京：中华书局，2005：120.）

③ 范晔，李贤.后汉书[M].北京：中华书局，2005：120.

④ 察举，其中包括“茂才”（原作“秀才”，因避讳光武帝刘秀的名字而改称“茂才”）、“孝廉”“贤方正”以及“贤良文学”。“秀才”与“孝廉”并列而谈，成为东汉时期遴选人才的标准，足见当时对于一个人 的“才”与“德”的重视程度。

⑤ 张少康，卢永璘.先秦两汉文论选[M].北京：人民文学出版社，1999：158，169.

传播主体的心态、德行等修养,足以使其创作和传播出的信息呈现出不同层次和境界。而透过一个人的文本,读者很容易大致判断出作者的素质。孔子对于立言提出:“有德者必有言。”(《论语·宪问》)[①]在孔子心中,立“言”的前提是要立“德”。“德”是儒家所信奉的人格理想要素,是儒门中历代学者向弟子们所传授的基本内容之一,其内涵大致可概括为“仁”“义”“礼”“智”“孝”“悌”“忠”“信”。当然还包括如“宽”“敏”“恭”等儒家代表性思想,这些都可以被视为儒家基本的“人观”。譬如《论语》一书中,仅“仁”字就出现了106次、“恭”字出现了13次、“敏”字出现了9次、“宽”字出现了4次、“君子”一词出现了107次;《周易》《尚书》中多次出现“君子”一词。可见,一个人的道德建设是儒家传统文化的制高点与聚焦点。做好人,是儒家安身立命的根基,自然也是传播主体的首要条件。

《论语·泰伯》曰:“兴于《诗》,立于礼,成于乐。”[②]孔子谈及做人的道德修养问题时强调个体向善求仁,立足于经书文本,再以“礼”实现人格的自立,在文艺的熏陶之下,从感性认知层面深化至理性认知层面,最后达到完善最高人格的目的。《论语·卫灵公》又言:“君子义以为质,礼以行之,孙以出之,信以成之。君子哉!”[③]行事要求符合道义,实行起来要根据儒家的礼节,言辞上要显得谨慎谦虚,做事做人要讲求诚信,如此一来,方可称为“君子”。这些皆是围绕塑造一个人的德行修养而开展的。当然,从中也能体味出儒家对于传播主体人格层次的要求,企望塑造出德行出众的作家,足见儒家对于成德修身的重视。

儒家自孔子开始,就将君子的最低标准定位为有“德”之人,也就是说,先要做一个好人,这是成为传播主体的基本前提。在这个基础之上,再勤学苦练,传承先圣的文化,如此,才算得上一个真正意义上的儒家君子,也才算得上一个合格的传播主体。经书、经传中随处可见相关的言论,足以用于佐证其观点,譬如《乐记》中就有不少修身以养德的言论。[④] 在儒家看来,一切舞乐辞歌,皆是传播主体自我修身的绝佳手段。传播主体个体的意志可以通过诗歌的刺激来感发,使得自身求仁向善的本质得到自觉的升华。在音乐的熏陶之下,实现传播主体对于人格的完善,促成最高人格的顺利养成。孔子在教导其子孔鲤时又言:“女为《周南》、《召南》矣乎?人而不为《周南》、《召南》,其犹正墙面而立也与?”[⑤]作为《诗经》中开篇的两部分篇名,孔子凸显了经书文本对人品性修养的作用,以“面墙而立”来巧妙地比喻其对于个人成长的重要性。

两汉的经学家们承袭了儒家的这种传播主体论,譬如经学家陆贾以儒家“仁”“礼”

---

① 杨伯峻.论语译注[M].北京:中华书局,2006:164.

② 杨伯峻.论语译注[M].北京:中华书局,2006:93.

③ 杨伯峻.论语译注[M].北京:中华书局,2006:187.

④ 《乐记·乐本》曰:“乐者,音之所由生也;其本在人心之感于物也。是故其哀心感者,其声噍以杀;其乐心感者,其声啴以缓;其喜心感者,其声发以散;其怒心感者,其声粗以厉;其敬心感者,其声直以廉;其爱心感者,其声和以柔:六者非性也,感于物而后动。是故先王慎所以感之者。故礼以道其志,乐以和其声,政以一其行,刑以防其奸:礼、乐、政、刑,其极一也,所以同民心而出治道也。”(张少康,卢永璘.先秦两汉文论选[M].北京:人民文学出版社,1999:260.)

⑤ 杨伯峻.论语译注[M].北京:中华书局,2006:208,209.

之说作为其理论的主体，建构了一套“治道”的思想作为自己的学说基础。在《新语·怀虑》中，陆贾提倡作家要学经书以存仁义之道，敬圣贤以尊先王之法。此外，在《新语》一书中，还有《慎微》《道基》《本行》《术事》四篇文章也特意提到了个人德行修养。陆贾有言：“夫谋事不并仁义者后必败，殖不固本而立高基者后必崩。故圣人防乱以经艺，工正曲以准绳。德盛者威广，力盛者骄众。”（《新语·道基》）又言：“事以类相从，声以音相应，道唱而德和，仁立而义兴。”（《新语·术事》）[①]陆贾的这些表述都对一个人的修养给予了评价。那么，作为一个人而言，如何在世上安身立命，被世人认可呢？陆贾在《新语·本行》中强调一条认知标准，那就是：“治以道德为上，行以仁义为本。故尊于位而无德者绌，富于财而无义者刑，贱而好德者尊，贫而有义者荣。”[②]在《新语·慎微》中，陆贾再次强调修德对于作家的重要性。[③]

又如著名今文经学家韩婴在《韩诗外传》中也提及了传播主体的修养问题。他说：“就仁去不仁，则民之心悦矣；三者存乎心，虽不在位，谓之素行。故中心好善，而日新之，则独居乐德，德充而形。”[④]此处的“仁”“善”“德”都是个人修养的重要品质。贾谊在承袭儒家思想的同时，也提出了“德”化的思想。[⑤] 就连黄老思想集成的《淮南子》一书，在经学文化的影响下，也常常站在儒学的立场上，以儒家的价值观去思考问题。[⑥]可见儒家的仁义之学对两汉文人的影响之大。

综上，两汉文人们普遍认同个人修养问题。王充注意到了传播主体的人格层次与传播内容之间相辅相成的关系。他关于传播主体文德方面的论述，主要锁定在《书解篇》《定贤篇》两篇文章之中。《论衡·非韩篇》还涉及儒生在世对于礼仪的重视，也可以被视为对于儒家修身养德方面的关注。“礼义至重，不可失也；故礼义在身，身未必肥；而礼义去身，身未必瘠而化衰；以谓有益，礼义不如饮食。”[⑦]王充在这段话中凸显了儒家礼义对于一个人的重要程度，强调须臾不能离开。在对人进德修身的重要性加以肯定之后，他又对传播主体的人格塑造进行了阐述。《论衡·书解篇》言：“夫文德，

---

① 张少康，卢永璘.先秦两汉文论选[M].北京：人民文学出版社，1999：290-292.

② 张少康，卢永璘.先秦两汉文论选[M].北京：人民文学出版社，1999：294.

③ “是以君子居乱世，则合道德，采微善，绝纤恶，修父子之礼，以及君臣之序，乃天地之信道，圣人之所不失也。故隐之则为道，布之则为文，诗在心为志，出口为辞，矫以雅僻，砥砺钝才，雕琢文彩，抑定狐疑，通塞理顺，分别然否，而情得以利，而性得以治，绵绵漠漠，以道制之，察之无兆，遁之恢恢，不见其行，不睹其仁，湛然未悟，久之乃殊，论思天地，动应枢机，俯仰进退，与道为依，藏之于身，优游待时。故道无废而不兴，器无毁而不治。孔子曰：‘有至德要道以顺天下。’言德行而其下顺之矣。”（张少康，卢永璘.先秦两汉文论选[M].北京：人民文学出版社，1999：294.）

④ 张少康，卢永璘.先秦两汉文论选[M].北京：人民文学出版社，1999：335，336.

⑤ 贾谊认为：“德有六理，何谓六理？道、德、性、神、明、命，此六者德之理也；六理无不生也，已生而六理存乎所生之内；是以阴阳、天地、人尽以六理为内度，内度成业，故谓之六法；六法藏内，变流而外遂，外遂六术，故谓之六行；是以阴阳各有六月之节，而天地有六合之事，人有仁义礼智信之行；行和则乐兴，乐兴则六，此之谓六行。阴阳天地之动也，不失六行，故能合六法；人谨修六行，则亦可以合六法矣。”（贾谊.新书校注[M].北京：中华书局，2000：316.）

⑥ 《淮南子·泰族训》曰：“故仁义者，治之本也。今不止事修其本，而务治其末，是释其根而灌其枝也。且法之生也，以辅仁义。今重法而弃义，是贵其冠履而忘其头足也。故仁义者为厚基者也。不益其厚而张其广者毁，不广其基而增其高者覆。（陈广忠.淮南子[M].北京：中华书局，2012：1227.）

⑦ 黄晖.论衡校释[M].北京：中华书局，1990：432.

世服也;空书为文,实行为德,著之于衣为服;故曰:德弥盛者人(文)弥缛,德弥彰者人弥明;大人德扩其文炳;小人德炽其文斑,官尊而文繁,德高而文积。”①这段话直接言明一个传播主体的德行修养对于其传播内容的创作有着举足轻重的作用,德行愈加高尚,对其传播内容的品位和内涵的提升与丰富就会大有裨益。《论衡・定贤篇》中,“贤”字出现了83次之多,王充对传播主体的操守德行是极为重视的,所划定的层次更是有着较高的标准。

王充传播主体论形成的理论基础自然是建立在对儒家相关问题的基本认知上的,他与同时代的文人们一样,都受这种观点的影响。不同之处在于,王充将此观点进一步深化,甚至提出了他自己眼中“贤人”的标准。可以说,王充将传播主体“德行”的要求,推到了一个更高的层次。他重视传播主体的内心因素,在《论衡・定贤篇》中,他列举了20条世人眼中的“贤人”之标准,然后逐一反驳(见表1)。

表1 世人与王充“贤人”标准对比

世人与王充眼中的“贤人”标准	具体内容
世人眼中的“贤人”	1.官高身富;2.事君寡过;3.得朝廷选拔;4.善人称,恶人毁;5.宾客云集;6.得民心,被歌颂;7.任职有成效;8.孝其父,敬其兄;9.免遭伤害与杀戮刑罚;10.舍大位,弃富贵;11.远俗避世;12.不欲仕宦;13.不废礼节;14.聚徒讲经;15.通览古今传记;16.有御众、将兵、使诈之才;17.善辩;18.口才棒,文笔佳;19.擅写赋颂;20.志高身洁。
王充眼中的“贤人”	“若此,何时可知乎?然而必欲知之,观善心也;夫贤者,才能未必高也而心明,智力未必多而举是;何以观心?必以言;有善心,则有善言;以言而察行,有善言则有善行矣;言行无非,治家亲戚有伦,治国则尊卑有序;无善心者,白黑不分,善恶同伦,政治错乱,法度失平;故心善,无不善也;心不善,无能善;心善则能辩然否;然否之义定,心善之效明,虽贫贱困穷,功不成而效不立,犹为贤矣。”②

王充在《论衡・定贤篇》中提出“观善心”,精心著文之人在王充看来是理想的文人,可通过其文,来考察其心善与否。可见王充对传播主体人格境界的要求非常高。

二、“博达疏通”的传播主体素养境界

王充对于传播主体素养境界的要求,是否也是基于儒家传统而提出的呢?纵观两汉其他经学家、文论家,他们是否也有此追求呢?王充又在经学视野之中,提出了怎样独特的观点呢?带着这些问题去思考,我们才能更清楚地了解王充的传播主体修养思

① 黄晖.论衡校释[M].北京:中华书局,1990:1149.

② 黄晖.论衡校释[M].北京:中华书局,1990:1119-1120.

想。此处兼有两层含义：一是肯定传播主体的“才力”；二是鼓励文人要做到“博通能用”，要以“知”为力并体现在能够著书立说上。

其一，对于传播主体“才力”[①]的肯定。在王充看来，一个传播主体的才情天赋是直接影响其成功与否的重要因素。才情不充足之人，即便勉强为之也是徒劳。力不足，则事不成。才不足，则文不兴。《论衡·程材篇》曰：“材不自能则须助，须助则待劲；官之立佐，为力不足也；吏之取能，为材不及也；日之照幽，不须灯烛；贲、育当敌，不待辅佐。使将相知力，若日之照幽，贲、育之难敌，则文吏之能无所用也；病作而医用，祸起而巫使；如自能案方和药，入室求祟，则医不售而巫不进矣；桥梁之设也，足不能越沟也；车马之用也，走不能追远也；足能越沟，走能追远，则桥梁不设，车马不用矣；天地事物，人所重敬，皆力劣知极，须仰以给足者也。”[②]《论衡·效力篇》又言：“夫壮士力多者，扛鼎揭旗；儒生力多者，博达疏通；故博达疏通，儒生之力也；举重拔坚，壮士之力也。”[③]这是从文吏与儒生的角度，去谈才情的重要性。才华出众者，就像体力充沛、身体健硕的壮士一样，自然能够担负起更多的负重。

王充认为谷子云、唐子高、孔子等人就属于这样才力充沛、文采斐然的文人。“谷子云、唐子高章奏百上，笔有余力，极言不讳，文不折乏，非夫才知之人不能为也；孔子，周世多力之人也，作《春秋》，删五经，秘书微文，无所不定；山大者云多，泰山不崇朝辦（辨）雨天下；夫然则贤者有云雨之知，故其吐文万牒以上，可谓多力矣。”（《论衡·效力篇》）[④]王充本人就是在尊儒的基础之上极为博通的。他以儒家的经书文本作为立足点，却又并不局限于儒学内部，还广泛吸纳了儒家之外其他学派的学说和知识，在博采众长的基础之上，形成了自己独具特色的学术概貌。邓红说：“王充的思想相当杂乱，古来才被人称之为‘杂家’（四库提要），也可以称之为‘全才’。之所以叫‘杂家’，是因为他的思想非常杂乱；说‘全才’，是说他的思想非常全面。”[⑤]

若是出现传播主体才力不足的情况，不仅会其文不兴，勉强创作甚至对于传播主体自身也是不利的。《论衡·效力篇》径言：“世称力者，常褒乌获，然则董仲舒、扬子云，文之乌获也；秦武王与孟说举鼎不任，绝脉而死；少文之人，与董仲舒等涌胸中之思，必将不任，有绝脉之变；王莽之时，省五经章句，皆为二十万，博士弟子郭路（略）夜定旧说，死于烛下，精思不任，绝脉（脉绝）气灭也；颜氏之子，已曾驰过孔子于涂矣，劣倦罢极，发白齿落；夫以庶几之材，犹有仆顿之祸，孔子力优，颜渊不任也；才力不相如，则其知思（惠）不相及也；勉自什伯，鬲中呕血，失魂狂乱，遂至气绝；书五行之牍，书十

① 1986年，学者王举忠撰文《“人有知学则有力矣”——王充论“知识就是力量”》。1994年，更有学者直接提出《“知识就是力量”是王充提出来的》。再如王芹的《试论王充与培根的科学精神》(2003)，余双人的《王充、培根及“知识就是力量”》(2008)。不过，笔者认为王充强调的“才力”还是偏重天赋的层面。传播主体在具备一定天赋的基础之上，广泛地拓展知识面才有意义。否则，空有零碎的知识，没有能力去灵活地运用也是枉然。

② 黄晖.论衡校释[M].北京：中华书局，1990：535.

③ 黄晖.论衡校释[M].北京：中华书局，1990：579.

④ 黄晖.论衡校释[M].北京：中华书局，1990：582.

⑤ 邓红.王充新八论续编[M].北京：中国社会科学出版社，2007：264.

奏之记，其才劣者，笔墨之力尤难，况乃连句结章，篇至十百哉！力独多矣！”[①]足见，对于一个传播主体而言，“才力”充沛是非常必要的。胸中有才华，才有可能具备余力去传播更多的东西。

《汉书》中《古今人表》是专论人才的。在班固看来，人的才性是具有品级划分的，大致可分为九品。品级愈高，则能力愈强。此处虽是侧重论用人的方面，但也可以推知班固对作家才性的认识。连今文经学家董仲舒也有“性三品”之说，他将人分为三品，认为人有“圣人之性”“中民之性”以及“斗筲之性”。董仲舒虽未言明“才力”问题，实际上却将人按照才力略做了区分。正因为如此，王充才直言：“智能满胸之人，宜在王阙，须三寸之舌，一尺之笔，然后自动，不能自进，进之又不能自安，须人能动，待人能安。”(《论衡·效力篇》)[②]《论衡·书解篇》又言：“嚚顽之人有幽室之思，虽无忧，不能著一字。盖人才有能，无有不暇。有无材而不能思，无有知而不能著；有鸿材欲作而无起，细知以问而能记。”[③]在王充看来，缺乏才华之人，纵然是无忧无虑地置身于幽静之处，对于其文学创作而言也是枉然，不会起到太大的帮助。才华之事，与是否空闲、环境是否幽静都没有多大的关系，主要仍强调一个“才力”的问题。文章由才力催动出来。才力不足，其文难成。

王充言：“阳成子长作《乐经》，杨子云作《太玄经》，造于助思，极窅冥之深，非庶几之才，不能成也。孔子作《春秋》，二子作两经，所谓卓尔蹈孔子之迹，鸿茂参贰圣之才者也。”(《论衡·超奇篇》)[④]像是曾补了《史记》并作《乐经》的阳成子长，还有撰写体裁类似《周易》的《太玄经》的作者扬雄，就是王充眼中那种才华横溢、天赋异禀的传播主体。否则，他们是绝不会有能力写出如此穷尽真知灼见的作品的。正所谓：“书疏文义，夺于肝心，非徒博览者所能造，习熟者所能为也。”(《论衡·超奇篇》)[⑤]通览群书、腹藏锦绣之人，内心才会涌动出真知灼见，写出触动人心的文学作品。王充所推崇的这类人，恰似暗合了董仲舒将人文分类中所言的具备“圣人之性”的那一部分人，极具“才力”，鸿茂高蹈之作家。具备了一定的“才力”之后还要注意什么呢？

其二，鼓励作家博通能用。儒家鼓励弟子广泛地求知，滋养自身的才情，用以丰腴笔端。“人是社会的人，人的社会性决定后人必须继承借鉴前人积累的物质财富和精神财富，才能继往开来，发展前进。”[⑥]王充将目光投向了儒学之士。“道达广博者，孔子之徒也。”(《论衡·别通篇》)[⑦]统观两汉时期，不乏饱学之士。尤其在东汉年间，博学之人被世人羡慕和推崇。以通为贵，学贯古今之士在东汉的文人中并非稀罕。仅粗略梳理《后汉书》，便可发觉东汉文人由“博”而“通”的治学痕迹。略举几例，详见表2。

---

① 黄晖.论衡校释[M].北京：中华书局，1990：582-583.

② 黄晖.论衡校释[M].北京：中华书局，1990：584-585.

③ 黄晖.论衡校释[M].北京：中华书局，1990：1154.

④ 黄晖.论衡校释[M].北京：中华书局，1990：608.

⑤ 黄晖.论衡校释[M].北京：中华书局，1990：612.

⑥ 刘霄.王充学习心理思想[J].南都学坛，2007(5)：18.

⑦ 黄晖.论衡校释[M].北京：中华书局，1990：596.

表 2 东汉文人博通概览

大儒、经学家	博通的程度
桓谭	五经烂熟于心，兼通诸子，擅长文学，精通音乐。
刘昆	精通仪礼，多才艺。善音律，能弹琴。
杜林	后世誉为“小学之宗”，通儒。精通古文尚书，多闻强识。
袁闳	饱览群书，通六艺。
尹敏	博通经记，精通毛诗、左氏春秋等。
董钧	博通古今，世人称其为“通儒”。
程曾	通五经，著书百多篇。
张玄	兼通数家，精通经书。
胡广	通晓古今各种术艺，五经皆通。
李育	堪称通儒，观览群书，对古学多有涉猎，曾经以《公羊》义难贾逵。
贾逵	通《谷梁》之学，擅长古学，撰写百万余言。
颖容	博学通达，擅长《春秋左传》。
张衡	六艺贯明，通晓五经。
刘宽少	通儒，擅长算历、风角、星官等，特别是对《韩诗外传》《京氏易》《欧阳尚书》等典籍颇有钻研。
许慎	通晓经籍。
蔡玄	学贯五经。
崔骃	通晓古今的百家之言，擅于撰写文章。
蔡琰	辩才出众，博学多通，擅长音律。
班固	敢于突破家法师法，并不囿于古今文之争的学术壁垒。九流百家，无一不涉猎贯通。清代学者范家相就曾发现班固在撰写《白虎通》时，对齐诗、鲁诗、韩诗、毛诗这四家诗均有引述，可见其涉猎之广博。

此外，周举、蔡襄、刘丕等人皆在范晔的《后汉书》中被褒博学，并且皆有传世之作。饱学之风在整个两汉时期都是普遍现象。① 概想可见，“博学通达”在经学昌盛的东汉时代，是备受学界推崇的一种基本素质。王充在此基础之上，进一步提倡传播主体应当广博地吸收诸家之所长，最大范围搜集并积累丰富的写作素材，博览古今之事，精通圣贤之言。

王充自己也是这样磨炼出来的。年轻时期的王充在太学读书期间接受了系统的儒学高等教育，充分浸润在经学之中。他有机会得以观百家、访名士，观摩各种儒家礼仪，充分浸润于经学的氛围之中，见识日益广博。而身在京都洛阳，王充也自然有机会

① 侯文学教授曾做如下阐发：“务求博览与对学力素养和知识储备要求较高的散体赋的创作有相通之处；汉代散体赋尚奇、尚博，博览经书无疑可以满足传播主体此一方面的兴趣；即以汉代作家常引的《诗经》为例，据《毛诗类释》统计，其中出现谷物 24 种，蔬菜 38 种，药物 17 种，草类 37 种，花果 15 种，树木 43 种，鸟类 43 种，兽类 40 种，马的异名 27 种，虫类 37 种，鱼类 16 种；如果我们从文学天性的角度考察，便会明白两汉传播主体何以往往表现出经学博通的特征了。”侯文学.对汉代作家教育情况的考察——以探讨汉代经学与文学的关系为目的[J].贵州社会科学，2010(7)：121.

接触到大量的文献典籍。他游走于洛阳市肆,遍览百家学术之精要。凭借过目不忘的超强记忆力,他渐渐把自己打造成一个学殖渊茂的青年学者,融贯诸子之学问。正是因为王充从不局限知识的吸纳范围,于是,才有了能俯览天下学问的气度和实力。他在《论衡》中对九流百家的思想都有自己独到的审视和论断,以求实博大的学术风范去理解世间百态。在太学求知的这段日子里,他接触到了很多前辈学者以及当世学者的学问。

这对于传播主体而言,是极为重要的素质培养。什么样的人是具有广博见识的呢?《论衡·量知篇》曰:“夫人之不学,犹谷未成粟,米未为饭也;知心乱少,犹食腥谷,气伤人也;学士简练于学,成熟于师,身之有益,犹谷成饭,食之生肌腴也;铜锡未采,在众石之间,工师凿掘,炉橐铸铄,乃成器。”[①]传播主体的眼光要上下通达,留意古今。无论是治世的方法,还是庸常的言论,传播主体都应该甜咸杂进,广泛地汲取、积累丰富的写作素材。“圣人之言,贤者之语,上自黄帝,下至秦、汉,治国肥家之术,刺世讥俗之言,备矣。使人通明博见,其为可荣,非徒缣布丝绵也。萧何入秦,收拾文书,汉所以能制九州者,文书之力也。”(《论衡·别通篇》)[②]灵感的触及不能仅仅把自己局限于小范围的求知,而要处处留心,最广泛地去接触不同层面的知识,如此,灵感才会在潜意识中积极地工作。恰如朱光潜所言:“凡是艺术家都不宜只在本行小范围之内用工夫,须处处留心玩索,才有深厚的修养。”[③]

王充继而又提出,传播主体在吸纳了各种知识和才艺之后,还要将这些内化进头脑中的东西再外化出来,具体表现在以“知”为力并能够著书立说上。《论衡·超奇篇》曰:“杼其义旨,损益其文句,而以上书奏记,或兴论立说,结连篇章者,文人、鸿儒也。好学勤力,博闻强识,世间多有;著书表文,论说古今,万不耐一。然则著书表文,博能所能用之者也。入山见木,长短无所不知;入野见草,大小无所不识。然而不能伐木以作室屋,采草以和方药,此知草木所不能用也。”[④]在《论衡·超奇篇》中,王充将学者分成了四类,即“儒生”“通人”“文人”以及“鸿儒”。[⑤] 在他的概念里,能对一经精熟的就可以称之为“儒生”。“儒生”之力在于能够解说一经,至少在王充眼中,这并不是很难做到的,就自然没有太大稀罕。“书亦为本,经亦为末,末失事实,本得道质,折累二者,孰为玉屑?知屋漏者在宇下,知政失者在草野,知经误者在诸子。诸子尺书,文明实是。说章句者,终不求解扣明,师师相传,初为章句者,非通览之人也。”(《论衡·书解篇》)[⑥]如果是不求甚解地解读并传播古人的思想,那便更是不足为取。

能够做到博古通今的人,便是“通人”了。“文章炫耀,黼黻华虫,山龙日月;学士有

① 黄晖.论衡校释[M].北京:中华书局,1990:551.

② 黄晖.论衡校释[M].北京:中华书局,1990:591.

③ 朱光潜.谈美[M].北京:新星出版社,2015:124.

④ 黄晖.论衡校释[M].北京:中华书局,1990:606.

⑤ 王充从创作的角度在儒学弟子内部进行重新划分,这是为了适应新的社会变化而做出的反应。荀子也曾经为了适应社会政治体制的变化,在儒家内部做了一个划分。《荀子·儒效篇》将儒家分成了“雅儒”“俗儒”“大儒”和“贱儒”。

⑥ 黄晖.论衡校释[M].北京:中华书局,1990:1160.

文章之学，犹丝帛之有五色之巧也；本质不能相过，学业积聚，超逾多矣。"(《论衡·量知篇》)①其实，学者若能做到"通人"的境地已然难得。《论衡·别通篇》曰："夫经艺传书，人当览之，犹社当通气于天地也；故人之不通览者，薄社之类也。是故气不通者，强壮之人死，荣华之物枯。"②王充对"通人"也是十分赞赏的。《论衡·别通篇》再言："学士之才，农夫之力，一也；能多种谷，谓之上农，能博学问，(不)谓之上儒，是称牛之服重，不誉马速也；誉手毁足，孰谓之慧矣？"③但是，仅仅做到通晓广泛的知识也绝非最佳。因为一个足够勤奋的人若想做到博学通达是有希望的，这绝非常人无法企及的事情。《论衡·定贤篇》便言："才高好事，勤学不舍，若专成之苗裔，有世祖遗文，得成其篇业，观览讽诵。若典官文书，若太史公及刘子政之徒，有主领书记之职，则有博览通达之名矣。"④王充认为，只要在身边文献充足的条件下，个人再做到勤奋求学，观览不辍，便足以实现其学识上"通"的境界。

当然，在王充的眼中，优秀的传播主体成为一个"通人"仍未达极致。王充进一步以"功用"的角度对学者们提出了更高的追求目标，即要做到"能用"。能够上书奏记，陈说施政得失者，堪当"文人"的称呼。而最高级别的便是"鸿儒"，所谓"鸿儒"即是那些极少数能做到对事物精思熟虑，把自己的思想系统地付诸笔端，形成篇章并传于后世之人。"文有深指巨略，君臣治术，身不得行，口不能绁(泄)，表著情心，以明己之必能为之也；孔子作《春秋》，以示王意；然则孔子之《春秋》，素王之业也；诸子之传书，素相之事也；观《春秋》以见王意，读诸子以睹相指；故曰：陈平割肉，丞相之端见；叔孙敖决期思，令君(尹)之兆著；观读传书之文，治道政务，非徒割肉决水之占也；足不强则迹不远，锋不铦则割不深。连结篇章，必大才智鸿懿之俊也。"(《论衡·超奇篇》)⑤王充多次提及的周长生，便是其眼中的"鸿儒"之士。周长生学识之广博、思想之堂奥难以全窥，能够通过其文解政事方面之忧，堪称博学能用之典范。《论衡·超奇篇》曰："长生死后，州郡遭忧，无举奏之吏，以故事结不解，征诣相属，文轨不尊，笔疏不续也；岂无忧上之吏哉？乃其中文笔不足类也。"⑥

在《论衡·书解篇》中，王充还将儒士划分为"文儒"与"世儒"。"文儒"即那些能博通各方面知识，并有文采去著书立传的人。他们虽然没有显赫的地位，但其书内容奇伟，终将传世后代，获得万古芳名。而"世儒"则是一般人眼中的风光者，在世俗的眼中，所谓："文儒不若世儒。世儒说圣人之经，解贤者之传，义理广博，无不实见，故在官常位；位最尊者为博士，门徒聚众，招会千里，身虽死亡，学传于后。"⑦而在王充的心里，则对于世俗之人的这般论说不以为然。他认为"文儒"远胜过"世儒"，原因主要体现在著书立说方面。《论衡·书解篇》言："文儒之业，卓绝不循，人寡其书，业虽不讲，

---

① 黄晖.论衡校释[M].北京：中华书局，1990：550.
② 黄晖.论衡校释[M].北京：中华书局，1990：594.
③ 黄晖.论衡校释[M].北京：中华书局，1990：594-595.
④ 黄晖.论衡校释[M].北京：中华书局，1990：1115.
⑤ 黄晖.论衡校释[M].北京：中华书局，1990：609-610.
⑥ 黄晖.论衡校释[M].北京：中华书局，1990：613.
⑦ 黄晖.论衡校释[M].北京：中华书局，1990：1151.

门虽无人,书文奇伟,世人亦传……案古俊乂著作辞说,自用其业,自明于世;世儒当时虽尊,不遭文儒之书,其迹不传;周公制礼乐,名垂而不灭;孔子作《春秋》,闻传而不绝;周公、孔子,难以论言;汉世文章之徒,陆贾、司马迁、刘子政、杨子云,其材能若奇,其称不由人;世传《诗》家鲁申公,《书》家千乘欧阳、公孙,不遭太史公,世人不闻。"①在王充心中,桓谭绝对算是这种博通能用之人。统观桓谭所著的《新论》一书,既有论及为政之道的《言体》《王霸》《求辅》,也有详述乐器音乐的《琴道》,还有专门针对俗世百态的迷惑和认知偏弊而做出的专论,如《辨惑》《正经》《识通》《启寤》《祛弊》等。《新论》所论范畴颇为广泛,阐述极具深度,体现了其博通百家后"能用"的优势。

事实上,王充自己就是一个"博通能用"的传播主体。纵观其作品,不难看出其涉猎的广博程度。倘若将《论衡》全书内容进行一个较大范畴的归类,除去《论衡·自纪篇》《论衡·对作篇》和缺失的《论衡·招致篇》,可以将全书大致分成四个大的方向(见表3)。

表3 《论衡》篇章分类表

篇目主旨的方向	具体篇目数量
第一个方向是谈"人生"	共计14篇专论
第二个方向是谈"虚实"	共计24篇专论
第三个方向是谈"讥俗"	共计16篇专论
第四个方向是谈"政务"	共计29篇专论

综括以上,对于传播主体而言,个人修养、学识、才能都是不可或缺的。王充十分重视对于修养方面的塑造,认为一个人的修养能够直接地体现于其创作的文字之中。相关的主要观点见《量知篇》《定贤篇》《程材篇》《别通篇》《超奇篇》《书解篇》《效力篇》。王充主要从两个方面来规约传播主体的基本修养,其一为"德",其二为"才"。他要求一个传播主体在"德"的方面,要以成德修身、建构人格的境界为目标;而对于"才",他则认为传播主体要做到"博达疏通",达到取诸家所长而成其才的境界。并且,一个传播主体要能够在"博通"各类知识的基础之上做到"能用",具体到实践上就是要著书立说。这种思想其实也是先秦儒学家们一直推崇的。

① 黄晖.论衡校释[M].北京:中华书局,1990:1151.

传统节日视像生产的文化折扣及其效力重建*

——基于“媒介域”融变的传播探讨

Cultural Discount of Traditional Festival Video Production and Its Effectiveness Reconstruction—Spread Discussion on the Melt Change of“Media Sphere”

◈ 陈文敏**

Chen Wenmin

摘要:传统节日的媒介化历来有多重传播场域,以视像生产为特质的电视仪式是节日传播的重要一维。而在后电视时代,节日“图像域”的传播效力正随社会、文化、媒体的场域嬗变而出现文化折扣现象。当传媒生态发生彻底改变时,媒体内容价值的重心也发生了重大迁移。在媒介形式上,传播者要重视“视频域”的内部裂变,节日传播的“视听场域”已融变为“融媒场域”;在媒介内容上,传播者要正视传统节日与政治节庆的传播策略差异。唯有实现了“民间的事民间办”“电视的事融媒办”,才能更好地实现智媒语境下传统节日视像传播的效力重建。

Abstract:The mediatization of traditional festivals has always had multiple fields of communication. The television rite with the characteristics of video production is an important one-dimensional communication. In the post-television era, the effectiveness of the “image domain” of the festival is experiencing cultural discounts with the evolution in the fields of society, culture and media. When the media ecology has completely changed, the focus of the value of media content has also undergone a major shift. In the form of media, the communicators should pay attention to the internal fission of the “video sphere”. The “audio-visual sphere” of the festival communication has been melt and changed into the “integrating media sphere”. In the media content, the communicators must face the strategic difference between the traditional festivals and political festivals. Only by realizing the fact that “civil affairs should be dealt by the people” and “the matters related to the media should be dealt by the media” can we better realize the effective reconstruction of the effectiveness of traditional festival video transmission in the context of smart media.

---

* 本论文为湖南省哲学社会科学基金项目“‘视频转向’背景下主旋律新闻叙事的视觉传播力研究”(19YBA282)的阶段性成果。

** 陈文敏,吉首大学文学与新闻传播学院教授,硕士生导师。

关键词:传统节日,视像生产,媒介域,文化折扣

Keywords: traditional festivals, video production, media sphere, cultural discount

20世纪90年代,法国媒介理论学家雷吉斯·德布雷(Régis Debray)在《普通媒介学教程》中提出了"媒介域"或称"媒介圈"(media sphere)的核心概念,并认为人类文明史存在三种媒介域:文字(逻各斯域或话语圈)、印刷(书写域或图文圈)和视听(图像域或视频圈)。20世纪下半叶,以电子媒体为主要载体的图像域成为强势媒介技术,是人们媒体记忆的主要来源。雷吉斯·德布雷进一步论述到,视频圈为数字领域揭开了序幕。没有哪一个圈能够在不考虑其他圈的情况下单独存在;从一种媒介圈过渡到另一种媒介圈需要革命;一种新的媒介圈不会消除以往的媒介圈,但可以为其增加新的可能性,最终使得每一个媒介圈都能相互交错、互相融合,性能最好的媒介激励并调整着那些性能差的媒介。"sphere"表示包围的意思,而不是面对面的意思,它同场或领域(champ)是相对的;"sphere"强调的是媒介圈的协同性、浸入性而非二维透视性。[①] 按照雷吉斯·德布雷的媒介域逻辑,今天的传播已经进入"互联网场域",但每一个场域的进阶并非"流变"或"嬗变"的,而是渐进式的你中有我、我中有你的"融变",笔者称之为"融媒场域",可以表述为"integrating media sphere",它使话语圈、图文圈、视频圈融于一体。只有在媒介圈遭到破坏的时候,人们才开始注意到它,在这一语境下审思节日传播的媒介化和视像化,这个原本几乎无须质疑的仪式效果随着互联网的到来成为一个新问题。随着互联网视频生产的崛起,传统节日的电视传播遇到了现实难题。本文通过对传统节日媒介化场域的历时态梳理,试图探析传统节日基于媒介域的经验、问题与传播愿景。

一、共时性在场:电视场域是节日视像传播的主力

传统节日是一个国家或民族文化积淀的产物,也是观察民族、地域文化的重要窗口,对于维系社会关系、实现社会整合具有重要作用。传统节日是以特定时空为布局、以特定活动为主题的一种社会文化现象,电子媒介出现以后,"过节"这件事从实景社群走向虚拟社群。节日是广播电视的优质视听资源,在文化奇观和媒介奇观的表达与分享中,广播电视以此守住必要的收视份额,并实现文化传承之功用。

(一)电视过渡仪式的情感造境与公共记忆

美国学者约书亚·梅罗维茨(Joshua Meyrowitz)在《消失的地域——电子媒介对社会行为的影响》一书中认为,电子媒介不是通过内容而是通过改变生活的"场景地理"来影响我们的,包括每个人的亲身参与对于社会事件重要度的认知。媒介情境论的基本观点在于,电子场景能有效地组织社会环境。电视媒体对节日展演的"移场"

---

① 德布雷.媒介学引论[M].刘文玲,译.北京:中国传媒大学出版社,2014:45-51.

“转译”和“赋权”，使得电视和节日互相嵌入、互为手段，成为“节日电视”和“电视节日”的仪式化传播，而其本质是生存焦虑下节庆与电视的双向互渗与借力，是“焦虑的节庆”（仪式转型）与“焦虑的电视”（电视发展）在各自发展中的突围之路。电视节庆是一种以高情感“造境”来追求情感共同体联结的文化容器，节日本体文化构成了电视节日的“规定情境”，如除夕重“守”、元宵重“闹”、中秋重“圆”、清明重“祭”，框定了电视节日的表现形式与审美特征，并存在几种内容模式：电视作为“工具客体”的节庆呈现、电视作为“行为主体”的节庆生产以及电视作为真实再现与再生产二者相融功能的工具。[①]依托于传统节日，电视主动策划、研发大型节庆活动，意在一些特定时刻使注意力重返电视中心。

德国学者扬·阿斯曼（Jan Assmann）认为，节日是文化记忆最重要的传承和演示方式：“作为文化意义循环的交际空间，首先涉及的是节日、庆典以及其他仪式性的、庆典性的行为因素。”[②]电视节庆以过渡仪式进行阈限（liminality）管理，通过拦截一个特定的“生态时间”使之成为“结构时间”，引领观众进入神圣时空，视听奇观的共享是情感共鸣的基础。节日电视在类型上是一系列的特别节目：有节日的知识推介、节日的专题资讯、节日的活动荟萃，也有电视常设栏目，如央视的“中华长歌行·我们的节日”等；还有节日的电视庆典、综艺晚会，如央视的春节联欢晚会、中秋晚会等。影像的共时性、运动性、形象性所形成的视听域，再造了节日仪式的典型场景，是社会公共记忆的高光时刻，节日电视是一种对仪式的“打开”，而事后的电视回放机制是一种经验重复，虽然此时的情感比首播时要弱，但在节庆结束很久之后，只要闪回那些历史片段，就还葆有某种值得回味的热烈情绪。

（二）电视节日传播的差别重复与身份想象

重复（repetition）是传播中常用的说服技巧，在媒体场的构型中，电视的复现特征最为突出。电视的复现与节庆的周期性是同质关系，它以“脱域机制”和“复境机制”来凸显现实意识在场，以达成麦克卢汉的“重新部落化”情境。法国哲学家保罗·利科（Paul Ricoeur）判定，在场的图像和印记之间存在“相似性之谜”；符号学家罗兰·巴特（Roland Barthes）也认为，每一个文本都建立在前文本（pretext）的基础上。学者赵毅衡这样表述“重复”对于意义世界的认知，“意识还记得前一个符号活动，而且使两个符号活动的效果叠加而加强，这种重复的符号活动才是意义世界的最基本单位”[③]。电视节日是对现实节日的“差别重复”与社会模仿，它的周而复始、昨日重现与现实节日存在着“家族相似性”关系，其诉求不是“认知”而是“表现”，追求的是共同信仰表征的“传播的仪式观”。传统节日是社会主义生活方式的有机组成部分，而能否成为电视议题则取决于题材上的等级制，并先验性地确定了一种观看情绪——崇高、庄重或喜庆，

① 陈文敏.国内电视节庆的类型化生存及其意义建构[J].西南民族大学学报(人文社科版)，2016(5)：170-176.

② 阿莱达·阿斯曼，扬·阿斯曼.昨日重现——媒介与社会记忆[M].陈玲玲，译//埃尔，冯亚琳.文化记忆理论读本.余传玲，等译.北京：北京大学出版社，2012：26.

③ 赵毅衡.形式之谜[M].上海：复旦大学出版社，2016：71-72.

这一中心思想落实在仪式的起始、推进、阈限各环节中,以编码的"超构"和解码的"超验"达到受众的情感认同。电视节庆是制造"我们感"的利器,以媒介记忆指向集体记忆,通过重大公共仪式的呈现与观瞻,国家、民族、文化、宗教等归属感变得真实可信。

二、收受端冷场:后电视时代节日传播的"文化折扣"

在国际文化贸易或区域传播中,扎根于一种特定文化的影视节目有可能在事物风格、价值信仰和行为方式上不被他者认同或理解,从而导致其价值减损并产生文化折扣(cultural discount)现象。"文化折扣"这一概念由美国学者柯林·霍斯金斯和罗尔夫·米卢斯(Colin Hoskins & Rolf Mirus)在1988年首次提出。微观而言,文化折扣受到我者和他者的文化差异、传播内容、可读性、传播内外场域等多重因素的影响。后电视时代节日传播效力衰减的最大因素有:电视开机率低,收视总量被挤压;单屏转为小屏、多屏、碎屏;"视听域"内部裂变为"融媒域";随着民众媒介素养的提升,对于电视的"教堂"式传播,接收端有"不看""背景式伴随""分享而不认同""虚假认同"甚至"认异"等多重认知。媒体的话语分离、信任缺失直接导致受众认可度不高。同时,电视场域还受到社会场、文艺场等场域的掣肘。

(一)共识难拾的社会文化场

使用象征是人类生活的一个显著特点,各个国家均有其节日节庆的体制安排,"传统节日以习俗的力量让民众自动在同一个时间经历相同的活动,在相同的仪式中体验相同的价值,一个共同的社会就这么让人们高兴地延续下来。这就是传统节日最经济、最有效的生活文化再生产功能"①。在后宗教时代,神的伟力消失了,圣的贤能被搁置了,封闭性的场景被打破后,传统的血缘共同体、地缘共同体逐渐失去影响力,节庆及其仪式遭到冲击。在我国,随着全球现代性的推进,原先的社会文化场出现共识漂移:国家意识形态的空心化、社会意识形态的碎片化、传统文化意识的无根化,当代世界祛魅及工具理性,使得年轻一代对"传统"有不同程度的轻慢态度,人们对西方情人节、母亲节、感恩节的热情胜过七夕节、妇女节、重阳节,以至于学界有"保卫春节"的呼声。正如社会学家涂尔干所说,"那些在过去曾经使我们的先辈们欢欣鼓舞的伟大事件,已经无法同样激起我们的热情,这是因为它们已经被用得太平常了,再也引不起我们的关注,同时也因为它们已经无法满足我们的实际愿望"②。优秀传统文化能涵养出中华民族的意识共同体,"根"与"魂"的理念已在文化强国层面达成传播共识。面对全球性的文化趋同性危机,传统文化如何在"流动的现代性"中葆有文化主体性?在实际传播中要精心策划。以清明节的重头戏电视公祭(祭孔大典、祭拜炎黄人文始祖等)为例,作为组织方的政府层面与作为参与者的电视媒体热情高涨,但受众对此反应

① 王霄冰,邱国珍.传统的复兴与发明[M].北京:知识产权出版社,2011:56.

② 涂尔干.宗教生活的基本形式[M].渠东,汲喆,译.上海:上海人民出版社,2006:407.

淡漠，祭拜仪式情境单调、规则教条刻板、政治意味浓厚，凝重有余而感染力不够，“节日电视”被视为自说自话的秀场展演，编码与解码之间存在认同差异。在一个已经裂变的共同体中，想要用符号形象来唤起人们的共同感，对于节日文化而言是有难度的。

（二）走向低效的电视文艺场

电视综艺、电视剧、电视新闻一向被视为中国电视收视市场的“三驾马车”，当前却走向式微，而电视节庆只是电视综艺类型的一个分支。随着社交媒体的深度融入，“非地域”社会群体、“非民族”认同结构加深了特定民族的文化断裂，人们难以被共享的收视体验所统一。视像媒介究竟是建构还是拆解了社会共同体？学界长期争论不休。笔者认为，电视场域所建构的共同体类似于齐格蒙特・鲍曼（Zygmunt Bauman）所言的围绕着“一次性发生的热闹事件”所发生的“趣味共同体”或“美学共同体”［也称为“表演会式的共同体”（carnival community）］，美学共同体的“焦点”像一个可以将许多个体暂时挂在上面，又可以随时被取下而挂到别处的“钉子”，所以又被称为“钉子共同体”。① 美学共同体是消费社会的媒体神话，卫视的跨年演唱会、天猫的“双 11”晚会，便是彰显消费文化、审美贫弱的“嘉年华共同体”。电视节日从早年的重大电视仪式变为如今的伴随式庆典，虽然一如既往地保持了视觉呈现上的高水准，但依然收视遇冷。电视节庆作为精品节目，讲究卓越主义、开放主义、合作主义，但那些“美则美矣”的节日晚会已不符合今天的审美，在审美泛化无处不在的当下，美不再是“蛋糕上的酥皮”（金元浦）。如央视的品牌节目《我们的节日》，高飘华丽、同义反复的史诗叙事是否总能奏效？传统节庆跟政治节庆的边界不甚分明，难以绕开“文艺政治化”与“政治美学化”的一体两面。电视节庆对和平盛世的礼赞，出售人们对未来世界的想象，从而能够忍受现实世界的缺损，以此缝合族群、阶层之间的落差。但若电视的“说法”和现实的“活法”、民众的“想法”脱节，宏大话语的叙事在接收上就会让人产生距离感。与央视春晚相对照的是前几年的网络山寨春晚，前者为精雅文化，后者为粗鄙文化；前者追求仪式感，后者戏谑仪式感；前者以央视为尊大，后者拿春晚逗贫说事；前者使用网络语言被认为是讨好观众，后者挪用官方语言则导致冒犯的快感；前者中老年观众较多，后者青少年社群为主，表明了受众对电视节日的无所谓态度。

三、融媒化转场：传统节日现代性转化的综合方案

按照媒介环境学派代表学者英尼斯关于“传播的偏向”的理解，互联网这一场域是偏向于“空间”的媒介，形成了比电视媒体更广大、更迅捷的虚拟社群。刘海龙认为，在中国现阶段，媒介场进入者的身份具有相当大的异质性，传播技术的进步（网络媒介的加入）使得媒介场的构型更加复杂。② 融媒时代正使图像域的内部发生分裂，电视的

---

① 鲍曼.共同体：在一个不确定的世界中寻找安全[M].欧阳景根，译.南京：江苏人民出版社，2003：86.

② 刘海龙.大众传播理论：范式与流派[M].北京：中国人民大学出版社，2008：410.

生态、质态、形态和业态均发生了变化,原本奏效的电视视像走向低效或失效,而深度融合转型成为包括电视媒体在内的传统媒体绝地突围的重要方式。《国家"十三五"时期文化发展改革规划纲要》中提到,要"厘清中华优秀传统文化的内涵,改造陈旧的表现形式,赋予新的时代内涵和现代表达形式",节日传播既要葆有传统魅力,又要具有时代创意。既然电视已经撑不起传统节日的传播期待,那么我们应该正视新的"融媒场域"——这应该是一个复杂的媒介域方案,传统节日应该重返社会生活,并同时存在于生活场域和媒介场域之中。

(一)"民间的事民间办":传统节日要重返社会生活场域

确保主流意识形态的文化领导权是电视媒介的重要功能,这一点在政治(政策)节庆的传播上更为明显。我们要思考的是:传统节庆和政治节庆在传播上是否要尊重差异?传统节庆究竟要重点展示富强还是文明,展示国计还是民生?怎样展示富强、展示怎样的文明?笔者认为,在话语叙事上有必要对二者做出区分,因为传统节庆是从民族文化历史、社会生活中生长出来的,它有明确的乡土特质。做好传统节庆视像传播的前提是深入解读传统节日文化及其现代功能:传统节日既非"主题性"节庆的消费意识形态,也非"政策性"节庆的政治正面宣推,传统节日的传播本质是讲好中国的古老故事,以及讲好古老中国的现代故事,不能生硬地将政治元素植入其中,更要重视大、小传统的结合。大传统(great tradition)与小传统(little tradition)是 1956 年美国社会学家罗伯特·雷德斐尔德(Robert Redfield)在《乡民社会与文化》一书中提出来的。前者指代表着国家与权力所掌控和书写的文化传统(精英文化);后者则指代表乡村的由乡民通过口传等方式传承的大众文化传统(通俗文化)。如民俗文化中对于"圆"的追求,便是一种"小传统"。圆、团圆、和,历来是中国传统节庆的母题之一,元宵、七夕、中秋、重阳、春节都有此含义。因此,赋予并锚定传统节日以核心价值,是传统节日现代性转化的重要文化抉择。

"节日电视"或"节日的媒介化"曾为传统节日的社会记忆做出了重要贡献,但由此也生发出一个巨大的悖论:节庆传播的根本目标是为了将大家困守在荧屏前吗?还是为了推广节庆文化、让大众投身到真实的节庆场域之中去?个人生活经验与媒介在场经验之间存在断层,媒介节庆更像一种"二手生活"。而随着融媒时代的到来,"二手生活"已不是电视场,而是网络场。在后春晚时代,春晚的文化价值已被削弱,无数人恢复了"自己过节"的主动性。因此,节日传播应该以人为本,确保多元文化、大小传统各安其位。社会在发展,节庆在形式上必然具有现代气息,但节俗的基本仪程、风格情调不应有太大变化。不仅节日,包括整个民族文化资源的开发都应该注意主体性原则,要尊重人民的文化解释权和文化基础,不强行干预、中断或过度添加;要用保护的眼光看待传统与发展、文化与经济的关系,确保文化传承人拥有文化上的权利,即让传统节日回归民众、回归生活、回归文化。国家的节庆文化产业重点要抓的是"大传统",而节庆民俗的"小传统"不如交还给百姓去选择,生存或湮灭都有其自身缘由。因此我们要始终记得节日的主体是社会大众,不能忽视人民的选择权和话语权,在尊重人民文化情感的前提下，适度利用节日元素发展创新产业。对于节庆“小传统”的处理，要“民间的事民间办”，离生活越近，传统才越活，媒体只需负责对“小传统”进行梳理分类。而对于“大传统”，电视机构要配合国家的文化记忆工程、文化产业建设，不让春节、元宵、清明、端午、中秋、重阳这些“大传统”丢失，在“节日电视”上做出一些主体设计，将遥远的传统拉近，使文化的创新符合生活逻辑，变得可以理解，这样非遗艺术才不会“生于民间，死于庙堂”。

2018年快结束时，关于是否能过“圣诞节”的争议在网上兴起。笔者以为，年轻一代过“洋节”的行为当然不必提倡、鼓励，但对于“洋节”应该持一种文化开放的态度，不必冠之以文化殖民，过度紧张，文化就是要引进来走出去。就拿汉族的中元节和西方的万圣节相比，二者在文化上都与“鬼魂”相关。表现墨西哥亡灵节文化的电影《寻梦环游记》获得第90届奥斯卡金像奖最佳动画长片奖并被中国观众所喜爱，也是因为人类共通的“亡灵文化”。一些年轻人将万圣节过成假面舞会、狂欢节，信奉的并不是它们的节日内涵，只不过是将它们过成了购物节。笔者认为，没有必要以中元节的清冷来类比万圣节的喧闹，并借此哀叹传统文化之衰微，所谓“礼失求诸野”，中元节依然在民间存在，而清明节、春节的庙会都有类似功能。唯有在日常生活中实现传统文化的赓续与在场，情感共同体才能实现真正的联结。

（二）“电视的事融媒办”：节日传播要重构融媒仪式话语

人类媒介的演进史即是媒介域的迭代史，在雷吉斯·德布雷的描述中，每个媒介域都会产生一个特有的时空组合，生产不同的现实主义，并且在历史现实中，纯粹状态的媒介域是不存在的，总是已有做法和新工具相互妥协的结果，并嵌入不同时代的技术网络。① 从电视“墙面”观影到手机“掌面”滑屏，从视频直播到碎片化收阅，“融媒场域”是多屏共存时代，在终端偏重于手机“小屏”“碎屏”的移动传播，在符号特征上已实现了“多模态话语”互动。新技术带来新读写，新读写带来新文化，在交际中只使用一种模态的话语叫“单模态话语”(monomodal discouerse)，同时使用两种或以上模态的话语叫“多模态话语”(multimodal discourse)。② 模态内和模态间的关系是话语研究重心，近年来已从语言使用(单模态话语)扩展到对包括语言在内的多种模态的使用。当前网络社群的符号收受从语言转向副语言、从线性转向非线性阅读、从扫读转向视听观瞻，文字、语音、表情包、短视频、动图、抖音的混合构成了书面语、口头语和视像语的互补，正在形成新型“语—图”关系；而“内容随人、内容找人”的算法推送、内容形态变革形成的“竖屏化”(层级化拆条收看)趋势正在形成新的沉浸场域，影响到人们对节庆仪式的理解，节日的内容生产和传播模式也相应发生了变革。

当下，作为影视传播的传统节日应该迁移到移动传播之中，成为网络文艺传播的IP，要变大传播为微传播、变电视节庆为数字节庆、变电视仪式为线上仪式，例如用节

① 德布雷.普通媒介学教程[M].陈卫星，王杨，译.北京：清华大学出版社，2014：261-262.

② 朱永生.多模态话语分析的理论基础与研究方法[J].外语学刊，2007(5)：82-86.

日影像志、节庆数字博物馆等来提升用户的触媒体验,用社交媒体来增加情感传播的黏性。人们在网络社交圈中不会错过大大小小的“节”与“日”,如传统的二十四节气。线上空间建构起了新的“意识空间”“关系空间”,带来更大的沉浸感、互动感、参与感。主流媒体的微端、区域公众号与个人公众号也成为节庆传播的重要组构,如端午节的网络传播就比过去丰富得多:形式如微博话题、微信公众号文章、古诗词、短视频、连环画、表情包等;内容如赛龙舟、吃粽子、挂菖蒲、喝雄黄、佩艾虎、戴香包、捉鸭子等多种民俗符号出现在微端中,确保每一个人都能找到表达节日情思的个性化方式。

综上所述,随着图像域发生融变的大势所趋,传统节日的视像叙事存在明显的效力衰减,具体化、情境化、多元化的小叙事模式亟待总结,受众层面的认知图式、“叙事理解”也有待深入探索。电视机构要力争成为具有互联网精神且秉持主流价值传播使命的新型主流媒体,电视传播者要重新审视文化和技术的关系,遵循新媒体的作用机制,探寻节日叙事的新理念和新路径,用新科技和新创意吸引年轻受众,改变固有的“直播”情结,重视节日仪式的在线生产,进一步提高传播力、引导力、影响力、公信力。可以想见,将PGC(专业生产内容)、OGC(品牌生产内容)、UGC(用户生产内容)结合起来,以融媒场景的空间生产凸显传统节日的文化整合价值,民众将会愿意接触传统文化、活化传统文化,记住并喜爱“我们的节日”。

华夏文明传播研究

“关系”研究的历史沿革、经验检视及对华夏人际传播研究的启示*

Guanxi Study's Historical Evolution ,Empirical Examination and Its Enlightenment to the Study of Huaxia Interpersonal Communication

◈ 张 波**
Zhang Bo

摘要:“关系”是中国社会最为广泛和普遍的日常人际传播活动,通过对“关系”研究的历史沿革进行梳理,我们发现“关系”研究经历了从现象观察到学理探讨、从单一视角到多维视野、从追随西方到本土反思的转变。在此基础上,通过对当前以“关系”为主题的经验研究进行检视,我们发现存在着三种研究面向:宏观面向上,“关系”多被视为一种体制外非正式的资源获取手段;中观面向上,“关系”多被视为经济/社会行为所嵌入的社会网络背景;微观面向上,“关系”多被视为非对称性的人类互惠及社会交换关系。其中,“关系”究竟是工具性手段还是表达性实践是争论的焦点。针对“关系”认识论中存在的“普遍主义/特殊主义”二元对立倾向,“关系”研究开始越来越多地从二元对应和二元转化的二元连续统视角来展开分析。“关系”研究立场上从“二元对立”到“二元连续统”的转变给华夏人际传播研究的启示便是,我们一方面不能将西方人际传播理论普遍化,另一方面也不能将华夏人际传播实践特殊化,应基于中西方社会构成方式的差异,跳出二元对立的思维定式,从二元连续统的视角入手分析华夏人际传播实践,在此基础上才能实现华夏人际传播研究的理论创新。

Abstract:“Guanxi” is the most extensive and common daily interpersonal communication behavior in China society. By sorting out the historical evolution of “Guanxi” research, it can be found that “Guanxi” research has experienced a transformation from phenomenon observation to theoretical discussion, from a single perspective to a multi-dimensional perspective, and from following the west to basing on eastern reality. On this basis, through the current experience examining with “Guanxi” as the study theme, we found that there are three kinds of research oriented. At the macro level,“Guanxi” is regarded as informal means of resource acquisition, at the

* 本文为贵州大学2017年引进人才科研项目“高等教育系统重建以来大学生人际交往及其变迁研究(1977—2017)”的阶段性成果。

** 张波,贵州大学文学与传媒学院副教授、硕士生导师。

meso level, "Guanxi" is seen as social network background in which people's economic/social behavior is embedded, and at the micro level, "Guanxi" is seen as asymmetrical social exchange relationship. Among them, whether "Guanxi" is indeed instrumental means or expressive practices is the focus of debate. In view of the "universalism/particularism" binary opposition tendency in the epistemology of "Guanxi", the "Guanxi" study begins to analyze more and more from the perspectives of binary correspondence, binary transformation and binary continuity. What it tells us is jump out of the mindset of binary opposition by the shift of "Guanxi" research position from the "binary opposition" to the "dual continuum", on one hand we can't generalize western interpersonal communication theory, on the other hand also can not specialize the practice of Huaxia interpersonal communication. Based on the differences between Chinese and western social formations, we should analyse indigenous interpersonal communication practice from the perspective of binary continuum. Only so can we achieve in the research of Huaxia interpersonal communication theory innovation.

关键词:"关系",社会关系,人际关系,华夏人际传播

Keywords: "Guanxi", social connection, interpersonal relationship, Huaxia interpersonal communication

"关系"是理解中国社会的关键词,它是一种人人心知肚明并习以为常的人际传播活动,人们每天都要对它做出判断,并维护、运用和经营它,就像鱼儿离不开水一样自然。梁漱溟的"伦理本位"、许烺光的"情境中心"、费孝通的"差序格局"、乔健与何友晖等人的"关系取向"、方朝晖的"关系本位"等概念都对"关系"在我国社会中的本体论地位给予了肯定。作为一种私人生活实践,"关系"是我们每天都要碰到的。如何判断自己人和外人的关系、如何把握人际距离的远与近、如何平衡人情往来、如何维系和保持人际联系,可以说中国人的为人之道主要就是处好各种各样的关系。"处关系"这一普遍性的人际传播实践,蕴含着中国社会运行的机理和中国人社会心理的奥秘;但"关系"一旦进入公共话语层面,人们又往往将其与各种负面的权钱交易、权色交易联系在一起,认为基于某些特定的动机和目的,和握有资源的某个社会成员搞上关系、搞好关系,会导致一系列的腐败、不公和低效率等等,在专家学者们的口诛笔伐中,"关系"被扭曲成了一种上不了台面的文化糟粕。这种日常实践和公共话语之间的分裂,令人禁不住思考,"关系"作为我国的一种普遍社会现象,究竟是何时开始被研究者们关注的?研究者们关注的焦点在历史变迁中发生了怎样的转移?现有的学术研究究竟是怎么看待"关系"这种社会现象的?形成了哪些一般性的研究面向?这些研究面向背后的认识论前提是什么?最新的"关系"研究是如何解决不同"关系"认识论之间内在的张力的?更进一步地,从传播学的学科视角出发,我们要探索的是"关系"研究的这种历史沿革和当下的研究进展对于华夏人际传播研究有何启示。对于这一系列问题的回

答，是我们完整理解以“关系”为核心的华夏人际传播实践的基础。

一、“关系”研究：一个伴随现代化进程兴起的学术议题

在学界，作为一个伴随着现代化进程而兴起的研究领域，“关系”最早出现在西方文化学者以及一些来华传教士、探险家的书籍中，比如明恩溥(Arther H. Smith)的《中国人的素质》、切斯特·何尔康比(Chester Holcombe)的《中国人的德性》、罗斯(Edward Alsworth Ross)的《变化中的中国人》等等。他们在考察中国这样一个异文化的过程中，描述了人们日常生活中一些常见关系实践的特征，如“好面子”“讲人情”等，这些对于中国人特征的现象描述，尽管褒贬交织，但基本上还是一种以西方为中心、通过中国这面镜子来反观西方的思考。随着鸦片战争带来的国门大开，一大批先进知识分子了解到西方的技术、思想和文化之后，开始对中国人的“关系”进行了深刻反思，比如辜鸿铭的《中国人的精神》、鲁迅的《阿Q正传》、林语堂的《中国人》等等，最有影响力的当属梁漱溟的《中国文化要义》及其提出的“伦理本位”概念了。但彼时这些认识尚属于一种文化洞见，并不属于严格意义上的社会科学研究。真正对“关系”进行初步概念化的是社会学家费孝通，他根据早年在中国农村的调查研究，在《乡土中国》一书里提出了“差序格局”的概念，奠定了后续学者进一步研究“关系”的基础。除此之外，胡先缙、杨联陞、许烺光等海外华人学者，也对关系、人情与面子进行了大量探讨。

1949年中华人民共和国成立后，人们的社会关系经历了一个从“朋友式关系”向“同志式关系”的转变①，人们的家族概念被抽空，转而效忠于国家这一唯一的、绝对的集体。随着“文化大革命”的结束，20世纪80年代以来一些被批判的传统行为规范开始重新泛起，建立在共产主义意识形态基础上的同志式人际关系瓦解，表达取向的普遍主义关系开始向功利取向的特殊主义关系演变。② 经历了长期混乱的社会开始走向重建，这个过程人心动荡，使得一些正当的需求不得不通过“走后门、拉关系”的方式来获取，人际交往中充满实用、功利性的考虑，这在当时是一种全新的被称为“关系学”的社会现象，它“并非单纯地向传统的人际关系的回归，因为在传统的人际关系中，并不存在如此之强的功利主义的取向”③。鉴于“关系学”实践广泛流行的历史背景，20世纪80年代迄今，海外学者持续关注着“关系”，作为一种典型的社会系统，戈尔德(Thomas Gold，1985)、魏昂德(Andrew Walder，1986)、戴慕珍(Jean Oi，1989)都在质询“关系”的特性。20世纪90年代，杨美惠(Mayfair Yang，1994)研究了关系的功能。

---

① VOGEL E F.From friendship to comradeship：the change in personal relations in communist China[J].China quarterly，1964，22(21)：46-60.

② GOLD T B.After comradeship：personal relations in China since the cultural revolution[J]. China quarterly，1985，104：657-675.孙立平也认为“关系”所具有的工具性色彩在传统社会并不明显，它是在改革开放后才出现的。孙立平.“关系”、社会关系与社会结构[J].社会学研究，1996(5)：22-32.

③ 孙立平.“关系”、社会关系与社会结构[J].社会学研究，1996(5)：22-32.

到90年代末期的时候,顾舍瑞(Guthrie)做出预测:随着理性法律制度的完善,关系将走下坡路。[1] 对于中国社会中"关系"发展趋势的不同预期,学者们进行了大量的争论,其中韦伯(Max Weber)关于儒教与清教的对比,帕森斯(Talcott Parsons)"普遍主义"和"特殊主义"的模式变项是经常被援引的理论资源,并形成了"式微论、持续论和过渡论"三种有代表性的观点。[2] 除了在特殊主义工具性纽带的意义上来理解"关系",也有一些学者将"关系"视为非对称性的社会交换关系,如任柯安(Kipnis)、阎云翔、流心、常向群等,他们从微观角度对中国人的"关系"进行了探索。值得一提的是,在对"关系"进行关注的海外学者中,华裔学者是一支不可忽视的力量,孙隆基、余英时、杜维明、成中英等都曾从探讨中国文化特质的角度对"关系"做过一些顺带一笔的讨论。

几乎是与海外学者对中国人的关系实践进行大量研究的同时,20世纪80年代以来,国内的港台学者也悄悄展开了对于"关系"研究的本土化探索之路。以杨国枢为首的台湾地区社会心理学界开始了"社会与行为科学的中国化"进程,并波及社会学、管理学、政治学、人类学等领域,一大批本土成果问世,同时涌现出了不少优秀的本土学人,如专注本土心理学的黄光国、杨中芳、何友晖;专注本土组织行为学的郑伯壎、陈介玄;专注人类学的李亦园、乔健;专注社会学的叶启政、邹川雄等等。香港地区学者则以金耀基、张德胜、阮新邦为代表。内地学者对"关系"的研究起步较晚,但发展很快,杨宜因、彭泗清、翟学伟、沈毅等人采取了本土的立场研究"关系"。尤其值得一提的是,长期专注于"关系"研究的翟学伟,在批判由外向内的本土化研究的基础上,提出了由内向外进行内生性的本土研究的取向,"本土研究"与"本土化研究"一字之差,却极大地推动了"关系"研究的进展。翟学伟系统展开了对"关系"以及人情、面子、报、计谋、信任等现象的深入研究,他的多本著作如《中国人的行动逻辑》《中国人的脸面观》《人情、面子与权力的再生产》《中国人的关系原理》也成了国内人文社会科学引用率较高的书籍。在他的开拓和引领下,其学生沈毅也成了国内研究"关系"的中坚,其《从"派系结构"到"关系共同体"》一书极具想象力。与他们在"关系"研究领域的持续耕耘不同,一些早年对"关系"研究有探索的学者如佐斌、彭泗清等后来都转向了其他领域。

20世纪90年代以后,随着改革开放以来中国市场经济的迅速发展,社会形态在诸多方面越来越趋同于西方的市场社会,同时社会网络和社会资本理论发展迅速,并日益扩展到诸多具体分支研究领域,这使得运用社会网络、社会资本视角研究"关系"在中国变得流行起来。[3] 边燕杰、林南、罗家德、张文宏、林聚任等人借助西方近年来流行的社会网络分析方法考察"关系"。这一取向的学者将"关系"的解释尽可能安置在"强关系"与"弱关系""社会资本""社会资源""社会支持"的框架中,许多研究都借助对本土经验材料的解释,试图对西方理论进行补充或修正,以便将"关系"的研究纳入国际学术话语体系中。有的学者对于测量方法进行了改进,考虑到中国农村的家庭本

① 克劳斯,杨渝东.关系:一种整合的模式[J].中国研究,2011(1):134-169.

② 李林艳.关系、权力与市场:中国房地产业的社会学研究[M].北京:社会科学文献出版社,2008:196.

③ 纪莺莺.文化、制度与结构:中国社会关系研究[J].社会学研究,2012(2):60-85,243.

位实际，即社会交往是以家庭而不是个人为单位展开的，提出以“家庭支持网”为测量单位。[①] 有的学者基于中国现实，对于“强关系”与“弱关系”的框架提出了修正，要么认为“强关系”在中国更有用[②]，要么认为应考虑到“强关系”与“弱关系”的动态变化以及“弱强关系”和“强弱关系”的存在[③]，要么认为“中等关系”最为重要[④]，尽管这一取向遭到了许多本土学者的质疑，但目前来看这仍是一股蓬勃发展的潮流，方兴未艾。

21世纪初，持续多年的农民进城务工潮的社会后果已经初步显现，一个日益空心化的乡村社会正在形成，乡村社会性质发生了从“熟人社会”到“半熟人社会”的转变。作为“关系”实践最重要的场域，乡村社会里的“关系”嬗变引起了众多学者的重视，其中以贺雪峰为首的华中乡土派对于乡村“关系”的变迁做了大量本土化研究。贺雪峰的《新乡土中国》，就指出了乡土社会“人际关系理性化”的趋势。[⑤] 这一学派对于“关系”的考察多散见于乡村治理研究之中，且多聚焦于代际关系、邻里关系、夫妻关系等类型，其中聚焦于“关系”的专项研究有徐晓军的《断裂、重构与新生：鄂东艾滋病人的村庄社会关系研究》、宋丽娜的《熟人社会是如何可能的：乡土社会的人情与人情秩序》、王德福的《做人之道：熟人社会里的自我实现》、郭俊霞的《农村家庭代际关系的现代性适应：以赣、鄂的两个乡镇为例》，等等。华中乡土派的著作具有鲜明的“经验研究”风格，基于村庄内部的较大差异，可以划分出不同行动单元的认识，即宗族、小亲族和原子化村庄[⑥]，他们非常注重区域比较手段的运用，通过对经验现象的深描，形成具有本土性的解释，其中用来解释“关系”变迁的“本体性价值/社会性价值”模式[⑦]，具有一定影响力。

通过上述对于“关系”研究产生背景以及历史演变的粗略回顾与梳理，我们发现它在长期发展过程中至少经历了三重转变。首先是从现象观察到学理探讨的转变。“关系”研究从传教士、探险家以及文人墨客的经验之谈，转化为了社会科学殿堂中的严肃议题，对“关系”的分析水平也从宽泛的现象探讨转为了严密的学理分析。其次是从单一视角到多维视野的转变。随着中西方学者对于“关系”议题的聚焦，相关理论视角的运用越来越多样化，并至少形成了三支研究脉络，“侧重特定政治经济背景的制度视角、侧重伦理含义的文化视角，以及社会网络分析所代表的结构视角”[⑧]。最后是从追随西方到本土反思的转变。随着社会科学本土化思潮的席卷，越来越多的学者开始反思套用西方理论解释中国人“关系”实践的契合性，并且在研究中表现出越来越强的文

---

① 张大勇，于占杰.家庭支持网与农村空巢家庭养老问题[J].安徽师范大学学报(人文社会科学版)，2007(3)：334-339.

② 边燕杰.找回强关系：中国的间接关系、网络桥梁和求职[J].国外社会学，1998(2)：50-65.

③ 刘林平.关系、社会资本与社会转型：深圳“平江村”研究[M].北京：中国社会科学出版社，2002：294-310.

④ 邹佳青.华人社会中的社会关系网络——社会网络中的中等关系与本土化解释[J].当代青年研究，2003(4)：45-49；陈云松，范晓光.关系强度的类型学：求职中的“中度关系”及其使用[J].学术交流，2014(11)：194-200.

⑤ 贺雪峰.新乡土中国：转型期乡村社会调查笔记[M].桂林：广西师范大学出版社，2003：33-35.

⑥ 贺雪峰.行动单位与农民行动逻辑的特征[J].中州学刊，2006(5)：129-133.

⑦ 贺雪峰.农民价值观的类型及相互关系——对当前中国农村严重伦理危机的讨论[J].开放时代，2008(3)：51-58.

⑧ 纪莺莺.文化、制度与结构：中国社会关系研究[J].社会学研究，2012(2)：60-85，243.

化自觉。作为一个备受瞩目的研究领域,"关系"已然成了海内外社会科学界的研究热点。鉴于"关系"研究的重要性和紧迫性,不少学者甚至提出过要建立一门以"关系"为主要研究对象的分支学科,比如边燕杰的关系社会学、居延安的关系管理学、王怡红的关系传播学。整体来看,这些不同学科领域积淀下来的知识遗产,增益了我们对于"关系"的理解,但"关系"及其相关现象的普遍性和丰富性,却又使得我们未知的远远多于已知的,这激励着后来研究者在充分汲取前人智慧的基础上,继续探索中国人的"关系"文化现象。

二、工具性手段还是表达性实践:"关系"研究的三重经验面向

作为人们日常生活实践当中可以观察得到的具体经验现象,根据不同的兴趣点和研究立场,研究者们在具体研究中对于"关系"往往各有侧重,导致"关系"研究也呈现出不同的面向。下面,笔者分别从"关系"研究的宏观、中观和微观三个方面来逐一分析。

(一)宏观面向:"关系"作为特殊主义的工具性手段

这一研究面向将"关系"视为特殊主义的工具性手段。在许多西方研究者看来,"关系"是跨国公司在中国成功开展业务的必要条件,开发市场、获得企业绩效、建立竞争优势都离不开"关系"经营,尽管这其中会存在一定的道德困境。在这一研究取向看来,"关系"被普遍认为是实现个人利益的一种手段,人们为了获取对自己有用的资源,或者让资源控制者做有利于自己的分配,普遍采取拉拢、贿赂、利益输送、表忠心、谋略等手段来达到目的,在组织层面就表现为一种非正式关系向正规科层体系的渗透。研究议题主要集中在关系与法制、关系与企业发展、关系与组织运转、关系与商业贿赂、关系与地方保护主义、关系与政治腐败等领域。比如雅各布斯(Jacobs)在我国台湾地区马祖乡实地考察了当地居民如何在选举中运用"关系基础"为自己谋取政治利益。① 阮极将中国人通过仪式从关系中获得利益和资源的能力称为"仪式资本",并指出人们通过仪式化习惯(如送礼、娱乐招待等)、送钱、权力干涉、关系网等手段来获取仪式资本进而为子女争取入学机会。② 魏昂德对中国工厂组织领导的上下属权威依附做了研究,认为存在于领导和积极分子间的"庇护主义"将个人忠诚、制度角色履行以及物质利益联系在一起,并提出了"新传统主义"分析的必要性。③ 李(Lee)探讨了关系在当代中国创业中的作用,通过两项调查、三十次电话访问和两个深度个案研究,他发现尽管关系在中国很重要,但它也只是实施商业战略的工具,并不能替代商业实践本身,

① 家博.台湾乡村地方政治[M].严安林,译.南京:南京大学出版社,1992:84.

② RUAN J.Guanxi,social capital and school choice in China:the rise of ritual capital[M].Cham:Springer International Publishing,2017:167-172.

③ 华尔德.共产党社会的新传统主义——中国工业中的工作环境和权力结构[M].龚小夏,译.香港:牛津大学出版社,1996:15-23.

而在中国企业家的理念中，关系的重要性也一直在下降。① 顾舍瑞强调资源在关系网络中配置的功能，且同样认为其随着理性—法制制度的建设而走下坡路。② 王达伟(Wank)将中国市场经济兴起的过程概括为“制度市场化”，这种新型“市场庇护主义”是再分配原则与市场原则的完美结合，包含了自身的制度基础、社会信任以及自身的行动合理性，它不会简单地让位于进一步的市场化，相反它会构成市场化发展的前提。③ 陈俊杰探讨了农民的非农化过程中“关系资源”所起的作用。非农化并不全然是国家有计划的制度安排的结果，农民对于传统的“关系资源”也有设计与运用的成分。④ 李林艳指出，中国的房地产市场是一种“关系密集型市场”，“关系”是不同精英群体进行策略性合作的一个桥梁。⑤ 这一研究取向多带有一定的价值倾向，相关研究经常将“关系”和动词连在一起使用，比如“找关系、走关系、搞关系、靠关系、拼关系、攀关系、关系运作”等等，研究者历数“关系”对于法治建设、社会管理、市场经济、职场交往、人际信任等领域所产生的一系列弊端，如裙带关系所带来的社会不公、关系运作可能导致的体制腐败等，并指出随着我国市场化、民主化、法治化进程的推进，“关系”可能面临的发展趋势。

(二)中观面向：“关系”作为经济/社会行为嵌入的社会网络背景

这一研究取向认为，人类的经济/社会行为既不“像独立原子一样运行在社会脉络之外”，也不“依附于他/她所属的社会类别赋予他/她的角色”，而是深深地嵌入“社会关系系统”之中。⑥ 个体或群体通过一整套固定的社会连带或类似的组合嵌入一定的社会关系网络之中，实现着彼此之间的交互影响，其中社会关系网络成员的关系规模、关系强度、关系质量等因素被认为对于其经济/社会行为具有较强的预测作用。这一研究取向下的议题多集中在农民工求职、企业家创业等领域，且常常将“关系”纳入“强关系—弱关系”、社会资本、社会支持、社会资源的理论框架内去探讨。比如边燕杰通过对中国和新加坡劳动力市场的调查，发现在这两个国家找工作时“强关系”比“弱关系”更有效。此外，跳槽者往往会寻求中间人来和最终帮助者建立联系，这些中间人与双方之间的关系可以是“强关系”和“中等关系”，但绝不是“弱关系”。⑦ 张文宏通过对北京城市居民讨论网的结构特征、成员阶层地位和讨论内容的调查发现，作为一个小规模的、高密度的“核心”社会网络，占据较高阶层位置的专业行政管理人员比工人阶

① LEE Y C E. The contemporary role of guanxi in Chinese entrepreneurship[D]. Robert Gorden University, 2014.

② GUTHRIE D. The declining significance of guanxi in China's economic transition[J]. The China quarterly, 1998, 154: 254-282.

③ WANK D L. The institutional process of market clientelism: guanxi and private business in a South China city[J]. The China quarterly, 1996, 147: 820-838.

④ 陈俊杰.关系资源与农民的非农化——浙东越村的实地研究[M].北京：中国社会科学出版社，1998：104-112.

⑤ 李林艳.关系、权力与市场：中国房地产业的社会学研究[M].北京：社会科学文献出版社，2008：195-198.

⑥ 格兰诺维特.镶嵌：社会网与经济行动[M].罗家德，译.北京：社会科学文献出版社，2007：8.

⑦ BIAN Y, ANG S. Guanxi networks and job mobility in China and Singapore[J]. Social forces, 1997, 75(3): 981-1005.

层拥有更丰富的社会网络资本,且他们比工人阶层的群内选择倾向更突出,他们更愿意选择阶层地位邻近的人成为讨论网的成员。① 林聚任探讨了乡村成员社会网络的基本形式和特征,指出传统的差序格局在裂变,导致乡村社会的信任危机及其一系列不良结果,并指出应重建乡村社会资本与社会秩序。② 孙薇薇运用社会网络分析研究了中国城市亲属关系与精神健康研究之间的关系,其中亲属关系网络结构、亲属关系网络所能提供的社会支持等因素对于个体的精神健康具有重要作用。③ 齐心利用社会网络分析方法,对城市社区的社会支持网、跨越社区的网络等进行了量化分析,认为社会转型以来城市社区形态从"全能社区"走向了"有限社区"。④ 这一研究取向是一种中观层面的解释路径,它既非从宏观的经济社会地位来考察个体的关系实践,也非从微观的行动者之间的日常互动来考察个体的关系实践,而是从中观层面个体所嵌入的关系网络特征来考察其关系实践,因此研究者们主要关心的是"关系"的网络构成性特征,如网络规模、网络密度、网络异质性、特定关系如亲属在网络中的地位、关系网络所能提供的资源等,这反映在我们的日常惯用表达里就是"关系网、人脉、圈子"等。研究者们通过分析人们在社会网络中的关系互动情况来反观社会结构,进而考察社会关系网络在经济/社会行为中所扮演的角色。

(三)微观面向:"关系"作为非对称性的社会交换关系

这一研究取向悬置了对于"关系"的价值判断,研究者们关心的是"关系"的日常实践过程,亦即"关系"是如何在日常生活实践中被生产和再生产出来的。他们特别强调将"关系"视为非对称性的社会交换关系,尽管短期内关系双方在工具性资源和象征性资源的付出与回报之间不符合经济理性,但从长远来看又是平衡的,因为对于生存来说,重要的不是获取新的资源,而是维护已有的资源,可以说"表达性行动"比"工具性行动"更关键。⑤ 因此,"关系"只是中国人展现人之存在的一种为人处世方式,它并不必然就是功利至上的。任柯安在《制造关系:一个华北村落中的情感、自我与次文化》一书中,以冯家村这一中国北方村落为例,通过详细描述在特定时间和地点村民们的建立、管理和否定关系的交际行为,比如送礼、做主人/客人、参加婚礼/葬礼,揭示了关系生产在冯家村政治经济、亲属关系和性别权力演变过程中所扮演的角色,并指出关系的形成涉及朋友、家人、同事和熟人之间复杂的社会支持网络和情感依恋。⑥ 阎云翔通过对黑龙江下岬村的田野调查指出,中华人民共和国成立50年来,家庭的许多社会功能被剥离出,变得越来越私人化了,家庭内部个人也具有了自己的独立性,这带来了家庭亲密关系的变革。年轻一代走出祖荫的逻辑结果并非独立自主的个人的崛起,

---

① 张文宏.中国城市的阶层结构与社会网络[M].上海:上海人民出版社,2006:242-243.

② 林聚任,等.社会信任和社会资本重建:当前乡村社会关系研究[M].济南:山东人民出版社,2007:36.

③ 孙薇薇.亲人的力量:中国城市亲属关系与精神健康研究[M].北京:中国社会科学出版社,2014:199-204.

④ 齐心.走向有限社区:对一个城市居住小区的社会网络分析[M].北京:首都师范大学出版社,2007:204-213.

⑤ 林南.社会资本:关于社会结构与行动的理论[M].张磊,译.上海:上海人民出版社,2005:233-239.

⑥ KIPNIS A B.Producing guanxi:sentiment,self,and subculture in a north China village[M].Duke University Press,1997.

而是一种极端功利化的自我中心取向,成为一种“无公德的个人”。[①] 徐晓军基于鄂东乡村艾滋病人社会关系重构实践,发现乡村社会关系的系统分化与结构简单化,传统社会支持网络的解体,乡村社会外围关系的中轴利益化,乡村社会内核关系的中轴情感化,在此基础上提出差序格局的“内核与外围”结构,认为这是量变式分化呈现出的一种极端性的质变结果。[②] 常向群基于对开弦弓村的研究,提出了“礼尚—往来”框架概括这个江南渔村以及延伸至中国文化的关系模型,其精华在于把“礼尚—往来”框架发展为“礼尚—往来”的动态模型:中间的太极阴阳图可以用来代表“自我”,周围是牵动事件发展的各种因素(礼尚)和往来类型,并具有纵横运作的方向性。[③] 郭俊霞基于对赣、鄂两个乡镇的家庭代际关系的考察,以代际关系的五个维度为主要分析框架,指出当前农村出现的代际关系变动、赡养难题、伦理性危机,并认为这些与代际关系价值维度的变化密切相关。[④] 在这一研究取向看来,生活并不是时时充满功利算计的关系运作,而是充满生存智慧的关系艺术,反映在我们的日常惯用表达里就是“过日子、做人、处关系、经营关系、关系维护、关系管理”。作为一种常见的人类互惠方式,“关系”的内涵远非简单的经济理性可以概括,它充满了文化理性。

回顾上面三小节的文献分析,我们可以看出,当前以“关系”为主题的经验研究存在着三种研究面向,宏观面向上,“关系”多被视为一种体制外非正式的资源获取手段;中观面向上,“关系”多被视为经济/社会行为所嵌入的社会网络背景;微观面向上,“关系”多被视为非对称性的人类互惠及社会交换关系。其中,宏观面向的研究以“关系”为出发点,落脚点往往在一些宏大议题上面;而微观面向的研究出发点和落脚点都在于“关系”自身。前者多倾向于将“关系”视为一种充满了利益考虑和功利算计的工具性策略;而后者则认为“关系”仅仅是一种行动者之间通过日常互动展现出来的表达性实践,它里面有相当多的情感性因素涉入。前者存在着一种有意无意的偏向,研究力量以经济学、组织管理学、社会学为主,且多对“关系”持有负面的想象,要么预测“关系”的重要性会下降,要么发掘“关系”依然保持重要性背后的动力机制并尝试做出学理阐释;后者则并不做出非此即彼的价值判断,研究力量以人类学为主,主张从当事人的自我叙说中去发现“关系”得以运行的心理机制、体制惯性和文化脉络。这两种研究面向构成了“关系”研究里面最基本的对立,“关系”究竟是工具性手段还是表达性实践是争论的焦点。

---

① 阎云翔.私人生活的变革:一个中国村庄里的爱情、家庭与亲密关系(1949—1999)[M].龚小夏,译.上海:上海书店出版社,2006:243-246.

② 徐晓军.断裂、重构与新生:鄂东艾滋病人的村庄社会关系研究[M].北京:中国社会科学出版社,2010:246-248.

③ 常向群.关系抑或礼尚往来?江村互惠、社会支持网和社会创造的研究[M].毛明华,译.沈阳:辽宁人民出版社,2009:274-297.

④ 郭俊霞.农村家庭代际关系的现代性适应:以赣、鄂的两个乡镇为例[M].济南:山东人民出版社,2015:255-264.

三、特殊主义还是普遍主义:"关系"认识论的难点与争点

"关系"究竟是工具性手段还是表达性实践,这背后涉及的是该从何种角度来对"关系"加以认识,其实质是一个"关系"认识论的问题。关于"关系"的认识,西方许多社会思想家在将其和人际关系做对比后给出了自己的思考。韦伯在对儒教与清教进行对比的基础上指出,儒教社会里所有的共同体行为都受到纯粹私人关系的涵盖与约制;相反,清教将一切都消融为纯粹客观"事务的"关系。① 帕森斯借助于"普遍主义"和"特殊主义"这一对模式变量指出,为儒教伦理所接受和支持的整个中国社会结构,是一个突出的"特殊主义"的关系结构。② 此外,本尼迪克特(Ruth Benedict)的"耻感文化"与"罪感文化"、霍夫斯泰德(Geert Hofstede)的"集体主义"与"个人主义"、霍尔(Edward T. Hall)的"高语境文化"与"低语境文化"等概念也一定程度上涉及了对"关系"的认识。这些成对的理想型概念在相当长的一段时间内主宰着人们对中国人"关系"实践的理解,一提起"关系",人们就会自动往特殊主义行为取向的各种具体表现如对人不对事、拉关系、走人情等方面联想,由此形成了"关系"特殊论的认识倾向。持此倾向的研究者承认"关系"是我国传统社会人际交往中的主要行为取向,在历数"关系"对法治建设、社会管理、市场经济、人际信任等领域的一系列罪状后,"关系"自然成了一个发展不成熟阶段的特有工具性手段,并且随着我国市场化、民主化、法治化进程的推进,"关系"的重要性将逐步下降,并将让位于一种普遍性的事务性联系。

与这种"关系"特殊论相对的另一种观点是"关系"普遍论。持这一观点的研究者反对将"关系"与特殊主义行为取向等同起来。项飚就反对对"关系"做特例化解释,他认为强调"关系"的特殊性,找出其"奇异"的地方,分析它究竟怎么和西方的人际关系不一样,本质上是一种西方中心论。③ 颜学诚指出,事实上中国还有以先秦诸子提出的"贵贵"为代表的反关系主义传统。④ 不少学者还努力辨析出其他社会与"关系"相对应的概念,以说明"关系"的普遍性。张江华指出,如果仅仅强调差序格局里个体与不同类别的其他成员关系的差异性,那么"关系"并非中国特色,萨林斯(Sahlins)笔下的美拉尼西亚部落、埃林顿(Errington)讨论的印度 Iban 社会也符合上述特征。⑤ 莱德妮娃(Ledeneva)等认为,"关系"仅仅是语义学的概念,在其他情境下也有与关系对等的概念,如日本的 wa,韩国的 Inhwa,俄罗斯的 blat 等。⑥ 还有不少学者指出了"关系"现象背后的结构性因素,他们反对对"关系"做本质性理解,认为"关系"只是现代以来才出现的现象,比如杨美惠指出关系学的运作其实和国家再分配经济、市场经济以

---

① 韦伯.中国的宗教:儒教与道教[M].康乐,简惠美,译.桂林:广西师范大学出版社,2010:318-319.

② 帕森斯.社会行动的结构[M].张明德,夏遇南,彭刚,译.南京:译林出版社,2003:615-616.

③ 项飚.跨越边界的社区:北京"浙江村"的生活史[M].北京:生活·读书·新知三联书店,2000:3.

④ 颜学诚.中国文明的反关系主义传统[J].考古人类学刊,2013 (78):1-36.

⑤ 张江华.卡里斯玛、公共性与中国社会有关"差序格局"的再思考[J].社会,2010(5):1-24.

⑥ LEDENEVA A.Blat and guanxi: informal practices in Russia and China[J].Comparative studies in society and history,2008,50(1):118-144.

及毛泽东崇拜的背景息息相关。[①] 持"关系"普遍论的许多研究者认为"关系"具有典型的地方性知识特征,因此它更多的是一种地方社会中行动者的表达性实践,但它并非只是属于中国的特殊现象,它对认识人类经济/社会行为有着更为普遍的意义。他们还试图建立一门"关系社会学"的分支学科,尽量将关系纳入"社会资本""社会网络"等概念框架中去探讨,以便与国际同行进行对话。此外,他们之所以反对"关系"特殊论还在于其将"关系"置于演化的起点上,从而充满了线性目的论色彩。

事实上,不管是"关系"特殊论还是"关系"普遍论,对"关系"的现有诸多讨论都是在"特殊主义/普遍主义"这一二元对立的框架下展开的。"关系"特殊论的困难之处,一方面在于不恰当地对"关系"做出单一化约的判断,忽略了它丰富而多意的内涵;另一方面在于对于现代化浪潮中"关系"转变趋势的预测有片面化之嫌。事实上,"关系"不仅有转向现代的一面,也有对现代的改造和重构的一面,这使得很多现代新兴事物依然充满了熟悉的味道,还是"关系"那道配方在起作用。而"关系"普遍论经常遭受的一个质疑就是现成的分析工具偏重于社会关系网络的结构特征,而没有充分反映或者完全没有反映中国文化的深层含义,看不出"关系"的特性在哪里,中国的"关系"也完全成了论证西方理论的一个无关紧要的脚本。采用"特殊主义/普遍主义"这一二元对立框架来理解"关系",拿着西方的理论工具来切割中国的经验事实,往往会出现各执一端的情形,进而无法把握中国人"关系"的实质。而要想对"关系"有认识论上的突破,需要跳出这种二元对立思维的限制。余英时指出,"特殊主义"和"普遍主义"是任何社会中都同时存在的现象,以文化价值言,中国和西方都有最高的普遍原则,适用于一切个人,比如西方的"公平",中国的"仁"(后来是"理")的概念。[②] 林瑞强调,儒家伦理真正体现了普遍主义与特殊主义的综合,即一种"脉络化的普遍主义"。[③] 翟学伟更是指出,中国人的社会认知、社会行为及其儒家思想均不体现二元对立的关系,而近似连续统(continuum)的关系。中国人是用调和的方法使两者之间相互包含并且可能发生转化的。由此,中国人也无须在它们之间做出选择。[④] 越来越多的研究者认识到,应从二元连续统的视角来展开分析"关系"。

从二元连续统的视角来分析"关系",一方面要明确的是,中国人在"关系"实践上并不存在二元对立的选择困境。"关系"普遍也好,特殊也好,并不像西方社会中那样充满了冲突,也不需要做非此即彼的二选一,选择这个就意味着放弃另一个,事实上那些看似矛盾的"关系"实践在中国往往可以和平共处。在中国人看来,事物之间更多是二元对应而不是二元对立的,事物之间也不存在根本性的差异,而是有相对性的侧重,这种关联思维而不是逻辑思维使得中国人的"关系"实践充满了灵活性。另一方面要

① 杨美惠.礼物、关系学与国家:中国人际关系与主体性建构[M].赵旭东,孙珉,译.南京:江苏人民出版社,2009:292-298.

② 余英时.中国思想传统及其现代变迁[M].南京:江苏人民出版社,1992:26.

③ 林端.儒家伦理的"脉络化的普遍主义"——以"仁"为例作说明[J].江南大学学报(人文社会科学版),2009(4):5-8.

④ 翟学伟.中国人的关系原理:时空秩序、生活欲念及其流变[M].北京:北京大学出版社,2011:65-74.

指出的是,中国人的“关系”实践是可以在二元连续统中互相转化的,比如中国人“自己人”和“外人”的边界就是相当具有弹性的,此刻的“外人”彼时就可以转变成“自己人”,两者边界具有较强的可伸缩性,而不像西方的“内群体”和“外群体”之间边界那么分明。鉴于中国人为人处世的中庸思维、变通心理,“关系”在普遍主义取向和特殊主义取向之间存在着相通、相容乃至相互转化之可能,从而形成一种你中有我、我中有你的社会认知与行为方式。总之,在二元连续统视角下,“关系”不会被简单地视为普遍的文化实践,而是中国特有的文化现象,在这种视角下,“关系”是在“特殊主义”和“普遍主义”这两端之间来回游移的一种游戏。

四、从二元对立到二元连续统:“关系”研究对华夏人际传播研究的启示

华夏传播研究是“对中国传统社会中的传播活动和传播观念的发掘、整理、研究和扬弃”[①]的特定知识领域。就我国大陆地区而言,它在20世纪八九十年代就已经出现了萌芽,孙旭培、吴予敏、黄星民等一大批学者就这一议题进行了早期耕耘。但彼时因我国大陆地区对西方传播学的引进、消化和吸收工作仍处于早期阶段,在对西方传播研究的知识脉络和学科地图尚未形成整体认识的情形下就匆忙上马华夏传播研究,一时间引发诸多争议,最后不了了之,华夏传播研究也呈不温不火之势。近年来,随着我国传播学对西方传播理论体系译介工作的不断完善以及社会科学本土化思潮的涌起,华夏传播研究领域重新焕发活力,涌现出了邵培仁、谢清果、潘祥辉、姚锦云等一大批代表性学者,并形成了华夏政治传播、华夏组织传播、华夏公共传播、华夏跨文化传播、华夏人际传播等不同细分领域。其中,华夏人际传播即是“建立在关系本位上的重情理、重伦理规范的中国式人际传播”[②],对这一研究领域来说,“关系”是无论如何也绕不开的一个关键词。谢清果认为,“‘关系’贯穿中国人处理社会关系的过程,现实中的家庭关系、组织关系、社会关系等都受大传统中待人规则的影响,也受小传统中的人情往来规则的制约,相互交错,共同形塑华夏色彩斑斓的人际沟通模式”,因此他指出“关系”是华夏人际传播的鲜明特色。[③] 胡河宁强调,“只有研究维系中国古代人际传播秩序的关系假设,才能正确诠释‘仁’‘礼’‘忠恕’‘和为贵’等传统思想范畴在古代人际传播过程中的意义”[④],因此“关系”研究可以说构成了华夏人际传播研究的前提。王怡红更是认为,“中国的传播理论及传播思想是以关系为本位而建立和形成的,将‘传播’‘沟通’和‘交往’与‘关系’紧紧连接起来,建立联系、融成一体,这种尝试有可能使传播研究更接近于在中国社会日常生活中所存在的真实含义,从而发现在中国社会关系传

---

① 黄星民.华夏传播研究刍议[J].新闻与传播研究,2002(4):80-86,96.

② 谢清果.华夏传播学引论[M].厦门:厦门大学出版社,2017:123.

③ 谢清果.华夏传播学引论[M].厦门:厦门大学出版社,2017:93.

④ 胡河宁,孟海华,饶睿.中国古代人际传播思想中的关系假设[J].安徽史学,2006(3):5-10.

播的意义”[①]。在她看来，“关系”在包括人际传播在内的传播研究中具有本体论层面的意义。

既然“关系”对于理解华夏人际传播研究如此重要，那么“关系”研究的经验积累和知识传统也就对华夏人际传播研究具有了非凡的意义，其中最具启发意义的当属“关系”研究立场上从“二元对立”到“二元连续统”的转变。二元对立思维诞生于西方主客体分离的哲学土壤，如果说中国传统思维方式是“天人合一”，那么西方传统思维方式就是主客二分（subject-object dichotomy）[②]，在这种思维模式的指引下，西方社会发展出了一种在二元对立概念中去理解事物的倾向，比如物质与精神、唯物与唯心、理性与非理性、意识与潜意识、客观与主观、无机与有机、绝对与相对等等。这种二元对立思维渗透到人际传播研究中，就导致“普遍主义/特殊主义”“集体主义/个体主义”“他人导向/自我导向”“独立我/互依我”“工具性/情感性”“高语境/低语境”“强关系/弱关系”“罪感/耻感”等概念的盛行，从西方人际传播模式出发，很容易将华夏人际传播实践视为一种异己的存在。例如，Yum 就指出，以中国、日本为代表的东亚人际传播模式为过程导向，语言代码高度分化，强调间接交流和以接受者为中心的沟通；相比之下，北美人际模式则代表了结果导向，语言代码分化程度较低，强调直接沟通和以传播者为中心的沟通。[③] 这种二元对立思维如果全面渗透，往往容易在华夏人际传播研究中产生两种误区：

一种误区是容易将西方人际传播理论普遍化。理论的普遍性与特殊性一直是学界争论的热点，但即便是普遍性理论也是根植于一定的社会结构、文化背景和心理常模之下的，因此对于西方理论的适用范围我们需要保持足够的清醒。马成龙指出，“长久以来，美国的人际传播观点被视为传播研究的圭臬，但是当我们把许多在美国观点影响下发展出来的研究议题，应用到不同文化时，常常显得搔不着痒处，不是不够重要，就是完全不切题”[④]。如果套用西方人际传播理论来观察华夏人际传播实践，就会出现把中国人的“关系”当成“社会资本”、把“人情”当成“社会交换”、把“面子”当成“印象管理”的情形，但实际上“关系”“人情”和“面子”在华夏人际传播语境里是有着丰富的意指的，生搬硬套西方人际传播理论的后果便是它们的文化内涵被抽空，成为一堆空洞的所指。另一种误区是容易将华夏人际传播实践特殊化。一些学者想当然地以为，既然西方社会被以自我为中心的个体主义人际传播模式所主导，那么以“关系”为本位的华夏文明就以处处以他人为重的集体主义人际传播模式为核心，这样看似没有简单地套用西方人际传播理论，并且在某种程度上实现了对“把‘关系’普遍化并纳入‘社会资本’‘社会网络’的讨论中这一趋势”的反抗，但实际上这种路径依然没有跳出

① 王怡红.论传播学的关系价值研究——一个提升传播学科品质的可能途径[J].传播与社会学刊，2010(12)：175-198.

② 张世英.天人之际：中西哲学的困惑与选择[M].北京：人民出版社，1995：5.

③ YUM J O.The impact of Confucianism on interpersonal relationships and communication patterns in East Asia [J].Communication monographs，1988，55(4)：374-388.

④ 马成龙.关系与华人沟通行为[M]//陈国明.中华传播理论与原则.台北：五南图书出版股份有限公司，2004：363-378.

"西方理论/中国经验"的二元对立框架。在把建立在"关系"基础上的华夏人际传播实践特殊化后，以集体主义为准绳的华夏人际传播模式似乎站在了一个演化的起点上，需要朝着个体主义的西方人际传播模式去演变。事实上，中国人的人际传播实践可能压根和集体主义就没什么关系，"所谓的集体主义其实是极其复杂的。华人的沟通行动并不如西方文献所描述，单纯的我为人人、人人为我，以他人为重心，为集体目标奉献自己"[①]。将华夏人际传播特殊化非但不能摆脱西方人际传播理论的阴影，反而从另一个侧面论证了西方人际传播理论的合理性和普遍性。

由此我们可以发现，西方二元对立思维在解释华夏人际传播实践中面临着的一系列问题，这种思维会让我们对华夏人际传播实践的考察充满矛盾。汪琪教授在一次学术会议上曾提到这样一件事，"我曾经有一篇论文，被几个主要的西方期刊所拒绝了。我的研究题目是一个叫作 *Weakest Link* 的节目。这个节目在台湾地区被翻译为《适者生存》，它是一个问答的综艺节目，在世界上很多国家都非常火红，但在亚洲却遭遇惨败，观众没有办法接受。所以我可以以 *Weakest Link* 在别的国家火红去证明媒体效果的理论，但是我也可以从它在亚洲市场上的表现去证明阅听人自主性的理论。那好，同一个节目你可以拿去证明两种相对的、相反的理论，这不是很奇怪吗？由此我们会发现，其实媒体和阅听人本来就不是一个对立关系。这是打破西方二元对立思维模式的一个很简单的例子。我觉得其实这个地方是可以建立起对话的。他们不跟我们对话，我们还是可以跟他们对话，我们还是可以提出我们的角度、我们的经验、我们的体验"[②]。从汪琪举的这个例子我们可以发现，同样是华夏人际传播实践，可以用个体主义模式来证明中国人的以自我为中心、事不关己高高挂起，同样可以用集体主义模式来说明中国人的追求和谐、处处以他人为重，这就让人感到不知所措了。而这种认识上的含混恰恰意味着对话空间的可能性，我们在前面综述中提到的近年来"关系"研究立场上的"二元连续统"转向则为我们提供了一种可能途径。

从"二元连续统"的视角去考察华夏人际传播实践，我们关心的将不再是华夏人际传播实践到底是特殊主义的还是普遍主义的，我们关心的是在何种情境下华夏人际传播模式会表现出普遍主义的那一面，在何种情境下华夏人际传播模式又会表现出特殊主义的那一面，以及这二元对应的两面是如何共生和互融的，它们之间又是如何转化的，由此许多认识论上的问题就将迎刃而解。在这方面，我国台湾地区学者张惠晶为我们提供了一个很好的范例分析，在其《从四个文化机制看华人人际传播："拉近""推远""弹性化"与"复杂化"》一文中，他提到了四个重要的华夏人际传播机制。这四个文化机制其实是在关系建立和关系经营两个分析维度上构建起来的，比如"拉近"和"推远"就可以构成一个关系建立的二元连续统，一方面，人们会通过"寻找双方共同点""陌生关系拟亲属化""将'面子'与'人情'要素融入讯息传达"等手段来"拉关系、攀关系"；另一方面，人们也会通过"避免人情债""灵活微妙的场面话""中间人代为传达讯

① 张惠晶.从四个文化机制看华人人际传播："拉近""推远""弹性化"与"复杂化"[J].传播与社会学刊，2013(24)：193-223.

② 汪琪.本土化：一个错误的答案？[J].北大新闻与传播评论，2013(1)：249-257.

息”等手段来让关系保持必须必要的距离，如果说“拉近”是参与集体的文化机制，那么“推远”则是保护个人空间的机制。[①] 从这一案例分析出发，我们会发现华夏人际传播实践并不属于任何二元对应关系中任何确定的一端，它的妙处就在于它总是在一对对二元连续统中来回摇摆。由此，许多看似冲突对立的人际传播实践在中国人身上同时并存，这一点都不矛盾，而是暗含着华夏人际传播实践的一种“游戏”气质，它总是游移不定，亦可亦不可，充满了反复权衡和动态调整，需要仔细揣摩、打量和参悟才能体会其中的奥妙之处。

总之，如前文所述，“关系”是华夏人际传播实践的基础，也构成了华夏人际传播实践最主要的现实表征，理解华夏人际传播离不开对“关系”的深度剖析。通过对“关系”研究的详细回顾，本文梳理出了“关系”研究史的大概沿革过程，并对其在当下的研究概貌从宏观、中观和微观三个面向进行了总结，发现研究中充斥着“关系”究竟是工具性手段还是表达性实践的争论，这一争论的背后其实反映着不同的“关系”认识论。从西方二元对立思维出发，“关系”的认识论只能在“普遍论”和“特殊论”之间打转，导致我们的华夏人际传播实践无论如何也跳不出西方理论所预设的框架，如果不转变这一二元对立的西方思维，我们在华夏人际传播研究中便会出现要么将西方人际传播理论普遍化，要么将华夏人际传播实践特殊化的倾向，无论是哪一种倾向，最终都只会强化而不是削弱西方人际传播理论的普遍性，而这必然会挤压华夏人际传播理论的生存空间。但事实上，“西方传播理论重科学精神与方法，具有‘理剖万物’的特质，其经验学派研究重点侧重大众传播效果研究，缺乏价值与道德判断”，这种特征早就显示出了一系列的知识生产困境；而“华夏传播理论则以仁兼济天下，具有‘心传天下’的理论特质”，可以“为世界传播学增添一缕人文精神”。[②] 因此，为了实现华夏人际传播研究的理论创新，我们应基于中西方社会构成方式的差异，跳出二元对立的思维定式，从二元连续统的视角来入手分析华夏本土人际传播实践，更多地考虑华夏人际传播实践在各种二元对应关系上的各自表现及其彼此间的转化，在此基础上才能推动这一研究领域更深入的发展。

---

① 张惠晶.从四个文化机制看华人人际传播:“拉近”“推远”“弹性化”与“复杂化”[J].传播与社会学刊.2013(24):193-223.

② 谢清果,祁菲菲.中西传播理论特质差异论纲[J].现代传播(中国传媒大学学报),2016,38(11):30-35.

略论中国古代的言论环境*

On the Speech Environment in Ancient China

◈ 白文刚**
Bai Wengang

摘要:对中国古代言论环境的考察是研究中国古代政治传播或者说华夏传播不可或缺的课题,但目前学界对此问题缺乏系统探讨。特别是受近代以来历史叙事的影响,人们对中国古代言论环境的看法更为负面。事实上,通过梳理中国古代典型的言论事件,考察中国古代以谏诤制度为中心的相关言论制度,探讨中国古代与言论空间相关的政治文化,我们发现中国古代的言论环境要比我们想象的宽松,其整体趋势也不是持续走向严酷,而是一个起起伏伏的复杂曲线。但是,在肯定中国古代有一定言论空间的同时,我们也必须认识到,由于缺乏言论自由观念和直接的权力制约,中国古代的言论空间难以始终保持宽松,这是其深刻的局限所在。对于中国古代言论环境的研究,对我国当下的舆论治理有积极的启示意义。

Abstract: The study of the speech environment in ancient China is an indispensable subject for the study of the political communication in ancient China. However, there is no systematic discussion on this issue in the academic circles at present. Especially influenced by the historical narrative since modern times, people's views on the speech environment in ancient China are more negative. In fact, by sorting out the typical speech events in ancient China, investigating the related speech system centered on the admonition system in ancient China, and discussing the political culture related to speech space in ancient China, we can find that the speech environment in ancient China was more relaxed than we expected, and its overall trend was not to continue to be harsh, but a complex undulating curve. However, while affirming

---

* 本文为中国传媒大学中央高校基本科研业务专项资金资助项目"政治传播与中国国家治理现代化研究"的阶段性成果。

** 白文刚,历史学博士,中国传媒大学政府与公共事务学院教授,政治传播研究所副所长,政治学理论与政治传播方向硕士生导师,兼任中国政治思想史研究专业委员会理事、华夏传播研究会副秘书长、厦门大学传播研究所兼职研究员等职。

that there was a certain space for speech in ancient China, we must also realize that, due to the lack of freedom of speech and direct power constraints, the space for speech in ancient China could not always be relaxed, which is its profound limitation. The study of the speech environment in ancient China has positive enlightenment significance for the current public opinion governance in China.

关键词:政治传播,中国古代,言论环境

Keywords: political communication, ancient China, the speech environment

在目前对中国古代政治传播或者华夏传播的研究中,学者们对当时的言论环境缺乏应有的关注。除了个别著述如林语堂的《中国新闻舆论史》部分论及相关内容,目前还没有专文全面、系统地探讨整个古代中国的言论环境。[①] 但事实上,言论环境是传播体系,尤其是政治传播体系不可或缺的组成部分,缺少了对这一环节的研究和理解,会影响对传播现象完整、准确的理解。就中国古代政治传播而言,由于缺少对言论环境相关问题的学术探讨,更是影响了我们对华夏传播乃至中国历史的客观理解和把握,攸关非小。

有鉴于此,笔者希望对中国古代整体的言论环境做一个初步的评估,一则在初步勾勒其发展轨迹的基础上对中国古代的言论环境做一个相对客观的整体把握;二则以此纠正近代以来历史叙事对中国古代言论环境造成的整体负面的印象,为推动我们对中国古代政治传播乃至中国传统政治文明的准确理解贡献绵薄之力。

本文用"言论环境"这个概念,而不用学界流行的"舆论环境",是因为舆论具有公众和公开的色彩。如有定义认为:"舆论是在特定的时间和空间里,公众对特定的社会公共事务公开表达的基本一致的意见或态度。"[②]就中国古代而言,固然有类似的言论,但也有些言论是臣民直接对帝王说的,或者是秘密给帝王上奏的,或者只是在自己的著述中私议,并不具备公开性。所以,用"言论"而不用"舆论",涉及的范畴可以更广泛,有益于更全面地分析、评价相关历史。本文也不用"言论自由"这样的概念,因为言论自由属于现代社会,是基于公民权利而产生的概念,中国古代即使有宽松的言论环境,也不是以公民个人权利这样的理念为基础的,而是出于展现仁爱或者有效治理国家的需要,这也恰恰是其难以一直保持宽松状态的关键原因之一。

需要说明的是,中国古代言论环境的形成,既有主观因素,也有客观因素。就后者而言,比如当时的社会结构、信息传播技术和政治权力对社会的控制能力都对当时的言论环境具有重要影响。本文侧重于考察主观因素对言论环境的影响,因为在既有社

---

① 林著由于集中于新闻舆论,所以其叙述有关言论环境部分主要集中于重大舆论冲突事件,并不是整体评估每一个王朝的言论环境。而且由于以重大舆论事件为主题,所以在古代部分只选取了汉代、魏晋、宋代和明代作为主要论述对象,并且考察只限于重大舆论事件发生时段,既没能完整包括整个中国古代,也不能完整展现某一个王朝的言论状况。(林语堂.中国新闻舆论史[M].王海,何洪亮,译.北京:中国人民大学出版社,2008.)

② 李良荣.新闻学概论[M].上海:复旦大学出版社,2001:47.

会结构和技术条件下,由主观努力造就的因素不仅对中国古代的言论环境具有重要影响,而且更有借鉴和反思价值。所以下文主要从典型案例、谏诤制度和政治文化三个方面考察中国古代的言论环境。

一、从典型言论事件评估中国古代的言论环境

对中国古代言论环境的严格评估应该完整搜集所有古代的言论事件,然后再做出整体的分析和评判。但是由于资料和时间的限制,本文并不能做到如此精准。作为不得已的一种替代方法,我们的评估只选取中国古代典型的、具有重大影响并从而被历史记录的言论事件,在对这些言论事件进行统计、分析的基础上,推断出中国古代整体的言论环境。我们当然知道这样的资料和数据处理有局限性,但相应地,本文的目标也只是大概给出一个中国古代整体言论环境的轮廓和变化轨迹,在一定程度上修正革命史叙事或现代化历史叙事造成的人们对中国古代言论环境过于负面的印象,即中国古代除了个别时期,社会的言论空间长期受到专制君主的残酷打压,人们动辄得咎、噤若寒蝉。

之所以确定这样的目标,是笔者深感近代以来的中国历史叙事,极其容易给人留下中国古代言论空间整体非常逼仄的印象。近代以来关于中国古代的历史叙事,不论是秉承革命史观,还是现代化史观,都是以对中国古代整体持否定态度为叙事基调的,正因为如此,不仅中国历史上统治者打压言论的事件会得到突出叙述,而且还与中国古代的社会性质——所谓"封建专制"联系起来,使残酷压制言论成为论证中国古代落后专制的重要论据之一。除了通史的历史叙事,有关文字狱和禁书的研究和叙事更是以专题的形式加重了读者的这种印象。

例如,在一本讨论中国古代禁书和文字狱的著作中就对中国古代的言论压制和政治做了这样的勾连描述:

> 禁书和文字狱作为中国封建社会的一项重要文化政策,几乎为历代封建统治者所遵奉和发展。中国几千年的封建制度,从秦至清,实质上选择了一条日益专制化的历史取向……发展到清代前期,所谓康、雍、乾盛世,中国古代的禁书达于顶点,从而与中国晚期封建社会君主高度集权、官方思想极端专制化相适应,或者说,是这二者的衍化物。①

必须承认,这些打压言论的事件的确深刻地体现了专制权力对言论环境的极力打压,体现了专制统治的野蛮,但问题是,这些事件所在的阶段能否代表整个中国古代的言论环境呢?而这样的阶段在整个中国古代历史中所占的时长比例又是多少呢?换言之,中国古代的言论环境是始终不佳,而且持续恶化的吗?

---

① 王彬.禁书·文字狱[M].北京:中国工人出版社,1992:2.

为了回答这个问题，一个比较直接的办法就是罗列各个主要朝代典型的言论打压事件，并讨论其对整个王朝的影响。

尧舜禹时期到底是否存在，还需要考古证据，而且他们的统治时期被神话和圣化，成为中国历代王朝仰慕的标杆，自然没有打压言论的事例记载。但从统计严肃性出发，本文不将其计算在内。本文的统计从中国历史上第一个朝代——夏朝开始。

夏是中国历史上第一个王朝，夏朝最后一个帝王桀也被认为是暴虐的昏君，但历史上并没有关于夏桀压制言论的记载，即使有，夏桀是夏朝最后一个帝王，对本朝整体言论环境影响不大。

商是中国历史上第二个王朝，商朝最著名的帝王压制言论的事件，也出自最后一个帝王纣的统治时期。而商的开国之君汤，有善于纳谏的美誉①，汤对商的影响，显然要比纣深远。

西周典型的压制言论的事件，当属周厉王时指令卫巫"监谤"，导致国人"道路以目"。② 但同样的，周厉王属于西周末期的国王，而整个西周被视为中国封建王权统治的黄金时段。这样的赞誉中就包括宽松的言论环境。

春秋战国时期周王室的权威已经衰落，列国争雄。为了延揽人才，发展国家，列国基本上都采取了比较宽松的言论政策，所以才出现了百家争鸣、"处士横议"、文化发展的灿烂局面。如果说有例外，就是商鞅在秦国推行以富国强兵为目的的改革，采取了文化专制主义政策，甚至开了"焚书"的先例。此外，齐国还发生了权臣崔杼杀害秉笔直书的齐太史的事件，不过崔杼只是权臣，其实很难代表国家。而稷下学宫的繁荣和管子不毁乡校的开明态度，则获得了世代传颂的美誉。

进入帝制时代，秦的"焚书坑儒"是臭名昭著、残酷压制言论空间的典型案例。我们可以把秦朝视为整体严酷压制言论的朝代，虽然这里显然有汉朝基于宣传需要对秦朝进行刻意丑化的因素。

西汉的汉武帝吸收董仲舒的意见"罢黜百家、独尊儒术"往往被视为打压言论空间的一个重要的典型案例。但事实上，我们应该明白，这只是官方在意识形态方面的引导，并不是说其他诸家的言论就不能在社会上流行了，只是儒家取得了官方支持的主流地位。其实西汉真正打压言论的典型案例，除了我们熟知的司马迁因给李陵辩护而获宫刑外，还有汉宣帝时期儒生夏侯胜因反对给汉武帝立庙下狱（后来被释放）和司马迁的外甥、平通侯杨恽因讥讽汉宣帝被腰斩。我们可以据此推断汉武帝、汉宣帝时期西汉的言论环境不够宽松，但不能忘记此前的汉初，尤其是文景之治时期，言论环境是宽松的，而西汉后期的言论环境也比武帝、宣帝时期要宽松。

东汉著名的打压言论事件当属党锢之祸。这也发生在东汉末期，而整个东汉时期，受开国皇帝刘秀对儒学的提携，整体的言论环境是比较宽松的，"党锢之祸"源于东汉的"清议"，而"清议"正是言论环境宽松和儒士地位受到尊重的产物。研究认为，儒

---

① 《史记·殷本纪第三》有伊尹赞颂商汤的言论记载，文曰："明哉！言能听，道乃进。"

② 左丘明.国语[M].李德山，注评.南京：凤凰出版社，2009：4.

家的道德从来没有东汉时期那样高尚。[①] 历史反复证明,如果一个政权长期压制言论,读书人的道德是不会长期企高的。

正如学者所言:“从西汉到东汉,对于读书人来说是值得珍惜的,因为,在这四百余年的时间里,禁书极少,可述及的只有寥寥数次,而且都是发生于乱世。”[②]这也从一个侧面反映了两汉四百余年整体的言论环境还是比较宽松的。

三国魏晋南北朝时期,社会处于乱世,但史载有禁书之令,或者因言获罪之事,而且士大夫一改汉之“清议”为“清谈”,可见当时言论环境也不好。[③]

结束分裂之隋,因隋文帝有禁书之令,我们也将其归为压制言论的时期。不过隋朝立国仅 39 年,也没有压制言论的典型案例。

在中国历史上,把唐宋认为是言论环境比较宽松的朝代大概没有太大争议。当然不是没有打压案例,例如《唐律疏议》有“查禁妖书”的规定,宋朝有所谓的“乌台诗案”和禁书规定,但相对于其他朝代,这两个朝代更多的是以言论环境宽松为特色,这不仅体现在唐朝的贞观、开元两大盛世都以言论宽松为特色之一,甚至武则天统治时期也对言论持宽容之态度,宋朝则有“群臣轮对之制”和“不杀谏言、不杀大臣”的祖训,史家认为这“促使士气高涨,对皇权产生制衡作用”。[④] 中国的士人在唐宋时期,尤其是宋时期,在某种程度上真正实现了所谓与君王共治天下的理想。其中很重要的原因或者说标志之一就是当时的言论环境比较宽松。

元朝以少数民族入主中原,统治有巨大的落后性和野蛮性,但整个元朝虽然有禁毁书籍的事件,却没有制造文字狱的记录,也难说是言论环境最糟糕的时期,至少可能不比明、清糟糕。

必须承认,明朝是中国言论空间转向逼仄的一个重要时期,因为明朝的开国帝王朱元璋加强皇权专制,废除宰相,实施特务统治,在朝堂杖责大臣,羞辱士人,其后继者如明成祖朱棣等帝王也继承了朱元璋的严酷,大兴文字狱,打压士人言论,在明末更是出现了宦官镇压东林党人的事件。可以说,整个明朝的言论空间都遭受到了皇权的严厉打压。

清承明制,继续大兴文字狱,开展禁书运动,进一步压缩了言论空间,特别是由于对自身少数民族身份的忌讳,查禁书籍的范围和力度更大,而且把文字狱和禁书结合了起来,使中国古代的言论空间受到了前所未有的打击,其言论环境之逼仄也达到了前所未有的程度。特别是清朝从顺治开国,延续到康熙、雍正、乾隆,四代君王在一百多年间连续大兴文字狱,实行高强度的文化专制主义政策,不仅就时长而言前所未有,就激烈程度而言也前所未有。中国古代所谓盛世,一般都伴随宽松的言论环境,而康乾盛世竟然伴随着文化和言论压制的高峰,这在中国历史上也是独一无二的,其影响之深远,恐怕如何估计都不为过。所以,我们完全有理由判断,清代,特别是清代前期,

---

① 梁启超.新民说[M]//饮冰室文集点校:第 1 集.吴松,等点校.昆明:云南教育出版社,2001:628.

② 王彬.禁书·文字狱[M].北京:中国工人出版社,1992:13.

③ 林语堂.中国新闻舆论史[M].王海,何洪亮,译.北京:中国人民大学出版社,2008:37.

④ 严耕望.中国政治制度史纲[M].上海:上海古籍出版社,2013:181.

属于中国古代言论环境最糟糕的时段。

虽然不可能很精确,但由上述梳理我们不难得出以下结论:第一,在整个中国历史上,言论环境并非持续趋坏,而是一个起起伏伏的变化过程,如果仅从秦王朝开始,那总体呈现的变化趋势也是起点和终点言论空间更逼仄,言论环境更糟糕,而在秦和清之间,言论环境比这两个朝代相对要好一些。第二,即使从秦开始算,中国古代言论环境特别糟糕或者说言论空间特别逼仄的时段也超不过全部历史的二分之一,大约就是三分之一左右。如果把时段上延到夏商周时期,总体的言论环境所占比例会更好。简言之,中国古代整体的言论环境比我们想象的,或者近代以来历史书给读者造成的印象要好。

如果有人认为中国古代即使是言论环境宽松时期,其程度也不过尔尔,不能和现代相比的话,建议看看贞观年间乃至武则天时期臣民批评帝王的尺度,就会知道本文对古代言论环境的评判并非是一厢情愿地从严酷里勉强挑选宽松时期了。中国古代虽然有深文周纳、动辄得咎的严酷时刻,但也不乏可以对帝王当面激烈批评,虽现代社会也难以想象的案例。

二、从谏诤制度评估中国古代的言论环境

评估中国古代的言论环境,不能忽略中国古代一种特殊的与言论相关的制度——谏诤制度。谏诤制度是中国古代王朝一种以给帝王提批评意见为核心任务的独具特色的言论制度或者说政治传播制度。这样一种制度作为中国古代政治制度必不可少的组成部分存在,本身就证明了中国古代不但存在一定的言论空间,而且还有制度作为激励和保障。这在世界古代政治史中,大概也是比较独特的。

谏诤制度的存在或者说谏诤的存在,依靠的核心力量是专职的谏官。在中国古代,历代王朝都有官员负责谏诤责任,春秋战国以来更是演变为专职的谏官。虽然历代政治体制多有调整,谏官体制也随之变化,但这一职务始终存在。

先秦时期,负责对帝王开展谏诤的是政治地位非常崇高的重臣。这些重臣在夏朝被称为"四辅",在商朝被称为"阿、保",在周朝被称为"师、保"。① 作为地位与权力仅低于国君的重臣,他们既是国家的最高执政大臣,同时也担负着监督与谏诤君主的责任。作为位高权重的大臣,他们的谏议对君王有相当重要的影响和约束力。如果君主暴虐不听劝诫,有时他们甚至有权力把君主放逐。商代时伊尹放逐商帝太甲就是典型事例。但是,他们并不是专职的谏官,谏诤君主只是他们的职能之一。到了春秋战国时期,由于列国争雄、富国强兵的需要,有志的君主开始设立专门的谏官以匡正自己的错误与过失。专职谏官在这一时期开始出现了,但各国情况不一,还不能说是制度化的。

秦汉时期,制度化的谏官体制开始形成。秦的专职谏官叫谏大夫,无固定员额。

① 白钢.中国政治制度史:第1卷[M].北京:人民出版社,1996:543.

西汉武帝时延秦制设立谏大夫,并将其升格为光禄大夫,官秩二千石,属于大夫的最高级。东汉时改谏大夫为谏议大夫,官秩六百石,员额三十人。① 专职谏官在秦代隶属于郎中令,在两汉隶属于光禄勋。虽然名称在秦汉时期有所变化,官秩也不尽相同,但他们的职责都是一样的,即对君主提出谏诤,匡正君主的错误。

经历了魏晋南北朝时期的发展之后,隋唐时期谏官制度开始走向成熟和完善。其中最主要的特征就是建立了较为全面合理的谏官系统,实现了台谏分职。② 隋唐两朝的专职谏官主要有左右散骑常侍、左右谏议大夫与左右补阙、左右拾遗四种,分别属于门下省和中书省。其中散骑常侍与谏议大夫隋唐均设,而补阙与拾遗则是唐朝时武则天新设的言官。此外,门下省的给事中有封驳帝王诏书与百官奏章的职权,皇帝诏书有不适当的,可以封还皇帝要求重拟,因此也应该被纳入谏官系统。谏官类别的增加,反映了言论口径的拓宽,也就是说有更多的人可以对帝王直接提出批评和谏议。特别是武则天时增加的补阙和拾遗两类谏官,虽然只是官秩七品和八品的小官,但却担负了重要的谏诤任务。③ 这样的谏官制度设计理念为此后历代王朝所仿效。因为这些低品级的谏官往往由年轻后进担任,这些人有学问,有气节,但资历不深,由他们担任谏官,不仅可以保持勇于进谏的锐气,而且便于在相权和君权之间起到积极的调节作用。④

发展至宋代,谏官体制发生了重要嬗变。其中最主要的一个特征是设立了谏院统辖谏官,谏官不再隶属于丞相,而是直接受命于帝王。这时候谏官的职责就不仅仅是针对皇帝开展谏诤活动,而是可以监督批评整个政府了。如何评价这样一个关键的变化,学界的认识也面临矛盾,并不统一。一方面,谏官可以监督批评包括帝王、宰相和百官在内的所有官员,可以对一切政事发表意见,这显然扩大了谏官的职权和言论空间,可以更好地激发谏官的积极性;但另一方面,由于谏官不再隶属于宰相而直接受命于皇帝,就使设立谏官时的原本政治意义——规正帝王过失——发生了改变。这样的变化不仅可能使谏官批评的注意力发生转移,而且破坏了其原本具有的在宰相与帝王之间的调节功能,使谏官主要成了宰相和政府的批评者,形成了谏垣与政府之间的水火关系,严重制约了宰相领导的政府的工作。钱穆先生对此有激烈的批评。⑤ 我们把宋看作谏官制度的嬗变时期,主要就是因为它原本的功能开始转变。不过单从谏官的言论空间的角度来看,宋代的空间很可能比前代更宽广,这其实从一个侧面反映了宋代整体的言论环境比前代都要宽松。

随着皇权专制主义的加强,谏官制度也在元明清时期进入衰退期。在这一阶段,专职的谏官设置被取消了,由御史兼领谏官之职,即所谓的台谏合一。相对于前朝,台

---

① 后汉书:志二十五·百官二[M].北京:中华书局,1965:3577.

② 钱穆.国史新论[M].北京:生活·读书·新知三联书店,2001:102.

③ 《旧唐书·职官志》对其执掌有如下描述:"补阙、拾遗之职,掌供奉讽谏,扈从乘舆。凡发令举事,有不便于时,不合于道,大则廷议,小则上封。若贤良之遗滞于下,忠孝之不闻于上,则条其事状而荐言之。"(旧唐书:卷四十三·职官二[M].北京:中华书局,1975:1845.)

④ 钱穆.中国历代政治得失[M].北京:生活·读书·新知三联书店,2001:81.

⑤ 钱穆.中国历代政治得失[M].北京:生活·读书·新知三联书店,2001:80-84.

谏合一的出现，在实质上削弱了官员谏诤帝王的力度，有研究认为此时的谏官已然形同虚设。[①] 与之对应的是监察系统更加完善了，而监察系统主要是用来监督臣僚和搜集情报的。当然，这一时段也不乏进谏之臣，也有帝王鼓励臣僚直言不讳，但总体上来说，专司对帝王谏诤的职官体系已经不复存在了。

综上所述，虽然各个时期有差异，但谏官制度的基本精神却大体保持了一致，即谏官的职责就是专门给帝王提批评意见，也即所谓谏诤。谏与诤既有共性，又有差异。《荀子·臣道》篇说："君有过谋过事，将危国家、殒社稷之惧也，大臣父兄有能进言于君，用则可，不用则去，谓之谏；有能进言于君，用则可，不用则死，谓之争。"[②]这里的"争"与"诤"通义。从这句话可以看出，谏与诤都是指针对君主有过错的决策或行为做出批评，而且要求君主接受。二者的区别在于：对谏者而言，是以职位的去留为资本；对诤者而言，则是以生命的去留为资本。当然，荀子的理论建立在对三代的记忆与当时列国争雄的现实环境基础上，与后世的谏诤制度不完全一样。最大的区别在于，《荀子》中承担谏诤这一职责的是大臣，而后世各朝，司职谏诤官员的位阶则不断降低。官阶虽然前后不同，但谏诤的精神却大体一致。

由于秦汉以来政治体制与先秦已然不同，帝王的地位更加崇高，所以用位阶较低的新进小官，反而更有利于谏诤活动的积极开展。因为位权均轻，声望是他们谋求升迁的重要资本，因此他们更热衷于直言进谏。事实上也是这样，"宁鸣而死，不默而生"的言论精神就是在这样的制度背景下产生的。相反，如果以大臣司职谏诤，一方面其顾虑更多，另一方面对政局的影响也更难控制，反而不利于谏诤与政治形成良性互动。

另外，在长期的发展过程中，谏诤的类型和途径也更为全面。以唐代为例，唐代的谏诤分为讽谏、顺谏、规谏、致谏、直谏五种类型；谏诤的途径有"廷诤"和"上封事"两种。"廷诤"是在朝堂上当面指出帝王的错误，"上封事"则是通过给帝王上书来指出帝王的过失。完备的谏官体系与全面的谏诤方式使得这一时期的谏诤活动得以顺利开展，出现了以魏征、王珪、孙伏伽、陈子昂、白居易等为代表的一批著名谏官和以唐太宗为代表的开明帝王。总之，隋唐时期形成了完备的谏官系统，谏言环境也较为宽松，这不仅是之前各朝代所不能比肩的，而且也深刻地影响了此后的朝代。唐朝成为我国历史上最享有盛誉的朝代之一，应该与完备而合理的谏官制度不无关系。

需要说明的是，虽然中国古代有专职的谏官负责谏诤，但中国古代的谏诤或者对帝王的批评并不仅限于谏官。例如，汉代的三公也负有谏诤的责任。《后汉书·百官志》说："太尉，公一人……凡国有大造大疑，则与司徒、司空通而论之。国有过事，则与二公通谏争之。"[③]这里的太尉、司徒、司空就是汉代的三公，作为王朝位高权重的大臣，他们除了担负各自的职责外，还要负责集体讨论王朝的重大决策和对帝王的过失展开谏诤。汉代的给事中也具有谏官的性质。[④] 另外，各个朝代的翰林院等言官机构

---

① 赵映诚.中国古代谏官制度研究[J].北京大学学报(哲学社会科学版)，2000(3)：100.

② 王先谦.荀子集解：卷九·臣道篇第十三[M].北京：中华书局，1988：250.

③ 后汉书：志二十四·百官一[M].北京：中华书局，1965：3557.

④ 白钢.中国政治制度史：第1卷[M].北京：人民出版社，1996：543.

的官员也热衷于讨论政治、提出批评,有学者认为,在明末之前,“翰林院在历史上是政治批评的温床”[①]。此外,历史上也不乏普通平民批评政府的事例。

当然,必须承认的是,虽然谏诤制度及其他言官制度的设计是为了从制度上保障一个能够适应王朝治理需要的相对宽松的言论环境,但这种制度的有效实施实际上也很受君王态度及进谏群体品格的影响。必须承认,这一制度并不是在每一个朝代的每一个时期都能发挥同样的作用,在面对昏君时,谏诤制度所能展现的言论空间会大大缩小,特别是明清以来,由于专制主义的加强,谏诤制度所能展现的言论空间受到了持续的打压。这是我们以这一制度评估中国古代的言论环境时必须考虑的事实。

三、从政治文化评估中国古代的言论环境

政治文化是一个政治体系的有机组成部分,对政治实践有深刻的影响,因此也是观察政治实践的一个重要角度。依据阿尔蒙德(Gabriel A. Almond)的定义,政治文化是“一个民族在特定时期流行的一套政治态度、信仰和感情”[②]。我们从政治文化的角度评估中国古代的言论环境,是因为在中国古代存在着一种鲜明的政治文化,这种政治文化既要求君主积极纳谏,也要求士人积极进谏。这样一种政治文化的存在,既是中国古代存在一定言论空间的反映,也对维持中国古代的言论空间提供了某种保障。

中国帝王处于中国古代王朝政治的权力顶端,他们如何对待谏议和批评,无疑对王朝的言论环境有直接的影响。从历史记录来看,中国古代不仅从政治理念上要求帝王要善于纳谏,而且将积极纳谏作为杰出帝王的重要表现,大力予以赞扬。在历史上,也产生了不少积极纳谏的杰出帝王,他们的言行无疑又强化了这种政治文化的影响。

古籍对上古三代的描述,特别注重对这些杰出帝王注重倾听民间声音、积极纳谏事例的记录,如《淮南子》记载:

> 古者天子听朝,公卿正谏,博士诵诗,瞽箴师诵,庶人传语,史书其过,宰彻其膳。犹以为未足也,故尧置敢谏之鼓,舜立诽谤之木,汤有司直之人,武王立戒慎之鞀,过若豪氂,而既已备之也。[③]

上古三代是中国古代历史叙事中的“理想国”,尧舜禹汤文武则是古代理论家树立的帝王典范。古典文献如此盛赞他们统治时期的言论环境,对后世帝王及政治文化具有深远的影响。与此同时,那些压制言论的君王,其案例也被记入史籍,代代流传,不断提醒后世帝王要引以为戒。如商纣的拒谏、周厉王的监谤,以及秦的“焚书坑儒”等就被作为典型的反面案例,时时被后世援引。

---

① 罗威廉.最后的中华帝国:大清[M].李仁渊,张远,译.北京:中信出版社,2016:24.

② 阿尔蒙德,鲍威尔.比较政治学——体系、过程和政策[M].曹沛霖,等译.北京:东方出版社,2007:26.

③ 刘文典.淮南鸿烈集解:卷九·主术训[M].北京:中华书局,1989:310.

秦汉以后，优秀的帝王往往遵循这种积极纳谏的政治文化，并以自己突出的事迹，不断延续和强化这种政治文化。这对保持相对宽松的言论环境具有积极的意义。

例如，"文景之治"是历史上著名的盛世之一，而这一盛世的开创者汉文帝积极为言论环境创造条件也成为历史美谈之一。文帝认为秦汉以来的诽谤、妖言等法限制了臣民进谏的积极性，就下令废除之。其诏书曰：

古之治天下，朝有进善之旌，诽谤之木，所以通治道而来谏者也。今法有诽谤妖言之罪，是使众臣不敢尽情，而上无由闻过失也。将何以来远方之贤良？其除之！①

"贞观之治"盛世的开创者唐太宗李世民，更是以其对言论的宽容态度而在中国古代受到高度赞扬。有关他与谏臣魏征的故事闻名遐迩，成为中国古代史的一大美谈，中国人几乎妇孺皆知。当然，唐太宗对言论的开明态度绝不仅仅表现在对待魏征一人，而是针对全体臣民，甚至于有谏臣在谏议中将其比作桀纣，李世民也能容纳意见，反躬自省。② 这样的雅量和胸怀，无疑能大大激发臣民进谏的热情和批评政治的勇气，也对后世影响巨大。

与汉唐相比，宋代的言论环境更为宽松。北宋吸取唐末五代战乱频仍的教训，开国之初就"偃武修文"，极为礼遇并重视读书人，甚至有"不得杀士大夫及上书言事人"的"家法"。③ 正是这样宽松的环境，才激发了宋代士大夫以天下为己任的使命感和激情，使他们呈现出超迈前朝同僚的精神和气象。宋朝言路之兴盛，显然与宋王朝对读书人的尊崇和言论环境的宽松有着直接而密切的关系。宋代被认为是中国古代最伟大的朝代，言论环境超乎寻常的宽松自然也是重要原因之一。这是学界共识，我们不必赘言再论。

我们当然需要承认上述事例都是创造言论宽松环境、积极听取批评与谏议的典型事例。虽然我们不能由此判断历代王朝自始至终都有如此理想的言论环境，但我们至少可以说在中国古代王朝的大部分时间，或者说明清以前的正常统治时期，一定的言论空间还是存在的。一则这是由上古历史确立的政治文化大传统，并且是由包括以上所举在历代享有重要开创性地位的帝王在本朝示范性践行从而形成本朝的小传统。在尊古和奉行祖宗之法的中国古代，由这些帝王开创的宽松言论环境能够在一定程度上延续下来，哪怕实践是大打折扣的。二则有众多的历史记录表明这种环境的存在。例如，在历朝都有诸多帝王下诏要求推荐直言极谏之士，这些诏令大多在新帝王刚登基或出现某种天象灾异之时发布。又如，为了给臣民发表政治意见提供条件，不少朝代还设立了相关制度予以促进。如前述西周设立肺石、西晋设立登闻鼓、武周时设立铜匦等等。此外，还有南朝梁高祖统治时期设立谤木、肺石，宋朝设立参官转对制度

① 汉书：卷四·文帝纪第四[M].北京：中华书局，1962：118.

② 吴兢.贞观政要：第二卷·纳谏第五[M].上海：上海古籍出版社，2008：42.

③ 余英时.朱熹的历史世界：宋代士大夫政治文化研究[M].北京：生活·读书·新知三联书店，2011：202.

等。这些制度设计,既是政治文化的产物,又无疑能促进相关政治文化的延续和发展。

当然,与要求帝王积极纳谏的政治文化相应,中国古代也要求士人要积极进谏,这是士大夫精神的重要组成部分。从历史来看,士大夫群体开展政治批评的精神和气象也是促成和维持中国古代言论环境的重要因素之一。从某种意义上说,正是士大夫群体卓绝的勇气和强烈的使命感,使他们成为中国古代政治的主要批评和谏议者,使中国古代的言论批评能够一直延续,甚至包括在由于帝王昏庸、专制导致的政治环境恶劣的时期。

正是由于这种士大夫精神的存在,在中国历朝历代几乎都出现了直言进谏的典型事例。历史上的杰出帝王能够有善于纳谏的美名传扬,都离不开士大夫群体的直言进谏,二者相互结合,才出现了历史上的言论美谈。

特别值得一提的是,当士大夫适逢宽松的言论环境时,他们能够更加淋漓尽致地展示其以天下为己任的担当和风采,而这样的精神又能进一步促进相关政治文化,出现政治文化与实践的互相促进。宋代就是这样一个典型时期。

如果说敢于秉持道义、犯颜直谏是中国历代士大夫普遍的精神写照的话,那么宋代的士大夫在此基础上又向前走了一步:他们已经不满足于仅仅是直言进谏、做一个帝王的忠臣这样的身份定位,而是发展出了“以天下为己任”,与皇帝“同治天下”的自觉而强烈的政治意识。① 基于这样的意识,他们在政治批评方面的表现不再仅仅满足于犯颜直谏,而是以言论是否得到认可作为自己出仕与否的条件,即所谓对出仕的讲究。如在宋神宗与程颢关于任用司马光的讨论中,程颢明确告诉神宗:“陛下能用其言,光必来;不能用其言,光必不来。”②所谓言论,背后是道义和原则,是士大夫对国是的根本看法。宋代士大夫有与皇帝同治天下、共论国是的担当和意识,所以必须自己的原则得以实施才出仕,对于与自己原则不符的政见,必强烈批判而绝不苟同以求官禄。由此可见宋代士大夫超迈前人的精神风貌。这种情形的出现,既基于宋代士大夫昂扬的精神意识与使命感,当然也与宋代宽松的言论环境有密切的关系。正是这两种积极因素的并存与互动,创造了这一中国历史上辉煌的政治言论时代。

当然,像宋代这样可以被称为士大夫的黄金时代的朝代毕竟是罕见的。我们说积极进谏是中国古代士人群体推崇的一种政治文化,很大的原因之一就是即使在言论环境特别糟糕的时期,这种以天下为己任的士大夫精神依然能够激励士人群体直言进谏,甚至不惜付出惨烈的代价。

在中国历史上,因犯颜直谏而丢官罢职、横尸法场乃至株连亲族的事例并不少见。上古如纣王残暴,先有贤臣梅伯,因数次谏诤而被纣王“杀而醢之”;中有箕子因谏被囚,被迫佯狂为奴;后有比干因极谏而被挖心。秦汉以来举凡秦朝的“焚书坑儒”、东汉的“党锢之祸”、明清的文字狱之类,从根本上来说也都与言论有直接关系,而在这些事件中,动辄都有数百士人遭到杀戮。这些都是历史常识,不必再赘述。特别要指出的

---

① 余英时.朱熹的历史世界:宋代士大夫政治文化研究[M].北京:生活·读书·新知三联书店,2011:6.

② 余英时.朱熹的历史世界:宋代士大夫政治文化研究[M].北京:生活·读书·新知三联书店,2011:223.

是，随着皇权的无限膨胀和专制主义色彩的增强，明清以来帝王对士大夫精神的打击已经到了非常残酷与露骨的地步。两宋那种“以天下为己任”的士大夫精神遭到了明、清两代帝王的明确打压。明代虽规定百官布衣皆能上书言事，但由于专制主义倾向的加深，帝王可以依照自己的喜怒对进谏者随意处置。如洪武九年(1376)，明太祖朱元璋因出现“五星紊度”下诏求直言，山西平遥训导叶居升上书，认为朝政在三个方面做得太过，分别是“分封太侈、用刑太繁、求治太速”，结果朱元璋阅后大怒，抓叶入狱，“系死狱中”。[①] 这种喜怒无常的淫威，严重恶化了当时的言论环境。清承明制，在言论的管制上更加严苛，通过剃发易服和文字狱打压士大夫的政治意识与勇气，言论环境与明朝相比进一步恶化，迫使士人群体弃宋学而钻汉学，导致中国学术的重大转型，造成万马齐喑的局面。但就是在这种残酷打压时有出现的背景下，中国古代士人依然在整体上保持了敢于直言进谏乃至以死进谏的精神与胆魄，在中国历史上留下了大量著名的进谏典故与杰出的进谏雄文，不能不令后人感慨钦佩！

整个中国古代历史，士人进谏的积极性在各个朝代虽有变化，但整体而言，这种精神是存在并且延续的，而这种政治文化的存在，也是我们观察中国古代言论环境的一个重要方面。

当然，我们在讨论中国古代存在的证明或者说有益于相对宽松的言论环境存在的政治文化的同时，也要看到中国古代也存在着不利于宽松言论环境存在的理由。譬如儒家通常提倡君王要善于纳谏，士人要积极进谏，甚至可以非常尖刻地批评君王，但无论如何，君王处于统治的最顶端和权力的中心，虽然制度和政治文化对君王有一定的制约，但并不是稳定和刚性的，所以二者的对话本身就是不平等的，在这种情况下，宽松言论环境的保持就成了问题。更为不利的是，中国古代的政治文化中还有法家思想的成分，而法家是主张打压言论环境的，尤其秦汉以来的制度其实是建立在法家的框架之上的，实行的是“外儒内法”的统治策略，这就使得我们前述有利于维持宽松言论环境的政治文化的功效大大缩小。

四、中国古代言论空间的限度与启示

本文的目的是论证中国古代的言论环境，整体而言，中国古代的言论环境比现代史书叙述带给我们的印象要好。通过论述，我们也能看出中国古代的言论环境不仅整体而言比我们想象的好，而且即使置于当代世界，恐怕也不是排在后列，至少要比现代社会曾经出现的极权主义国家或者专制暴政国家的言论环境要理想得多。那种古一定不如今的看法需要谨慎。说到底，即使从功能的角度来讲，只要是正常的政治社会，就需要有一定的言论空间，否则社会恐怕难以长期稳定，而历史也证明，越是理想的历史时代，言论的环境也越宽松。

不过，我们在肯定中国古代具有相当的言论空间的同时，也不能不深刻认识到其

① 吴乘权，等.纲鉴易知录：下册[M].北京：中华书局，2009：1416-1418.

局限性。毕竟,虽然有政治统治的基本需要,有相关制度乃至政治文化的保障,但中国古代的言论环境在很大程度上要由统治者的优劣及好恶来决定,这就注定了难以一直维持非常宽松的言论环境。究其原因,在权力结构上,言论表达并不是臣民的一种不可剥夺的权利——在帝制社会,这也是不可能的。正是在这个意义上,我认为不应该用自由与否来界定中国古代的言论环境。自由是现代社会公民的基本权利,它无关乎统治者的个人优劣及好恶。显然,这种自由只有真正的现代民主政治才能保障。我们主张带有温情地客观评价中国的历史,但绝不能因对本国历史的温情而迷失了前进的方向。

当然,深刻认识到中国古代较为宽松的言论环境成因与现代建立在民主政治基础上的言论自由环境有根本不同的前提,并不妨碍我们从中国古代汲取经验,推动现代健康舆论环境的形成和发展。

分析中国古代较为宽松的言论环境的成因,恐怕最大的原因是以仁为中心的传统中国民本政治文明的成熟及其造就的中国传统政治文化。或者说,中国传统政治文化既是中国古代存在相对宽松的言论环境的表征,也是其根本原因所在。因为在这样的政治文化之下,统治者虽然地位崇高,但其合法性必以民心的归依为基础,而要达到民心归依的效果,则要求统治者必须"以仁为本"开展统治和治理。既"以仁为本",就不能不听取民间的声音,即所谓"天听自我民听,天视自我民视"。因此,但凡不是昏君,都要多少表现出听言纳谏的姿态,因而也就不得不容忍一定言论空间的存在。越想做明君,就越要表现出积极纳谏的诚意,而政治文化又使得大多数的君主都以明君自期,因此,中国古代较为宽容的言论环境往往能在一段时期内得以维持。与此同时,从政治权力结构来看,士人群体是在帝王的统治之下,作为帝王的官吏参与社会统治和治理的;但从政治理念来看,士人是"以道事君",作为以"为天地立心,为生民立命,为往圣继绝学,为万世开太平"为精神追求的士人群体,他们往往把自己视为道统的继承者。君主虽然在政治地位上高于士人,但这种地位是以对"道"的共同遵从和践行为条件的。在这样的意义上,士人在精神上并不完全屈从于君主,而君主在道义方面反而要表现出尊崇道统的姿态。换言之,中国古代王朝相对言论环境较为宽松的状态,是最高统治者和士大夫阶层共同努力造就的,尤其是士大夫,为了追求道义,甚至不惜以生命为代价。正是这种精神,拓宽了中国古代的言论空间,当然更重要的是提升了中国古代的言论质量,使言论有益于国家的治理。

言论自由是现代国家的标志之一。在我们看来,从中国古代汲取经验教训,不仅要看到其比较兴盛的阶段一般而言都伴随着宽松的言论环境,更要看到这种宽松言论环境得以产生的制度与文化基础,以及这种宽松言论环境所带来的言论质量。因为单单言论自由并不能带来良好的国家治理,有质量的言论才能有益于国家治理。中国的舆论治理,既要保障公民的言论自由权利,又要能够收获有益于国家治理和发展的高质量言论。这应该是我们努力的方向,也是中国古代言论环境研究对我们的重要启示。

传统文化以人为圆心的诸关系考察:基于传播的视角

The Relationship of Traditional Culture Centered on People: From the Perspective of Communication

◈ 洪长晖 *
Hong Changhui

摘要:中华上下五千年的灿烂文化形成了自身得以绵延的传统。这种传统主要在儒家文化,特别是以人为圆心向外扩展延伸的诸关系中获得呈现和凝聚,主要包括人与自身的关系、人与他人的关系以及人与自然(外在)的关系,并且有着一以贯之的观念:仁爱、良知、中和。而在数千年的演进中,对传统文化这诸关系的审察,还可以基于传播的视角,我们由此可以看到这圈层关系中复杂与交错的勾连。

Abstract: The extending traditions of Chinese history are deeply formed by their splendid culture. These traditions are mainly manifested and expressed in Confusion culture, especially in the relationship between human being, identities and outspreading social connections, which include people's attitude as the cultural centre towards themselves, others and the nature. It is fairly reliable to capture consistent conceptions of these connections, such as benevolence, conscience and neutrality. Communication study as a unique aspect to further explore, could offer opportunity to clarify complexity and intricacy of this question.

关键词:文化传统,圆心,关系

Keywords: cultural tradition, cultural centre, relationship

"任何涉入一条新的河流的人都想知道这里的水来自何方,它为什么这样流淌。"这是美国传播学家罗杰斯(Everett M. Rogers)在其名作《传播学史》开篇写下的一句话。对于身处中华大地上的人来说,自身的历史无疑就是这样一条河流,一条值得去追寻,也应当去追寻的河流。

这条河流,"黄河之水天上来",源远流长。茫茫水道,恰是中华民族绵延不息的传统力量。

---

* 洪长晖,浙江传媒学院副教授,浙江大学博士后,硕士生导师,研究方向为传播与社会发展、国际传播。

关于传统,有人做了这样的描述:

> 它似乎无声无息,无影无踪。然而却无处不在,无时不有,无孔不入。它总是把它的触角伸向各个领域、方面、要素、环节,一旦抓住了什么或附丽什么领域、方面、事件……便毫不犹豫地、顽强地表现出来,尽管表现的方式、方法多种多样,纷纷杂杂,但人们总是强烈地感觉到它的存在,自觉不自觉地受它的制约或支配。人们想摆脱它、甩掉它,又总是脱不掉、甩不开,就像人不能摆脱或甩开自己的影子一样。①

由此可见,传统是一种潜在的力量,如影随形,伴随着个人、社会演进的步伐。正如它的英文 tradition,源自拉丁文 traditio,其意思就是"传承",是指从过去延传到现在的事物。同时,传统又是一个宏大的概念,它包括了人类文化或文明的任何一个方面。按照希尔斯(Edward Shils)的观点,"几乎任何实质性内容都能够成为传统。人类所成就的所有精神范型,所有的信仰或思维范型,所有已形成的社会关系范型,所有的技术惯例,以及所有的物质制品或自然物质,在延传的过程中,都可以成为延传对象,成为传统"②。要言之,传统可以无所不包。

但是,这无所不包的传统又有一以贯之的东西。笼统一点说,就是人的活动贯穿其间,传统是人的传统。所以,司马迁的宏愿也是"究天人之际,通古今之变",一部《史记》以纪传体的方式写就,绝非偶然。

人不是孤立的存在,人是群居的动物。集体性被认为是传统的第二特性,其重要意义仅次于延续性。③正如"传播"一词在英文中所表达的意思就包含了社区的概念,要处理的是有关人与人之间的关系;同样,传统要处理的也涉及人的种种关系,具体来说包括人与自身的关系、人与人之间的关系、人与自然的关系。

一、内向沟通:人与自身的关系

中国人是善于内省的。《论语·学而》中就有这样的话,"曾子曰:'吾日三省吾身,为人谋而不忠乎?与朋友交而不信乎?传不习乎?'",这种反思式的自我省察,就是传播学中提到的"内向传播",又称"自我传播"。自我传播的实质是个人的意识活动与思维活动,其目的在于通过这种活动对外界的信息刺激做出反应,进而实现自我管理。由此可见,这种内省(自我传播)所要处理的便是人与自身的关系。

在中华传统中,人与自身的关系是怎样的呢?或者说,人希望自己成为什么样的人呢?

---

① 张立文.传统学七讲[M].长春:长春出版社,2008:3.

② 希尔斯.论传统[M].傅铿,吕乐,译.上海:上海人民出版社,1991:21.

③ 叶启政."传统"概念的社会学分析[M]//姜义华,吴根梁,马学新.港台及海外学者论传统文化与现代化.重庆:重庆出版社,1988:20.

著名史学家陈寅恪先生曾经提到，“自晋至今，言中国之思想，可以儒道释三教代表之。此虽通俗之谈，然稽之旧史之事实，验以今世之人情，则三教之说，要为不易之论”①。虽然儒道释三教在各个历史阶段所扮演的角色并不是等量齐观，而是各有千秋，但总体来说，在这三教之中，当数儒教对中国社会的影响最为深远。其最为突出的便是深刻影响了中国的国民性，亦即奠定了人与自身关系的基准。

有意思的是，儒家思想在处理人与自身的关系上，更倾向于设定一个人们应当达到的理想人格。它注重的是应然，而非已然。所谓的理想人格，从定义上来说，就是指道德上的完美典型，是特定社会的道德要求和道德理想的最高体现。从这一点上来看，它迥异于西方社会的人性认知。作为儒家思想资料汇编的著作，《礼记》在《儒行》中对理想人格做了描述（见表1）。

表1　儒家理想人格简况表②

特　质	构　想
1.自立	儒有席上之珍以待聘，夙夜强学以待问，怀忠信以待举，力行以待取。
2.容貌	儒有衣冠中，动作慎，其大让如慢，小让如伪，难进而易退，粥粥若无能也。
3.备豫	言必先信，行必中正，爱其死以有待也，养其身以有为也。
4.近人	非时不见，不亦难得乎？非义不合，不亦难畜乎？先劳而后禄，不亦易禄乎？
5.特立	儒有委之以货财，淹之以乐好，见利不亏其义；劫之以众，沮之以兵，见死不更其守。
6.刚毅	儒有可亲而不可劫也，可近而不可迫也，可杀而不可辱也，其过失可微辨，而不可面数也。
7.守义	儒有忠信以为甲胄，礼义以为干橹，戴仁而行，抱义而处，虽有暴政不更其所。
8.仕	儒有一亩之宫，环堵之室，易衣而出，并日而食。上答之不敢以疑，上不答不敢以谄。
9.忧思	身可危也，而志不可夺；虽危起居，竟信其志，犹将不忘百姓之病。
10.宽裕	儒有博学而不穷，笃行而不倦，幽居而不淫，上通而不困，慕贤而容众，毁方而瓦合。
11.举贤授能	内称不避亲，外举不避怨，程功积事，推贤而进达之，不望其报。
12.任举	闻善以相告，见善以相示，爵位相先，患难相死，久相待，远相致。
13.特立独行	澡身而浴德，陈言而伏，静而正之，上弗知也。不临深而为高，不加少而为多，世治不轻，世乱不沮，同弗与，异弗非。
14.规为	上不臣天子，下不事诸侯，慎静而尚宽，强毅以与人，博学以知服。
15.交友	合志同方，营道同术；并立而乐，相下不厌，久不相见，闻流言不信；同而进，不同而退。
16.尊让	温良仁之本，静慎仁之地，宽裕仁之作，孙接仁之能，礼节仁之貌，言谈仁之文，儒皆兼此而有之，犹且不敢言仁。

① 陈寅恪.金明馆丛稿：初编[M].上海：上海古籍出版社，1980：25.

② 韦政通.传统中国理想人格的分析[M]//李亦园，杨国枢.中国人的性格.南京：江苏教育出版社，2006：21.

对《礼记·儒行》的这一描绘,在此有三点要加以说明:

第一,显然,这种理想人格的描述已经超越了个人内在,而是把所有方面都纳入考察的范围中;但是,无论其所涉有多么宽泛,都源于个人内在品质的延展,所以才有"本、地、作、能、貌、文"的说辞。传统中国的理想人格既是"万千宠爱在一身",又是"一滴水可以看见整个大海"。透过这种对"理想人格"的理想描述,我们可以反观整个社会的精神指向。

第二,这种理想人格在各个时代是有着一定变化的。正如韦政通先生已经指出的那样,其演变是与中国社会的文化变迁过程交互影响的。①不过,在整个传统中国,尤其是汉代以后,对理想人格的建构就都保持了相当稳定的关系。这一点也如萧公权先生所说:"自秦汉迄宋元,此一千五六百年中之政治思想,远不及先秦之精彩新颖。"所以,《礼记》的描述大体上反映了传统中国对理想人格的内涵理解。

第三,拥有这种理想人格的个体在现实中是不存在的。理想人格事实上也是完美人格,现实的不完美就直接导致了中国社会文化中崇古或尊古的价值取向。所以我们略一翻检儒家经典作品,就可以发现其充斥着"古之贤人"如何如何的说法,原因很简单,以这种方式就为当下树立了一个参照系,也就拥有了训诫时人的合理性和效度。从这个角度上看,中华传统的构建就是英国著名学者霍布斯鲍姆(Eric Hobsbawm)所说的"传统的发明"过程。

根据这三点说明,我们又可以顺势延伸,得出这样的基本看法:

首先,中国传统中的理想人格实质上等于构建了生存于社会中的人所要努力的目标,同时它也是整个社会氛围对个体的角色期待。"虽不能至,心向往之",这种价值取向又反过来为整个社会制造了共识,成为社会的一套行之有效的评价体系,从而有助于社会的平稳运行。换句话说,理想人格的追求成为一种群属认同,因而也就具备了自在合法性。孟子在概括了善的"四端"或"四德"后,就相当自信地说"苟能充之,足以保四海",正是看到了这种共识对社会的维护作用。

其次,这种事实上并不可能发掘于一身的理想人格,不仅作为一种人生指向发挥着维护社会稳定的作用,还进一步塑造了现实人格。符号互动论的奠基人、美国社会学家米德(George Herbert Mead)曾提出"自我概念"的说法,以此指代人们对自己的一系列感知,并且认为自我概念为行为提供重要的动机,信仰、价值观、感觉以及对自我的评价都通过自我互动机制型塑(mould)了个人人格。中国传统中的理想人格在多个方面影响了人格的塑造,同时,"等到人格的塑造定型以后,这些性格又成为保卫或延续这种价值取向的主要力量"②。正是在这样的交互影响过程中,对理想人格的追求与描述历两千余年而不衰,成为中国传统中处理人与自身关系的准绳。

最后,理想人格作为一种传统力量,同样是一把双刃剑,在上述的正面意义之外,也不可避免地带来副作用——对人的自我发展形成了一定的约束和钳制。像"尾生抱

---

① 韦政通.传统中国理想人格的分析[M]//李亦园,杨国枢.中国人的性格.南京:江苏教育出版社,2005:21.

② 韦政通.传统中国理想人格的分析[M]//李亦园,杨国枢.中国人的性格.南京:江苏教育出版社,2005:21.

柱”中的尾生、“二十四孝”故事中的主人公,一直被视为践行了理想人格的某一方面而备受称颂,然而在今天看来,这些人物同时也不能不被看作一种道德约束下的“牺牲品”。对此,我们在对待传统“理想人格”时需要保持一份警惕。

二、人际传播:人与人之间的关系

人是社会的人,处于一定的社会群落中,必然要与其他人产生各种各样的联系。如何处理这些联系,是贯穿人一生的命题。正因为如此,中国传统中对人与人的关系有着诸多经典论述。而且相比较而言,注重人与人之间的关系也是中国与西方世界的一大不同之处。美国著名汉学家费正清(John King Fairbank)在其与人合著的《东亚文明:传统与变革》中就写道,“可以说,东亚人在群体生活经验方面要远远丰富于其他各民族”;“个人适应群体,家庭适应社会,与其他民族的所谓社会经验相比较,这些关系间很少出现摩擦,也很少产生孤立感”。

不过,笔者在这里并不想列举中国传统中对如何处理人与人之间关系的诸般论述,而是想借助对假定人与人交往的各个阶段可能存在的关系予以透析,进而粗略概括出当中存在的一些关系原则。或许相对于浩如烟海的经史子集针对这个问题的经典阐述,这并不失为一种简便的方法。

关于人与人交往的过程,中国社会科学院的王怡红在其著作《人与人的相遇》中将之划分为九个阶段,分别是初识阶段、测度阶段、升温阶段、鼎盛阶段、分歧阶段、削弱阶段、停滞阶段、回避阶段、破裂阶段。[①]无须对每一个阶段做描述,我们就可以知晓其所要界定的发展过程;不过,要加以说明的是,这九个阶段的分析无疑是一种理论上的假设,并不是说任意的人与人之间关系的发生都必然会经历这九个阶段。同时,这九个阶段就时间上来说是前后承继的,中间并没有明确的切割,不一定会有标志性事件预示着即将进入下一个阶段。

从古至今,人与人之间的交往大体上依照这样九个阶段逐一展开,并且这种人与人之间交往的范围并不一定局限在两人之间,而是具有向外扩展的可能,也正是在向外扩展的过程中,关系越来越复杂,进而过渡到社会的层面上。通过对这个交往过程的审视,中华传统形成了自己的基本理念与框架。如前所述,我们首先承认儒学两千多年的正统地位几乎没有受到根本性的挑战,在此前提下,我们就可以看到儒家思想中饱含着人与人之间的真切关怀、人与人之间的理解与尊重、人与人之间的人格尊严平等。比如,作为儒家核心的“仁”的概念就包含了对人的尊重,《中庸》说“仁者人也”,孔子说“仁者爱人”,正是强调人与人之间要有真诚的关怀。

遵循上述九个阶段的考察,我们大致可以归纳出在处理人与人之间的关系问题上,中华传统贯彻的三个原则。

第一,平等原则。中华传统从孔子时代开始就确立了所谓内圣外王之学。冯友兰

---

① 王怡红.人与人的相遇[M].北京:人民出版社,2003:133-140.

先生曾指出，中国古代的“圣王”类同于柏拉图所称的“哲王”（philosopher-king）。不过，在承认两者的相似之余，我们还应注意到，与柏拉图强调的“哲王”之独特性不同，儒家更突出人人可以成圣，达到“即凡而圣”的境界。也就是说，中华传统将人与人作为平等的个体来看待，从本性上来说，善是普遍具有的素质，只要经过后天的修炼，就可以像孟子所说的“人皆可以为尧舜”。后世实施的科举制度，从理论和现实层面上都允许贫寒子弟进入统治阶层，从最根本上说，就是平等原则在处理人际关系中的体现。由此，我们也可以看到，中华传统强调的平等原则立足于原初，即人与人在起跑线上是平等的，而一旦进入社会，在社会中被区分，那就是社会的应然状态了。

第二，理性原则。中华传统一直推崇“人同此心，心同此理”，强调人是有思想意识的动物。前面提到的“仁”，按文崇一先生的意见，实际上就包括了对人的态度，而《论语》等著作中提到的“非礼勿视，非礼勿听，非礼勿言，非礼勿动”“己所不欲，勿施于人”“己欲立而立人，己欲达而达人”等，都是“在教人去磨炼自己的品格，去适应环境，去与别人建立和谐的关系”。①此后，在漫长的岁月中一直相当稳固的父子、君臣、夫妇、长幼、朋友五伦关系，以及君仁、臣忠、父慈、子孝、兄友、弟恭、夫义、妇顺、朋实、友信十义，都在固守秩序的同时反映出强烈的理性色彩。

自五四时代产生的全盘反传统思想有一个极大的误解，就是视传统为一片非理性的黑暗，阻挠着中国的进步，因此要实现中国的现代化就必须接受马克斯·韦伯（Max Weber）所说的“理性化”。且不论这种现代化的步伐是否必要、是否可行，至少我们必须认识到中华传统中并不缺乏理性因素，尤其是在处理人际关系的过程中，理性原则得到了很好的贯彻。

对于中华传统中人际关系间的理性原则，可以从两方面得以确证：一方面，按刘梦溪的说法，文化可以分为高次元文化和低次元文化，前者是知识的结晶、时代的思想之光，更富于理性，总是率先为社会变革开辟道路，代表社会前进的方向；后者主要指社会风俗、习惯等等。需要注意的是，无论哪一种文化都是二者兼具的，所不同的只是其中某一类型占据主导地位而已。中华文化也不例外，故从总体上即可断定理性原则的存在。更重要的是另一方面，即社会中观方面。众所周知，社会理性的标志是健全的法制。包括刘梦溪先生在内的批评声音，都认为中国自古及今法制不健全，因而不可被视为具备理性精神。然而，法制健全与否不等于法制有无，更不能否认不成文法的效力。像中国人熟知的“王子犯法与庶民同罪”等俗语正可以看成是对理性原则存在的一个佐证。对此，金观涛先生的论述更为客观公允，他在“纪念五四运动七十周年”（1989 年 5 月·北京）的研讨会上发言指出，中华文化中的理性精神尽管存在着重大缺陷，却是一个无可辩驳的存在。②

第三，人道原则。中华传统非常注重用谦和的态度去建立人际关系，主张人与人之间相互尊重、相互信任。儒家讲求“忠恕之道”，这里的“忠”就是指忠信、忠实、忠人

---

① 文崇一.从价值取向谈中国国民性[M]//李亦园，杨国枢.中国人的性格.南京：江苏教育出版社，2006：55.

② 金观涛.中国文化的理性精神及其缺陷[M]//历史的反响.香港：香港中文大学出版社，1990：151.

之事，而“恕”则指宽恕、谦和，正所谓“严于律己，宽以待人”。孔子还要求待人要做到“恭、宽、信、敏、惠”“温、良、恭、俭、让”，如此种种都清楚地显示出人道原则在人际关系处理中所居的重要位置。

不过，这里需要补充说明的是，中华传统中所体现出的人道原则并不同于后世，尤其是西方世界所倡导的人道原则。或者可以说，中华传统中的人道原则并未能通过自身的演进，生产出近代的人道主义思想。究其原因，应当是多方面的，而上述的理性原则指导下构成的秩序体系，也就是儒家学说中另一个关键概念“礼”，则扮演了制衡和消解的角色。这一点，业已有学者做过详细的解析，在此不做展开。[①]

要之，上述的三大原则可以被视作中华传统处理人与人之间关系的基本准则。据此展开，我们或许可以看到诸多学者所论述的如中国传统乡村社会中的宗族制度、婚姻制度、科举制度等等，从宏观上来说都可以归于人与人之间的关系在上述原则下的安排。

三、传通应物：人与自然的关系

大自然是人类生存的来源与基础，如何处理人与自然界的关系，是人类自始至终都要面对的课题。而我们知道，人类社会演进的初期，人类认识自然、改造自然的能力都是非常有限的，对自然的敬畏心理就油然而生，进而产生了各种各样的神话传说，为人类自身与自然界之间的联系提供解释，寻求合理化的认知。所以，在早期传统社会，神灵与自然是合二为一的。而在处理人与神灵（或自然）的关系中，中华传统同样也表现出了极大的智慧。

《周易》中写道：“观乎天文，以察时变；观乎人文，以化成天下。”又说：“夫大人者，与天地合其德，与日月合其明，与四时合其序。”这强调的就是一种天人和谐的思想。此后董仲舒提出“天人合一”，刘禹锡、柳宗元提出“天人相交”，朱熹说“天人一理”，王阳明与陆象山倡“天人一心”，虽然诸多提法各有不同的内涵，但一以贯之的则是对天人和谐的诉求。

（一）以生态学视野审视“天人合一”思想

“天人和谐”这种理念在今天看来尤其具有极端重要的意义，或者我们可以依据今天的视角重新去审视中华传统中人与自然的关系，从中我们看到的恰是对生态平衡的追求。

回到上述的“天人合一”，它所指的正是天道与人道，自然与人事相通、相类或统一，强调人与自然的协调发展。《中庸》提到“万物并育而不相害，道并行而不相悖”，《孟子・尽心上》则说“夫君子所过者化，所存者神，上下与天地同流”，所传达出来的就

---

① 陈卫平.论儒家人道原则的历史演进[J].浙江社会科学，1998(4)：91-96.

是一种朴素的生态伦理观念。[①]有人就指出，在中华文化的版图中，“天、地、人之间并不是各自独立、相互对立的系统，而是彼此之间有着不可分割的内在联系，它们同处于一个充满生机的生命洪流之中，是生生不息、一气贯通的”，“肯定人与自然界的统一，将人与万物视为一个和谐统一的整体，主张人应当认识自然、尊重自然、保护自然，反对一味地向大自然索取，反对片面地利用自然、征服自然、改造自然，提出了‘取物限量，取物以时’以及‘取之有时，用之有节’的生态伦理思想”。[②] 即使对于当时无法正确认知的自然事物或现象，中华传统也表现出巨大的敬畏、尊重与宽容，中国古代很早就有了“万物有灵”的观念。《尚书·舜典》记载：“肆类于上帝，禋于六宗，望于山川，遍于群神。”这里的“类、禋、望”都是祭祀名，由此可见古人对自然界敬重有加。然而对于那些比自己弱小的自然界事物，中华传统思想则表现出极为可贵的宽容，如孔子就提出要“钓而不纲，弋不射宿”，反对竭泽而渔的做法，对于当下的现实来说，实在是值得汲取的宝贵精神财富。

生态学是研究生物及其环境间的交互关系，以及生物彼此间交互关系的一门科学。从生态学的视角审视中华传统文化，邵培仁先生从平衡与循环两个角度做出了四点归纳，分别是“人天并立，互有其位”“和实生物，同则不继”“负阴抱阳，刚柔得适”“执两用中，中正平衡”[③]。综合这四点，其实质正强调了中华传统中生态伦理的涵盖面和延展性，堪称古代中华民族处理人与自然关系的指针。

(二)从人类学角度审视“天人合一”思想

我们知道，人类学是以人作为直接研究对象，并以其为基础和综合理解为目的的学科。在人类学家的眼里，特定社会群体的仪式性行为往往可以被看作其文化系统中意识与观念的展演。就中国传统社会而言，祖先崇拜和风水无疑是具有普遍意义的仪式性行为，即使是在现代性进程日益加快的今天，我们也依然可以看到它们在中国人的日常生活中占据了相当重要的位置。例如，当下社会开始在“炒房”之外又大肆“炒墓地”，墓地之所以能被“炒”，无非还是人们抓住了中国传统社会承继至今的对“墓地”这一仪式性符号的重视，无非是现代性进程中传统力量的一次畸形再现。

对于中华文化中的祖先崇拜和风水之说，我们同样可以从传统思想中对人与自然关系处理的角度予以诠释。李亦园先生就认为，“在中国传统观念中，自然(自然与超自然)与社会是构成宇宙的总体，维持这一总体的和谐是首要之事，……人可以借本身的力量调节社会与自然以及社会与社会之间的关系，以求得宇宙的和谐，而风水即这种调适的方式之一”[④]。并且，安排祖先的墓地也与风水观念紧密联系在一起，显露出来的正是对“天”与“人”同为一系统，“天人合一”是中华传统中一以贯之的宇宙观念。

---

① 肖明，刘镇江，肖祥敏.儒家生态伦理思想与“两型”社会建设[J].前沿，2009(4)：100-103.

② 王杰.注重生态伦理平衡的天人和谐之学[Z]//儒学年鉴.2007：44.

③ 邵培仁，等.媒介生态学——媒介作为绿色生态的研究[M].北京：中国传媒大学出版社，2008：49.

④ 李亦园.从若干仪式行为看中国国民性的一面[M]//李亦园，杨国枢.中国人的性格.南京：江苏教育出版社，2006：157.

四、一以贯之的观念:仁爱、良知与中和

上面考察了中华传统中以人为中心所形成的人与自身、他人以及自然之间的关系,尤其是人在处理这些关系时所依据的基本准则或预期追求。然而,我们又要补充说,这种不同关系的区隔并不是先在的,而是我们在讨论的过程中为求方便加以切割的。事实上,中华传统体现出来更多的是整体论观点。正如上面的论述中,我们一直在肯定中华传统上是儒道释三教并立的前提下,鉴于儒教影响的正宗地位和绵延两千余年不衰,故而删繁就简,选择儒教思想作为考察对象的主体,这并不意味着我们排斥了中华传统中所融入的其他因素,更不是说我们对其他因素视而不见。

在整体论的视角观照下,我们可以看到,中华传统可谓博大精深,经典论述不胜枚举。同样地,我们在此依然不去列举各种各样的格言警句,而是提出这样一组概念:仁爱、良知与中和,以这样的概念管窥蠡测,力求展现中华传统之根本。

我们知道,"仁"是儒家思想的核心。至于"爱",别的不说,光是在《论语》中,孔子就曾十三次直截了当地提出"爱"的要求,爱父母、泛爱众等。儒家的"仁"和"爱"是紧密联系在一起的。从孔子的"仁者爱人"到孟子的"仁政","仁爱"的观念不仅成为个人的理想追求,也成为国家社会取得成功的途径。无论是在微观层面还是在宏观层面都具有统领的地位,对个人修养、家庭伦理乃至政治制度都产生了深远的影响。

"良知"教育是儒家教育的一个重要方面,如前所述,中国人是善于内省的,孔子说"内省不咎",孟子提到"人之所以不学而能者,其良能也;所不虑而知者,其良知也。孩提之童,无法知爱其亲者,及其长也,无不知敬其兄也",王阳明则说"致良知"。不管是作为方法还是途径,甚或目标,中华传统都把"良知"摆在了一个非常突出的位置,也成为人安身立命、交往过从,社会长治久安的基石。

"中和"是儒家思想中又一个广受关注的概念。有人甚至认为,中华文明之所以没有像其他几大文明一样中道而衰,而能够绵延传承、历久弥新,其中就是因为有"贵和尚中"的精神,它作为中华文明几千年社会发展的思想动力成为最具生命力的部分。我们撇开这些不说,单看今天在世界舞台上中国所主张的"和而不同,求同存异"等处理国际关系的准则,就可以揭橥这一思想的广泛影响。可以这么说,发端于《论语》《中庸》的"中和"概念,经过汉唐宋明诸多大儒的阐发,构成了涵盖宇宙观、认识论、道德论、社会论、境界论的完整哲学思想体系,彰显出中华传统处理以人为圆心向外扩展的诸多关系的独特东方智慧。

无须再过多搜罗,我们已经可以看到中华传统在中国的现代性进程中依然具有强大的生命力。正如许多学者已经开始对五四时期的"反传统"倾向进行深刻反思,刘梦溪先生的一段话可堪为注,他在《社会变革中的文化制衡》一文中对五四运动做了另一种反省,认为"激烈反传统的后果,离开了与民族文化的衔接与传承,使民主与科学流于空洞的口号。……急于将思想化为行动,在社会革命方面取得了突破性进展,理论

却显得准备不足"[①]。传统与现代这一对并列对应的概念,似乎正在向我们说明:它们并不是必然冲突的;相反,为了达到一端而舍弃另一端,结果只会适得其反。

那么,也许我们得承认,继承与发扬中华优秀传统已是当下社会的题中之义。只是,该如何继承呢?我们要认识到中华传统不是一个单一的线性演进过程,而是一个包罗万象的系统,因此选择是必须的。怎样选择?冯友兰先生提出的"抽象继承法"或许值得我们参考。所谓"抽象继承法",是1957年冯友兰先生在《光明日报》发表的一篇文章中阐述的观点,其意思是:某些中国古代哲学命题可以区分为抽象意义和具体意义,其抽象意义往往可以为一切阶级服务,因而可以继承。结合我们这里所说的话题,答案已水落石出——抓住传统的根本。

① 刘梦溪.社会变革中的文化制衡[M].石家庄:河北教育出版社,1996:11.

华夏文艺传播研究

身势学与空间关系理论视域下的楚剧传播研究*

A Study on the Communication of Chu Opera from the Perspective of Kinesics and Proxemic Theory

◈ 翟红蕾　胡小年**
Zhai Honglei　Hu Xiaonian

摘要：非物质文化遗产被誉为历史文化的"活化石"，是民族个性、民族审美习惯的"活"的显现。楚剧作为湖北地区的特色地方文化，依托于人本身而存在，以声音、形象和技艺为表现手段，并以身口相传作为文化链而得以延续，是"活"的文化及其传统中最精华的部分。因此，对于楚剧这种珍贵的非物质文化遗产的传承，身势和空间关系的研究显得尤为重要。在传播学的视域下，本文运用"身势学理论"和"空间关系理论"，非常详尽地剖析楚剧在身势和空间关系上的传播方法、传播特色和传播效果，力图通过对楚剧身势和空间关系传播过程的捕捉归纳，凸显楚剧的地方特色和艺术特质，为楚剧在新的融媒时代繁衍传承、持续发展奠定全面翔实的理论基础。

Abstract: Intangible cultural heritage is honored as the "living fossil" of historic culture, and it is the "living" manifestation of national personality and national aesthetic habits. As the characteristic local culture of Hubei province, Chu Opera exists on the basis of human beings, with sound, image and skills as the means of expression and body to mouth transmission as the cultural chain, being the most essential part of "living" culture and its tradition. Therefore, for the inheritance of the precious intangible cultural heritage of Chu Opera, the study of kinesics and space relation is particularly important. From the perspective of communication, this paper applies Kinesics and Proxemic Theory to analyze in detail the communication methods, communication characteristics and communication effects of Chu Opera on kine-

---

* 资助项目：1.武汉理工大学 2019 校级重点教研项目："媒体融合背景下高校新闻传播专业创新型'卓越人才'培养模式研究与实践"（项目编号：12770）；2.武汉理工大学自主创新研究项目（人文社科重点项目）受"中央高校基本科研业务费"资助："信息弱势群体的新媒体素养提升研究"（项目编号：2020VI046）。

** 翟红蕾，武汉理工大学法学与人文社会学院副教授，传播学博士，硕士生导师，主要研究方向为传播学理论、新媒体研究、文化传播研究、营销传播等；胡小年，汉口学院音乐学院副教授，新闻传播学硕士，主要研究方向为音乐理论、音乐教育等。

sics and space relations. This paper tries to highlight the local characteristics and artistic characteristics of Chu Opera by capturing and summarizing the process of Chu Opera's body movements and space relations, providing a comprehensive and detailed theoretical foundation for the reproduction, inheritance and sustainable development of Chu Opera in the new age of media convergence.

关键词:非物质文化遗产,楚剧,身势学理论,空间关系理论

Keywords:intangible cultural heritage,Chu Opera,Kinesics,Proxemic Theory

一、作为非物质文化遗产的楚剧

丰富的非物质文化遗产,不仅构成了中华民族深厚的文化底蕴,也承载着中华民族文化渊源的基因。在当今世界文化多元发展的格局中,楚文化在中国文化史上,乃至在世界文化史上的重要性日渐凸显了出来。楚文化因楚国楚人而得名,楚国先民"筚路蓝缕"的进取精神、忠君爱国的哲学理念、"抚夷属夏"的开发气度、兼收并蓄的谦和容量,造就了博大精深的楚文化。楚文化培养了无数的楚地英豪和文人墨客,也孕育了丰富多彩的文化流派和艺术形态。凡此种种,无不昭示着在新的媒体环境下,我们更应该重视楚文化的传承与发展,把湖北地区最有特色的非物质文化遗产挖掘出来,发扬光大,重现蓬勃的文化生机。

中国传统文化中的戏曲艺术是现代人打破物质与机器包装的外壳,给我们的精神家园和灵魂补给激情与创造力的源泉。冯骥才曾指出,非物质文化遗产是和人的活动息息相关的,是靠人传承下来的,如果从事民间艺术和技艺的艺人日益减少,遗产就要断绝了。楚剧作为湖北省地方戏曲剧种之一,也是湖北省传统的地方戏曲艺术瑰宝,具有悠久的历史和深厚的群众基础,融入了丰富的楚文化元素,是广大人民群众特别是工农群众日常生活中最喜爱的地方戏曲艺术形式之一,其丰富而卓越的艺术表现为湖北人民缔造出动人的楚文化提供了珍贵的素材。除了恩施和郧阳地区之外,楚剧广泛流传于湖北省各个地区。除了在湖北发展,相邻湖北的湖南、河南、安徽、江西等地也曾出现过楚剧戏班的演出足迹,虽然由于地域文化、语言等因素的差异,楚剧在外省并没有造成很大的影响,但是对于不同地区戏曲的交流与借鉴也起到了积极作用。楚剧原名"西路花鼓",刚开始以花鼓戏的形式流传在湖北省黄陂、孝感、黄冈一带,故又称"黄孝花鼓"。广大的楚剧爱好者和代代相传的楚剧艺人,保证了楚剧这支非遗之花定能艳丽绽放,源远流长。

进入新媒体时代,楚剧和其他地方戏曲、曲艺等一样,将面临新一轮的冲击和洗礼——在新旧媒体传播的交替时期、在市场经济和艺术价值的夹缝之间尴尬取舍。楚剧作为地方曲艺的瑰丽一支,其繁荣与发展也越来越迫切地需要吸纳其他兄弟学科的优势,学习其他艺术形式的优点。学科间的融合、借鉴与发展将会给传统的地方曲艺音乐的发展提供一条适合新时代步伐的新道路,迎来地方曲艺音乐传播的新春天。长久以来对于湖北地区的楚剧研究一直局限于音乐学、民俗学和文学创作范畴,在融媒

时代，传统的地方剧如何传承、创新，需要用传播学的理论和视野予以解答。

二、楚剧的身势传播

在洞悉楚剧传播要素的基础上，深入探讨楚剧在身势上的特殊设计及运用，彰显其独具匠心的表达形态与美感。借用著名的心理学家雷・伯德惠斯泰尔(Ray Birdwhistell)的身势学理论(Kinesics)，我们可以对楚剧演员的外貌特征，楚剧表演中演员的手、眼、身、法、步进行具体的研究分析，通过身势学理论的观点，全面且完善地进行楚剧表演的动态分析和美学赏析。

(一)身势学的相关理论概念

1.伯德惠斯泰尔的身势学理论

信息的交流是传播的本质，符号是传播过程中最基本的要素，信息必须借助符号这一基本要素才能达到流通传播的目的。从根本上来讲，“信息首先就表现为符号，或者说一种信息的外在形式就是某种符号”①。符号可以分为语言符号和非语言符号，非语言符号，顾名思义指的是传播信息的符号中除去语言符号之外的其他符号，包括手势、姿势等，身势语就是传播过程中的一种非语言符号。朱迪・伯古恩(Judee Burgoon)把非语言符号进行了系统的分类，一共有七个类别:“身势(即身体活动)、辅助语言或者语声、外貌、触觉、空间观和人物造型。”②身势学和空间关系学的研究在这七个分类中最为系统和成熟。

伯德惠斯泰尔是身势学理论的创始者。他是一位伟大的人类学家，却体现出浓厚的语言研究兴趣，并通过语言学的理论模式进行身势学的理论研究。他在《身势与语境》③一书中奠定了属于身势学的理论基础，将身势语言划分为七个类别(见表1)。

表1　身势语言类别与意义

类别	身势活动种类	意义和影响
1	一切身体活动在交流语境中都有潜在含义	人们会赋予这些活动一定的意义
2	所有的行为都存在一定的组织性	行为的组织过程值得我们系统地分析
3	身体活动可以被看作社会系统的一部分	不同的社群使用不同方式的身势语言
4	其他人做出较为明显的行为和动作时	会影响看到这些行为和动作的人
5	研究传播过程中不同的身体活动和行为	总结身势语言如何起到传播的作用
6	身势学相关研究所发现的意义依赖两个方面	一是依赖研究哪些行为
		二是要看采用何种研究方法
7	人们对身势的使用与个人癖好紧密相关	也是与其他人共享的社会系统的一部分

① 李彬.传播学引论[M].北京:新华出版社,2006 :105.

② 李特约翰,福斯.人类传播理论:第9版[M].史安斌,译.北京:清华大学出版社,2009:124.

③ BIRDWHISTELL R L.Kinesics and context [M].Philadelphia:University of Pennsylvania Press,1970.

伯德惠斯泰尔所提出的身势学,借用了身势与语言的相似性,研究人类日常生活里持续的肌肉活动,并将这些肌肉活动进行排列和组合,形成一种固定的交流传播体系。这的确是一类不可忽视的传播过程,对于传播学研究具有非常重要的意义。哪怕只有短短几分钟,一个人的身体活动也有成百上千个,这些身体活动往往都能达到非常显著的传播效果,这样的身体语言就是我们所说的身势语言。

2.艾克曼和弗瑞森的身势学理论

保罗·艾克曼(Paul Ekman),美国心理学家,出生于美国华盛顿。他特别重视研究脸上的表情所代表的不同意义,获得过杰出科学奖。艾克曼较早着手研究面部肌肉的运动,并研究面部肌肉运动和表情之间的关联与规律。他开创了面部动作编码系统,并通过这一系统完整地诠释了面部表情。面部表情是非语言符号中最丰富和最多样变化的,艾克曼走访了很多国家,通过研究身处不同文化背景、不同种族、不同经济条件的各类人群,总结出人类的基本面部表情有七大类(见表2)。

表2 面部表情释义

种类	面部表情	面部动作
1	高兴	嘴角上扬、脸颊抬起、眼睑收拢
2	伤心	眉毛下拉、瘪嘴、眯眼、拉下巴
3	害怕	嘴巴张开、眼睛瞪大、鼻孔张大、眉毛上扬
4	愤怒	紧锁双眉、额头皱起、嘴唇微颤
5	厌恶	瞪眼、嗤鼻、眉毛下垂、眯眼
6	惊讶	嘴唇放松、眼睛张大、眉毛微抬
7	轻蔑	嘴角微抬、讥笑状、得意

华莱士·弗瑞森(Wallace Friesen)与艾克曼共同合作研究,在伯德惠斯泰尔的身势学理论基础上更进一步,做出了身势语言意义的归纳,这项研究结果影响巨大。他们俩将身势语言根据意义的不同划分为五大类:“象征性动作、说明性动作、情绪表露动作、调节性动作和适应性动作。”①象征性动作的信息传达最为精准,人们常用它有目的、有意义地去传递特定信息,比如加油打气时握拳的动作;说明性动作是一种语言的补充说明,常常描述原本可以用语言表达的信息,比如指路时边说边比画方向;情绪表露动作是具有转移性的,经常用来舒缓生理以及心理的紧张情绪,比如紧张的时候喜欢抖脚;调节性动作是用来协调交流过程的一种行为,比如发言讨论时用眼神告诉下一位发言者;适应性动作常指适应环境所产生的一系列动作。

3.身势学对楚剧研究的意义

中国戏曲起源于原始歌舞,是一种历史悠远的高度综合的舞台艺术。这种综合性不仅表现在它融汇各个艺术门类(诸如舞蹈、杂技等)而出以新意方面,而且还体现在

① 北京师范大学汉语文化学院.语言学与应用语言学研究:第3辑[M].北京:中国社会科学出版社,2012:413.

它精湛涵厚的表演艺术上。各种不同的艺术因素与表演艺术紧密结合,通过演员的表演实现戏曲的全部功能。其中,唱、念、做、打在演员身上的有机构成,便是戏曲的综合性最集中、最突出的体现。唱,指唱腔技法,讲究"字正腔圆";念,即念白,是朗诵技法,要求严格,所谓"千斤话白四两唱";做,指做功,是身段和表情技法;打,指表演中的武打动作,是在中国传统武术基础上形成的舞蹈化武术技巧组合。这四种表演技法有时相互衔接,有时相互交叉,构成方式视剧情需要而定,但都统一为综合整体,体现出和谐之美,充满着音乐精神(节奏感)。楚剧作为中国戏曲的地方剧种之一,也同样是以唱、念、做、打的综合表演为中心的富有形式美的戏剧形式。而其中的"做"与"打",就是一种最典型的身势传播。

在楚剧舞台上,演员表演时所产生的每一个调度、每一个动作,一般情况下是在遵循"欲进先退、欲左先右、欲前先后、欲高先低、欲东先西"的规则下进行的。与中国的其他戏曲一样,楚剧演员的动作也是舞蹈化了的动作,与现实生活中的动作不同,讲究圆与曲。演员表演时离不开用动作表达人物,而动作的使用最忌讳的就是直来直去、见棱见角。在演员开始受训练时,就强调拉一个山膀,亮一个云手,别一下腿,跑一个圆场,不论是动是静,都要讲究,意蕴深长,不可小觑。

楚剧的身势表演在舞台上起扩展和延长舞台空间的作用。一个普通的舞台,超不过50平方米,如果它一米的距离相当于现实生活中的一米距离,一寸一尺也相当于现实生活中的一寸一尺,那演员的活动天地就受到了限制,表演上就没有更多、更自由的回旋余地了。因此,楚剧演员表演时,其活动的空间领域,可以根据剧情和人物的需要予以扩展和延长。楚剧演员多走几个圆场,可以表示角色多走了几十米或几千里,在观众的感觉里,那圆场就达到了扩展和延长舞台空间的效果。中国的戏曲艺术讲究在虚拟的表现手法中、在观众的欣赏视角中,把不太大的舞台空间变得相当广阔。

楚剧的身势表演在舞台上起扩展、延长舞台空间和加深观众视觉印象的作用。在舞台上,演员做一个"指手"时,如果按现实生活中那样,把手径直向目的地指去,动作迹线会很短,整个动作的时间就显得短促,也容易被观众忽略。而采取高于生活的舞蹈化了的舞台动作,将动作迹线延长,律动时间也相对延长,这样就可以使观众从容地欣赏人物动作全过程中的微妙心境,引起观众的充分注意,观众的印象也就会深刻一些。

楚剧的身势表演在舞台上还起引领观众视线和调动观众注意力的艺术作用。戏曲动作的动律,使演员有充裕的时间把观众的注意力调动起来。比如演员在表达"你来看"时,常会使用"指手"往要看的那个方向指去,演员完成动作的过程,会把观众的眼神引领到手尖上来,并把他们的视线随着自己画出的弧度、路线定格在要介绍的位置、事件或物体上,使观众集中地感受或接受到人物所要表达的感情或信息,引起共鸣。观众在观看楚剧时,是坐在一个固定的位置上,他们与舞台、与演员构成的视线角度各不相同,不同角落的观众只能欣赏人物的不同部位。因此,楚剧动作中比如"推磨",两个角儿对着脸转了个一百八十度的圈,互换了位置,让所有观众的视线都围着两人转,人物的神情、姿态等都尽收观众眼底,使观众获得比较完整的视觉形象和完整的艺术美的享受。

楚剧身势在舞台上的律动过程,从戏曲美学的角度看,属于形式美的范畴,它们富于变化,奇姿多彩,能给人以柔和、协调和浑然一体的美的感受;从传播学的角度看,它用经典的动作表达丰富的剧情,凸显人物形象,使观众获得美的享受,让传播效果扩大与升华。

(二)楚剧身势传播的具体形态与审美

1.楚剧身势传播的程式运用

程式是中国戏曲中运用歌舞手段表现生活的一种独特的技术格式。楚剧的表演程式套路非常丰富,每一种程式的固定动作和意蕴都是相对固定的;与此同时,在不同的剧情演绎下,楚剧演员对相对固定的程式的自我调整或个性化表演,正好突出人物性格及表演的临场美感。

比较常见的部分程式会用套路的身势语言和程式化的顺序表达一定的思想和意思。这既是楚剧演出剧情表达的需要,也是楚剧场景更换、起承转合的需要。

“龙喜”属楚剧角色中的杂行,扮演剧中士兵、夫役、宫女等随从人员,因穿特殊形式的龙套衣而得名。在楚剧表演中,龙套的衣物就体现出楚地衣装的特点:简单朴素,色泽单一。在现场的楚剧表演中,所谓几个人可以虚拟千军万马,这一点主要体现在“龙套”身上。龙套以整体出现,一般以四人为一堂,在舞台上用一堂或两堂龙套,表示人员众多,起烘托声势的作用。龙套总是跟着主帅“跑”上“跑”下(所谓“跑”,只是一种形容,并非时刻都在跑),台上各种集体上下场的队形、舞台部位的变换乃至舞台气氛、环境的变化,都要靠龙套“跑”出来。“跑”龙套有多种程式排场及队形变化,每种队形均有自己的专业名称,如二龙出水、扯四门、大摆队、倒拖靴等。在队形变化时往往还伴随各种曲牌的演奏或演唱。

起霸也是楚剧表演的一套程式动作。它主要表现古代将士出征上阵前,整盔束甲的情境。起霸集中了基本功中很多动作和技巧,组合成连续的舞蹈,充分展示武将的威风气概,烘托渲染战斗气氛。起霸有男霸、女霸、整霸、半霸、单人起霸、双人起霸等多种。

趟马主要由圆场、转身、挥鞭、勒马、打马、高低亮相等动作组合。女角色有时还增加鹞子翻身、卧鱼、掏翎子等动作。视剧情需要,可繁可简,多用于表现策马疾行的情节,有单人趟马、双人趟马、多人趟马等多种形式。表演要求姿势矫健,动作利索,需有跑圆场的功力,可以表现不同的性格和情景。

走边是楚剧中表现身怀武艺的人物轻装潜行的表演程式,常用于侦察、巡查、夜行、暗袭或赶路等特定情境。它的表现形态是一种成套的、连继性的舞蹈动作。单人独行叫“单走边”,二人同行叫“双走边”,也有多人齐舞的“集体走边”。走边时唱曲牌的称“响边”,不唱的称“哑边”。

档子是一组武打表演程式,用以表现战斗场面和渲染战斗气氛。凡交战双方的人数在三人以上,或彼此人数相当,在舞台上表现对打场面的即称为档子,或持兵刃交战,或徒手格斗。档子名称根据人数而定,如交战双方为三人的称“三股档”,四人的称

“四股档”，以此类推。档子的舞台调度、步位均有一定的格式，有时上场人数可由少增多，先打四股档，后变为六股档、八股档，人数更多的群打场面称“群档子”。

对子也是一组武打程式，表达的是双方对打的场面，非常精彩，容易引起高潮。二人对打的套子都称“对子”，包括徒手和各种兵器对打，往往是用两种不同的武器开打。每一套“对子”各有一定的章法，打法各异。徒手的称“对拳”；双方持同样武器的有“对刀”“对枪”等；持不同兵器对打的把子有“单刀枪”“大刀双刀”“大刀双剑”“大刀枪”“棍儿枪”等，属把子功。

耍下场属把子功，表现战斗中胜利者的得意情绪。武戏开打后，胜利一方的主将在台上舞耍手中兵器，以显示人物的飒爽英姿、威武雄壮。有耍“枪下场”“刀下场”“棍下场”等，耍后下场。

抬轿是楚剧表演的身段程式，而且是楚剧中经常出现的情景，充满了楚韵风格，很多情况下表现得比较滑稽诙谐。一般为二人抬或四人抬。坐轿人居中，抬轿人分列前后。起轿时，轿夫两臂弯曲于双肩头，缓缓站起，双臂晃动，走抬轿步；行进间，坐轿、抬轿人动作协调，步法一致；上坡时，前者直立，后者屈腿走矮步，下坡时换作对应动作；表现路段坎坷时，抬者下蹲，以示轿体大幅度地起伏晃动。

跑圆场是楚剧中的表演动作程式。演员在舞台上所走的路线是圆形，周而复始，称为圆场。圆场的速度多为由慢到快，因此又称为跑圆场。跑圆场的步子要小、快、均匀，上身必须纹丝不动。

楚剧在历史的发展繁衍中不断进化，为了表现当代生活，塑造今天的人物形象，富于创造精神的演员们开始从其他门类的艺术中汲取营养，并且从现实生活中提炼、加工，创造出一些新的身段、技巧，形成许多新的表演程式，以适应排演新编楚剧剧目。

2.楚剧传播的动态语言

根据心理学家的研究，一个人的身体状态，其实暗示了他对自己和对他人的态度。楚剧演员在舞台上的一颦一笑、一个眼神、一个动作都是楚剧表演中表达的一部分。楚剧演员的身势语言，在传播功能上具有极重要的作用。身势语言在传播学研究里通常分为三类：第一类是动态的动作，第二类是静态的姿势，第三类是有声无义的“类语言”。

优秀的戏曲演员都是动作大师，他们总是能从复杂纷纭的生活现象中提炼出足以表现人物性格的典型动作，用简练、概括的手法，表现出丰富的性格内涵。有些人物，单从剧本上看，似乎并无出奇之处，但一经戏曲演员的身手，无不生龙活虎，形神毕现。

在一切传播过程中，传播主体常常借助身体的动作来传达自身的情绪、思想和感情。在楚剧表演中，楚剧演员在舞台上也拥有丰富的动态语言。比如楚剧《葛麻》中，马铎靠剥削和欺诈，从一个穷光蛋变成了一个富人。变成有钱人之后，他不想把女儿许配给穷书生张大洪，于是命令自己家的雇工葛麻把张大洪叫到家中来，想逼他写下退婚书。路上葛麻偶遇张大洪，跟张大洪道明了真相。此时，张大洪在舞台上并无一句台词，他双手一高一低，两腿一前一后，显得手足无措，并且转头就准备逃走。虽然没有台词，但是这些身势语言已经明确表达了张大洪的意图，他不想退婚，可是一时之间也不知道应该怎么办，企图逃避解决问题。葛麻这时候一把拉住张大洪的手，把张大洪扯住。这个动作反映出葛麻想帮助张大洪的内心想法,并且胸有成竹,想必应该已经有对付马铎的方法了。虽然场上两个人并没说话,但是相互之间的动作交流,毫不影响沟通,观众也看得十分明白,甚至比语言的表达更有内容和深度。

在人体的动作语言里,眼睛的表现力最为丰富,眼神的传播功能十分强大。比如《葛麻》中,张大洪来到马铎家中,葛麻见张大洪衣着寒酸,巧妙地劝服马铎借一件衣服给张大洪,当葛麻拿出崭新的衣服给张大洪时,张大洪眼神中充满着惊讶和疑惑,不解地看着葛麻。由于马铎在场,葛麻也只能用眼神暗示张大洪,传达的意思是没问题,相信我,可以穿上!虽然马铎对葛麻拿了一件新衣服感到生气,但是葛麻机智地把过错推给安人,说是安人给错衣服了。这一幕里三个人同时在一个场景里,眼神的交流成了十分精彩的身势语言,是《葛麻》中很有趣味的一个场景。

楚剧演出中还有一些基本功的演绎也体现出身势的绝妙之美:

腰腿功是楚剧演员的基本功夫,亦是练习翻筋斗的必修课程。楚剧中的舞蹈、武打都要运用腰腿的功夫,能实现演员灵活自如地掌握身体重心的转移腾跃,使演员的身段动作优美协调,观众中比较熟悉的,有鹞子翻身、涮腰、飞脚、旋子、探海、铁门槛、朝天蹬等等。

毯子功就是练习翻各种筋斗,即身体各部位相继展现扑、跌、翻、滚、腾、跃等动作技巧。在楚剧演出中,送筋斗样式繁多,出演频率较高,动作大多以手撑地,或用脚在地面蹬跳,向前、向后、向左右两侧翻腾,俗称"四面筋斗"。

"把子"是戏曲舞台上武器道具的统称,也叫刀枪把子,如刀、枪、剑、戟、斧、钩、叉、棍等。把子亦引申为武打的同义语,所以用各种器械训练武打技术的基本功也都叫把子功。楚剧演员只有掌握和运用把子技术,才能在舞台上表现人物武打战斗的情景。把子功有很多套路,一般分为长(长兵刃,如大刀、大枪、叉棍等)、短(短小的兵刃,如单刀、双刀、剑、拐子、匕首等)、徒手三类。每套把子均有专名,如小快枪、大快枪、小五套、大刀枪、双刀枪、十八棍等。把子在表演上又分为庄重把子和滑稽把子两种。前者指通过严肃的武打,营造庄严威武的气氛,表现剧中人物的性格,表示戏剧情节的发展变化;后者多用于带有戏谑性的武打,其特点是诙谐滑稽,逗人发笑,表现剧中正面人物武艺高强,对其敌手的揶揄戏谑。两种把子都要求打得有感情、有节奏、有层次、有章法,而后者的趣味性表演是楚剧的一大特色,特别能烘托楚剧"丑而不俗"的特点。

扇子功是楚剧演员表演的身段特技,也是基本功的一种。扇子在楚剧舞台上不仅是扇凉工具,更是特殊的舞蹈道具。演员常借助手中的扇子做出各种动作、姿态,用以表现人物的思想感情。各行角色都有此功,但使用最多的是小生、花旦,技巧也更为丰富。

手绢功是楚剧演员表演的身段特技,也是基本功的一种,源于二人转,在楚剧中有所变化与发展。要法有里外翻花、里外挽花、抖花、转绢、托绢、踢绢、抛绢、弹绢、指转绢、顶转绢等。近年来多用镶亮片的双层八角手绢发展出各种样式的手绢出手,技艺高超,特色浓郁,起到烘托戏剧气氛、刻画人物感情的作用。

髯口功是楚剧演员借助舞弄髯口(胡须)的动作来展示人物心情。髯口功有楼、撩、挑、推、托、摊、捋、抄、撕、捻、甩、绕、抖、吹等多种技巧。有些是单项动作,有的可以组合连贯起来，要求与舞蹈身段密切配合，才能准确表达人物的情感。

帽翅功又叫要纱帽翅，以颈部为轴心，带动头上的纱帽翅或上下摆动，或左右旋转，或前后绕圆圈。有时要单翼，有时双翼同时旋转搅动。要时帽翅欲停则停，欲动则动，或停或动，灵活自如，常用于表现剧中人物冥思苦想、内心矛盾斗争、犹豫不决或兴奋喜悦等情绪。

甩发功多为男性角色甩动头顶扎束的一绺长发，表现惊慌失措、悲愤交加、疼痛欲绝以及仓皇逃命、垂死挣扎等激烈异常的情绪和情境的一种表演特技。

水袖功是楚剧演员利用服装袖口上缝的一段白绸（水袖），做出丰富的、舞蹈化的动作。它时而像行云流水，时而像团团花絮，时而像波浪涟漪；有的形状像车轮，有的形状像托塔；有单摆转盘袖，有正侧重叠转盘袖，有直冲展翅飞卷袖等，为的是夸张地表达人物激动、悲愤、痛苦等复杂的思想感情和心理活动。水袖舞蹈身段、动作姿态多达数百种，基本动作有勾、挑、撑、冲、拨、扬、掸、甩、打、抖等。

3.楚剧传播的静态姿势

动态的动作能传达信息，静态的姿势也能达到同样的传播效果。艾伯特·梅拉宾（Albert Mehrabian）有一个意义传播与理解的公式：沟通双方相互理解＝语调（38％）＋表情（55％）＋语言（7％），说明了静态的语言，包括语调、表情等占据了意义表达的绝大部分，并依此产生传播的意义与效果。

楚剧作品中演员丰富的表情、姿态都能准确地为观众传递其想要表达的意图。依然以《葛麻》为例，葛麻与张大洪商量好对付马铎的办法之后，马铎前来，见葛麻没有办成事情便决定亲自逼张大洪退婚。张大洪起身就走，马铎上前阻止，张大洪按照葛麻教他的说辞娓娓道来。此时马铎哑口无言，表情僵硬，面露难色，脸色发青。这时候马铎的静态姿势已经准确地传达出毫无对策的意思，观众看到马铎的这个表情也有一种很解气的感觉。面部表情是人体姿势中最有感染力的一种身势语言，也是人际传播的核心身势语言。

身势语言中的静态姿势不光指人体自身的状态，也包括人物的穿着打扮。比如《葛麻》中马铎身着光鲜亮丽的华服，代表着身份的高贵、财产的富裕；葛麻身着粗布衣，头戴小方帽，脚踏布鞋，一看就是雇工身份；张大洪身着破旧的长衫，一看就是穷书生的形象。服装扮相是楚剧里很重要的一环，这些都能更准确地让观众了解角色的身份和地位。

“脸谱”是指中国传统戏剧里男演员脸部的彩色化妆。这种脸部化妆主要用于净（花脸）和丑（小丑），在形式、色彩和类型上都有一定的格式。内行的观众从脸谱上就可以分辨出这个角色是英雄还是坏人，聪明还是愚蠢，受人爱戴还是使人厌恶。京剧那迷人的脸谱在中国戏剧无数脸部化妆中占有特殊的地位。楚剧作为京剧的一个分支，同样具备了京剧脸谱的表达特色。脸谱以“象征性”和“夸张性”著称，通过夸张和变形的图形来展示角色的性格特征。

脸谱根据描绘着色方式，分为揉、勾、抹、破四种基本类型。

揉脸：凝重威武，整色为主，加重五官纹理加以实现，是十分古老的脸谱形式；勾脸:色彩绚丽,图案丰富,复杂美丽,五彩缤纷,有的还贴金敷银,华丽无比;抹脸:浅色为多,以为涂粉于面,不以真面目示人,突出奸诈坏人之性;破脸:不对称脸,左右不一,形容面貌丑陋或意比反面角色。

根据图案排列,脸谱分为以下四种:

整脸:最原始的脸谱形式,利用双眉把脸分为额和面两个部分的脸谱;三块瓦脸:在整脸的基础上再利用口鼻把面部分为左右的脸谱;花三块瓦脸:把三块瓦脸的分界边缘艺术化,加上各式图案的脸谱;碎脸:三块瓦脸的变种,其分界边缘花形极大,破坏了原有的轮廓。

脸谱色彩十分讲究,看起来五颜六色的脸谱品来却巨细有因,绝非仅仅为了好看。不同含义的色彩绘制在不同图案轮廓里,人物就被性格化了。通用的脸谱色彩含义为:红色代表忠勇侠义,多为正面角色;黑色代表直爽刚毅,勇猛而智慧;紫色代表刚正威武,不媚权贵;黄色代表勇猛而暴躁;金色一般代表神仙高人;银色代表神仙或者妖怪;绿色代表勇猛、莽撞;蓝色代表刚强、阴险。

楚剧中的静态身势可以通过表情和脸谱艺术地辅助剧情的表现,使得很多剧情无须赘述和铺垫交代就可以直接铺陈直叙了。同时,由于表情的丰富多变和脸谱的浓墨重彩,楚剧的舞台演出效果非常美艳动人、生动活泼。

4.楚剧传播的类语言

顾名思义,类语言应是某种类似语言的符号。[①] 一般来说,语言是由传播主体发出的若干有实质意义的声音,可是类语言指的是没有具体意义和固定意思的声音,像一些语气助词都算是类语言。

在《葛麻》中,葛麻两次用了类语言“嘘”,两次所处的环境不同,传递的信息也大相径庭。第一次是张大洪来到马铎家中,葛麻送完茶之后,看到张大洪身着破旧,想为他弄一件新衣服,于是再一次上场向着马铎轻轻地“嘘”了一声,这时候他传递的信息是让马铎单独过来和他说话,背着张大洪商量事情的意思。马铎立刻领会了他的意思,与他来到舞台的另一端商量。第二次是葛麻帮助张大洪弄了一件崭新的衣服,张大洪穿上之后,马铎气急败坏正准备开始骂人。这时候,葛麻对着马铎“嘘”了一声,这个“嘘”又表示让马铎先别着急发火,他自有安排。于是马铎忍下了这口气,走到一旁听葛麻有什么解释。相隔不久的两个相同的类语言“嘘”,都来自相同的传播主体葛麻,却传达着不一样的意思,这就是类语言在传递信息的过程中起到的不同作用。

楚剧舞台上,演员作为传播主体,除了唱词和念白可以作为有声语言为观众传递信息外,也有极其丰富的身势语言作为表演的一部分。专业的戏曲演员都经受过相当系统的表演训练,手、眼、身、法、步都是戏曲演员的基本技能,一个身段、一个眼神都能传递丰富的信息。楚剧中的身段具有程式性、夸张性、虚拟性、生活性等特点,除了语言表达之外,每一个身势语言都能辅助楚剧演员的舞台表演,更准确地传递演员想要表达的意图,帮助观众更容易、更准确地理解楚剧剧情所传递的信息。

---

① 李彬.传播学引论[M].北京:新华出版社,2006:120.

(三)楚剧的空间关系传播

在了解楚剧身势运用的基础上,我们再运用美国著名的人类学家爱德华·霍尔(Edward T. Hall)的空间关系学进行楚剧的空间关系研究,以便对这样一种独特的非物质文化遗产的文化特点进行更全面的剖析。楚剧空间关系的传播研究包括:楚剧舞台中固定特征的空间、半固定特征的空间以及非正式的空间。楚剧舞台上布景的空间位置,演员与观众的距离、演员之间的距离,这些不同的空间位置关系都是楚剧传播过程中重要的环节。

1.空间关系学的相关理论概念

"空间关系学"这一术语是1966年由美国人类学家爱德华·霍尔提出的,用以区分在人际交往中关系的亲疏远近。[①] 霍尔特别重视跨文化传播研究,他经过研究认为,在不同的文化背景下,人们交流中所使用的空间存在很大的不同,世界各地在交流中对空间关系的感受也存在很大差异。霍尔将空间形式的类型进行了系统划分,把固定不可移动的物品定义为固定特征的空间,把可以移动的物品定义为半固定特征的空间,把伴随着人的移动发生改变的环境称为非正式的空间。霍尔还对四种不同的交流环境的空间距离进行了具体的研究,对较为亲密的交流距离、一般的个人交流距离、普通的社交场合的交流距离以及正常的公共场合的交流距离进行了具体划分和统计。

霍尔还发现,在人们的日常交流过程中,有八个因素会对人们如何使用空间关系造成很大的影响(见表3)。

表3　霍尔空间关系影响因素

种类	不同的因素	因素的解析
1	姿态、性别因素	传播过程里参与者的性别和基本姿态
2	社会离心、向心轴线	社会离心:对社会交流采取不鼓励的态度
		社会向心:对社会交流采取鼓励和促进
		轴线:传播者的肩膀与对方的肩膀所形成的角度
3	身势的因素	传播各方面从接触性的角度来说的紧密程度
4	触碰的行为	传播各方面可能会有的任何接触
5	视觉符码	视觉接触的方式
6	热量符码	从传播的对方身上观测到的热量
7	嗅觉符码	传播过程中观测到的体味的种类和程度
8	声音和音量	传播距离也受声音种类和音量大小的影响

① 马莉,潘立春.商务跨文化交际[M].西安:西安交通大学出版社,2011:106.

在传播学的研究范围内,空间关系与传播的联系及影响受到许多专家学者的重视,得到了深入而广泛的研究,是传播学里很重要的一个分支学科。

霍尔是研究跨文化传播活动的第一位学者,他把空间划分为三大类,并对四种不同交际环境的空间距离进行了具体研究。

楚剧作为反映楚地域生活的一种特殊形式,要求在舞台这个有限的空间和一次演出的有限时间内表现戏里的生活图景,必然会产生反映生活场景的无限空间(从相对的意义上说)和舞台的有限空间、戏剧情节延续的无限时间和实际演出的有限时间这两对矛盾。楚剧在解决这些矛盾时,有它自己的做法:它公开表明舞台的假定性,承认戏就是戏,对舞台空间和时间的处理采取了超脱的态度,既不追究舞台空间的利用是否合乎生活的尺度,也不追究演出时间是否合乎情节时间的延续,而是依靠分场的结构体制和虚拟的表现手法,在一个没有什么装置的舞台上创造出独特的意境,对生活做出了广泛的形象概括。

楚剧的舞台空间观念的超脱性表现在两个方面:第一,舞台环境的确定以人物的活动为依归。有人物的活动,才有一定的舞台环境;离开人物的活动,舞台不过是一个抽象的空间。即便有时摆着一些砌末,或有一些音乐演奏,但如果不与演员的表演相结合,也只能起到一定的暗示作用,不能独立表现出戏剧环境。因此,人物的上下场就成为戏剧环境变化和剧情发展的枢纽。第二,在同一场中,通过演员的虚拟动作,可以从一个环境迅速地转入另一个环境。"人行千里路""马过万重山",只要一个圆场、一场趟马就可以表现;一个"挖门"就表示从室外进入室内;"一翻两翻"或一个"绕场"就表示换了地方……都是戏曲的常用手法。这是楚剧空间关系展示的经济性和拓展性的独特表现。

2.虚拟手法的时空展现

超脱的舞台时空观是楚剧分场体制的前提,虚拟手法则是体现分场体制的手段。然而,虚拟手法的作用又不仅仅在于使时空变化流动灵活,更重要的是要表现在特定环境中活动着的人。虚拟的主要精神,是写景与写情、写人的浑然一体。这有两种表现形态:第一,状物抒情,情景交融。其特点是演员以虚拟手法描摹客观景物形象,又在这种创造中观照自己,形成一种情景交融的自我感觉,凡登山、涉水、行船、走马等虚拟动作莫不如此。第二,借景抒情,寓情于景。这种表演,不单单是用自己的动作去虚拟某个对象,而是借剧中描绘之景,以诉自己别有感触的心情。诗有托物言志、借景抒情的手法,这种手法在一定条件下也能运用到戏曲表演上来。

虚拟手法充分利用了舞台的假定性,但楚剧舞台的假定性又有自己的特点,所谓舞台的真实感和自己特有的假定性不能分开。舞台是空的,戏是假的,可是假戏必须真做,虚拟表演的动作越准确,结构越严谨,越符合生活的逻辑,就越使人感到真实可信。在楚剧舞台上,门总是往里拉的,窗却是向外推的,尽管舞台上并没有门和窗,但观众一看便懂,因为这是在旧式建筑特点的基础上经过提炼和典型化了的动作,它符合观众的生活经验,因而能赢得观众的默契。不管虚拟手法有多大的假定成分,归根到底,还是要受到艺术必须真实地反映生活这个基本规律的制约,如果执鞭代马而不感到有马，摇桨代船而不感到有船，就会破坏虚拟表演的生活逻辑，也就破坏了观众的想象，完不成时空变化、流动灵活的舞台任务。

时空观念的超脱带来了艺术表现的自由，时空观念的超脱解放了戏曲作家的笔墨，也解放了戏曲舞台，使戏曲作家和艺术家可以摆脱舞台框的限制，集中笔力去突出他们认为需要强调的东西。例如多重空间，把同一时间发生在不同地点的事件放到同一个舞台面上，让它们或是对比，或是呼应，使戏剧冲突更加尖锐化，这是戏曲特有的多重空间的表现手法。在楚剧舞台上，只要内容需要，“千里”可以化为“咫尺”，“咫尺”也可以化为“千里”。独特的艺术处理，离开了舞台空间观念的超脱性就失去了用武之地。

“有话则长，无话即短”是楚剧舞台空间拓展的有效手段。舞台空间观念的超脱性带来了多重空间的独特手法，舞台时间观念的超脱性赢得了有话则长、无话即短的自由。由于不要求情节延续时间同演出时间的大体一致，所以凡是无关紧要的地方，可以尽量简略，一笔带过；这就腾出了时间，可以对那些表现激烈的戏剧冲突和揭示人物深刻感情的重要关节抓住不放，写深写透，把戏做足。在手法上，有时浓墨重彩，层层渲染；有时工笔描绘，精雕细刻；有时则用“特写”，直照人物的心灵。

时空超脱的处理手法把舞台的局限性巧妙地转化为艺术的独创性，大大拓展了表现生活的领域。

3.楚剧空间关系传播具体形态与审美

楚剧的发展经历了一百多年，从1900年开始楚剧正式进入茶园演出，茶园成了楚剧传播中的固定空间形式。茶园虽然没有舞台，但茶客围坐八仙座，花鼓戏演员在茶桌之间演出，茶园成了花鼓戏表演的第一个固定场所。随后，楚剧戏院建立，设立了专供楚剧演员表演的舞台，有了专门的长凳作为观众席，舞台成了楚剧演员传播楚剧的固定空间。木制的舞台略微高出观众席，演员在舞台上演出，不再穿梭于观众的茶桌之间，传播的主体和受众有了空间区域的明显分隔。随着楚剧的慢慢发展，楚剧演员开始录制发行唱片，还有一些影响力较大的楚剧剧目被拍摄成楚剧艺术片。这时候，楚剧表演的场景就逐渐由舞台发展到真实的生活环境中。比如《葛麻》就于1956年和1976年两次被拍摄成楚剧艺术片，另一部楚剧《刘介梅》也在1958年被拍摄成电影艺术片。电影艺术片和传统的楚剧表演截然不同，楚剧演员从虚拟的舞台来到真实的生活场景中表演楚剧，电影中的房屋、墙壁，都是楚剧电影中的固定空间形式，更真实地再现了生活场景，也更准确地传递了剧情。

半固定特征空间指的是可以移动的物品。楚剧舞台上半固定特征的空间很多，比如桌子、椅子、屏风等等。楚剧表演的舞台是虚拟化的，这些半固定的空间多半可以帮助观众更清晰地了解故事发生的场景。在楚剧舞台上，屏风多数代表墙壁或者房门。屏风之内的演员和屏风之外的演员好比一墙之隔一般，在空间上相隔开分别进行表演。当舞台上摆放桌子和椅子时，往往表示舞台的场景设定在房间之内，如果舞台上没有这些家具，场景一般转化成为室外。比如《葛麻》里葛麻与张大洪相遇的时候，舞台上没有任何摆设，这个场景就告诉观众他们是在外面遇到的；随后他们两个和马铎相遇时,舞台上出现了两把椅子和一个桌子,这个场景就是告诉观众他们已经来到马府,准备商量退婚之事。楚剧中半固定特征的空间,经常需要随着场景的变化而移动,这些半固定特征的空间帮助楚剧观众更准确地理解了楚剧每一幕的不同场景变化。

非正式特征空间就如同每个人所拥有的领地,随着每个人的移动这个空间也会发生变化,非正式特征的空间决定了参与人际传播的每个人之间不同的身体距离。霍尔将这种非正式特征的空间按照不同的意义分成了四个距离,分别是公共场合、社交场合、个人交流和亲密接触。楚剧中演员与演员之间、演员与观众之间也存在不同类型的非正式特征的空间。

楚剧演员在舞台上表演,楚剧观众坐在观众席观看演出,舞台和观众席之间就是共同场合的非正式空间距离。这个距离大约在 3.6 米以上,演员与观众彼此相距较远,相互拥有独立的空间,影响不大,不会造成干扰。《葛麻》里,张大洪被邀请到马铎家中,马铎先假惺惺地让葛麻上茶,送完茶水之后,葛麻退到舞台的角落,这个时候葛麻和马铎、张大洪之间就是社交场合的非正式空间距离,这个距离大概在 1.2 米到 3.6 米之间,演员间能形成信息的互相传递,但是又不会因为距离太近造成彼此间的尴尬和压力。马铎交代完葛麻要办的事情后下场,于是葛麻和张大洪开始商量对付马铎的方法,这个时候葛麻与张大洪之间就是个人交流的非正式空间距离。这个距离大约在 0.45 米到 1.2 米之间,演员间彼此距离比较近,交流的对象感很确定,也表示了相互交流的人比较熟悉。葛麻机智地骗马铎说会帮助他逼张大洪退婚,并将对策说给马铎听,马铎听后开心地拥抱葛麻,这时候马铎和葛麻之间就是亲密接触的非正式空间距离,这个距离在 0 米到 0.45 米之间,反映出两个人关系十分亲密。

楚剧演员在舞台上表演时,既没有字幕解说,又不可能身处真实的场景表演,有的时候甚至不能靠语言来表达演出的内容。因此,合理地运用不同的空间关系能让楚剧观众更简单、更清晰地掌握角色关系以及楚剧演员所处的场景,大大加强传播过程中信息表达的准确性。

结　语

多学科交融的研究方法能为我们研究传统文化提供更为开阔的视野和多门类方法。楚剧的研究一直以来局限于传统的研究领域,很难有新发现和新拓展。开拓性地运用传播学的相关理论对楚剧这一饱含着丰富传播要素的文化遗产进行立体解读,全面了解其传播的各种形态和特性,为楚剧在融媒时代获得新生、创造新的艺术价值和长久的文化价值提供积极的思路。

我们必须充分考虑融媒时代的信息化特征,充分尊重楚剧的传统美,充分了解信息时代受众的需要和市场化运作规律,在各种力量的博弈和互赢中找到楚剧的繁荣之道。在这篇研究报告中,我们创新地将身势学引入楚剧的研究中。楚剧作为一种传统的地方戏剧,凝聚了中国戏剧诸多美的元素,其中就包括对身势体态的彰显。楚剧中的身势表达与其他中国地方戏剧的不同也正是楚剧的独特魅力所在。运用身势学原理，揭示楚剧的妆型、身形、步法、表情等要素，全面了解楚剧表演的身势特性，并在新的创作和演出中极端凸显这些特性，张扬湖北地方戏剧之美。在探寻楚剧身势之动态美的同时，我们还将空间关系学引入楚剧的研究中，积极探寻楚剧的舞台静态之美。楚剧的舞美布置、演员的动作位移、剧目的情境展示等都与其他的中国地方戏剧有不同之处，只有通过专门的空间关系研究才能将这些不同之处详尽了解，并做出合理规划。在保持楚剧的空间关系的传统基础上，对现代性元素的加入给予指导性建议，为楚剧在新时代的持续传承和创新发展提供思路。

在这个所有人都狂热追求数量和速度的时代，在这个普遍商品化与文化、思想、美感和道德行为都混为一谈的时代，如果我们用安静的内心仔细谛听，潜心观摩，仍然可以发现许多久违的美好，包括类似楚剧这样的中国传统戏曲：看似苟延残喘般地活着，却成为慰藉我们心灵的珍宝。在洞悉楚剧传播元素的前提下，对楚剧的身势动态之美与楚剧空间关系的静态之美进行探究，能充分挖掘这种中国传统地方戏曲的艺术精髓，对其进行传播学与美学的“现代诠释”，为其勃发新的生命力提供精神支撑与实践拓展。

楚剧是中国地方戏曲长河中的一条美丽的支流，是湖北地区不可缺失的艺术宝藏，是湖北人民代代相承的艺术珍品。它与其他地方戏曲的支流盘根错节、交融并汇，一同形成了中国戏曲千姿百态的繁华景象。然而，任何一种文化都存在积极与消极两面，需要我们仔细甄别，洞悉原因和发展变化的规律。楚剧在漫长的历史沿革中，有过辉煌，也经历了落寞，这正好充分说明了其存在的独特美好与历史缺陷。如何弥补缺陷，如何去粗存精，如何去伪存真，如何古为今用？我们必须对楚剧的传播要素进行全息化透视，全面了解其特性，让这朵瑰丽的地方戏曲之花顺应时代的发展，在保留传统文化精髓的同时全方面提升传播效能，迎接信息时代的考验。我们期待着，楚剧，这条源源不断、日日新新的戏曲长河能够轰鸣绝唱、重放光彩！

我国古代格言所传播的万象归一观念

The Concept of the Universalization of Differences Spread in Ancient Chinese Maxims

◈ 黄鸣奋*
Huang Mingfen

摘要:芜杂多样的现象蕴含着共同的道理或旨趣,这就是所谓的“万象归一”。宋代潘自牧《记纂渊海》一书所收集的相关格言凝聚了值得借鉴的古代智慧。它们揭示了社会心理的不约而同、社会楷模的异曲同工、社会治理的不谋而合。虑虽百端,理归于一。如果我们能够透过纷繁的变化把握相通的奥义,便可望收到举一反三的功效。

Abstract: The diverse phenomenon contains a common truth or principle. This is the so-called “all in one”. The related maxims collected by Pan Zimu's *Ji Zhuan Yuan Hai* in the Song Dynasty condensed the ancient wisdom worthy of reference. They reveal the consistency of social psychology, the similarity of social models, and the coincidence of social governance. Although it is a hundred-way, it is worthy of one. If we can grasp the similar meanings through the varied changes, we can expect to receive the expected effect.

关键词:格言,社会心理,社会楷模,社会治理

Keywords: maxim, social psychology, social model, social governance

所谓“万象归一”,指的是其形芜杂的现象界包含了共同的道理或旨趣。宋代范纯仁吟修行诗云:“至道潜心信有功,目前超悟忽圆通。三身不在诸尘外,万象仝归一照中。”①明代毛宪咏逢友诗云:“闲居寄林壑,朋侣稀过从。独学守孤陋,谁能启愚衷?公从秣陵来,访我茅庐中。极论入微眇,狂言偶相同。大端主敬义,始决圣学功。自此理归一,万象春融融。”②他们都很欣赏万象归一的境界,认为这是求知的高峰体验。在当下的传播学领域仍有这种用法。例如,中央人民广播电台中国广播网王薇指出:“从20世纪80年代,美国马萨诸塞州理工大学的浦尔教授提出‘媒介融合’(Media

---

* 黄鸣奋,厦门大学人文学院中文系退休教授,主要研究中国古典文论、新媒体艺术理论等领域。

① 范纯仁.和傅钦之见寄[M]//范忠宣公文集:卷三.元刻明修本:23.

② 毛宪.中丞陈静斋致仕[M]//古庵毛先生文集:卷九.明嘉靖四十一年毛欣刻本:150.

Convergence)理论至今,国内外学者对当今媒介发展趋势的研究颇多著述,新概念也层出不穷,从'融合连续统一体'到'大媒介传播',万象归一,皆阐述了这样一个理论,即媒介一体化趋势。"①宋代潘自牧在所编《记纂渊海》中设置类目"万象归一",收录了不少相关格言。对于它们所体现的我国古代智慧,我们可以从社会心理的不约而同、社会楷模的异曲同工、社会治理的不谋而合等角度去把握。

一、社会心理的不约而同

事先没有约定而相互一致,被称为"不约而同"。它是殊途同归的一种类型,主要反映社会领域所存在的人同此心、心同此理。例如,江苏师范大学潘天波指出:"在东周,诸子都不约而同地倚重口传文化。他们在口传媒介中发现真理与传播思想,并明显呈现出一种普遍的政治关怀。"②南京信息工程大学郭刚等人指出:"提及西学传播的重要贡献者,大家不约而同地注意到了严复。"我们可以根据相关资料将它的表现形式分为三种:一致百虑(正面意义上的想到一起),两极相通(看似对立,其实相通),以物易性(负面意义上的错到一块)。

(一)一致百虑:"故学者必慎所道"

《易·系辞下》说:"子曰:天下何思何虑?天下同归而殊涂,一致而百虑。"③春秋时代孔子就有这样的见解,说明他已经试图透过纷繁复杂的现象把握某种带有共同性的目的或规律。从空间角度看,上述思维方式应当和交通网络的日趋发达有一定关系。《淮南子·说林训》说:"跖越者或以舟,或以车。虽异路,所极一也。"④同样是这个道理。不论儒家或道家,所说的"道"都是从交通抽象为哲理。汉代扬雄的《法言·问道篇》说:"道也者,通也,无不通也。或曰:'可以适佗欤?'曰:'适尧、舜、文王者为正道,非尧、舜、文王者为佗道。君子正而不佗。'或问道。曰:'道若涂,若川,车航混混,不舍昼夜。'或曰:'焉得直道而由诸?'曰:'涂虽曲而通诸夏,则由诸;川虽曲而通诸海,则由诸。'或曰:'事虽曲而通诸圣,则由诸乎?'道、德、仁、义、礼,譬诸身乎。夫道以导之,德以得之,仁以人之,义以宜之,礼以体之,天也。合则浑,离则散,一也。"⑤这段话将经过抽象的"道"重新置于交通的语境中加以阐述,试图告诉人们:正道与佗(此处相当于"他")道的区别是由目的地决定的,只有通向尧、舜、文王的才是正道;直道和曲道的区别是由路径决定的,只要选准了目的地,路径可以有所不同。唐代韩愈说:"夫沿河而下,苟不止,虽有迟疾,必至于海。如不得其道也,虽疾不止,终莫幸而至焉。故学

---

① 王薇."混媒时代"传统媒体的成功突围——中国广播网台网融合实践分析[C]//第21届中国数字广播电视与网络发展年会暨第12届全国互联网与音视频广播发展研讨会论文集.2013:312.

② 潘天波.政治的偏向:东周诸子传播思想研究[J].海南大学学报(人文社会科学版),2014(4):117.

③ 卜商.子夏易传:卷八·系辞下第二[M].清通志堂经解本:88.

④ 刘安.淮南鸿烈解:卷十七·说林训第十七[M].四部丛刊景钞北宋本:208.

⑤ 扬雄.扬子云集:卷一·法言·问道篇[M].清文渊阁四库全书本:5.

者必慎所道。其道于杨、墨、老、庄、佛之学，而欲之圣人之道，犹航断港绝横，以望至于海也。故求观圣人之道，必自孟子始。今埙(指太原秀才王埙。——引者注)之所由，既几于知道，如又得其船与檝，知沿而不止，呜呼！其可量也哉。”韩愈上述看法，是以他的儒学道统观为前提的。“吾常以为孔子之道大而能博，门弟子不能遍观而尽识也，故学焉而皆得其性之所近。其后离散，分处诸侯之国，又各以所能授弟子，原远而末益分……自孔子没，群弟子莫不有书，独孟轲氏之传得其宗，故吾少而乐观焉。”①从这个意义上说，所谓“传统”，首先是传道之统。

在儒家的理论中，既有对于道统一致性、一贯性的强调，又有对于因为时移世界而产生的形式变化的分析。比如，《孟子·滕文公上》称：“庠者，养也；校者，教也；序者，射也。夏曰校，殷曰序，周曰庠，学则三代共之，皆所以明人伦也。”②夏、商、周三代都设有教育机构，虽然称呼不同，但办学目的都是阐明人伦(即人所处的社会关系)。又比如，在征税的问题上，孟子主张贯彻“仁”的精神，实行什一制。《孟子·滕文公上》说：“焉有仁人在位罔民而可为也？是故贤君必恭俭礼下，取于民有制……夏后氏五十而贡，殷人七十而助，周人百亩而彻，其实皆什一也。”③虽然这三个朝代实行的制度有贡法、助法、彻法之不同(分别对应每个家庭50、70、100亩的耕地数)，但其实质都是什一制，即将所收获粮食的1/10交纳给国家。前朝悠远，不排除孟子托古言事过程中主观的一面。尽管如此，“一致百虑”的逻辑还是可以理解的。从求学悟道的角度看，同样存在类似情况。因此《礼记·中庸》说：“或生而知之，或学而知之，或困而知之，及其知之，一也。或安而行之，或利而行之，或勉强而行之，及其成功，一也。”④作为成语，“一致百虑”至今仍为人们所应用。例如，在传播学领域，严波先后以之为题发表了两篇文章。⑤

(二)两极相通：“同一心之巧用”

“两极相通”源于古人对自然现象、社会现象和心理现象的观察。老子说：“天下皆知美之为美，斯恶已。皆知善之为善，斯不善已。故有无相生，难易相成，长短相形，高下相倾，音声相和，前后相随。”⑥“两极”泛指在常人看来对立的两种属性、两种趋势、两种力量；“相通”则意味着它们之间存在共同之处。

在劳动过程中，我们可以观察到进、退这两种对立取向。《淮南子·缪称训》说：“圣人之行，无所合，无所离，譬若鼓，无所与调，无所不比。丝管金石，小大修短有叙，

---

① 韩愈.送王秀才记[M]//昌黎先生文集：卷第二十.宋蜀本：157.

② 孟轲.孟子：卷五·滕文公章句上[M].四部丛刊景宋大字本：39.

③ 孟轲.孟子：卷五·滕文公章句上[M].四部丛刊景宋大字本：38.

④ 郑玄.礼记疏：卷五十二·中庸第三十一[M].清阮刻十三经注疏本：1231.

⑤ 严波.一致百虑 殊途同归——视频行业广告及版权赢利模式的演进与回归趋势(上)[J].电视研究，2016(5)：7-10；严波.一致百虑 殊途同归——视频行业广告及版权赢利模式的演进与回归趋势(下)[J].电视研究，2016(6)：24-26.

⑥ 老子河上公注：道经上·养身第二[M].四部丛刊景宋本：1.

异声而和；君臣上下，官职有差，殊事而调。夫织者日以进，耕者日以却，事相反，成功一也。”[①]织布的人总是不断推进（所织的布越来越长），这种现象今人凭常识就可以了解。耕地的人总是不断后退，目前已经少见。根据中国社会科学院民族研究所王静如考订，“要依现在一般耕法不论畜曳耕犁或人曳犁耕，并无却步而行之例。而用杴掘土或以拆杴翻塴土，则均须却行”“杴掘翻土壤，以收松土之效，今日仍行于农间。以足踏杴，掘土深宽约尺，顺倒退而行”。[②] 织者和耕者虽然在劳动过程中有不同取向（“事相反”），但都有在本行业实现预定目标的功效（“成功一也”）。《淮南子·缪称训》以之说明社会生活中“异声而和”“殊事而调”的道理。进退意义上的两极相通，实际上不仅存在于不同行业之间，而且存在于同一活动领域，因此才有“以进为退”“以退为进”，也才有军事上所谓“置之死地而后生”。

在社会生活中，我们可以观察到相对于某种界限或规定而言的“过”与“不及”。《礼记·檀弓上》说：“子夏既除丧而见，予之琴，和之而不和，弹之而不成声，作而曰：‘哀未忘也。先王制礼，而弗敢过也。’子张既除丧而见，予之琴，和之而和，弹之而成声，作而曰：‘先王制礼，不敢不至焉。’”[③]子夏、子张都是孔子门贤人。同为刚由着丧服变着吉服（或由着重丧服改着轻丧服），应邀弹琴，一个弹不出和谐的乐曲，另一个弹出了和谐的乐曲。他们的表现看似相反，却都有相通的理由，而且都以先王之礼为规制行为的根据，只是一个强调不敢过分，另一个强调不敢不及。他们说的可能都是指关于丧期的规定。孔子主张居丧三年。他说：“子生三年，然后免于父母之怀。夫三年之丧，天下之通丧也。”[④]新生儿需要三年时间才能离开父母的怀抱而独立生活，因此以三年作为通行的丧期。作为其门人，子夏觉得服丧三年太短了，即使在除丧之后仍然要保持哀思；子张觉得三年之丧太长了，自己只是为守规定而坚持了这么久。“弗敢过”和“不敢不至”是对待礼制规定态度上的两极相通，因为“过犹不及”[⑤]。子夏和子张其实都有对先王之礼的敬畏，也有对父母的情感，这是两极相通的基础。尽管如此，他们和父母的情感未必完全一致，自身人格的情感特征也未必完全相同，因此虽然都坚守了服丧之期，但在除丧之后有不同表现，这是完全可以理解的。必须说明的是：“三年之丧”当时只是孔门的主张。不要说其他学派有非议（见《墨子·节葬下》等），即使孔子的弟子也不是都同意（宰予就认为时间太长了）[⑥]。若不是专论守丧，我们可以将有关“过”与“不及”的观察扩展到其他领域。任何制度或规范的贯彻，都必须把握“度”。任何战略或策略的实施，也都必须把握可行性。如果说“过”好比今之所谓“左倾”的话，那么“不及”就好比今之所谓“右倾”。左倾和右倾虽然会有不同表现，但却可能具备共同的思想根源。

---

① 刘安.淮南鸿烈解：卷十·缪称训[M].四部丛刊景钞北宋本：119.

② 王静如.论中国古代耕犁和田亩的发展（续）[J].农业考古，1983(2)：109-120.

③ 郑玄.礼记疏：卷七·檀弓上[M].清阮刻十三经注疏本：184.

④ 何晏集解.论语：卷九·阳货第十七[M].四部丛刊景日本正平本：44-45.

⑤ 何晏集解.论语：卷六·先进第十一[M].四部丛刊景日本正平本：25.

⑥ 何晏集解.论语：卷九·阳货第十七[M].四部丛刊景日本正平本：44.

在社会交往中,我们可以观察到或出世或入世的不同选择。对于封建时代的士子来说,当不当官就是某种分水岭。唐代欧阳詹曾以“冥鸿”(高飞的鸿雁)喻避世隐居之士,以“羁鸾”(笼中鸟)喻身在官场之人。《送建上人寻阳司业后留诣泾原刘行军序》说:“建上人自兹而西,更为故人也。巫咸山有道释子建上人,元和之淳,气以类合,休神遂性。曩与少司成阳公得于林栖,公从下风之请,斯縻大君之爵,同方相致,殊途且来。虽羁鸾冥鸿,一飞一笼,遐心远意,终共超旷。游佛庙,赏灵台,壶冰片玉,光洁再裕。来为去始,散实聚终。”[①]文中提到的建上人是方外之士,好比飞鸟;阳公指阳城(字亢宗),原隐于中条山,贞元年间任右谏议大夫、道州刺史等职,好比笼鸟。虽然他们目前的地位不同,但这并不妨碍其往来,而且双方还有共同的旨趣。古往今来,僧人有世俗爱好,甚至空门中会依照“官本位”分出不同品阶、享受不同待遇;官员(甚至皇帝)烧香礼佛,以至凡事要问问菩萨的意思。前者需要用钱,不妨找后者化缘;后者需要慰藉,不妨找前者开导。这也是两极相通。

人的本性如何?同为儒学大师,孟子言性善,荀子言性恶,分别代表了两极性评价。另有所谓“性无善恶论”,是告子等人的主张,但除见于与孟子的争论,似已无可考。唐代皇甫湜认为孟子、荀子的主张和圣人的观点相比都是“一偏之论”。实际上,“性之品有三,下愚、中人、上智是也”。黄帝、文王、后稷属于上智,齐桓公、子夏属于中人,越椒、叔鱼属于下愚。他们之间的差异,在童年时代就表现出来了。“是故有生而恶者,得称性善乎哉?有生而善者,得称性恶乎载?”由此看来,皇甫湜自己所持的是“性有善恶论”。他认为孟子、荀子都是大儒,并非故意标新立异(“特开异门,故持曲辩”),而是水平不及圣人(“思有所未至,明有所不周”)。不仅如此,他们的观点其实有相通之处,在“辅教化,尊仁义”的基点上,是“殊趋而一致,异派而同源”。孟子说人性本善,只是受了外物的引诱才变恶,目的是“劝人汰心源、返天理”;荀子说人生下来时不知尊亲,不知礼让,只是因为后来的教育才懂得,目的是“劝人黜嗜欲、求善良”。前者“举本而推末”,后者“自叶而流根”,在道理上是相通的。[②] 性本善、性本恶、性有善恶、性无善恶,似乎已经包括了儒学框架内看待人性问题的基本取向。如果超出上述框架的话,我们或许可以说人性本无关善恶,因为善恶只是依据一定伦理规范对人的行为(而非人的本性)所做出的某种判断。

大与小也是人们经常使用的两极化范畴,二者仍然存在相通之处。北宋黄庭坚《戏题小雀捕飞虫画扇》诗称:“小虫心在一啄间,得失与世同轻重。丹青妙处不可传,轮扁斫轮如此用。”[③]江公望谏徽宗称:“蜣之丸,蚁之粒,与夫承蜩贯虱者同一心之巧用也。螳螂之斧,莎鸡(即蟋蟀。——引者注)之羽,与夫扛鼎拔山者同一心之力用也。工倕之削、轮扁之斫、庖丁之牛,与夫尧、舜、禹、汤之治天下,同一心之妙用也。”[④]这两段引文令人想起西方人本主义心理学家马斯洛所说的“高峰体验”,只不过范围更广。

① 欧阳詹.送建上人寻阳司业后留诣泾原刘行军序[M]//欧阳行周文集:卷九.四部丛刊景明本:46.

② 皇甫湜.皇甫持正集[M]//皇甫持正文集:卷第二·孟荀言性论.四部丛刊景宋本:9.

③ 黄庭坚.豫章黄先生文集:第五[M].四部丛刊景宋干道刊本:34.

④ 江公望.心说[M]//唐顺之.右编:卷六·君二.明万历刻本:223.

江公望将心之用区分为巧用、力用、妙用，有助于我们进一步认识高峰体验的由来。他虽然没有细说，但我们可以将巧用的关键理解为专注，这是蜣螂推滚粪球、蚂蚁搬动米粒所需要的，和庄子笔下擅长粘蝉的佝偻丈人、《列子》书中能贯穿虱心的善射者纪昌的成功之道相通；将“力用”的关键理解为发挥效应器的潜能，在这一点上找到螳螂舞臂、蟋蟀展翅和人类大力士扛鼎拔山的相通之处；将“妙用”的关键理解为“异质同构”，在这一点找到工匠灵活加工和君主治理天下的会心之处。

再论作为两极化范畴的“雅”“俗”的相通之处。黄庭坚的《再答元舆》说：“君不能入身帝城结子公，又不能击强有如诸葛丰。法当憔悴百寮底，五十天涯一秃翁。问君何自今为郎，便殿奏赋声摩空。偶然樽酒相劳苦，牛铎调与黄钟同。安得朱轓各任熊，江南楼阁白苹风，劝归啼鸟晓葱茏。男儿邂逅功补衮，乌倦归巢叶归本。”①诗中用了“牛铎”的典故。《晋书・荀勖传》说：“初，勖于路逢赵贾人牛铎，识其声。及掌乐，音韵未调，乃曰：‘得赵之牛铎则谐矣。’遂下郡国，悉送牛铎，果得谐者。”②“牛铎”指牛铃、牛铃声，亦指以之为名的乐器。西晋开国功臣荀勖曾掌管音乐，以所曾听过的赵地商人的牛铃声作为基准调好音律，这就是成语“牛铎调宫”的由来。黄庭坚诗中的“牛铎调”与“黄钟”分别是俗乐与雅乐之代表。诗中说汀州人陈元舆年届五十仍不得志，当个小官，虽来自乡野，却有高妙之见，若能腾达，乘朱轓（指显贵者之车乘），当个地方长官（“任熊”，古时地方长官乘坐横轼做熊形的车），补救规谏帝王的过失（“补衮”），自然不错，但到头来还是得归宗返本。我们今天说后现代社会中雅俗合流，其实这种合流是由来已久的历史现象。音乐领域的雅乐和俗乐固然有交流，社会阶层之间的流动是更深层的原因。

（三）以物易性：“臧谷虽殊竟两亡”

儒家关于“道”的学说主要建立在物我一致性的基础上。以交通网络的建设来比喻道统的发展，包含了明显的扩张观念。由此而形成的个体修养观同样重在心理扩张上，其典型代表就是孟子所说的“浩然之气”。《孟子・公孙丑上》说：“（公孙丑问曰）：‘敢问夫子恶乎长？’曰：‘我知言，我善养吾浩然之气。’‘敢问何谓浩然之气？’曰：‘难言也。其为气也，至大至刚，以直养而无害，则塞于天地之间。其为气也，配义与道；无是，馁也。是集义所生者，非义袭而取之也。行有不慊于心，则馁矣。’”③简言之，这是一种被发挥到极致的正义感。

相比之下，道家关于“道”的学说主要建立在本原决定性的基础之上。老子说：“致虚极，守静笃。万物并作，吾以观复。夫物芸芸，各复归其根。归根曰静，是谓复命。复命曰常。知常曰明。不知常，妄作凶。”④以“归根”来比喻个人修养的路径，包含了明显的收缩观念。庄子将这种观念进一步具体化。《庄子・天地》称：“百年之木，破为

---

① 再答元舆[M]//黄庭坚.豫章黄先生文集：卷四.四部丛刊景宋干道刊本：26.

② 房玄龄.晋书：卷三十九・列传第九[M].清乾隆武英殿刻本：531.

③ 孟轲.孟子：卷三・公孙丑章句上[M].四部丛刊景宋大字本：21.

④ 老聃.老子道德经上篇・第十六章[M].古逸丛书景唐写本：7.

牺樽,青黄而文之,其断在沟中。比牺樽于沟中之断,则美恶有间矣,其于失性一也。跖与曾、史,行义有间矣,然其失性均也。且夫失性有五:一曰五色乱目,使目不明;二曰五声乱耳,使耳不聪;三曰五臭薰鼻,困惾中颡;四曰五味浊口,使口厉爽;五曰趣舍滑心,使性飞扬。此五者,皆生之害也。”①百年大树遭到砍伐,被锯成两段,一段被做成极华美的祭器,另一段被丢在沟中。看起来它们有美恶的差别,但实质都是失去了自然的本性。盗跖与曾参、史鳍相比,为人的道德方面虽有区别,但他们都为花花世界所迷惑、丧失了自己的本性。《庄子·骈拇》又称:“自三代以下,天下莫不以物易性也。小人则以身殉利,士则以身殉名,大夫则以身殉家,圣人则以身殉天下。故此数子者,事业不同,名声异号,其于伤性、以身为殉,一也。臧与榖二人相与牧羊,而俱亡其羊。问臧奚事?则挟筴读书;问榖奚事?则博塞以游。二人者事业不同,其于亡羊,均也。伯夷死名于首阳之下,盗跖死利于东陵之上。二人者所死不同,其于残生伤性均也。奚必伯夷之是而盗跖之非乎!”②他从反面提出了殊途同归的问题,我们不妨概括为“百过而一失”。错误的类型可以多种多样,但实质就是一个,即“以物易性”,或者说为其他东西(利、名、家或天下)牺牲自己(的本性)。犯错误的动机可能各式各样,但结果却是一样的。牧羊人可能是因为专心读书或玩游戏而丢了羊。不论他们的初衷如何,到头来都一样糟糕。宋代苏轼悟得此旨,所作《和刘道原咏史》称:“仲尼忧世接舆狂,臧谷虽殊竟两亡。吴客漫陈豪士赋,桓侯初笑越人方。名高不朽终安用,日饮无何计亦良。独掩陈编吊兴废,窗前山雨夜浪浪。”③

儒家思考问题,更多地以道统为出发点;道家思考问题,更多地以养生为出发点。它们虽然同为显学,但早在先秦时期就显露出思想分歧,其后又逐渐表现出互补的一面,因此可以作为殊途同归的例证。佛教在汉代传入中国,使思想领域又多了卓然大宗。尽管如此,“一致百虑”的思想方法,仍被后人用于把握不同流派之间的关系。例如,唐代权德舆的《与道者同守庚申》有言:“释宗称定慧,儒师著诚明。派分示三教,理诣无二名。吉祥能止止,委顺则生生。视履苟无咎,天佑期永贞。”④这种思想方法的基本前提,是承认物态与人才的多样性。唐代吕温为刘澭写的碑铭称:“杞桂殊姿而共芳,璋异质而同润。”⑤上述比喻是有启发意义的。

二、社会楷模的异曲同工

社会楷模是社会规范的人格化,正如社会规范是社会楷模的道义化一样。我国古代不仅通过口碑、史传、诗文、小说、戏曲等传播将具体人物树立为学习的榜样,而且提

① 庄周.庄子·南华真经:卷第五外篇·天地第十二[M].四部丛刊景明世德堂刊本:103.

② 庄周.庄子·南华真经:卷第四外篇·骈拇第八[M].四部丛刊景明世德堂刊本:74.

③ 苏轼.和刘道原咏史[M]//苏文忠公全集:东坡集卷三.明成化本:27.

④ 权德舆.与道者同守庚申[M]//权载之文集:卷二·律诗.四部丛刊景清嘉庆本:7.

⑤ 吕温.唐故金紫光禄大夫检校兵部尚书使持节都督秦州诸军事兼秦州刺史御史大夫充保义军节度陇西经略军等使上柱国彭城郡开国公食邑二千户赠尚书右仆射中山刘公神道碑铭[M]//吕衡州文集:卷六·志铭.清粤雅堂丛书本:45.

炼出作为社会规范和社会楷模之中介的圣君、贤相、志士、烈女等多种人格模式。从它们当中我们发现有三种因素是经常起作用的，就是道义原则、岗位责任和成功经验。

（一）道义原则："三仁殊而一致兮"

《论语·微子》说："微子去之，箕子为之奴，比干谏而死。孔子曰：'殷有三仁焉。'"[①]纣王虽然很有本事，但残暴无道。《尚书·武成》说："今商王受无道，暴殄天物，害虐烝民，为天下逋逃主，萃渊薮。"[②]《墨子·明鬼下》说："昔者殷王纣贵为天子，富有天下，上诟天侮鬼，下殃傲天下之万民，播弃黎老，贼诛孩子，楚毒无罪，刳剔孕妇，庶民鳏寡，号咷无告也。"[③]面对纣王，他的亲戚采取了不同的应对方式：同母兄微子早早就离他而去；叔父箕子进谏失挫之后假装发狂，降为奴隶；叔父比干力谏，被剜心而死。尽管微子、箕子和比干的做法不同，但都有忧乱宁民之心，因此被孔子称为商朝的"三仁"。实际上，他们都是纣王的血亲，但都超越了继承自氏族社会的血缘至上原则，将"仁"当成处理自己和天子关系的指导原则。

班固的《幽通赋》称："所贵圣人之至论兮，顺天性而断谊。物有欲而不居兮，亦有恶而不避，守孔约而不贰兮，乃輶德而无累。三仁殊而一致兮，夷、惠舛而齐声。"[④]大意是：所看重的是圣人的至理名言，顺从天性，以义为标准进行决断。有面对所倾心的对象却不执着，亦有面对所厌恶的对象而不回避。信守高度简约的生活没有二心，贯彻道德伦理的要求就很从容。商末三位仁人行为不同但信念一致，伯夷、柳下惠事迹有别却皆享令誉。班固所提到的伯夷是商末孤竹国（今属河北卢龙县）人。他身为国君的长子，知道父亲想要立三弟叔齐为继承人，三弟却要将君位让给自己，他不愿违背父亲的意向，选择出逃。叔齐也随着出逃，二人到周地部落中养老。柳下惠是春秋时期鲁国柳下邑（今属山东平阴县）人。他身为鲁孝公的后裔，曾任鲁国大夫，后来隐居。要说他们不一致的地方，据唐初名儒颜师古说是这样的："伯夷不义武王伐殷，至于不食周粟而死。柳下惠三黜不去，恋父母之邦。"[⑤]伯夷反对周武王攻打商纣王，因为商是自己的祖国。他虽然以绝食明志而死，但毕竟自己是从祖国逃了出来。相比之下，柳下惠虽然仕途屡次遇到挫折，仍然不离开父母之邦。尽管存在上述区别，但这两人在后世都有好名声。潘岳的《萤火赋》中有"同螽斯之无忌，希夷惠之清贞"[⑥]的表述，将二人并称。班固和潘岳的看法其实是有所本的。《孟子·告子》说："居下位不以贤事不肖者，伯夷也；五就汤、五就桀者，伊尹也；不恶污君，不辞小官者，柳下惠也。三子者不同道，其趋一也。曰：仁也。君子亦仁而已矣，何必同！"[⑦]孟子认为君子进退行止未必相同，但在贯彻"仁"的精神方面却是一致的。除伯夷、柳下惠之外，他还举出商初

---

① 何晏集解.论语：卷九·微子第十八[M].四部丛刊景日本正平本：45.
② 孔安国.尚书注疏：卷十·周书武成第五[M].清阮刻十三经注疏本：249.
③ 墨翟.墨子：卷八·明鬼下第三十一[M].明正统道藏本：47.
④ 班固.汉书：卷一百上·叙传第七十上[M].清乾隆武英殿刻本：1617.
⑤ 班固.汉书：卷一百上·叙传第七十上[M].清乾隆武英殿刻本：1617.
⑥ 张溥.汉魏六朝一百三家集：卷四十五·晋潘岳集[M].清文渊阁四库全书本：840.
⑦ 孟轲.孟子：卷十二·告子章句下[M].四部丛刊景宋大字本：98.

名相伊尹为例。《孟子·公孙丑上》记载:“(公孙丑)曰:‘伯夷、伊尹何如?’(孟子)曰:‘不同道。非其君不事,非其民不使;治则进,乱则退,伯夷也。何事非君,何使非民;治亦进,乱亦进,伊尹也。可以仕则仕,可以止则止,可以久则久,可以速则速,孔子也。皆古圣人也,吾未能有行焉;乃所愿,则学孔子也。’”①孟子认为伯夷是社会环境理想时才当官,伊尹是不论社会环境如何都做官,孔子是相机而动、灵活处置。三位都是古代圣人,但不同道。孟子自己比较倾向于学习孔子的做法。

综观上述记载,儒家可能认为当不当官、当谁的官其实无所谓,关键是能够实行自己的主张。既然这种主张的精髓是“仁”,那么儒家便无愧于心。北宋苏洵的《谢相府启》说:“昔者孟子不愿召见,而孔子不辞小官,夫欲正其所由得之之名,是以谨其所以取之之故。盖孟子不为矫,孔子不为卑。苟穷其心,则各有说。虽自知其不肖,常愿附其下风。区区之心,惟所裁择。”②“孟子不愿召见”,事见《孟子·公孙丑下》,说的是孟子本打算去朝见齐王,齐王却派人传话,希望他到朝廷来。这样,孟子反而不愿去了,而且有一番大道理:“故将大有为之君,必有所不召之臣。欲有谋焉,则就之,其尊德乐道,不如是不足与有为也。”③

在个人待遇问题上,儒家奉行的是“君子爱财,取之有道”。上述概括虽然是后人做的(宋代佛教文献已有此语④,明清通过道家儿童启蒙读物《增广贤文》等流传),但根据却在儒家经典《论语》。“子曰:‘富与贵,是人之所欲也,不以其道得之,不处也;贫与贱,是人之所恶也,不以其道得之,不去也。君子去仁,恶乎成名?君子无终食之间违仁,造次必于是,颠沛必于是。’”⑤所谓“道”,核心就是“仁”所体现的道义原则。至于如何贯彻,《淮南子·齐俗训》中的下述记载可以为例:“子路拯溺而受牛谢。孔子曰:鲁国必好救人于患也。子贡赎人而不受金于府。孔子曰:鲁国不复赎人矣。子路受而劝德,子贡让而止善。”⑥子路救了一位溺水者,收下了对方用以表示谢意的一头牛。孔子因此说今后鲁国必定热心于救助患难中的人,原因自然是这样的救助有望得到物质酬谢。子贡自己掏钱赎回在其他国家当牛做马的鲁国人,按规定可以到官府领取相应的费用,但他拒绝了。孔子因此说鲁国不会再有愿意帮助其他人赎身的事情了,原因很清楚:像子贡这样自掏腰包的善举难乎为继。因此,子路接受谢礼是激励德行(而非贪财),子贡不领费用是妨碍善举(而非清廉)。

(二)岗位责任:“禹思天下有溺者,由己溺之也”

《孟子·离娄下》说:“禹、稷当平世,三过其门而不入,孔子贤之。颜子当乱世,居于陋巷,一箪食、一瓢饮,人不堪其忧,颜子不改其乐,孔子贤之。孟子曰:‘禹、稷、颜回

---

① 孟轲.孟子:卷三·公孙丑章句上[M].四部丛刊景宋大字本:23.
② 苏洵.谢相府启[M]//吕祖谦.宋文鉴:皇朝文鉴卷第一百二十一.四部丛刊景宋刊本:1039.
③ 孟轲.孟子:卷四·公孙丑章句下[M].四部丛刊景宋大字本:28-29.
④ 释惠洪.林间录:卷下[M].清文渊阁四库全书本:52.
⑤ 何晏.论语:卷二·里仁第四[M].四部丛刊景日本正平本:7.
⑥ 刘安.淮南鸿烈解:卷十一·齐俗训第十一[M].四部丛刊景钞北宋本:125.

同道。禹思天下有溺者,由己溺之也;稷思天下有饥者,由己饥之也,是以如是其急也。禹、稷、颜子易地则皆然。'"①禹曾任司空,负责治水,忙得三过家门而不入;稷是虞舜时的农官,同样忙得无暇看望家人(尽管没有关于稷三过家门而不入的记载)。他们都生当治世,忠于职守。禹因为负责治水,才会认为天下若有谁遭受水灾,自己都有责任;稷因为负责农业,才会认为天下若有谁挨饿,自己都有责任;颜回生当乱世,不在其位,不谋其政,安贫乐道就可以了。孟子认为他们的处世原则都一样,只要换个处境,颜回就会像禹、稷那样忙于工作,禹、稷也会像颜回那样满足于箪食瓢饮。

《孟子·离娄下》讲述了这样一件事:

> 曾子居武城,有越寇。或曰:"寇至,盍去诸?"曰:"无寓人于我室,毁伤其薪木。"寇退,则曰:"修我墙屋,我将反。"寇退,曾子反。左右曰:"待先生如此,其忠且敬也。寇至则先去,以为民望。寇退则反。殆于不可。"沈犹行曰:"是非汝所知也。昔沈犹有负刍之祸,从先生者七十人,未有与焉。"子思居于卫,有齐寇。或曰:"寇至,盍去诸?"子思曰:"如伋去,君谁与守?"孟子曰:"曾子、子思同道。曾子师也,父兄也;子思臣也,微也。曾子、子思易地,则皆然。"②

鲁国的武城(今属山东费县)遇到越国军队来犯,居住在那儿的曾子却自顾自离开,尽管当地人对他既忠诚又恭敬。他身边的人因此有非议,但曾子的弟子沈犹行替他辩护,举证说:以往有个叫负刍的人进攻我们沈犹氏,当时先生和70名弟子正好在我们那儿,也没有人参加抵抗。相比之下,子思(即孔伋)居于卫国时,遇到齐国军队来犯,却不愿听从别人的劝告离开,认为"要是我走了,卫君和谁一起守城?"孟子认为曾子和子思看起来行为不同,但原则是一样的。曾子是师长,对武城人来说像父兄一样(人们是在这个意义上尊敬他);子思在卫国却只是个小臣(他是在这个意义上要求自己)。如果两个人换了处境,那么,曾子将像子思那样行事,反之亦然。其实,问题的关键是:武城是曾子的家乡,曾子在那儿当老师。如果不是万不得已,上阵打仗不是他的职责所在。相比之下,卫国是子思的客居地,他有必要向卫国人证明自己的认同。根据《孔丛子·抗志》的记载,子思当时已经不因鲁穆公卒而穿丧服,尽管鲁国是他的先君宗庙所在。他认为自己应当为卫君服丧(如果遇到丧事的话),"是寄臣而服所寄之君,则旧君无服,明不二君之义也"。他对卫君称臣,并很恳切地说:"臣羁旅于此,而辱君之威尊,亟临荜门,其荣多矣。欲报君以财币,则君之府藏已盈,而伋又贫。欲报君以善言,恐未合君志,而徒言不听也。顾未有可以报君者,唯达贤尔。"③所谓"达贤",就是举荐贤才。子思希望以此表示的恐怕不只是对于国君恩遇的感激之情,而已经是自己愿意承担的臣属之责了。虽然当时的国家在观念上和实质上与我们今天所说的

---

① 孟轲.孟子:卷八·离娄章句下[M].四部丛刊景宋大字本:68.

② 孟轲.孟子:卷八·离娄章句下[M].四部丛刊景宋大字本:69-70.

③ 孔鲋.孔丛子:卷三·抗志第十[M].四部丛刊景明翻宋本:16-17.

国家未必一样,但我们不难从子思之所作所为体会到跨国移民经常遇到的认同问题。

在忠于岗位职守的历史人物中,唐代张巡与许远的事迹极其惨烈。他们在肃宗至德二年(757)率数千部下死守睢阳(今属河南省商丘市),抵抗叛军安庆绪部将尹子奇13万军队的进攻。张巡当时任主客郎中兼御史中丞,许远是睢阳太守。《旧唐书》记载:"尹子奇攻围既久,城中粮尽,易子而食,析骸而爨,人心危恐,虑将有变。巡乃出其妾,对三军杀之,以飨军士。曰:'诸公为国家戮力守城,一心无二,经年乏食,忠义不衰。巡不能自割肌肤以啖将士,岂可惜此妇人,坐视危迫!'将士皆泣下,不忍食。巡强令食之。乃括城中妇人既尽,以男夫老小继之,所食人口二三万,人心终不离变。"①城破,张巡、许远落入敌人之手,先后被杀害。《新唐书·许远传》说:"巡先死不为遽,远后死不为屈。"②睢阳虽失守,但尹子奇的有生力量也被大量消耗,没几天就被唐军消灭。乱事暂告平定。张巡和许远是唐室的忠臣、功臣,但不论在当时或后世都有争议。在相关论著中,清代王夫之的《读通鉴论》具有代表性。他指出:"夫人之不忍食人也,不待求之理而始知其不可也,固闻言而心悸,遥想而神惊矣。于此而忍焉,则必非人而后可。巡抑幸而城陷身死,与所食者而俱亡耳;如使食人之后,救且至,城且全,论功行赏,尊位重禄不得而辞,紫衣金佩,赫奕显荣,于斯时也,念啮筋噬骨之惨,又将何地以自容哉?守孤城,绝外救,粮尽而馁,君子于此,唯一死而志事毕矣。臣之于君,子之于父,所自致者,至于死而蔑以加矣。过此者,则愆尤之府矣,适以贼仁戕义而已矣。无论城之存亡也,无论身之生死也,所必不可者,人相食也。汉末饿贼起而祸始萌,隋末朱粲起而祸乃烈;然事出盗贼,有人心者皆恶之而不忍效。忠臣烈士亦驯习以为故常,则后世之贪功幸赏者且以为师,而恶流万世,哀哉!若张巡者,唐室之所可褒,而君子之所不忍言也。"③从王夫之的论述中,我们似乎看到了道义原则和岗位职责之间发生冲突的可能。

(三)成功经验:"立教虽殊,成人一也"

同样坚持道义原则,同样忠于职守,但人们仍可能有不同的言行。司马迁说:"晏子俭矣,夷吾则奢。齐桓以霸,景公亦治。"④根据《史记》本传记载,晏子"相齐,食不重肉,妾不衣帛"⑤。汉代刘向亦言:"晏子博闻强记,通于古今,事齐灵公、庄公、景公,以节俭力行,尽忠极谏道齐,国君得以正行,百姓得以附亲。"⑥相比之下,管仲所看重的不是一顿饭不上两道肉菜这样的事情。《管子·奢靡》中有这样的说法:"侈乐者也,民之所愿也,足其所欲,赡其所愿,则能用之耳。"⑦因此,司马迁所说的"晏子俭矣,夷吾则奢"看来有一定根据。不过,话也不能说得太绝对,尤其是将上述区别都和国家之治

---

① 刘昫.旧唐书:卷一百八十七下·列传第一百三十七下·忠义下[M].清乾隆武英殿刻本:2460.

② 欧阳修.新唐书:卷一百九十二·列传第一百一十七·忠义中·许远传[M].清乾隆武英殿刻本:1717.

③ 王夫之.读通鉴论:卷二十三·肃宗[M].清船山遗书本:440-441.

④ 司马迁.史记:卷一百三十·太史公自序第七十[M].清乾隆武英殿刻本:1254.

⑤ 司马迁.史记:卷六十二·管晏列传第二[M].清乾隆武英殿刻本:718.

⑥ 刘向.上晏子[M]//梅鼎祚.西汉文纪:卷十七.清文渊阁四库全书补配清文津阁四库全书本:324.

⑦ 管仲.管子:卷十二·侈靡第三十九[M].四部丛刊景宋本:123.

联系在一起时。实际上,这里至少有几个因素需要考虑:一是整个国家的经济水平和消费水平究竟如何。如果脱离经济发展水平而倡言高消费,只能助长铺张浪费;反过来,如果经济发展水平过低,鼓励消费也许可以起到拉动经济的作用。二是俭朴和奢靡究竟是对谁而言的。晏子尽管位高权重,但生活节俭,这是严格要求自己。管仲所说的"侈乐",则是就满足百姓对高级消费的需求,从而使之为统治者所用而言。三是不同行业之间的关系。奢靡所拉动的主要是和高级消费有关的行业,对整个国民经济未必能起全面促进作用。而且,鼓励奢靡会加剧两极分化,影响社会安定。唐代李商隐《咏史》诗云:"历览前贤国与家,成由勤俭破由奢。"①这种观念在我国古代可以说是主流。不过,正如北京师范大学历史系王世光所指出的:"明清时期,许多学者一反崇尚节俭的传统观念,肯定奢靡的正面价值。他们认为,奢靡有助于解决劳动就业问题,在一定程度上使社会财富的分配趋向均衡,而且奢靡对于促进资本流动有着积极作用。晚清时期,思想家们又从社会进步的角度来审视奢靡现象,带有浓厚的意识形态色彩。"②

就官员履职而言,有人举重若轻,有人举轻若重。《吕氏春秋·察贤》说:"宓子贱治单父,弹鸣琴,身不下堂。而单父治巫马,期以星出、以星入,日夜不居,以身亲之,而单父亦治。巫马期问其故于宓子。宓子曰我之谓任人,子之谓任力。任力者故劳,任人者故逸。宓子则君子矣。逸四肢、全耳目、平心气,而百官以治,义矣。任其数而已矣。数,术也。巫马期则不然,弊生事精,劳手足烦,教诏虽治,犹未至也。"③文中提到的宓子贱和巫马期都是孔门弟子,而且先后担任单父(在今山东单县南)的地方官。宓子贱本人谈不上勤政,优哉游哉,居然治理得不错;巫马期凡事亲力亲为,相当辛苦,但也治理得不错。根据宓子贱的解释,他和巫马期的区别在于任人而非任力,用现代的话来说,就是善于发挥下属的积极性。

古代的好官,有"循吏""良吏""清官""清天大老爷"等不同称呼。司马迁率先在《史记》中设立"循吏列传",肯定了孙叔敖等人的功绩。班固《汉书》延续了上述做法,在"循吏传"中表彰了文翁等人。文翁是安徽舒城人,汉景帝后期担任蜀郡守,兴办教育,感化民风,成绩斐然。④ 另《资治通鉴》记载:"魏主以索敞为中书博士。时魏朝方尚武功,贵游子弟以讲学为意。敞为博士十馀年,勤于诱导,肃而有礼,贵游皆严惮之,多所成立,前后显达至尚书、牧守者数十人。常爽置馆于温水之右,教授七百馀人;爽立赏罚之科,弟子事之如严君。由是魏之儒风始振。高允每称爽训厉有方,曰:'文翁柔胜,先生刚克,立教虽殊,成人一也。'"⑤索敞是北魏的中书博士,擅长儒学⑥;常爽是北魏的宣威将军,名列儒林⑦。若据当时名士高允的评论,文翁兴教以柔取胜,常爽置馆则以刚克难,风格虽然不同,但都实现了培养人才的目标。如果深入分析的话,我们

---

① 李商隐.咏史[M]//李义山诗集:卷五.四部丛刊景明嘉靖本:38.

② 王世光.明清奢靡论探微[J].社会科学辑刊,2001(5):105-110.

③ 吕不韦.吕氏春秋:第二十一卷·开春论第一·察贤[M].四部丛刊景明刊本:186.

④ 班固.汉书:卷八十九·循吏传第五十九[M].清乾隆武英殿刻本:1356.

⑤ 司马光.资治通鉴:卷第一百二十三·宋纪五·太祖文皇帝中之上[M].四部丛刊景宋刻本:1355.

⑥ 魏收.魏书:卷五十二·列传第四十[M].清乾隆武英殿刻本:536.

⑦ 魏收.魏书:卷八十四·列传儒林第七十二[M].清乾隆武英殿刻本:867.

可以发现他们在刚柔上的区别很大程度上是由施教环境与对象所决定的。文翁到民风相当原始的四川任职,不能不施以怀柔之策;常爽则是在北魏军中办学,自然不好嘻嘻哈哈。

《史记》记载:"程不识故与李广俱以边太守将军屯。及出击胡,而广行无部伍行陈,就善水草屯,舍止,人人自便,不击刁斗以自卫,莫府省约文书籍事,然亦远斥侯,未尝遇害。程不识正部曲行伍营陈,击刁斗,士吏治军簿至明,军不得休息,然亦未尝遇害。不识曰:'李广军极简易,然虏卒犯之,无以禁也;而其士卒亦佚乐,咸乐为之死。我军虽烦扰,然虏亦不得犯我。'""是时汉边郡李广、程不识皆为名将,然匈奴畏李广之略,士卒亦多乐从李广而苦程不识。程不识孝景时以数直谏为太中大夫。为人廉,谨于文法。"[①]汉武帝时的这两员大将在治军风格上迥然不同。李广用兵比较自由,注重机动性,让每个将士都能发挥自己的特长。由于他很重恩义,部下乐于跟他出征。相比之下,程不识用兵比较严谨,注重纪律性,致力于将部队组织成严密系统。由于他太讲章法,部下苦于跟他打仗。

唐代姚崇、宋璟同为名相,但领导风格却不相同。《新唐书·宋璟传赞》说:"姚崇以十事要说天子而后辅政,顾不伟哉!而旧史不传。观开元初皆已施行,信不诬已。宋璟刚正又过于崇,玄宗素所尊惮,常屈意听纳。故唐史臣称崇善应变以成天下之务,璟善守文以持天下之正。二人道不同,同归于治,此天所以佐唐使中兴也。呜呼!崇劝天子不求边功,璟不肯赏边臣,而天宝之乱,卒悼其害,可谓先见矣。然唐三百年,辅弼者不为少,独前称房、杜,后称姚、宋,何哉?君臣之遇合,盖难矣夫。"[②]用今天的话来说,姚崇比较讲究灵活性,宋璟比较讲究原则性。他们都有远见,而且得到了皇帝的信任,这是很不容易的。

上文所分析的道义原则、岗位职责和成功经验,大致可以概括在历史人物楷模化过程中起作用的最主要的观念。道义原则所代表的是范围最广的社会规范,其核心范畴用儒家的说法就是"仁者爱人";岗位职责所代表的是与一定的社会角色相适应的社会规范,其核心理念就是敬业精神;成功经验所代表的是体现历史人物人格特征的独到做法以及与之相联系的卓越贡献。被视为社会楷模的历史人物虽然处于不同的社会条件之下,必须面对彼此有别的需求、工作或任务,运用他们自己颇有特征的聪明才智,但是,在遵守道义原则、履行岗位职责和积累成功经验这三个方面堪称异曲同工。

三、社会治理的不谋而合

和不约而同、异曲同工一样,不谋而合也是殊途同归的具体形态之一。在社会治理领域,人们有过许多不同的尝试,积累了丰富的文献。我们从中可以提炼出三个最重要的观念,即利民为本、并育并行、因时而变。

---

① 司马迁.史记:卷一百九·李将军列传第四十九[M].清乾隆武英殿刻本:1046.

② 欧阳修.新唐书:卷一百二十五·列传第五十·宋璟传[M].清乾隆武英殿刻本:1143.

（一）抱定宗旨："治国有常，而利民为本"

《尚书·蔡仲之命》说："皇天无亲，惟德是辅。民心无常，惟惠之怀。为善不同，同归于治。为恶不同，同归于乱。"[①]上天对人没有亲疏之别，只要是有道德的人，就会给予辅佑；百姓对于君上没有固定不变的态度，只要是做好事的人，就会倾心于他们。人们行善有不同方式，结果都是有利于治世的实现；人们为恶也有不同方式，结果都是有利于乱世的到来。只要认识到上述道理，怎么能不谨慎呢？

《淮南子·泛论训》进一步阐述了治国的道理："先王之制，不宜则废之；末世之事，善则著之；是故礼乐未始有常也。故圣人制礼乐，而不制于礼乐。治国有常，而利民为本；政教有经，而令行为上。苟利于民，不必法古；苟周于事，不必循旧。夫夏商之衰也，不变法而亡。三代之起也，不相袭而王。故圣人法与时变，礼与俗化，衣服器械各便其用，法度制令各因其宜，故变古未可非，而循俗未足多也。百川异源而皆归于海，百家殊业，而皆务于治。"[②]上文的要旨是：第一，制度不应一味因循，而要与时俱进。第二，礼乐是由人们制定的，人们不应将它们当成自己的包袱背起来。第三，治理国家以有利于百姓为根本，只要符合上述原则，不必拘泥古制；推行政教以令行禁止为要旨，只要符合上述原则，不必因循守旧。第四，历史经验已经证明，制度与法令要因时制宜，物品与工具要便于使用。第五，各行各业分工不同，但都是为社会正常运转服务的。正如唐朝权德舆所说："吾君用大和理万物，动者、静者各遂其方，则陈力以致用，洁身以教，其利一也。"[③]

"治国有常，而利民为本"尽管是古人提出的理念，但在今天仍具有启发意义。我国领导人对它进行了新的表述和阐述。例如，胡锦涛就任总书记后和中央书记处成员到西柏坡考察学习，强调"权为民所用、情为民所系、利为民所谋"。温家宝总理2013年2月8日在春节团拜会上的讲话以"政府要本爱民利民之心，行爱民利民之政"为题。习近平总书记2016年1月18日在省部级主要领导干部学习贯彻党的十八届五中全会精神专题研讨班上的讲话、11月19日在亚太经合组织工商领导人峰会上的主旨演讲都提到了"治国有常，而利民为本"。

（二）开拓胸襟："万物并育而不相害，道并行而不相悖"

《礼记·中庸》说："仲尼祖述尧舜，宪章文武，上律天时，下袭水土。辟如天地之无不持载，无不覆帱；辟如四时之错行，如日月之代明。万物并育而不相害，道并行而不相悖。小德川流，大德敦化，此天地之所以为大也。"[④]儒家这篇文献称颂孔子继承、效法古代圣王的事业，既顺应天时变化的法则，又符合地理环境的要求。他的胸怀好比天地那么宽广，没有什么不能兼容并蓄；他的言行好比春夏秋冬那样自然交替，太阳和

① 孔安国.尚书注疏：卷十七·蔡仲之命第十九[M].清阮刻十三经注疏本：389.

② 刘安.淮南鸿烈解：卷第十三·泛论训[M].四部丛刊景钞北宋本：152-153.

③ 权德舆.送韦起居老舅假满归嵩阳旧居序[M]//李昉.文苑英华：卷七百二十八.明刻本：4620.

④ 郑玄.礼记疏：卷五十三·中庸[M].清阮刻十三经注疏本：1246.

月亮那样轮番辉映。世间万物都有自己的发展空间,互不妨碍;各种法则沿着自己的轨道运行,互不冲突。能让事物小者有川流不息的条件,大者有敦厚化育的可能,这就是天地之所以伟大的原因。作者遵循“比德”的思路,将孔子之道和天地之道加以类比,说出了一番很大气的道理。

扬雄的《法言·君子》说:“或问仲尼之术。周而不泰,大而不小,用之犹牛鼠也。曰:仲尼之道犹四渎也,经营中国,终入大海。他人之道者,西北之流也,纲纪夷貊,或入于沱,或沦于汉。”[①]有人质疑孔子的学说过于宽泛,用它解决实际问题,好比让牛来抓老鼠,虽大无施。扬雄针锋相对地指出:孔子的主张好比长江、黄河、淮河、济水,周旋往来于祖国大地,最后奔腾入海;其他人的主张好比西北之流水,流经少数民族地区而已,即使向东,也不过汇入沱江、汉水而已。扬雄此言既坚持了其作为儒家的基本立场,又承认了其他学派或主张的相对合理性。其实,我国思想史最活跃的历史时期首推春秋战国,当时百家争鸣的气氛可以作为“万物并育而不相害,道并行而不相悖”的补充。

值得一提的是,“万物并育而不相害,道并行而不相悖”已经成为格言。周恩来总理在日内瓦会议中引用了这句格言。习近平总书记2014年3月27日在中法建交50周年纪念大会上的讲话也引用了上述格言,说明中国梦是法国的机遇,法国梦也是中国的机遇。

(三)适应形势:“期于合时宜、应治体而已”

《礼记·礼器》说:“礼也者,犹体也。体不备,君子谓之不成人。设之不当,犹不备也。礼有大有小,有显有微。大者不可损,小者不可益,显者不可掩,微者不可大也。故经礼三百,曲礼三千,其致一也。”[②]关于礼仪、礼制的规定数量很多,范围有大有小,条款有具体有抽象,但它们的意旨完全可以一以贯之。这到底是什么呢?原作没有点破,倒是汉代大儒郑玄在疏解时拈出“诚”来概括。他说的也是,如果没有“诚”来作为内心根据,那么,礼仪再繁复,也不过是表面上的客套;礼制再具体,也不过是无用的摆设。

汉代荀悦说:“周监于二代,礼文尤具,故称‘经礼三百’、‘威仪三千’。于是教化浃洽,民用和睦,灾害不生,祸乱不作,囹圄空虚,三十余年。孔子美之曰:‘郁郁乎文哉,吾从周!’及其衰也,诸侯纵横,逾越法度,恶礼制之害,已去其篇籍,遭秦灭学,遂以乱亡。”[③]他从历史角度看问题,指出周代的礼制曾经发挥过可观的作用,但最后却衰落了。原因是什么呢?可能很复杂,但有一条是比较明确的,就是无法适应新形势的需要。《庄子·天运》早就指出:“故夫三皇五帝之礼义法度不矜于同,而矜于治;期于合时宜、应治体而已。故譬三皇五帝之礼义法度,其犹柤梨橘柚邪?其味相反,而皆可于

① 扬雄.扬子云集:卷一·法言·君子[M].清文渊阁四库全书本:17.
② 郑玄.礼记疏:卷二十三·礼器第十[M].清阮刻十三经注疏本:625.
③ 荀悦.汉纪:前汉孝惠皇帝纪卷五[M].四部丛刊景明嘉靖刻本:33.

口。故礼义法度者，应时而变者也。”①

中国封建社会以男权社会为背景，后族篡权被视为偏离正统（首先是血统）。要想矫正，并非易事。北宋苏辙指出：“母后临朝，据人君之地而私其亲。有志之士，将欲正之，常患不克。”他举出汉代吕后欲王诸吕、唐代武则天称帝为例，说明当时臣下遇到的困难。有些人“迎祸乱之锋，欲以一言折之，故不废则死”。相比之下，“陈平、狄仁杰待其已衰而徐正之，故身与国俱全”②。归根结底，还是要审时度势，不强出头。

利民为本、并育并行、因时而变，可以视为社会治理领域不谋而合的基本精神。如果不将满足老百姓的基本需要作为社会治理的出发点，那么就无法实现真正的长治久安；如果不能顾及社会各个阶层、各个地域的不同诉求，不能兼采各种思想、各个流派的有益成分，就难以实现“大和”的社会理想；如果不能与时俱进，根据历史条件的变化对既有的制度、政策加以调整，那么就有可能酿成社会危机。

本文所说的社会心理、社会楷模、社会治理是彼此联系的。社会心理是社会存在和社会意识形态之间的中介，既体现了社会传统对于人的情感状态的影响，又反映了社会生活的千变万化；社会楷模是社会心理的凝聚点，一方面作为模仿的榜样满足文化传统发扬光大的客观需要，另一方面作为反思的抓手成为社会舆论激浊扬清的热点；社会治理既是统治阶级将自己的意志贯彻于社会生活各个领域的过程，又是多种社会集团经过博弈达成某种妥协的过程。不论社会心理，还是社会楷模，或者是社会治理，都是因具体社会历史条件的变化而变化的，同时又通过发展过程中某些共同实践、类似经验和利益调适而显示出一致性，这就是本文所说的社会万象的范式探索殊途同归的含义。

---

① 庄周.庄子：卷五外篇·天运第十四[M].四部丛刊景明世德堂刊本：113.

② 苏辙.栾城集：栾城后集卷十·历代论四·狄仁杰［M].四部丛刊景明嘉靖蜀藩活字本：538.

汉字的意象性:面对汉语的无声性和面对图像的有声性

The Imagery of Chinese Characters: The Silence of Chinese Language and the Sound of Image

◈ 孟　华*
Meng Hua

摘要:意指性问题是华夏传播符号的重要问题,它主要表现为意象性:一种超符号或语图融合的意指方式。汉字一手抓着汉语一手抓着图像,追求语图融汇的同时又消解了二者的差异感,其"执中型意象性"编码原则,已成为华夏文化符号谱系中的原语言,并为世界符号—传播学提供了一个迥异于西方的符号学范式。

Abstract: Issue of signification is important in Chinese Communication Semiotics and is mainly expressed as imagery which is a reflection for the super-symbol or language-image. Chinese characters display both Chinese language and image, and also eliminate the difference between them. Due to its "moderate imagery" coding principle, it has become the original language in the Chinese cultural symbolic lineage and provides a different paradigm of semiotics for world symbol and communication studies.

关键词:意象性,意指方式,原语言,执中型

Keywords: imagery, signification, original language, moderate

符号学与传播学的结合是现代学术融合的趋势之一。巴尔特(Roland Barthes)认为要区分交流(communication)和意指(signification)。我想他的本意是要区分传播学和符号学,前者更强调交流,后者更强调意指。但这两个学科都需要融汇对方。吴予敏教授在一次学术研讨会上指出,目前的中国传播学研究,国家话语、市场话语、技术话语占主导。我赞成这个判断。用符号学立场分析,就是中国传播学研究中主流的工具化立场遮蔽了传播的意指问题。以汉字为例,主流传播学主要把它作为一种语言文化交流传播工具来看待。但引入符号学的意指性问题之后,我们对汉字的认识会发生一些变化:汉字不仅是一个交流媒介,同时也是一个本身具有含义的意指系统。

---

* 孟华,中国海洋大学文学与新闻传播学院教授。

本文从“意象”入手，讨论汉字这种传播媒介的意指性问题，它关注的是传播媒介的含义或意指方式对信息世界的建构性。下面我们重点讨论意象性为何是汉字这种传播符号重要的意指性方式。

一、汉字表意制度与意指方式

所谓的意指方式，主要关注的不是符号或媒介传达了什么，而是如何传达的；关注的是形成传达内容的种种有含义的方式。因此，意指方式是符号意指性的根本问题。符号意指的意义有三种：一是指涉意义，如一个手势传达了“阻止”的意义；二是传达者使用符号的某种个体意向，如我对他人故意使用手势而非口语表达“阻止”意义，重在对视觉传达及其无声性的情景选择，这种选择是传达者在具体情境的特定传达意向；三是使用符号过程或符号结构中体现的集体性意向，比如在口语交流中，意大利人较多地辅之以无声的身体语言，汉人则更单纯地依赖口语，又比如字母文字更接近口语，汉字则更具有图像性。

语言哲学中，上述的意义一为指涉义或指称义，二、三为含义。① 本文所谓的意指方式，指的是第三种含义情况：在所使用的符号结构中或符号使用的行为中表现出的集体意向性。

再以小篆汉字  为例，它也包括上述三种意义：

第一，词语义。上衣，衣裳。

第二，造字法。象形。“象覆二人之形”（汉许慎），“右象袂，中象衽”（清徐灏）。

第三，文字制度。表意文字。

汉字“衣”的第二种意义（含义二），是具体造字者所使用的方法，即传统“六书”中的“象形”。具体造字的方法和造字意向，古文字学也叫作“构意”②。

第三种意义（含义三）“文字制度”，则是一种集体性意向。全世界成熟的文明几乎都采用了拼音文字这种传达工具，唯有汉民族选择了表意文字。这种对不同文字制度的选择，本身就是一种有意义的集体性传达方式。主流意见认为汉字之所以选择表意制度，是适应汉语或者是被汉语自然选择的结果，但这种语言中心主义的语言文字观，往往忽略了汉字自身携带的文化意识和集体传达意向。相对而言，汉字的造字法（如“六书”）是显性的、有意而为的传达方式，一种具体的造字或用字之法；汉字的表意制度是隐性的传达方式，属于一种集体性意向、集体无意识：人们在使用一种文字制度或意指方式的时候意识不到自己为何选择这种方式。

汉字的表意制度中隐含了与字母文字制度截然不同的意指方式（含义三），这就是本文所探讨的汉字意象性方式。

---

① 陈嘉映.简明语言哲学[M].北京：中国人民大学出版社，2013：64.

② 王宁.汉字构形学讲座[M].上海：上海教育出版社，2002：24.

二、汉字意指方式的执中型意象性

人们通常称汉字的文字制度为表意文字，当然也有意音文字、语素文字、方块文字等诸多表述。这些称名都是站在语言学的立场上，从不同侧面分享了汉字的某些语言符号属性，但却忽略了汉字表意制度的一个重要符号学特征——可视性。

从汉字系统古今演变的脉络角度分析，汉字大致经历了三个基本阶段：一是象形字主导的古文字阶段，二是今文字中义符主导的繁体字阶段，三是音符主导的简化字阶段。这三者的区分，清代小学家段玉裁和已故现代文字学家陈梦家分别称之为“文”(象形)、“字”(义符)、“名”(音符)。① “文”显然具有图像性符号性质，而“字”和“名”同样也具有某种程度的可视性，这些可视性主要包括可视形象、形象色彩和形象性三个方面。“可视形象”指通过视觉直接感受到的符号形象。一切图像都是一种可视形象。象形字以象尽意，也是可视形象。“形象色彩”和“形象性”(英文统称“image color”)指词义所引起的人们对客观对象的形象联想。但这种形象联想实际上包括两个层面，一是发生在字词的表达面即通过含义形成的形象，二是发生在字词的内容面即通过词或名的指称义形成的形象。比如汉语词“面包车”与“小公共”同义，“面包车”中对“面包”的形象联想发生在表达面或构词上，属于表达面或字面的含义形象；而“小公共”的字面义是抽象的概念，没有附加“面包”之类的含义性、比喻性形象色彩，但它的指称义却也能激发人们对那种交通工具的形象联想，属于内容面的词义形象。

本文称符号表达面的含义形象为“形象色彩”，符号内容面的指称义形象为“形象性”。英文的“image color”实际上包含了形象色彩和形象性两个方面，它们是构成所谓“文学形象”“语言形象”的可视性心理机制。需要说明的是，一个语言符号可以同时具有形象色彩和形象性(如“面包车”)，但一切指称现实物及其概念的名物性词语，即使没有形象色彩也会有形象性(如“小公共”)。由于汉字的表意性质，它的可视性同样存在“可视形象”“形象色彩”和“形象性”三个层面。

如汉字象形字“凹凸”，它的图像性属于发生在含义层面的“可视形象”；汉字“森”在造字构意(三个义符“木”会意而成)上给人一种“密集的树”的“形象色彩”，也属于表达面的含义范畴。而“森”中的构字字符“木”，其“可视形象”(象形性)已经消失，字形中也缺少形象色彩，但其内容面的指称义仍能激发人们对于“树”的形象联想，因此属于“形象性”。因此说，陈梦家、段玉裁的“文”(象形)，属于“可视形象”范畴；“字”(义符)发生在会意字和形声字(形旁)的含义性构造中，属于“形象色彩”的范畴；而“名”(裘锡圭称这些字为“记号字”，它们实际上与假借字、形声字的声旁一样，都变成字面上不携带含义或形象色彩的“音符”)，如“人、水、手、鸟、马”，属于“形象性”范畴，即它们的内容面(字所表达的词义)，仍可产生对现实物的可视性联想。或者说，可视形象是由“文”提供的，形象色彩是由“字”提供的，形象性则是由“名”提供的。可视形象属

① 陈梦家.中国文字学[M].北京：中华书局，2006：24.

于视觉符号范畴,形象色彩和形象性属于语言符号范畴。汉字这种集图像与语言于一身的符号性质,我们称为超符号性。[①]

这样,汉字的"文""字"和"名"三者都与可视性有关,而这恰恰是字母文字这个文化传播媒介所缺少的重要文化特征。进一步说,古今汉字虽然变化巨大,但作为一种文字制度,至今仍未从根本上改变它以可视性的方式记录有声语言这样一种语图兼具的超符号性质。我们把这种具有可视性的超符号特性,称为汉字的意象性意指方式。简言之,所谓意象性,即指语图融汇的符号意指方式。据此,本文改称"表意汉字"为"意象汉字"。

语图兼具的意象性,在西方也是重要的符号传达方式。如希腊文化重要源头的古埃及象形字就是一种"图说"语言的文字。美国意象派诗人庞德(Ezra Pound)的《地铁车站》"人群中这些面庞的闪现;湿漉的黑树干上的花瓣"(赵毅衡译)中,诗歌由概念性词语叙事(形象性)转为视觉性意象(形象色彩)的呈现。挪威现代主义画家蒙克(Edvard Munch)的《呐喊》,描绘了一个变了形的尖叫的人物形象。图画是静默无言的,但《呐喊》却要"说"出什么:借助尖叫的人物形象,画家传达的是人类极端的孤独和苦闷这一生存理念。因此,蒙克把绘画变成了一个大写的象形字,他在运用视觉符号进行思想概念的有声传达。这就是意象性——图与言、看与思的结合。但是,东西方符号的意象性意指方式还是有差异的。

其一,写实与写意。如甲骨文与古埃及象形字(圣书字)的对比(见图 1)。[②]

舟 罐 花 草 鸡 蛇 牛 书 男 女

图 1 甲骨文与古埃及象形字对比

图中的上行是古埃及象形字,下行是甲骨文。虽都是象形字或意象性传达,但甲骨文更加写意,更加简约概括性或观念性地传达对象;圣书字更加写实,更倾向于视觉再现性传达的方式。

其二,执中型和移心型。西方意象性表达中,语图之间保留了区分的张力。例如图形诗,描绘一只猫的诗文,其字母的线性组合同时勾勒出猫的视觉图像。这是语图结合的意象性传达。但在西方文化中,语图兼具的意象性符号始终在构意上坚持语图

① "'超符号',这个概念与文学理论中的'出位之思'近似:跨越各种异质符号的边界或兼涉各种法则。"孟华.传媒文化转型下的汉字符号与符号学[M]//蒋晓丽,赵毅衡.传播符号学访谈录——新媒体语境下的对话.成都:四川大学出版社,2017:185.

② 周有光.比较文字学初探[M].北京:语文出版社,1998:168.

之间的断裂感和异质性。福柯(Michel Foucault)将图形诗的区分张力概括为:"在视觉中被封口,在阅读中被隐形。"[①]即看的时候抑制读,读的时候淡化看。在圣书字中也是如此,一个充当象形字的字符和充当纯辅音的字符可以进行语图式结合,但形与声、图与言二者之间的位置、边界较为清晰和固定。[②] 而甲骨文的象形字用于假借或形声字的音符时,并无明确的外在形式标记,全靠上下文揣摩。即使甲骨文的象形字,如甲骨文表达"猪"的象形字,它的写意性表达实际上是文字性和图像性的跨界融合。相对于古埃及的同义象形字,更具有文字性:它的腿已经高度笔画化了(抽象、固化为两条腿);但相对于字母或记号字,又具有图像性。同样是意象性的表达,诗经"昔我往矣,杨柳依依",别离时恋恋不舍的心情和视觉形象"杨柳依依"融为一体,此为情景交融,语图、情景的区分性张力消失了。而庞德《地铁车站》的"形象性"对象"面庞"和"可视形象""花瓣"之间,仍保留了差异、断裂、冲突的痕迹。语图两种符号之间的这种跨界组合,钱钟书借用国外文论的术语,翻译为"出位之思"[③]。所谓"诗中有画,画中有诗"就是出位之思,也即意象性传达。但是人们往往忽视了,同样是"出位之思"或意象性传达,东西方有着明显的不同:中国传统的意象性表达更倾向于语图之间自然地浑成即差异感的消失,而非在区分基础上的自觉地融合。所以,本文称中国文化的意象为执中型意象,西方为移心型意象。所谓执中型,指图文等符号的"二元异质要素相似地融为一体,图文双重意识淡化了,被整体一元意识所取代";移心型指"图文(等符号)要素相异地移向他者","这种转移是在自我否定、转向他者的过程中完成的,保持了鲜明的跨界、移心张力,图文始终保持双重意识"[④]。

其三,原语言和同义手段。我们在前文区分了意象性的两种含义方式:第一,意象是发生在实际运用中的主动选择(含义二);第二,意象是一种集体无意识(含义三):你选择意象性传达的同时又意识不到这种意象性。当意象性表达成为诸种传达方式中的一个选项(含义二)时,语言符号学称之为"同义手段的选择"[⑤],它属于主动修辞的、诗学的、反观的、个体意向的范畴。当你在使用一种意象性传达方式而又意识不到这种意象性的存在和支配性(含义三)时,这种意象性就成为一种原型语言,我们简称"原语言"。或者说,所谓原语言,就是我们在使用一种具有含义性和特定意指方式的传媒符号时,它构成了我们传达内容和思想的基本条件,但我们又缺少对它的自觉意识和主动选择。意象性表达在汉民族的诗学中是一种集体无意识的意指方式,一种原语言;而在庞德那里则被自觉地标榜为"意象派",作为诗学的多种同义手段之一而被主动选择,并与其他诗学流派刻意区分。汉文化中的意象性传达的原语言性,体现于各种古典文化符号运用的实践中。汉民族似乎不愿在意象方式之外寻求其他传达方式

① 福柯.这不是一只烟斗[M].邢克超,译.桂林:漓江出版社,2012:22-23.

② 夏凡宁.试论形声结构与语法结构的同构性及其动因[M]//孟华.三重证据法:语言·文字·图像.长春:吉林大学出版社,2009:164-173.

③ 叶维廉.中国诗学[M].北京:生活·读书·新知三联书店,1992:146.

④ 孟华.汉字主导的文化符号谱系[M].济南:山东教育出版社,2012:330.

⑤ 孟华.论聚合段与同义手段[M]//李晋荃.修辞文汇.南京:江苏教育出版社,1996:100.

的可能性，也不愿在语图差异、区分的关系中思考意象。因此，浑成的执中型意象思维既表现于汉字(文、字、名的融和)、也表现于《易经》(卦爻象和卦爻辞的融和)、哲学(立象以尽意)、绘画和诗歌(诗中有画，画中有诗)、书法(规约性笔画和自由性线条的浑成)、园林(人与景的合一)等中，以汉字为代表的执中型意象方式，成为华夏文化符号谱系的原语言。汉字隐含了整个华夏文化符号谱系所共有的执中型意象性方式，我们将汉字的这种原语言性质具体描述为“无声地面对汉语、有声地面对图像的意象性原则”。

三、无声地面对汉语

汉字以不可说的方式呈现和表达可说的汉语，就是它的无声性，一种语图浑成的执中型意象方式。无声性包括理据原则和谐音原则。理据原则：汉字习惯用可视、可感、有理据的方式表达汉语。

例如：凹凸(象形)、本末(指事)、杲杳(会意)、溢(形声)、狮(形声)。

上述的纯表意字，如“凹凸”“本末”，是用目治性“可视形象”(象形、指事)表达汉语；“杲杳”(会意)则是用心治性“形象色彩”(日升树上是“杲”，日落树下是“杳”)表达汉语；形声字“溢”“狮”，左是形旁，右是声旁。“形旁”是以意义联想的“形象色彩”注释负载词语概念的“声旁”。[①] 概言之，表意的象形、指事(可视形象)和会意(形象色彩)是以内涵意指的方式体现了语图混成的意象性原则，而形声则是以外部组合(形旁主图，声旁主名)的方式体现了语图浑成的意象性原则。但是，从造字字形上看，假借字、记号字以及形声字的声旁都是缺少可视性理据的字符，我们可以称它们为名物字符或谐音字符，简称为名(音)符。名(音)符是按照谐音原则建构的，即字符不是某类语音单位的必然形式，其主要功能是识名辨物而非表音，它们不携带“形象色彩”但往往携带“形象性”。

构成无声性(理据和谐音)的意象性包括三类字符的方式：形符方式(可视形象)、义符方式(形象色彩)、名(音)符方式(形象性)。这首先涉及字符的分类问题。

古文字学家裘锡圭将汉字的字符分为两大类：其一，意符，包括形符(以可视形象表意的字符如象形字)和义符(通过形象色彩表意的字符，如会意字的字符和形声字的形旁)；其二，非意符，包括假借字(如借胡须的“而”表示虚词的“而”)、形声字的声旁、记号字(字形没有或丧失了理据性，如“十”“日”“月”)。[②]

清代小学家段玉裁和已故现代文字学家陈梦家将汉字字符分为三类：文(象形字)、名(相当于裘锡圭的非意符范畴)、字(主要指形声字)。

裘锡圭区分了可视形象的字符(形符)和形象色彩的字符(义符)，并看到了它们之间共同的意象性特征，统称为“意符”。但不足的是他将音符和意符对立起来，看不到

---

① 形声字的声旁绝不是纯粹音节，它本身是负载事项、物象的意符。如声旁“益”代表水溢出的事项，声旁“师”代表“狮子”的物象，即我们说的“形象性”。

② 裘锡圭.文字学概要[M].北京：商务印书馆，1988：32.

非意符或音符的名物性即"形象性"。段玉裁、陈梦家的"名"帮助我们认识到汉字非意符的形象性和名物性,但局限是没有区分形符和义符。本文综合上述分类的各自优点,将汉字的字符分为三大类:形符、义符和名(音)符。它们隶属于同一个上位范畴——意符,即三者都是意象性字符。

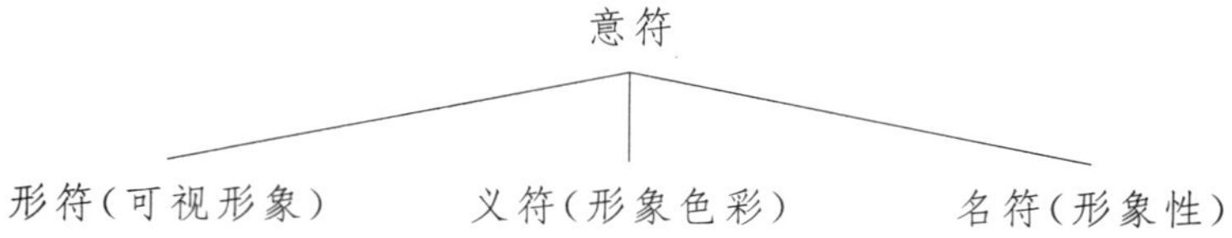

意符包括:形符,靠"形象来起表意作用"(裘锡圭),如象形字;义符(合体字中靠形象色彩来表意的字符),如会意字的字符和形声字的形旁;名符(字符没有任何形象和意义理据,只是某个"形象性"概念或事物的名称),如假借字、声旁、记号字。

形符之意象:以象形字为代表,如""通过字的形体所直接产生的"可视形象"来表意。易经中的卦爻象或"画中有诗",也是这种"立象尽意"的意象性传达方式。

义符之意象:合体字中通过字义联想所形成的"形象色彩"来表意,如会意字(吠、突、男)、形声字的形旁(松、烟、链、崂、洋、舰、墙、抢)。"诗中有画",也是义符之意象。

可视形象(形符意象)和形象色彩(义符意象)的区别在于:可视形象是一个视觉直观的对象,形象色彩是一个通过符号表达面的构意联想而产生的心象。

名(音)符之意象:汉字假借字、形声字的声旁和记号字,是作为一个无视觉理据的名称性、声音性符号被使用的。它的字形本身虽不携带意象,但表达的词义却指示着某种现实事项或物象,即我们说的"形象性"。如记号字"天""马"指示着某种现实物象;假借字"吧"借指酒吧;形声字 "溢""狮"的声旁不是纯粹音节,它本身是负载事项、物象的意符(声旁"益"代表水溢出的事项,声旁"师"代表"狮子"的物象)。

学界的主流观点把汉字的"名符"当作纯粹表音的符号来看待,而忽略了它的意象性问题。从造字法的角度分析,汉字名符遵照的是谐音原则。谐音原则是与字母文字的记音原则相对的概念。① 记音原则指字母与所代表的音素之间是一一对应的关系,或者说字母是音素的必然形式。

所谓谐音原则,首先指的是汉字与汉语语音单位之间的不对应性,或者说汉字不是汉语某个语音单位的必然形式。具体说来,汉字记录的是汉语第一分节单位(语素或词),汉字与汉语语素(或词)之间不是一一对应的关系,汉字也不是汉语音节的必然形式。如汉字"马"是一个具体词的读音,不是汉语中[mǎ]这个音的必然形式。[mǎ]这个音节还可用"码""玛""蚂""犸"等字书写,人们可用不同方言读同一个"马",但不影响对它的理解。无声性本质上属于不可言传性。老子《道德经》的"大音希声",就是一种无声性。汉字一定是有声的,但它表达一种不确定性的时候,即它是一种用法而

① 孟华.文字论[M].济南:山东教育出版社,2008:88.

不是规则的时候，比如一个字音有多种读法（包括白读和文读），或者同一个音需要多种写法的时候，它就是无声的、不可言传的。

其次，谐音原则从功能上看，是为了识名辨物，而非直接表音，或者说主要功能是称名而非辨音。谐音原则的声旁或假借字是区别事物的名称而非语音，如"犸""蚂""玛"中的"马"区别的是不同事物的类别。因此，谐音性汉字的指涉过程被陈梦家称为"名物"①。这个名物，就是我们说的"形象性"：一个字符的内容面所映现的物象或可视形象。而字母文字的表意是一个语义物而非名物：单个字母一般不具有表意功能，只有在字母的组合过程中才能表意。通过符号纯形式化组合而产生的概念我们称之为"语义物"②。谐音原则的名符虽然字面上失去了可视性理据即"可视形象"或"形象色彩"，但它在表达对象上仍然具有名物性和"形象性"。如果我们把汉字符号系统区分为表达面（字面构意）和内容面（所意指对象）两个部分，那么，汉字的意象符号性就表现为表达面的形符意象（可视形象，如象形字）、义符意象（形象色彩，如会意字和形声字的形旁）和内容面的名符意象（形象性，即通过内容面产生的意象）的相互补充。所以，名符也是意象性原则。

最后，从构字方式上看，谐音原则形成的名符，还可以成为合体字中新的义符或理据性符号，如"钱""浅""贱""笺"中的名符（声符）"戋"，它兼做名符（声符）和义符（"小"的意思）。汉字的名符还可以在义符和名符之间自由地进行功能转换，如"松""杠""沐""狋"，"木"既可做义符（形旁）又可做名符（声旁）。所以，名符也是组合式意象汉字（形声字）的生产方式之一。

综上所述，汉字的无声性即汉字意象性地表达汉语，它所包括的谐音原则（名符的形象性）和理据原则（形符的可视形象和义符的形象色彩），共同构成了汉字乃至汉民族意象思维的两极——形符和义符的理据原则，使得汉字可视可感地表达汉语；名符的谐音原则，使得汉字仅仅是为了识名辨物的目的去表音，而非出于纯粹记音的目的，所以名符总是携带着名物的"形象性"。过去人们说汉字直接表意，间接表音，这种"间接表音"即指"无声性"。正是因为汉字谐音原则的无声性，才使得汉字在表达同一名物时可以念不同的声音，才使得汉字超越了方言的"异声"成为全国各地大统一的文化交际工具。

四、有声地面对图像

意象性汉字用无声（可视性）的方式处理汉语，而用有声（语言）的方式处理图像。后者具体表现为：汉字常常以有声语言的身份，替代和补充图像；或者说，在汉文化语境中，视觉符号通常要在它与汉字的依存关系中实现自己的价值。这同样是语图浑成的意象性方式。

---

① 名符或义符都不是代表共相的范畴词，如"马"既可做义符也可做名（音）符："驾、驰、驷、驹，蚂、妈、码、犸"，它们具有名称的属性。但是它绝非专有名称，又具有词语的某些特征。

② 孟华.汉字主导的文化符号谱系[M].济南：山东教育出版社，2012：28.

(一)字标:汉字常常替代纯视觉符号的出场

汉字替代视觉符号的出场,首先表现为书写性语言对视觉符号空间的挤占,即汉字字标符号对图像符号的替代。

字标,狭义地指充当各种公共标识或商标的文字,如图 2。

图 2 北大校徽(字标)

字标的符号学特征在于:其一,它脱离线性语言结构而只和场景物产生关联;其二,表意的同时,它还发挥图像的视觉分辨功能;其三,它类似于象形字,是介于图像和文字之间的中性意象符号。①

广义的字标:我们把在日常生活场景中独立出现的、具有图像分辨和文字表意双重功能的一切汉字文本,都称作字标。具体包括各种文字性的,如招牌、标识、匾额、书法、题名、楹联、刻石、碑文、台签、说明、标语、祷语……

中国发达的字标文化表现在:在西方文化通常出现图像或图文并置符号的地方,中国更喜欢以字标的方式来传达(见下图)。

图 3 青岛某地的人物纪念碑(字标)

图 4 法国某城的人物纪念碑(雕像)

图 5 中国象棋的马(字标)

图 6 国际象棋的马(雕像)

① 孟华."中性"——汉字中所隐含的符号学范式[J].符号与传媒,2017(2):98-117.

图 7　中国某店铺的招牌(字标)

图 8　欧洲某店铺的招牌(图文并置)

(二)汉字对图像的补充

中国传统绘画是在与汉字的关系中定义自身的，主要表现为汉字居于和中国传统绘画的某种关系架构中，汉字既外在于又内在于绘画。本文所讨论的汉字对图像的补充，主要是从汉字内在于绘画的角度分析的：中国传统绘画只有让汉字填满自身才能完成自身①。

1.汉字成为绘画的内容

图 9 为明代董其昌根据林和靖的诗歌而作的画，汉字书写文本代替了现实物。

图 9　董其昌《林和靖诗意图》

① “在某种程度上，某物只有通过让符号和指代者填满自身才能……完成自身。”德里达.论文字学[M].汪堂家，译.上海：上海译文出版社，1999：209.

西方绘画中的画家签名，一般在画面隐蔽处或背面，体现了对文字书写的自觉抑制(见图 10)。而在中国绘画中，签名成为绘画内容的一部分。

图 10　[法]蒂埃里(Belfils Thierry)《阿罗湖》局部

2.汉字提供了图像的表达原则

无论从工具、书画载体还是构意手法上看，意象性汉字的传达原则与中国绘画有着内在的相关性：写与画、语与图、读与看的执中型运作。

(1)相同的笔法，如图 11。

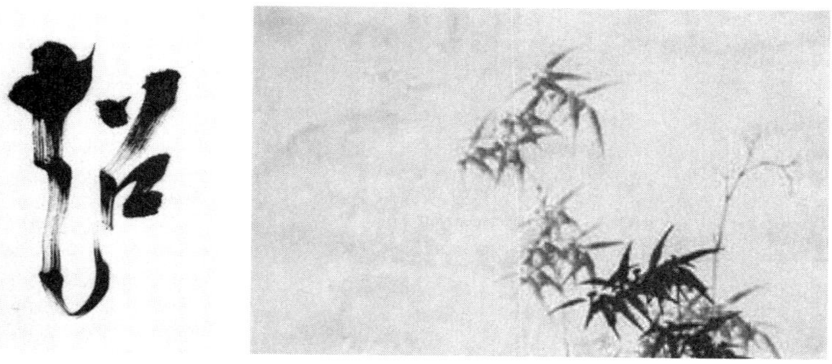

图 11　郑板桥《竹石图》局部

书法和绘画有着相同的水墨、笔触，体现了写与画的融合。

(2)相同的构意,如图 12。

图 12　八大山人《孤禽图》

八大山人的鸟"白眼向天"所传达的愤世嫉俗之情,重在写意而非临摹,也是汉字"立象尽意"的意象性原则,是图与语的汇合。

(3)相同的时间性媒介方式,如图 13。

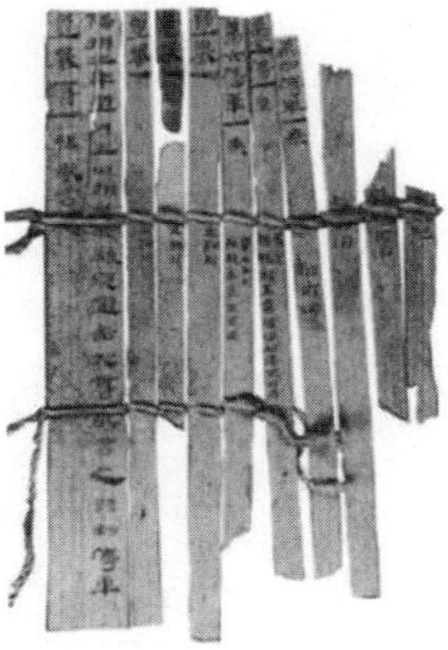

图 13　西汉《阳朔二年车辇薄册》

中国传统书籍和图画一般是卷册式,卷册式绘画来源于卷册式的书籍[①]。卷册式按照时间顺序依次展开,是观看与阅读的融合。

结　语

意指性问题是中国传播学研究中的薄弱环节。超符号的意象性是以汉字为代表的中国传媒符号的重要意指性特征。

意象性是跨符号或语图融合的意指方式。汉字一手抓着汉语一手抓着图像,追求语图融汇的同时又消解了二者的差异感,其"执中型意象性"编码原则,已成为华夏传播符号谱系中的原语言。

汉字的意象性编码原则主要概括为由形符、义符构成的理据性原则和名符的谐音原则。理据性是意象性的主导原则,即坚持以可视、可感、有理据的方式表达观念和现实世界。谐音原则虽然在表达面上破坏了视觉理据性,但在内容面上仍然坚持了意象性的名物思维,是意象性理据原则的补充或调解方式。

汉字将自己的意象性编码方式投射到其他文化符号中去,成为汉语、诗歌、绘画、物象等诸华夏传播符号谱系的原型性编码原则。汉字对其他符号的投射,典型地表现在处理汉字与汉语、汉字与图画二者关系的意象化方式上,一种对语图关系的跨符号运作:面对汉语的无声性(可视性)和面对图像的有声(语意)性。

汉字的执中型意象方式为世界学术提供了一个迥异于西方的符号—传播学范式。

---

① 薛永年.卷轴画史概说[J].新美术,1993(3):43-46,80.

传记与传播
——以《史记》纪传体的传播为例

Biography and Communication—Take *Records of the Grand Historian of China* as an Example

付晶晶*
Fu Jingjing

摘要:《史记》的纪传体开创了传记这一经典的文本信息传播形式,其传播主体具有权威性、专业性和主动性;传播路径分为官方和民间两大方向;传播技巧独具匠心;传播功能分为显性功能和隐性功能两方面。

Abstract: *Records of the Grand Historian of China* creates the classic form of text information dissemination of biography. The subject of dissemination is authoritative, professional and active. The transmission path is divided into official and civil directions. The communication skills are innovative. The communication function can be divided into two aspects: explicit function and implicit function.

关键词:传记,传播,《史记》

Keywords: biography, communication, *Records of the Grand Historian of China*

传记是一种极具特殊性的体裁类型,它兼具史学和文学的双重特征,以真实的人物为主要创作对象,记录人物的生平事迹,再现人物的生活环境,进而反映人物所处时代的社会风貌。在古汉语中,"传记"要分拆成两个字:"传"和"记"。"传",即"叙一人之始末者";"记",乃"叙一事之始末者"。在中国历史文献中,传记占据着非常重要的地位,诸如史传、总录、杂录、别录,书写的对象是人,且是一些具有特殊地位和一定影响力的人物,诸如帝王将相、圣贤名人。这些记录着历史上真人真事的文献作品,在华夏文明传播方面的巨大贡献和崇高价值是毋庸置疑的。而传播是什么?施拉姆(Wilbur Lang Schramm)曾经给"传播"做出过这样的定义:传播是"人类赖以存在和发展的机制,是一切智能的象征,且通过空间传达它们和通过时间保存它们的手段"①。从这个角度来说,传记是承载着丰富信息量的文化传播手段,以文字为工具,

---

* 付晶晶,福建技术师范学院讲师,文艺学博士,主要从事中国古代文化传播、媒介与文学、广告美学等方面研究。

① 施拉姆,波特.传播学概论[M].陈亮,李启,周立方,译.北京:新华出版社,1984:3.

记录着历史的存在和发展。而传记以人为中心的这一重要特点，更是与传播以人为本的特征不谋而合。所以，笔者试图在传播学的视角下，以中国传记历史上最具代表性的作品——《史记》为具体研究对象，对传记与传播的关系做出深入而细致的剖析，进而探究这一具有丰富传播价值的文化现象。

《史记》是中国古代传记史上具有开创意义的一部文献，为传记体奠定了深厚的基础。这当然离不开著作者司马迁的才华和坚持，如果没有他的不辍耕耘，《史记》就不可能出现在历史的长河中，并且成为一部始终传播和影响华夏文明的巨著。同时，他本人也是中国历史上第一个成功运用传记为自己留名青史的人。他将自传放在整部巨制的最后一卷，即我们今天看到的《史记》卷一百三十——《太史公自序》。后世学者对《史记》的纪传体通史的评价很高，刘知几《史通》论："夫纪传之兴，肇于《史》《汉》。盖纪者，编年也；传者，列事也。编年者，历帝王之岁月，犹《春秋》之经；列事者，录人臣之行状，犹《春秋》之传。《春秋》则传以解经，《史》《汉》则传以释纪。"①近代学者也对司马迁的成就颇有赞誉之词，如鲁迅先生曾经给《史记》做出"史家之绝唱，无韵之离骚"的评价，肯定了其在史学和文学两大领域的重大影响力。当代思想家徐复观先生也认为，"史公将史料完成史学的构造，即是十二本纪、十表、八书、三十世家、七十二列传。这不仅奠定了两千多年来的正史的格局；并由本纪而上承《左氏春秋》，下开《前汉纪》之编年体。由年表而上存谱牒，下开年谱等无数法门；由书而下开三通；由世家而下开族谱并地方志；列传树立后来文学家的传记文学的典型，衣被两千年而不坠"②。《史记》在中国传记的文化传播史上具有重要的影响力，而其承前启后的关键价值更是媒介批评中不可忽视的现象级事件。所谓"媒介批评"，即"按照一定的价值标准，评判剖析与媒介相关传播因素的是非优劣，媒介批评对象包括传播者、传播载体、传播内容、传播效果、传播制度等"③。受此观点的启发，本文对《史记》进行媒介批评的过程，主要以传记为研究重点，从其传播主体、传播路径、传播技巧、传播功能四个方面进行剖析，解读传记的文化传播价值。

一、传记的传播主体

一般认为，在传播过程中，凭借某种媒介向特定的对象发出信息的一方被称为传播者，接受信息的一方是受传者。传记的传播者，即传播主体，主要职能是传播文化信息和扩散文化知识，从而使人类文化得到继承和发展。《左传》中曾提到过当时的传播主体，"史为书，瞽为诗，工诵箴谏，大夫规诲，士传言，庶人谤，商旅于市，百工献艺"④。在文字书写方面，史官这一官方职位具有传播的先天优势。《礼记·典礼》云："史者，

① 刘知几，浦起龙.史通[M].上海：上海古籍出版社，2008：35.

② 徐复观.两汉思想史：第三卷[M].上海：华东师范大学出版社，2001：204-205.

③ 谢清果，曹艳辉.华夏媒介批评的概念、思想流变及其价值取向[J].南昌大学学报(人文社会科学版)，2016(2)：111-118.

④ 左传[M]//阮元.十三经注疏.北京：中华书局，1980：198.

使也，执笔左右，使之记也。古者左史记言，右史书事，言经则《尚书》，事经则《春秋》也。”而《史记》的创作者司马迁本人就是史官出身，“卒三岁而迁为太史令”。在其父亲司马谈去世三年之后，他继承了父亲的史官职位，成为当时的太史公，这必然为他后来做传记传播奠定了优良而坚实的基础。如果放在当今社会的媒介环境中，司马迁无疑是“大V”一样的存在。作为《史记》的创作者，司马迁是核心的传播主体，其作为主体的权威性、专业性和主动性不容置疑。

（一）权威性

写传记这项工作不仅难度巨大，而且需要一个非常具有权威性的传记作者。在权威性方面，司马迁始终在强调他本人的家学渊源，这是他担当大任的重要前提和保障。因为在他之前，中国的史官制度已经存在多年，而他的家族与这一制度息息相关。

> 昔在颛顼，命南正重以司天，北正黎以司地。唐虞之际，绍重黎之后，使复典之，至于夏商，故重黎氏世序天地。其在周，程伯林甫其后也。当周宣王时，失其守而为司马氏。司马氏世典周史。惠襄之间，司马氏去周适晋。晋中军随会奔魏，而司马氏入少梁。自司马氏去周适晋，分散，或在卫，或在赵，或在秦。其在卫者，相中山。在赵者，以传剑论显，蒯聩其后也。在秦者名错，与张仪争论，于是惠王使错将伐蜀，遂拔，因而守之。错孙靳，事武安君白起。而少梁更名曰夏阳。靳与武安君阬赵长平军，还而与之俱赐死杜邮，葬于华池。靳孙昌，昌为秦王铁官，当始皇之时。蒯聩玄孙卬为武信君将而徇朝歌。诸侯之相王，王卬于殷。汉之伐楚，卬归汉，以其地为河内郡。昌生无泽，无泽为汉市长。无泽生喜，喜为五大夫，卒，皆葬高门。喜生谈，谈为太史公。太史公学天官于唐都，受《易》于杨何，习道论于黄子。太史公仕于建元、元封之间。[①]

这是《太史公自序》一文的开篇，司马迁在其自传的一开始就将自己的家世和盘托出，说明他对自己的家族有着足够的了解和相当的重视，对家族荣耀的自豪与骄傲溢于言表。在《史记》的纪传体形式里，传记的主体由官方组织向个人转变。历史主要是人类的历史，核心即是人的历史，也是由人来书写的历史。主体的权威性决定传播信息的可信度，这一点司马迁深知个中利害，所以在其自传一卷中，开篇就一直在强调其作为史官后人的渊源，这一来历的说明，是对自己传播主体的权威加持。毕竟《史记》里记录的都是极其重大的历史人物和历史事件，如果没有史官世家这样的家学背景，即使写出来，也不会具有说服力。作为世袭的传统，司马迁谨记家族的辉煌和家父的重托，《史记》的创作也离不开家族的积累和馈赠。

---

① 司马迁.史记[M].西安：太白文艺出版社，2006：620.

(二)专业性

司马迁不仅家学渊源深厚,而且自身也才华横溢。鲁迅先生曾经这样评价司马迁的行文才能:"武帝时文人,赋莫若司马相如,文莫若司马迁,而一则寥寂,一则被刑。盖雄于文者,常桀骜不欲迎雄主之意,故遇合常不及凡文人。"①由于出身史官世家,司马迁有着普通人不具备的先天优势,他从小博览群书,较之普通平民,更容易接触到先贤典籍。梁启超在其《中国历史研究法》中说:

> 迁书取材于《国语》《世本》《战国策》《楚汉春秋》……等,以十二本纪、十表、八书、三十世家、七十列传组织而成,其本纪以事系年,取则于《春秋》;其八书详纪政制,蜕形于《尚书》;其十表稽牒作谱,印范于《世本》;其世家列传,既宗雅记,亦采琐语,则《国语》之遗规也。诸体虽非皆迁所自创,而迁实集其大成,兼诸体而调和之,使互相补而各尽其用。此足征迁之组织力之强,而文章技术之妙也。班固述刘向扬雄之言,谓'迁有良史之材,善序事理'(《汉书》本传赞)。郑樵谓'自《春秋》后,惟《史记》擅制作之规模。'(《通志·总序》)谅矣。……后人或能讥弹迁书;然迁书固已皋牢百代,二千年来所谓正史者,莫能越其范围。岂后人创作力不逮古耶?抑迁自有其不朽者存也。②

更值得一提的是,司马迁年轻时就开始游历各地,进行田野采风调查活动,是中国古代历史上当之无愧的最伟大的人文考察旅行家。《汉书·司马迁传》中叙:

> 迁生龙门,耕牧河山之阳。年十岁则诵古文。二十而南游江、淮,上会稽,探禹穴,窥九疑,浮沅、湘。北涉汶、泗,讲业齐鲁之都,观夫子遗风,乡射邹峄;厄困蕃、薛、彭城,过梁、楚以归。于是迁仕为郎中,奉使西征巴、蜀以南,略邛、莋、昆明,还报命。③

司马迁一生始终在进行着资料的搜集和整理,与很多其他史学家不同的是,他有相当丰富的游历和采风经验,他对华夏文明的人文考察从二十岁就已经开始,可以说当时的大部分地区都留下了他寻访的足迹。他去过孔子的故居,拜访过韩信、屈原的故乡,还曾到楚地探求项羽的事迹。他通过游历访问,开展实地调查,通过对金石、文物、图像及建筑等的亲眼所及,考察各地风物特产,采集各地的歌谣诗赋、俚语俗谚,补充了存世资料的不足,同时也不断丰富了自己的知识,提高了史学眼光,开拓了传记历史的领域。《史记》是司马迁用毕生心血撰写的,既体现了他作为杰出史官所具有的

① 鲁迅.汉文学史纲要[M].北京:人民文学出版社,2006:75.

② 梁启超.中国历史研究法[M].北京:东方出版社,1996:18-19.

③ 班固.汉书[M].西安:太白文艺出版社,2006:489.

“史学”“史才”“史识”“史德”①，又展示了他真切而深沉的社会人情之体悟。

（三）主动性

鲁迅曾在其《汉文学史纲要》一书中这样评价过司马迁及《史记》：“恨为弄臣，寄心楮墨，感身世之戮辱，传畸人于千秋，虽背《春秋》之义，固不失为史家之绝唱，无韵之《离骚》矣。”作为传记的传播主体，兼具家世背景和文学才华的司马迁已经是非常合适的人选。他的父亲在临终时表达了自己无法完成传史工作的遗憾，并将这一重任托付于他：

> 太史公执迁手而泣曰：“余先周室之太史也。自上世尝显功名于虞夏，典天官事。后世中衰，绝于予乎？汝复为太史，则续吾祖矣。今天子接千岁之统，封泰山，而余不得从行，是命也夫，命也夫！余死，汝必为太史；为太史，无忘吾所欲论著矣。且夫孝始于事亲，中于事君，终于立身。扬名于后世，以显父母，此孝之大者。夫天下称诵周公，言其能论歌文武之德，宣周邵之风，达太王王季之思虑，爰及公刘，以尊后稷也。幽厉之后，王道缺，礼乐衰，孔子修旧起废，论《诗》、《书》，作《春秋》，则学者至今则之。自获麟以来四百有余岁，而诸侯相兼，史记放绝。今汉兴，海内一统，明主贤君忠臣死义之士，余为太史而弗论载，废天下之史文，余甚惧焉，汝其念哉！”迁俯首流涕曰：“小子不敏，请悉论先人所次旧闻，弗敢阙。”②

而其人生最不幸的遭遇，更是他笔耕不辍的终极动因。在他的一生中，身受宫刑的悲剧命运始终让他的后半生痛苦不堪，他的荣辱观也直接影响着他的传播观和传播行为。在写给朋友的信中，他这样提到自己所受的羞辱：“故祸莫惨于欲利，悲莫痛于伤心，行莫丑于辱先，诟莫大于宫刑。”这是他一生的耻辱，为了不辱先辈的荣耀，他谨记父亲的遗嘱，忍辱负重，继续笔耕，最终完成了《史记》的创作，创作出一系列以人物形象为中心的传记作品，反映出司马迁“以人为本”的思想理念，也是他对天命的质疑的一种体现。他在列传第一篇《伯夷列传》中就发出过这样的疑问：

> 或曰：“天道无亲，常与善人。”若伯夷、叔齐，可谓善人者非邪？积仁絜行如此而饿死！且七十子之徒，仲尼独荐颜渊为好学。然回也屡空，糟糠不厌，而卒蚤夭。天之报施善人，其何如哉？盗跖日杀不辜，肝人之肉，暴戾恣睢，聚党数千人横行天下，竟以寿终。是遵何德哉？此其尤大彰明较著者也。若至近世，操行不轨，专犯忌讳，而终身逸乐，富厚累世不绝。或择地而蹈之，时然后出言，行不由径，非公正不发愤，而遇祸灾者，不可胜数也。余甚惑焉，傥所谓天道，是邪非邪？③

---

① 章学诚.文史通议校注[M].北京：中华书局，1985：986.

② 班固.汉书[M].西安：太白文艺出版社，2006：489.

③ 司马迁.史记[M].西安：太白文艺出版社，2006：326.

由此可见,司马迁虽然感叹时运不济,身世多难,但他依然对人的主观能动性抱以最大的热情,他的创作热情并没有被不幸熄灭,而是激发出更加宏伟的愿望,他要著书立说。对成就的渴望,以及对天命的否定,都让他有了更加主动去完成这项伟大事业的决心。诚如曹丕的《典论·论文》所言:“盖文章经国之业,不朽之盛事。年寿有时而尽,荣乐止乎其事,二者必至之常期,未若文章之无穷。是以古之作者,寄身于翰墨,见意于篇籍,不假良史之词,不托飞驰之势,而声名自传于后。”

二、传记的传播路径

(一)官方路径——从非主流到主流

《史记》最初的名字是《太史公书》,能成为后来的正史之首,其传播路径可谓相当曲折复杂。在先秦时期的传播环境里,官书制度对个人著书行为是严加管制的。钱穆的《国学概论》说:“古者治教未分,官师合一,学术本诸王官,民间未有著述。”①这一制度在春秋战国之后逐渐被打破,但个人作史传仍是相当凤毛麟角的现象,更何况作者是一位受过腐刑的人。所以司马迁深知自己这部著作的传播路径荆棘重生:

> 仆诚以著此书,藏之名山,传之其人,通邑大都,则仆偿前辱之责,虽万被戮,岂有悔哉!然此可为智者道,难为俗人言也!②

《汉书·司马迁传》记载:“迁既死后,其书稍出。宣帝时,迁外孙平通侯杨恽祖述其书,遂宣布焉。至王莽时,求封迁后,为史通子。”《史记》最初问世,曾被认为是“谤书”。在本纪这一体例中,唯有记录汉武帝的本纪遗失,这也从一定程度上说明《史记》在传播中受到了一定的阻碍。

司马贞的《史记索隐序》称:“比于班书,微为古质,故汉晋名贤未知见重,所以魏文侯听古乐则唯恐卧,良有以也。”近代学者高步瀛《史记太史公自序笺证》中曾提道:

> 案《史记》一书,《汉志》列“春秋家”,《隋志》以来,冠正史之首。史公春秋之学,出于董子,大义实主《公羊》。其《报任安书》曰:“亦欲以究天人之际,通古今之变,成一家之言。”故其旨趣,与子家相近,而非若后世之史,沾沾于簿记之为者。③

侯外庐也表达过相似的观点:“司马迁用一生精力所写成的伟大著作《太史公书》,即

① 钱穆.国学概论[M].北京:商务印书馆,2003:29.

② 司马迁.史记[M].西安:太白文艺出版社,2006:578.

③ 李纪祥.《太史公书》由“子”入“史”考[J].文史哲,2008(2):65-90.

后人所称的编于廿四史首部的《史记》。这是一部继承战国时代诸子百家传统的私人著述。"[①]至隋唐时期,《史记》的正史地位逐渐稳定下来。唐代张守节的《史记正义·论史例》云:"古者帝王,右史记言,左史记事,言为《尚书》,事为《春秋》;太史公兼之,故名曰《史记》。"之后的朝代基本上沿袭这一传统,关于《史记》的典章制度和文字训诂有很多,但最好的注本有三家,即南朝刘宋时期裴骃的《史记集解》、唐朝司马贞的《史记索隐》以及唐朝张守节的《史记正义》。这三家对《史记》的注解,是目前公认的经典注解,对《史记》的流传贡献很大。"国初承唐旧制,以《史记》、两《汉书》为三史,列于科举。有患传写多误,雍熙中,始诏三馆校定模印。"[②]传播理论认为:"信息实质上不是依靠自身价值的大小显示其差异,而是因传者的社会等级显示价值的大小、影响其传播的力度。社会等级愈高则价值愈大……因此君王上司之言、祖宗先贤之言,哪怕不那么公允、正确,却能得到整个社会的尊崇与认同。"[③]这其实和西方理论中的"皮格马利翁效应"有着异曲同工之处。话语权掌握在谁手中,传播的效果也就会受谁影响更大。

(二)民间路径——"史记戏"、成语、谚语等

相较于官方路径的艰难险阻,《史记》里传记篇章的民间传播可谓顺风顺水,而且丰富多彩。在民间的传播路径包括两方面:

一方面是"史记戏"的传播路径,即从史到戏的娱乐路线。"'史记戏',顾名思义,指剧作家所创作的以《史记》为本事来源的历史题材的戏剧。"[④]"史记戏"的出现极大地满足了民间尊史的传统心理,而且也更能为那些精彩的人物传记在娱乐传播方面做出示范。据史料记载,《赵氏孤儿记》是首部"史记戏",它根据《史记·赵世家》中的故事情节改编而成,是一部剧情曲折的戏剧作品,它的出现标志着"史记戏"的诞生。元明清时期,"史记戏"更是发展鼎盛,以杂剧和传奇为主。广大下层文人和艺人为了娱悦世俗,以各种形式对《史记》中的人物形象进行艺术加工和再创造,比如《霸王别姬》和《鸿门宴》等,都是非常精彩的演义版本。

另一方面则是口头传播的路径,即成语、谚语等。成语、谚语属于民间口头传播的一种形式,是民众专用的话语方式。司马迁非常重视这一点,在撰写人物的同时,也形成了大量与人物故事情节相关的成语和谚语。他还引用了一些民间歌谣,有些是从先秦文献典籍中摘录而来的,还有一些来自他平时的田野调查积累,即漫游和采风。他看到了这些材料具有丰富的传播资源和民间传播的通俗性,虽然这一点遭到过后世官方文人的批评,"所可为迁恨者,雅不足也"[⑤],正统官方文人认为这些流于粗俗,有损史传的雅正。"古者载籍极博,辅轩犹采风,虽里巷歌谣,实历史之原始。"[⑥]其实这些口语传播也是传承

---

① 侯外庐,赵纪彬,杜国庠,等.中国思想通史:第二卷[M].北京:人民出版社,1957:127.

② 王应麟.玉海:卷四十九[M].清文渊阁四库全书本:29.

③ 孙旭培.华夏传播论:中国传统文化中的传播[M].北京:人民出版社,1997:37.

④ 俞樟华,赖祥亮,刘永辉.史记与古代小说戏曲研究[M].哈尔滨:黑龙江人民出版社,2014:96.

⑤ 郑樵.通志·总序[M].北京:中华书局,1987:1.

⑥ 钟敬文.晚清时期民间文艺学史试探[J].北京师范大学学报(社会科学版),1980(2):1-9.

历史中不可或缺的一部分,而且其传播效果丝毫不亚于那些生硬老套的官方辞令。比如谚语:“狡兔死,良狗烹;高鸟尽,良弓藏;敌国破,谋臣亡”(《史记·淮阴侯列传》);“失之毫厘,差以千里”(《史记·太史公自序》);“当断不断,反受其乱”(《史记·春申君列传》);“士为知己者死,女为悦己者容”(《史记·刺客列传》);“宁为鸡口,无为牛后”(《史记·苏秦列传》);“尺有所短,寸有所长”(《史记·白起王翦列传》);“楚虽三户,亡秦必楚”(《史记·项羽本纪》)。这些谚语都能从传记中脱颖而出,成为民众朗朗上口的词句,极大地发挥了传记的传播效果。《史记》的成语量也是非常惊人的,而且均出自传记三体,即本纪、世家和列传。如“指鹿为马”“焚书坑儒”“破釜沉舟”“先发制人”“项庄舞剑,意在沛公”“沐猴而冠”“霸王别姬”“四面楚歌”“约法三章”“卧薪尝胆”“完璧归赵”“负荆请罪”“刎颈之交”等等。司马迁不愧是语言大师,这些经典的成语经过长期流传,已经成为内涵丰富、极富哲理的成语典故,为普通民众口口相传,耳熟能详,并且深入人心。

三、传记的传播技巧

传记里的人物虽然都是真实的,事件也具有真实性,传播主体也尽量采取“实录”的态度和手段,但传播主体并非完全没有爱憎褒贬,所以司马迁提出“成一家之言”。《汉书·司马迁传》赞曰:“自刘向、扬雄,博极群书,皆称迁有良史之材,服其善序事理,辨而不华,质而不俚,其文直,其事核,不虚美,不隐恶,故谓之实录。”如何在传播过程中尽可能将主体想要传达的信息传播出去,这需要一定的传播技巧。传播技巧是指在说服性活动中为有效地达到预期目的而采用的策略方法。

(一)材料运用的腾挪取舍

由于司马迁前期的材料准备阶段历时多年,积累了各方面的素材,一方面给传记创作带来了丰富的养分,另一方面也必然要做出合情合理的取舍。这些材料中,既有直接史料,又有间接史料;既有官方记载,又有民间记载;既有近人记载,又有远人记载;既有本事,又有旁涉;既有口头材料,又有文字材料;诸此种种。所以在材料取舍方面,会显现出传播主体独特的偏向,历代学者都认为司马迁有“爱奇”的偏向。扬雄的《法言·君子》评价:“多爱不忍,子长也。仲尼多爱,爱义也;子长多爱,爱奇也。”刘勰在《文心雕龙》中也说:“尔其实录无隐之旨,博雅弘辩之才,爱奇反经之尤,条例踳落之失,叔皮论之详矣。”传记能不能成为传奇,其中最难跨越的一步就是叙述技法。人物的故事资料很多,选取最有亮点和最富特点的材料进行编排,同样也是一个需要“编码”的过程。所以,传记中那些主要人物身上总会发生一些离奇怪异的现象,有些是取材于民间传说,有些则是来自街头巷尾的议论。这些口语传播的材料也在丰富着司马迁建构的传奇世界,人物是真实的,传闻并不一定能够去证实,但是作为传记的一部分,可以突显人物的不凡之处,于是记录下来。李长之先生说:“司马迁爱一切奇,而尤爱人中之奇。人中之奇,就是才，司马迁最爱才。”[1]所以他给屈原做了列传，这是他最心仪的一位奇才。“太史公曰：余读离骚、天问、招魂、哀郢，悲其志。适长沙，观屈原所自沉渊，未尝不垂涕，想见其为人。”(《史记·屈原贾生列传》)

而且对于材料的处理，司马迁也创造性地运用了“互见法”。刘知几在《史通》中云：“《史记》者，纪以包举大端，传以委曲细事，表以谱列年爵，志以总括遗漏，逮于天文、地理、国典、朝章、显隐必该，洪纤靡失，此其所以为长也。若乃同为一事，分在数篇，断续相离，前后屡出，于《高纪》则云语在《项传》，于《项传》则云事具《高纪》。”[2]这种手法娴熟自如地将许多历史事件通过人物关系衔接起来，显得非常有条理，对人物形象的完整和丰满也起到了一定的作用。传播技巧里有“一面提示”与“两面提示”的传播方式，而《史记》中叙述人物形象的“互见法”，几乎将这种方式运用得淋漓尽致。比如他在《高祖本纪》中塑造了一个十分丰满的刘邦形象，而在《项羽本纪》中通过范增之口道出刘邦的另外一面，在《萧相国世家》和《淮阴侯列传》中又将项羽猜忌有功之臣的一面展露无遗。同时，项羽在《高祖本纪》里的形象和在《项羽本纪》中的形象也有一番互见。“一事所系数人，一人有关数事，若为详载，则繁复不堪，详此略彼，详彼略此，则互文相足尚焉。”(靳德俊《史记释例》)“一面提示”容易产生许多传播中的误读和偏向，而“两面提示”则更加公正和客观。这是司马迁极力追求的一个重要目标，让读史的人能更加全面清晰地看到历史人物的全貌和历史事件的详情。

(二)传主人物的精心选择

《史记》五大体例的通史结构是司马迁的首创，其中对于本纪、世家、列传的传主的巧妙安排更是独具匠心。《史记索隐》曰：“纪者，记也。本其事而记之，故曰本纪。又纪，理也，丝缕有纪。而帝王书称纪者，言为后代纲纪也。”本纪的传主大多是帝王，其中有两位一直是颇具争议的传主，即项羽和吕后。而世家中也有一位传主的设置让人匪夷所思，即孔子。《史记索隐》认为司马迁之所以把孔子放在世家体例中做传主，与其对儒家思想的认同不无关系，“孔子非有诸侯之位，而亦称系家者，以是圣人为教化之主，又代有贤哲，故称系家焉”。事实证明，这一安排也十分恰当和有效地传播了儒家重要代表人物的思想，后人想要了解孔子，除了经典的《论语》之外，《史记》里的这篇《孔子世家》必定是重要的资料来源。《史记正义》也说：“太史公以孔子布衣传十余世，学者宗之，自天子王侯，中国言六艺者宗于夫子，可谓至圣，故为世家。”这也是司马迁写史经验丰富的表现，其中体现出的传播智慧是非常具有远见的。

而列传中对循吏、儒林、酷吏、游侠、佞幸、滑稽、货殖、龟策等传主类型的设置，也是司马迁传播技巧独到的一面。这些人物在历史上地位并不算高，但是人物形象各具特色，令司马迁匠心大发，极力为他们立传。而这也体现出司马迁难能可贵的大局观，在很多历史事件中，小人物也是可以有大作为的，尽管他们并没有扬名立万，但是历史簿上应

---

① 李长之.司马迁之人格与风格[M].北京：生活·读书·新知三联书店，1984：93.

② 刘知几.史通新校注[M].重庆：重庆出版社，1990：64-65.

该有他们的身影。司马迁为曹沫、专诸、豫让、聂政、荆轲五人立传,这五个人都有一个共同的身份——刺客。他们不是为私仇刺人之辈,而都是为义、为知遇、为社稷挺身而出;他们扶弱拯危,不惧强暴,置生死于度外,为知己者而死,刚烈之心彪炳千古。《滑稽列传》则选取了另一类人物作为传记对象,淳于髡、优孟、优旃等滑稽人物,虽不在主流之列,却能"不流世俗,不争势利,上下无所凝滞,人莫之害,以道之用"。这些传记人物的历史存留具有很高的民间传播价值,司马迁深知这些人物身上具有难能可贵的人性光辉,所以坚持为他们立下传记,以示后人。

四、传记的传播功能

当代学者张大可在《史记研究》中指出:"以人物为中心记述历史,目的有二:其一,勾勒历史;其二,贤贤贱不肖,为后王立法,为人伦立法则。"①从传播的角度看,传记的功能亦可从显性和隐性两方面去考察。

(一)显性功能:察古今——历史传承

中华民族是一个非常重视历史的民族,上下五千年的悠久历史也一直是华夏儿女引以为傲的资本。亘古以来,对文明的传播一直是个不朽的命题,而对历史的传承也是一项永恒的事业。《汉书·艺文志》云:"古之王者,世有史官,君举必书,所以慎言行,昭法式也。左史记言,右史记事,事为《春秋》,言为《尚书》。"无论是记言还是记事,历史的事件始终围绕着真实人物而真实发生和发展。所以司马迁以传记体书写这些重大的历史,对于传承文化有着非常重要的贡献。这些传记中不仅有记言和记事,同时也能反映当时的社会生活和环境,可谓历史的多棱镜。而传记的"自镜"功能司马迁早已经领悟到:"居今之世,志古之道,所以自镜也。未必尽同,帝王者各殊礼而异务,要以成功为统纪,岂可绲乎?观所以得尊宠及所以废辱,亦当世得失之林也,何必旧闻?于是谨其终始,表见其文,颇有所不尽。本末着其明,疑者阙之,后有君子欲推而列之,得以览焉。"(《史记·高祖功臣年表》序)

一部历史,其实也是一部传播史。记录历史,是一个追寻真相和传播真理的过程。过去的人物,过去的事件并非毫无意义,因为历史在不断的传播中,能够带来丰富的文化价值与深刻的当下思考。"一切历史都是当代史。"这是意大利历史学家克罗齐(Benedetto Croce)在其专著《历史学的理论和实际》中提出的观点。传记的历史性,使之成为联系古今的纽带,传播功能显而易见。

(二)隐性功能:寓褒贬——教育教化

孟子曾说:"善政不如善教得民也。""善政,民畏之;善教,民爱之。善政得民财,善教得民心。"(《孟子·尽心上》)朱熹释之曰:"政,谓法度禁令,所以制其外也;教,谓道德齐

---

① 张大可.史记研究[M].北京:华文出版社,2002:252.

礼，所以格其心也。”传记的传播功能在被纳入了宣扬儒家思想、为统治阶级服务的范畴之后，大多倾向于扬善惩恶、有益于教化。无论司马迁的创作初衷如何，《史记》中的这些传记广泛流传之后，其影响之深远显而易见。特别是对民众的教育教化作用，更是著作传播影响力的深刻显现。《史记》作为正史之首，其权威地位更是让后世接受者对其顶礼膜拜，更好地起到教化民众的作用。

教化传播是维护稳定社会秩序必不可少的一种手段，而传记的教化功能是隐性的，并没有强制性和压迫感，所以在接受的过程中具有潜移默化的效力，而效果并不会有所降低。古罗马时期的著名传记作家普鲁塔克(Plutarchus)曾坦言，创作《希腊罗马名人传》的目的，就是为了“把历史当作一面镜子，照那些人物的善行为楷模指导自己的一生”①。对善与恶的褒贬，始终贯穿司马迁创作的那些人物传记的思想内容，通过“太史公曰”这样的形式进行颇有克制的抒发。比如在《史记·游侠列传》的篇末，“太史公”就发出了这样的感叹：“吾视郭解，状貌不及中人，言语不足采者。然天下无贤与不肖，知与不知，皆慕其声，言侠者皆引以为名。谚曰：‘人貌荣名，岂有既乎！’于戏，惜哉！”对侠义之士，司马迁发出赞叹之声。反观《史记·酷吏列传》的“太史公曰”，则极其客观地评价了酷吏这样一批人物，“虽惨酷，斯称其位矣。至若蜀守冯当暴挫，广汉李贞擅磔人，东郡弥仆锯项，天水骆璧推咸，河东褚广妄杀，京兆无忌、冯翊殷周蝮鸷，水衡阎奉朴击卖请，何足数哉！何足数哉！”司马迁秉持着“不虚美、不隐恶”的治史精神，给后人足够的空间对历史进行反思。

“司马迁参酌古今，发凡起例，创为全史。……自此例一定，历代作史者，遂不能出其范围，信史家之极则也。”②纪传体作为司马迁的首创，它的传播媒介批评是极有研究价值的。《史记》的开创性意义，在其纪传体这一形式上体现得特别突出。纪传体以传播人物形象为主要目的，而这一传播过程建构的意义更在于使有价值的历史人物和历史事件拥有了永恒的时间。《史记》作为传记类型的开创之作，其作者司马迁功不可没。而司马迁作为传播主体，其独特的人生观和传播观，在整个华夏文明的传播语境中具有不可忽视的影响力。在《史记》的传播过程中，诸多因素都直接影响着传记的传播生命力。从传播的角度去深入分析这一现象，我们能够更好地看到华夏文明传播现象中的必然规律。

---

① 杨正润.传记文学史纲[M].南京：江苏教育出版社，1994：115.

② 赵翼.廿二史札记[M].北京：中华书局，2008：13.

华夏跨文化传播研究

道教在国外的传播

The Spread of Taoism Abroad

◈ 郑学檬*
Zheng Xuemeng

摘要:道教是中国的本土宗教,它在国外的传播是和中华文明传播相伴而行的。一般说来,道教在亚洲中华文化圈内的日本、朝鲜半岛、流求和东南亚的传播,既有宗教本身的传播,又有宗教思想的传播。但在中亚、西亚、南亚和欧美的传播,因为文化背景不同(具体表现在伊斯兰教、佛教和天主教、基督教文化),道教的传播多是宗教思想的传播,是作为各国学者研究中国文化的一部分,而宗教本身的传播比较困难,除非在华人圈内。

Abstract: Taoism is a local religion in China, and its spread abroad is accompanied by spread of Chinese civilization. Generally speaking, the spread of Taoism in Japan, Korean peninsula and Southeast Asia within the Asian Chinese cultural circle includes both the spread of religious system and the spread of ideas. But in west Asia, Central Asia, South Asia and Europe and America(specifically expressed in Islam, Buddhism, Catholicism, and Christian culture), because of different cultural backgrounds, the spread of Taoism is mostly the spread of religious ideas, and is part of the study of Chinese culture by scholars from various countries, and the spread of religion itself is more difficult unless it is limited to the Chinese community.

关键词:道教,传播

Keywords: Taoism, communication

道教作为本土宗教,其影响却并不限于中国。随着中华文明在海外的传播,道教随之在海外传播开来。道教在亚洲的传播最为兴盛,不过在欧美也有它的影响。本文尝试概要性地呈现道教在世界的传播历史及其产生的文化影响。

---

* 郑学檬,厦门大学历史研究所教授、博士生导师。

一、道教在亚洲的传播

(一)道教在东亚的传播

1.道教在日本的传播

自南北朝以来,日本就和中国有接触,到了隋唐时期,日本学习中国文化进入一个新阶段,道教作为“汉学”的一部分,随之传入日本。介绍日本道教的著作有妻木直良的《日本道教研究》、酒井忠夫的《日本的道教研究》《道教之综合研究》以及酒井忠夫和野口铁郎的《中国宗教史研究之发展》、漥德忠的《道教史》等。

日本道教师承中国,唐代道教的经典、长生信仰、鬼神信仰、方术、科仪等道教文化已在日本广泛传播。唐玄宗开元二十三年(735),日本派遣大臣名代来朝,“恳求老子经本,及天尊像以归于国,发扬圣教”①。道教的庙宇道观也相继出现。道教一系列信仰、方术、科仪对日本的政治、民俗产生了很大影响。据日本学者研究,从中国传来的符咒仪礼之一“反闭”在日本的传播有案可据。“反闭”是天子、贵人启驾之时,令阴阳家踏足祭拜神明,“为洁净而施行的仪礼之一”。日本江户时代末期的《贞丈杂记》一书“神佛”条记载说,阴阳师拜神时有三足、五足、九足“反闭”。② “反闭”仪礼可见《宋史·艺文志》《遁甲玉女反闭局》卷。追溯“反闭”仪礼,应及古代的“禹步”,可见葛洪《抱朴子·内篇》卷十一载:“禹步法:前举左,右过左,左就右。次举右,左过右,右就左。次举右,右过左,左就右。”通俗地说,就是阴阳家祭神时的跳足法。

2.道教在朝鲜半岛的传播

道教传入朝鲜半岛的时间可能要追溯到东汉三国时期。《三国遗事》记载:“丽季武德贞观间,国人争奉五斗米教。唐高祖闻之,遣道士,送天尊像,讲《道德经》,王与国人听之。即第二十代荣留王即位七年,武德七年甲申也。”③

《旧唐书》也记载说,武德七年“遣前刑部尚书沈叔安往册建武为上柱国、辽东郡王、高丽王,仍将天尊像及道士往彼,为之讲《老子》,其王及道俗等观听者数千人”④。

唐代崇奉道教,历太宗、玄宗,道教与佛教比肩,而略胜一筹。玄宗也曾派使节入高丽,送去《道德经》。据说新罗留华学生金可纪,白日升天,成为神仙。《全唐诗》收入章孝标的《送金可纪归新罗》诗,有“风高一叶飞鱼背,潮净三山出海心”句,说出了金可纪的“道心”。

高丽时代是朝鲜历史上道教最兴盛的时代,几代国王崇道不倦。道士制度日臻完善,斋醮仪式具备。高丽道教的全盛期是公元11世纪中叶。其中,睿宗建立了朝鲜历史

---

① 王钦若.册府元龟:卷九百九十九·外臣部[M].明初刻印本:45999.

② 酒井忠夫.谈反闭——有关日中宗教文化交流史之研究[M]//台湾成功大学历史系道教研究室,等.道教学探索:第四号.台湾成功大学历史系道教研究室,1991:2-9.

③ 一然.三国遗事:校勘本[M].孙文范,等校勘.长春:吉林文史出版社,2003:115.

④ 刘昫.旧唐书:卷一百九十九上·列传[M].清乾隆武英殿刻本:10409.

上最初的道观——福源观。毅宗时期,道士参与斋醮仪式。

新罗人崔致远,在唐代留学、任官,本人笃信道教,《唐文拾遗》一书,保存了他起草的《上都昊天观》《应天节斋词三首》《上元黄录斋词》《中元斋词》《下元斋词》等道教文件,可以了解他的信仰情愫。

关于道教在朝鲜半岛的传播,虽然教团和道观制度不大健全,但民间信仰很普及。如关公信仰盛行,据说日本侵略朝鲜时,明朝军赴援,有关帝助战,大胜日军,因此建关圣帝庙,春秋祭祀。玉皇大帝信仰同样盛行。①

3.道教在流求的传播

流求曾是中国的藩属国。流求又作"琉球",隋炀帝大业三年(607)曾派朱宽与何蛮访问流求。朱宽回,"得金荊瘿数十片,木色如眞金,密緻而文采盘蹙,有如美锦,甚極香細,可以爲枕及案面,沉檀不可及"②。武贲郎将陈稜、朝请大夫张镇州自义安(广东潮州)航海至流求。值得注意的是,当时随军的一个昆仑人"颇解其语",成为隋军的翻译。③ 昆仑人何以能晓流求语?隋唐时称今南海岛民为昆仑人,他们或许因航海而北上流求,学会了他们的语言。那么昆仑人是如何被隋军所雇的?这与和朱宽同去流求的何蛮有关,何蛮是海师,即航海"舟师",他会搜罗一些熟悉水性、航线和各地语言风俗的人。由此可见昆仑人的航海中介角色。

以后,积累式的联系使得流求和大陆的关系终于成为"主从"关系,即流求是明王朝的藩属国,流求定期向明王朝朝贡。有资料表明,明中叶以后,流求尚巴志王曾请求天师道的第45代天师将道教符咒赠给他和尚忠王及摄政怀机。符咒是道教八大法术之一,流求尚巴志王和他的近臣很赏识符咒的效力。至于神仙一类的道教观念和道士夜行叩齿招神的叩齿风俗也在流求传播。天尊与老君是道教信仰中的神仙,流求有天尊堂供奉天尊的神像和神位,还有玉皇大帝。④

流求的道教传播明显和海上交通有关,前面提及的何蛮是海师、昆仑人(翻译)就是例证。此外,流求也有天妃宫,奉祀妈祖;册封使徐葆光是天师道信奉者,他们毫无例外地都参与了道教在流求的传播。同治《苏州府志》记载,康熙五十九年(1720),编修郡人徐葆光,册封中山王还朝,奏请(天妃妈祖)列入祀典岁,春秋致祭。⑤

(二)道教在东南亚的传播

东汉时期,道教已随南移民众向交趾传播,据传葛洪曾到扶南寻找丹砂,《太清金液神丹经》卷下记云:"余(葛洪)少欲学道,志游遐外。昔以少暇,因旅南行。初谓观交岭而已,有缘之便,遂到扶南。""奚自扶南(今柬埔寨及泰越部分地区)、顿逊(今在今缅甸丹那

---

① 丁煌.南韩公藏道教文献窥略兼论其价值[M]//台湾成功大学历史系道教研究室,等.道教学探索:第四号.台湾成功大学历史系道教研究室,1991:345-355.

② 张鷟.朝野佥载[M].清畿辅丛书本:47.

③ 魏征.隋书·卷八十一·流求传[M].清乾隆武英殿刻本:3562.

④ 窪德忠.琉球的道教信仰[M]//江庆得,译.台湾成功大学历史系道教研究室,等.道教学探索:创刊号.台湾成功大学历史系道教研究室,1983:8-9.

⑤ 冯桂芬.(司治)苏州府志:卷三十七[Z].清光绪九年刊本:4221.

沙林一带，或以为在今泰国那空是贪玛功附近)，逮于林邑(今越南中部)、杜薄(一说在今菲律宾南部棉兰老)、无伦，五国之中，朱砂、琉黄、曾青、石精之所出，诸导仙服食之药，长生所保之石，实无求不有，不能复缕其别名也。称丹砂如东瓯之瓦石，履流丹若甄陶之灰壤，触地比目，不可称量。而此五国不见服用之方，莫知长延之道，贵无用以填宇内，遗灵石而不眄，竞雕玩之货，贱流丹之药，炼饵不加，真质长隐耳，混杂无亲，妙物不显矣。”[①]如此说来，葛洪已到过东南亚地区。

隋唐时期，道教已流行于交趾、林邑等地。宋代东南亚的道教信仰亦有蛛丝马迹可寻，如宋仁宗皇祐四年(1052)侬智高攻入广州，烧了天庆观。三佛齐地主都首领地华伽罗知道后，自愿出资修复天庆观。英宗治平四年(1067)地华伽罗派思离沙文来华主持修建事宜。[②] 据此，可以说地华伽罗知道或信奉道教。南宋蔡襄的《端明集》记载说：“大丁香出福州天庆观，厚壳，紫色，瓤多而味微涩。”[③]天庆观种植大丁香，疑即从海上的三佛齐引进。

明清道教在东南亚传播的一个证据是缅甸曼特勒的玛哈穆尼寺的一幅油画，据传说，玛哈穆尼国王时(约 18 世纪)，佛陀来到该国给国王施“真气”灌顶，使他成佛。“真气”是道家学说，竟为佛祖用来给国王灌顶，说明道教思想已在当地流传。学者已经指出，道教是由中国侨民带到东南亚地区的，但时代上较晚。道教传入越南的时间早，但和佛教比起来，势力不大。近代以来衰落了，只留下神仙崇拜风俗。现代新加坡是道教信徒集中的地方，1980 年的数据显示，共有 580,535 人。1990 年，新加坡道教总会成立，还有许多小型道教组织。这些道教组织与道教原始教义和诸神崇拜比较，已发生了很大变化。近代吉隆坡的关帝庙建于 1889 年，现代马来西亚的道教组织是 1973 年修建的马六甲青云亭，供奉观音、妈祖和关帝。大伯公庙(土地庙)在马来西亚各地都有。近代泰国的道教，最早是曼谷的关帝庙，约建于 1781 年。而后又有玄天上帝庙，建于 1842 年；苏梅岛关帝庙，建于 1872 年；曼谷吕帝庙(祭祀吕洞宾)，建于 1902 年。近代缅甸的八莫关帝庙，建于 1806 年；丹老江边的天后宫，建于 1838 年；仰光“清水师”庙，建于 1874 年；勃生的三圣庙(奉祀观音、天后和关帝)，建于 1855 年。近代印度尼西亚受伊斯兰教影响，道教影响比较微弱。爪哇岛三宝垄华人社区于 1756 年修建郭六宫祠堂，1792 年修建大伯公庙，1881 年修建妈祖庙；此外，在雅加达、苏门答腊、巨港、棉兰及东爪哇等地都有关帝庙。近现代菲律宾以天主教信仰为主，但是天后、本头公(土地公)、关帝、八仙等神祇也有供奉。现代菲律宾道观有加洛干市的大道玄坛、马尼拉市的九霄大道观和巴西的九八凌霄宝殿。另宿务市有定光宝殿。菲律宾道观供奉正统的道教神灵，如太上老君、元始天尊、通天教主、正禅老祖、洪钧老祖等，间或供奉释迦牟尼、观音菩萨。总的来说，其正宗道教色彩浓厚。据 20 世纪 90 年代统计，菲律宾共有道观、道坛 58 座。

学者在概括东南亚道教传播时指出：东南亚道教不一定供奉玉清元始天尊、上清灵宝天尊和太清道德天尊(太上老君)，供奉最多的神祇是天后(妈祖)、关帝和大伯公。华

---

① 葛洪.太清金液神丹经：卷下[M].明正统道藏本：34.

② 戴裔煊.宋代三佛齐重修广州天庆观碑记考释[J].学术研究，1962(2)：63-76.

③ 蔡襄.端明集・莆阳居士蔡公文集卷第二十五[M].宋刻本：914.

侨航海经商，祈求海神妈祖天后庇祐平安；海外谋生，祈求财神关帝、土地神大伯公保佑。“总之对这些神灵的崇拜，完全出于寻求生存和发展的需要。”另外，道教与儒、佛已经融合起来，并且道教势力不大。①

东南亚道教的传播明显和移民有关。出国谋生的华人把道教带到这些曾经印度化和伊斯兰化的国度，并在那里传播开来，成为华人华侨的精神寄托。由于这个原因，移民的地域特征也在道教特点中反映出来。如东南亚的华人华侨中福建人占很大的比例，所以天后（妈祖）、清水师等出于福建的神灵崇拜随之传播各国。佛道混祀也是福建、广东的习俗。

（三）道教在中亚、南亚的影响

道教曾传到西域。学者曾对吐鲁番出土文书进行研究，证明道教在魏晋时期已经流行西域②，至迟在公元5世纪初在高昌地区（今新疆吐鲁番地区）已较流行了。吐鲁番出土的北凉建初十四年（418）高昌墓葬的“韩渠妻随葬衣物疏”，文书后面的“时见，左清（青）龙，右白虎。书物数：前朱雀，后玄武。□□要。急急如律令”可以为证。这类随葬衣物疏多见有“左青龙，右白虎；前朱雀，后玄武”的道教四位神灵和“急急如律令”道教咒语。

高昌是西域的东部，是通往西域的交通要道，汉以来，属于少数民族和汉族共同生活的地区。所以，高昌出现的道教影响，很可能会随来往人流传入中亚。

敦煌莫高窟曾有《老子化胡经》残卷出土，内称：“我昔化胡时，西登太白山，修身岩石里，四问集诸山，玉女檐浆酪，仙人歌经文，天龙翼之后，白虎口驰，玄武员钟鼓，朱雀持幢幡。化胡成佛道，丈六金刚身，时以诀口教，后当存金文，吾升九天后，克木作吾身。”《老子化胡经》为西晋道士王浮根据东汉以来流传的种种有关老子化胡的传说所造，说老子曾西出阳关，经西域达天竺，化身为佛，教化西域胡人为浮屠，佛教由此而产生等。③ 这个故事曾引起佛教徒的抗议。

西域道观，据大谷光瑞文书，高昌有“周楼观”“口汤观”等。高昌文书里的“随葬衣物疏”还反映出道教传入西域以后，道、释、儒三教合流，并行于民间的情况。

元初，在成吉思汗征服中亚的过程中，有大批内地汉族士卒、工匠、商人等随蒙军迁入西域各地，其中有不少人是道教徒。成吉思汗为求“保养长生之秘术”，邀请全真教道士丘处机前来中亚。1220年，丘处机率18人从山东莱州经蒙古草原、别失八里、阿力麻里（伊犁）到达撒马尔罕。行至别失八里，丘处机受到王宫、士庶、僧、道数百人的威仪远迎，“僧皆赭衣，道士衣冠，与中国特异”。后来，在阿力麻里遇见了留驻在这里的汉族道

---

① 许永璋.道教在东南亚的传播和演变[J].黄河科技大学学报，2005，7(3)：76-80.

② 郑学檬.吐鲁番文书“随葬衣物疏”初探[M]//韩国磐.敦煌吐鲁番出土经济文书研究.厦门：厦门大学出版社，1986；李进信.道教影响过西域人吗？西域道教传播考[EB/OL].(2016-02-06)[2020-04-03].http://dao.qq.com/a/20160105/045724.htm.

③ 李进信.道教影响过西域人吗？西域道教传播考[EB/OL].(2016-02-06)[2020-04-03].http://dao.qq.com/a/20160105/045724.htm.

士张公。张公为察合台汗的大臣,他请求这位全真教首领为这里的道教徒布道,并汇报说:“弟子所居,营三坛,四百余人,晨参暮礼,未尝懈怠。”在撒马尔罕也有许多汉族工匠杂居城中。可见,元代西域的道教也很活跃,传播到蒙古人、汉人足迹所能到达的地方。[①] 元末、明代至清初,在西域不见有道教传播记载,这和伊斯兰教信仰在中亚的普及有关。

道教曾为印度一些小国所知。释道宣的《佛道论衡》记载说:贞观二十一年(637),唐代出使西域的使节李义表回国奏称:“东天竺童子王所,未有佛法,外道宗盛。”童子王告诉他,支那大国,佛教未传入前就有圣人说经,在民间流布,“卿还本国,译为梵言,我欲见之,必道越此徒(途),传通不晚”。童子王所指的“圣人说经”就是老子的《道德经》,他要求李义表为他把《道德经》翻译成梵文。

于是唐太宗立即下勅令,让玄奘法师与诸道士对共译出。在翻译时道士蔡晃、成英等与玄奘围绕佛道教义发生争论。玄奘“穷其义类,得其旨理,方为译之”。诸道士等并引用佛经所论解释《道德经》。玄奘表示异议,说:“佛教、道教,理致天乖,安用佛理通明道义?”如“道”,玄奘说应翻译成梵语“末伽”,道士们坚持要翻译成梵语“菩提”。道士不同意玄奘的意见,“一时举袂曰:道翻末伽,失于古译。昔称菩提,此谓为道。未闻末伽以为道也”。结果闹到宰相马周那里,由他决定停止翻译。[②]

贞观二十二年(648),王玄策率吐蕃兵和泥婆罗兵,平定了摩伽陀国那伏帝阿罗那顺的篡位叛乱,阿罗那顺被押回长安,东天竺王尸鸠摩送牛马三万和宝物给唐军,迦没路国献异物并上地图,请老子像。[③] 说明迦没路国也是崇拜老子的。

宋元时期,伊斯兰世界旅行家有对道教的理解和传播,如伊本·白图泰(1304—1377)的游记中记述了隋尼克兰城(广州)的一个“奇异”故事:当地有个年逾二百岁的老人,“不吃不喝,也不大小便,但十分健壮”“有飘飘欲仙之感”[④]。从所描述的情况看,伊本·白图泰看到的是道教徒。道教徒讲长生不老,练气功,辟谷(不吃不喝)。这应该是伊本·白图泰印象中的人。所以伊斯兰世界,包括西亚、印度等地是有人知道中国有道教信仰的,但不如东南亚那样,有华人可以做媒介,创立道观,传播道教。

二、道教在欧美的传播

道教在欧美的传播可分为三个时期:宋元时期欧洲旅行家对道教的理解和传播、明清西人传教士对道教和道教思想的介绍,以及近代以来欧美学者对道教和道教思想的介绍。

1600 年进入北京的耶酥会士利玛窦(Matteo Ricci,1552—1610)是最了解中国宗

---

① 李进信.道教影响过西域人吗? 西域道教传播考[EB/OL].(2016-02-06)[2020-04-03].http://dao.qq.com/a/20160105/045724.htm.

② 释道宣.佛道论衡:卷丙[M].大正新修大藏经本:74.

③ 欧阳修.新唐书:卷二百二十一上·西域[M].清乾隆武英殿刻本:2618-2632.

④ 伊本·白图泰游记[M].马金鹏,译.银川:宁夏人民出版社,2000:547.

教信仰的欧洲人之一，他虽然只知道一点关于道教肤浅表面的知识，但已是葡萄牙耶稣会士中少有的人了。

基歇尔(Athanasius Kircher，1602—1680)的《中国图说》也介绍了道教。该书1667年在阿姆斯特丹出版，中文书名为《中国宗教、世俗和各种自然、技术奇观及其有价值的实物材料汇编》，简称《中国图说》。

1757年，在菲律宾的西班牙奥古斯丁教会修士拉达(Martin de Rada)率西班牙使团随明朝水军将领王望高来到福建，记载了当地关公崇拜、妈祖崇拜风俗，这是南方道教的亚型信仰，值得注意。随着下南洋的福建移民，关公崇拜、妈祖崇拜风俗也流行于东南亚各国，并经他们的媒介，流传至欧美。

俄国传教士卡法罗夫(教名鲍乃迪、巴拉第，1817—1878)译出了《元朝秘史》《长春真人西游记》等与道教有关的书，为在俄国传播道教开了先河。《长春真人西游记》记载了丘处机应蒙古太祖成吉思汗之召，赴西域途中的见闻，对了解全真道的思想很有帮助。丘处机是全真道龙门派的祖师。俄国喀山大学的西维洛夫也涉猎道教文献的翻译，他翻译了老子的《道德经》《老子的道德哲学》。

据卢公明(Justus Doolittle，1824—1880)的《中国人的社会生活》记载，欧洲人在福州对道教的理解是很有趣的。他称道教为理性主义教派，说对于他们，外国人知之甚少；他们看来恰是远方来客般的避世者，人数远多于佛教徒；他们不结婚又不像皇帝、双亲、朋友那样坦诚地面对生活；他们像佛教徒那样经由各种途径延续下来，他们并不故步自封，甚至在理论上也如此，既有严格的素食者，又有会吃肉者；他们的衣着也不同于普通人。[①]

捷克的鲁道夫·德沃夏克(Rudolf Dvořák，1862—1920)著有《中国的宗教》，翻译了《道德经》，传播了道教的基本理念。

德国学者卫礼贤(Richard Wilhelm，1873—1930)曾翻译了许多中国古典文献，包括与道教有关的《易经》《老子》《庄子》等。他曾向一位道士请教，“他的诚心感动了当地道观的老道，终于获准拜读一本梦寐以求的明版秘经”。他“按老道的要求焚香礼拜、漱口净手”，甚至行叩头大礼，还捐了两块银元，一睹秘经。[②]

龙彼得(Pier van der Loon，1920—2002)，剑桥大学中文讲座教授，牛津大学讲座教授。他的《宋代收藏道书考》虽然以考察宋代存世的道书为主，但也讨论了宋以前官修目录中的道书分布情况。龙彼得在道藏历史的研究中，参考了大量碑记、笔记和官方记录，以及出土材料。[③] 龙彼得的书使欧洲学者对中国道教的认识，由旅行家的见闻进入文献领域，更深入了解道教的理念和活动科仪，这使得西方道教文化传播进入一个新阶段。

美国学者雅基(Stanley Lauvel Jaki)，1924年出生于匈牙利。他写的《科学与创造：由永远的循环到一个振荡的宇宙》一书中有“阴阳的催眠术”部分，内有介绍道

① 卢公明.中国人的社会生活[M].陈泽平，译.福州：福建人民出版社，2009.

② 张东书.卫礼贤的中国魂[M]//国际汉学：第六辑.郑州：大象出版社，2000:39-40.

③ 王宗显，龙彼得.宋代收藏道书考[M]//国际汉学：第七辑.郑州：大象出版社，2002:421.

教的篇幅。雅基认为道教和儒家一样,以为直觉是主要的,甚至是理解大自然的唯一方法。雅基认为《道德经》里的“道”是一个神秘莫测的因素(a mysterious factor),难以用言语表述。雅基说道家关于大自然的说法大多受“悖论式的思维”影响,认为自然的对立因素是不断结合与互相反映的。同时他也指出:道是无所不在,但不可掌握的意志。① 雅基还据《庄子》的论述,阐述道家的自然观并指出其负面影响,如道家说道是“有情、自信、无为、无形”,会影响人们通过分析思考和系统性的研究去发现大自然的奥秘;道家“行不知所往,处不知所待”,缺乏目标;“循天之理”,意味着个人的微小,片面强调人在大自然面前的无力。雅基认为庄子肯定循环性的宇宙观。②

美国学者严守诚的《“道”之分疏:论早期儒道之异同》一文,沿袭欧美学者深究道学原理的学术传统,在“内圣外王”的结合点上做了分析,指出:道家的内圣观集中在智慧上,它产生寂然不动的心。儒家的观点注重“仁”,蕴含在心中,即不忍之心。道家内圣的目的是使心境尽可能清净无为,“守中”,控制心灵,因而政治上主张宽容,但它缺乏改革精神。③ 美国学者萨梭(Michael Saso)在耶鲁大学获得硕士学位后,曾到我国台湾新竹等地调查道教书法诀秘籍,在台北成文出版社刊印《庄林续道藏》,在日本出版《道藏秘诀集成》,后在夏威夷大学任教时,推动召开道教国际会议,著述颇丰。④ 美国加州大学伯克利分校德裔学者史崔克曼(Michel Strickmann)教授,研究“茅山上清派”,为《大英百科全书》(1947 年以后各版)的“道教”“道教史”“道教文学”诸条的编写者,著有《茅山启示录:道教与贵族集团》等。⑤

荷兰皇家科学院院士施舟人(Kristofer M.Schipper,又译作施博尔),是著名的道教和道学研究者,1962 年曾到台湾 8 年,拜道士为师,习正一科仪及闽南语,搜集道家传世秘籍,后任教于巴黎高等研究院,他的著作有《道教》《抱朴子内篇通检》《抱朴子外篇通检》《道藏通检》等多种。⑥

欧美的学者为传播道教和道教思想做出了很大努力,人数不少,这里只举数例说明而已。而且,他们学有专长,任职于大学,培养新一代传播道教和道教思想人才的能量不可低估。

---

① 雷立柏.《阴阳的催眠术》——雅基博士对华夏科学的分析[M]//国际汉学:第六辑.郑州:大象出版社,2000:299.

② 雷立柏.《阴阳的催眠术》——雅基博士对华夏科学的分析[M]//国际汉学:第六辑.郑州:大象出版社,2000:300-301.

③ 严守诚.“道”之分疏:论早期儒道之异同[M]//国际汉学:第七辑.郑州:大象出版社,2002:94-110.

④ 台湾成功大学历史系道教研究室,等.道教学探索:第二号[M].台湾成功大学历史系道教研究室,1989:457.

⑤ 台湾成功大学历史系道教研究室,等.道教学探索:第二号[M].台湾成功大学历史系道教研究室,1989:461.

⑥ 台湾成功大学历史系道教研究室,等.道教学探索:第二号[M].台湾成功大学历史系道教研究室,1989:451.

东盟孔子学院官方网站传播中华文化现状探析*

An Analysis of the Current Situation of the Communication of Chinese Culture on the Official Website of ASEAN Confucius Institute

◈ 叶　虎**
Ye Hu

摘要:文化的相互了解、相互理解、相互包容是中国与东盟国家关系健康发展、深入推进的前提和基础。孔子学院的设立和发展成为推动中国与东盟人文交流、增进民心相通的重要桥梁。本文对东盟孔子学院的发展概况做了简要介绍,并以“孔子学院”官方网站报道为例,对东盟孔子学院的中华文化传播现状进行了分析;在此基础上,从传播内容、报道基调和讲好故事三个层面对东盟孔子学院的中华文化传播进行深入反思。

Abstract: Mutual understanding and mutual tolerance of cultures are the prerequisite and basis for the healthy development and in-depth promotion of China-ASEAN relations. The establishment and development of Confucius Institutes has become an important bridge to promote the cultural exchanges between China and ASEAN and to enhance the people's hearts and minds. This paper gives a brief introduction to the development of ASEAN Confucius Institutes, and takes the official website of "Confucius Institutes" as an example to analyze the current situation of Chinese cultural communication in ASEAN Confucius Institutes. On this basis, the communication of Chinese culture in ASEAN Confucius Institutes is deeply reflected from three aspects: communicating content, reporting tone and telling good stories.

关键词:东盟孔子学院,中华文化传播,“孔子学院”官方网站

Keywords: Confucius Institutes of ASEAN, communication of Chinese culture, the official website of "Confucius Institute"

中国与东盟国家山水相连,血脉相亲,文化交融。自 2006 年东盟第一所孔子学

---

* 本文系厦门大学福建媒体发展研究院课题“东盟华文媒体与福建文化海外影响力研究”(项目编号:FJM202010)的阶段性成果。

** 叶虎,博士,厦门大学新闻传播学院副教授、硕士生导师,研究方向为海外华文传媒研究、孔子学院研究、文化传播研究、新媒体研究等。

院——泰国孔敬大学孔子学院诞生以来,经过十多年的发展,东盟孔子学院已成长为中国—东盟教育文化交流与合作的一个不可忽视的平台,也是汉语和中华文化走进东盟的一个重要载体。

本文对东盟孔子学院的发展概况做了简要介绍,并以"孔子学院"官方网站报道为例,对东盟孔子学院的中华文化传播现状进行了分析;在此基础上,从传播内容、报道基调和讲好故事三个层面对东盟孔子学院的中华文化传播进行深入反思,以期更好地推动中国与东盟的人文交流,增进民心相通。

一、东盟孔子学院发展概况

伴随着21世纪以来"中国热""汉语热"的持续升温,孔子学院顺应时势,应运而生。2004年,第一个孔子学院合作协议在乌兹别克斯坦塔什干国立东方学院签署,第一块孔子学院铭牌在韩国首尔韩中文化协力研究院挂出,第一所孔子学院在美国马里兰大学正式投入运行。截至2020年7月,全球已有162个国家(地区)设立了541所孔子学院和1170个孔子课堂。[①]

东盟各国是中国的重要邻国,中国和东盟国家之间的关系对双方都有着极其重要的政治、经济和安全利益方面的影响。"冷战"结束后,中国与东盟的关系得到迅速恢复和发展,2003年双方建立了战略伙伴关系。十多年来,双方在许多重大国际和地区事务上加强相互了解和支持,坚持战略对话,不断增进政治互信。2013年10月,习近平主席在印度尼西亚国会演讲中提出了携手建设中国—东盟命运共同体,共同建设21世纪"海上丝绸之路"的倡议,强调要坚持讲信修睦、合作共赢、守望相助、心心相印、开放包容,使双方成为兴衰相伴、安危与共、同舟共济的好邻居、好朋友、好伙伴。[②]2014年11月,李克强总理出席第十七次中国—东盟(10+1)领导人会议。他在讲话中指出,中国—东盟战略伙伴关系经历了"黄金十年",正步入起点更高、内涵更广、合作更深的"钻石十年"。[③] 伴随着中国—东盟自贸区建设进程逐步加快,双边贸易一直稳步增长。中国是东盟第一大贸易伙伴,东盟也是中国第三大贸易伙伴、第四大出口市场和第二大进口来源地。经过51年的发展,东盟已经成为拥有10个主权国家、6亿多人口、2.3万亿美元国内生产总值的世界第七大经济体。2015年底,东盟经济共同体(ASEAN Economic Community)正式建成。当前,中国与东盟正积极对接"一带一路"倡议和《东盟互联互通总体规划2025》,共同推动中国—东盟战略伙伴关系不断迈上新台阶。在这一进程中,文化的相互了解、相互理解、相互包容是中国与东盟国家关系健康发展、深入推进的前提和基础。其中,孔子学院的设立和发展成为推动中国

---

① 孔子学院/课堂·关于孔子学院/课堂[EB/OL].[2020-07-31].http://www.hanban.org/confuciousinstitutes/node_10961.htm.

② 习近平.习近平谈治国理政[M].北京:外文出版社,2014:292-295.

③ 李克强在中国—东盟(10+1)领导人会议上的讲话(全文)[EB/OL].(2014-11-14)[2018-07-08].http://www.chinanews.com/gn/2014/11-14/6773271.shtml.

与东盟人文交流，增进民心相通的重要桥梁。

（一）东盟孔子学院建设发展平稳，成绩显著

截至 2019 年 3 月，已经有印度尼西亚、泰国、菲律宾、马来西亚、柬埔寨、新加坡、老挝、越南 8 个国家建设了 36 所孔子学院，具体情况如表 1 所示。

表 1　东盟孔子学院一览表①

国家	孔子学院名称	中方合作院校	成立时间
印度尼西亚	阿拉扎大学孔子学院、玛拉拿达基督教大学孔子学院、哈山努丁大学孔子学院、玛琅国立大学孔子学院、泗水国立大学孔子学院、丹戎布拉大学孔子学院、三一一大学孔子学院	福建师范大学；河北师范大学；南昌大学；广西师范大学；华中师范大学；广西民族大学；西华大学	2010-11-09；2011-01-18；2011-02-22；2011-03-14；2011-05-19；2011-11-26；2019-03-11
泰国	孔敬大学孔子学院、皇太后大学孔子学院、清迈大学孔子学院、曼松德·昭帕亚皇家师范大学孔子学院、宋卡王子大学普吉孔子学院、玛哈沙拉坎大学孔子学院、川登喜皇家大学素攀孔子学院、勿洞市孔子学院、宋卡王子大学孔子学院、朱拉隆功大学孔子学院、农业大学孔子学院、东方大学孔子学院、海上丝路孔子学院、易三仓大学孔子学院、华侨崇圣大学中医孔子学院、海上丝路·帕那空皇家大学孔子学院	西南大学；厦门大学；云南师范大学；天津师范大学；上海大学；广西民族大学；广西大学；重庆大学；广西师范大学；北京大学；华侨大学；温州大学、温州医科大学；天津师范大学；天津科技大学；天津中医药大学；大理大学	2006-08-03；2006-11-04；2006-12-18；2006-12-19；2006-12-24；2006-12-25；2006-12-27；2006-12-28；2006-12-29；2007-03-26；2008-07-07；2009-09-15；2015-06-24；2015-09-12；2016-10-20；2018-06-12
菲律宾	亚典耀大学孔子学院、布拉卡国立大学孔子学院、菲律宾红溪礼示大学孔子学院、菲律宾大学孔子学院	中山大学；西北大学；福建师范大学；厦门大学	2006-10-03；2009-02-28；2009-11-10；2015-10-12
马来西亚	马来亚大学孔子汉语学院、世纪大学孔子学院、沙巴大学孔子学院、彭亨大学孔子学院	北京外国语大学；海南师范大学；长沙理工大学、中交疏浚集团；河北大学	2012-10-20；2015-11-23；2018-11-13；2018-11-14
柬埔寨	柬埔寨王家学院孔子学院	九江学院	2009-12-22
新加坡	南洋理工大学孔子学院	山东大学	2007-07-14
老挝	老挝国立大学孔子学院、苏发努冯大学孔子学院	广西民族大学；昆明理工大学	2010-03-23；2018-07-13
越南	河内大学孔子学院	广西师范大学	2014-12-27

① 资料来源：笔者根据国家汉办官网、国家汉办驻泰国代表处网站、新华网等相关材料整理而成。其中，勿洞市孔子学院挂牌成立时间经核实应为 2006 年 12 月 28 日。老挝苏发努冯大学孔子学院成立情况参见：章建华．老挝北部首所孔子学院举行揭牌仪式[EB/OL]．(2018-07-14)[2018-08-08]．http://www.xinhuanet.com/2018-07/14/c_1123126507.htm.

在东盟36所孔子学院中,除了勿洞市孔子学院是由重庆大学和泰国勿洞市市政局合作建立、沙巴大学孔子学院由长沙理工大学携手中交疏浚集团与沙巴大学合作建立的以外,其他34所孔子学院均由中国高校与当地高校共建。从表1可以看出,在8个东盟国家中,孔子学院数量最多的是泰国,共有16所,占了东盟孔子学院总数的44.44%;其次依次是印度尼西亚(7所)、菲律宾(4所)、马来西亚(4所)、老挝(2所)、柬埔寨(1所)、新加坡(1所)、越南(1所),占亚洲126所孔子学院的28.57%。近些年来,随着"一带一路"倡议在东盟的持续推进和落实以及中国与东盟友好关系的深入发展,东盟一些国家孔子学院的数量又有所增加。比如,泰国孔子学院的数量自2015年后又增加了4所,其中有2所以"丝绸之路"命名;马来西亚在2015年后又建立了世纪大学孔子学院、沙巴大学孔子学院和彭亨大学孔子学院;2018年7月老挝在北部建立了苏发努冯大学孔子学院。

总体来看,东盟孔子学院发挥自身的优势,扬长避短,在汉语教学、师资培养培训、中华文化传播、各类汉语水平考试、教育和文化交流等方面发挥了重要作用。

以泰国曼松德·昭帕亚皇家师范大学孔子学院为例,该孔子学院发挥中方合作院校天津师范大学在师资培养培训方面的优势,近年来,在和教育部各部委建立长期、稳定、友好合作关系的基础上,进一步以点带面,联系各个学区,培训教师以推动汉语教学,努力建成泰国层次最丰富、体系最完整、课程最完善的本土汉语教师培训基地。2013年9月至2014年8月,曼谷市教育局本土化汉语教师培训、基础教育委员会本土汉语教师培训、民校教育委员会本土汉语教师培训、下属教学点本土教师专项培训等各类培训总计达到8903人次。[①] 2013年9月,天津师范大学与曼松德·昭帕亚皇家师范大学共同签署了《合作举办汉语国际教育专业硕士研究生学位教育项目的协议》,国家汉办以孔子学院奖学金对该项目予以支持。学生在天津师范大学完成两年的汉语国际教育专业大部分课程,孔子学院承接第三年的教师资格证课程及相关的专业课程,并负责学生的实习和论文撰写,学生论文答辩通过后可以获得天津师范大学硕士文凭和泰国教育部教师资格证。2014年至2016年,共有75名泰国学生获得推荐并就读。第一届"2+1"项目共有25位汉语国际教育硕士于2018年7月毕业。

被称为"行走的孔子学院"的菲律宾红溪礼示大学孔子学院,积极服务于菲律宾主流社会。其不仅与菲律宾外交部、教育部等政府部门成为签约合作伙伴,为政府官员进行汉语培训,举办中华文化讲座,还积极构建以汉语为平台,以就业为导向的校企合作模式,为当地企业培育汉语人才。[②] 截至2018年5月,柬埔寨王家学院孔子学院累计培养各类学员5.3万人,下设27个教学点,其中包括3个孔子课堂,覆盖柬埔寨12个省市。从2011年开始,柬埔寨举办了7次暑期本土教师培训班,培训了近千人次,有效提高了当地中文教师的教学水平。[③]

---

① 资料来源:泰国曼松德·昭帕亚皇家师范大学孔子学院温象羽女士2016年8月20日向笔者提供。

② 张颖.茉莉花开香满园——访菲律宾红溪礼示大学孔子学院中方院长章石芳[N].福建日报,2016-05-23(5).

③ 毛鹏飞.柬埔寨中文教育从"输血"转为"造血"[EB/OL].(2018-06-02)[2018-07-10].http://www.xinhuanet.com/2018-06/02/c_1122928517.htm.

（二）东盟孔子学院办学效果突出，受到表彰

从2007年开始，孔子学院总部/国家汉办对全球孔子学院的优秀代表进行表彰。2011年开始又增加了孔子课堂的评选。2007—2018年具体统计结果如下（见表2）：

表2　2007—2018年东盟先进孔子学院/课堂统计①

年度	先进孔子学院	先进孔子课堂
2007	泰国孔敬大学孔子学院	未评选
2008	泰国朱拉隆功大学孔子学院	未评选
2009	泰国宋卡王子大学孔子学院	未评选
2010	新加坡南洋理工大学孔子学院、泰国宋卡王子大学普吉孔子学院	未评选
2011	柬埔寨王家学院孔子学院、菲律宾红溪礼示大学孔子学院、泰国曼松德·昭帕亚皇家师范大学孔子学院	泰国吉拉达学校孔子课堂
2012	泰国朱拉隆功大学孔子学院	泰国岱密中学孔子课堂
2013	柬埔寨王家学院孔子学院、马来西亚马来亚大学孔子汉语学院、菲律宾红溪礼示大学孔子学院、泰国曼松德·昭帕亚皇家师范大学孔子学院	无
2014	印度尼西亚阿拉扎大学孔子学院、泰国清迈大学孔子学院	泰国岱密中学孔子课堂
2015	柬埔寨王家学院孔子学院、印度尼西亚玛拉拿达基督教大学孔子学院、泰国孔敬大学孔子学院（被评为示范孔子学院）	泰国吉拉达学校孔子课堂
2016	泰国宋卡王子大学普吉孔子学院	缅甸福庆语言与电脑学校孔子课堂、泰国合艾国光中学孔子课堂
2017	菲律宾红溪礼示大学孔子学院、泰国曼松德·昭帕亚皇家师范大学孔子学院	无
2018	泰国孔敬大学孔子学院、泰国皇太后大学孔子学院	无

从表2中可以看出，在2007—2018年这12年的评比中，泰国曼松德·昭帕亚皇家师范大学孔子学院、菲律宾红溪礼示大学孔子学院和柬埔寨王家学院孔子学院3次获得先进孔子学院称号；泰国朱拉隆功大学孔子学院、泰国孔敬大学孔子学院和泰国宋卡王子大学普吉孔子学院2次获得先进孔子学院称号；泰国宋卡王子大学孔子学院、泰国清迈大学孔子学院、泰国皇太后大学孔子学院、新加坡南洋理工大学孔子学院、马来西亚马来亚大学孔子汉语学院、印度尼西亚阿拉扎大学孔子学院以及印度尼西亚玛拉拿达基督教大学孔子学院各获得1次先进孔子学院称号。值得一提的是，泰

① 2007—2017年材料，根据孔子学院年度发展报告绘制而成。2018年材料源自：孔子学院光荣榜（2018）[EB/OL].[2018-12-22].http://conference.hanban.org/pc/grb.html? index=0.

国孔敬大学孔子学院 2015 年进入总数为 15 所的示范孔子学院行列。根据统计,2007—2018 年,全球共有 289 所孔子学院获得先进孔子学院称号(有的孔子学院多次获得先进称号,统计时以所获次数计算),东盟有 22 所孔子学院位列其中,占比为 7.61%;2011—2018 年全球共有 44 所孔子课堂获得先进孔子课堂称号,东盟有 6 所孔子课堂获此荣誉,占比为 13.64%。

二、东盟孔子学院官方网站中华文化传播现状分析

“孔子学院”官方网站为孔子学院总部/国家汉办所属的网站,主要包括“新闻中心”“孔子学院”“汉语教师”“志愿者”“教学资源”“汉语考试”“新汉学计划”“奖学金”“汉语桥”“交流合作”以及“业务中心”等板块,目前有中文、英文、法文和西班牙文四种语言可供选择。作为全球孔子学院新闻报道的重要平台,“孔子学院”官方网站具有权威性特点,是了解世界各国孔子学院动态和发展的有效渠道。

“孔子学院”官方网站的新闻稿件主要来自世界各国孔子学院,分布于各大洲的孔子学院一般都会成立相应的新闻报道组,由专人负责采写稿件。通常稿件经过孔子学院院长(由于语言关系,一般是孔子学院中方院长)把关审核后,会被发到孔子学院新闻中心等相关部门,由后者经过选择审核后予以发表。当然,还有一些新闻报道来自新华社、中国新闻社、人民网等外派新闻机构在所在国家和地区采写的新闻报道,由“孔子学院”官方网站转发刊登。部分稿件来自海外华文媒体和国内新闻媒体采写的关于孔子学院的相关报道。本文涉及的语料来自“新闻中心”这一新闻报道比较集中的板块。

(一)就中华文化传播的内容来看,主要集中于传统文化领域

文化是民族的血脉,是人民的精神家园。2017 年 1 月,中共中央办公厅、国务院办公厅在出台的《关于实施中华优秀传统文化传承发展工程的意见》中指出,要推动中外文化交流互鉴,加强对外文化交流合作,创新人文交流方式,丰富文化交流内容,不断提高文化交流水平。文件强调要“充分运用海外中国文化中心、孔子学院,文化节展、文物展览、博览会、书展、电影节、体育活动、旅游推介和各类品牌活动,助推中华优秀传统文化的国际传播。支持中华医药、中华烹饪、中华武术、中华典籍、中国文物、中国园林、中国节日等中华传统文化代表性项目走出去。积极宣传推介戏曲、民乐、书法、国画等我国优秀传统文化艺术,让国外民众在审美过程中获得愉悦、感受魅力”①。其实,孔子学院自成立以来,始终将中外文化的交流与合作作为其办学的主要宗旨。从历史上看,东南亚与中国在文化上保持着千丝万缕的联系,长期受到中华文明的濡染和影响。特别是东盟,华侨华人最为集中,约有 3,000 万人。世界华商 500 强中约

① 中共中央办公厅 国务院办公厅印发《关于实施中华优秀传统文化传承发展工程的意见》[EB/OL].(2017-01-25)[2018-07-25].http://www.gov.cn/zhengce/2017-01/25/content_5163472.htm.

1/3分布在东盟各国。[①] 这些都是推进中国与东盟文化交流与合作的有利因素。

我们将“文化”大致分为物质文化、行为文化和精神文化三个层次，物质文化主要包括中国美食、中国名胜古迹、茶叶等要素；行为文化主要包括中国武术、中国歌曲、中国舞蹈、中医、舞龙舞狮、中国书法、中国结、剪纸、中国画等要素；精神文化主要包括中国哲学、文学、艺术、宗教、习俗、仪式等涉及精神层面的活动及其彰显的价值观。当然，这三种文化层次之间并非泾渭分明、相互隔离，而是相互联系和相互渗透的。物质文化和行为文化一般都浸润着精神文化的因子，后者成为前者的“深层结构”；物质文化常常要通过一定的实践过程才能对象化，精神文化往往也依托于一定的物质媒介和行为方式予以呈现。就东盟孔子学院来看，“孔子学院”官方网站的报道主要集中于物质文化和行为文化这两个层次，一般通过中国文化节、节庆文化（春节、中秋节、端午节等）、文化营、各种赛事（书法比赛、歌唱比赛、舞蹈比赛等）以及孔子学院日等载体呈现。以下以印尼阿拉扎大学孔子学院和越南河内大学孔子学院为例，对这两所孔子学院的中华文化传播情况进行相关统计（见表3）。

表3 两所孔子学院中华文化传播活动报道统计[②]

孔子学院名称	中华文化传播活动报道（篇）	文化关键词词频（次）	时间跨度
印尼阿拉扎大学孔子学院	《印尼阿拉扎大学孔子学院应邀参加印尼建国大学国际文化周活动》《印尼阿拉扎大学孔子学院举办“庆祝孔子学院成立十周年暨全球首届孔子学院日”活动》《阿拉扎大学孔子学院为印尼高校开展中国文化体验活动》等33篇报道	中国书法（15）、中国舞蹈（15）、中国歌曲（13）、中国乐器（11）、中国武术（10）、国画/吹画（8）、茶艺/功夫茶（7）、太极拳/太极扇（6）、中国结（6）、中国美食（4）、剪纸（3）、京剧/画脸谱（3）、戏曲（3）、相声（3）、中国电影（2）	2012年6月—2018年6月
越南河内大学孔子学院	《越南河内大学孔子学院举办中国文化周喜迎中秋》《太极之花飘香满园——河内大学孔子学院首期太极拳训练班开班》等20篇报道	中文歌曲（12）、中国舞蹈（8）、中国书法（7）、中国画（3）、太极拳（2）、中国乐器（2）、话剧（2）、中国美食（1）、中国武术（1）、小品（1）、歌剧（1）、中越端午节习俗（1）、中越中秋节习俗（1）、春节习俗（1）	2015年10月—2018年5月

从表3可以看出，无论是印尼阿拉扎大学孔子学院还是越南河内大学孔子学院，在中华文化传播方面都以传统文化作为传播的主要内容。从文化关键词词频统计来看，中国书法、中国舞蹈和中国歌曲均名列前茅，只是顺序不同而已；中国国画、武术、乐器、太极拳等也是传统文化传播的主要项目。与印尼阿拉扎大学孔子学院有所不同

① 蔡建国.华侨华人与“一带一路”战略[N].文汇报，2015-03-12(5).

② 资料来源：印尼阿拉扎大学孔子学院相关新闻[EB/OL].[2018-07-18].http://www.hanban.org/confucious-institutes/node_13565.htm? vak=list；越南河内大学孔子学院相关新闻[EB/OL].[2018-07-18].http://www.hanban.org/confuciousinstitutes/node_42872.htm? vak=list.

的是,越南河内大学孔子学院还从越中文化比较的角度,举办了三场关于中越端午节习俗、中越中秋节习俗以及春节习俗的文化交流活动。从文化的三个层次来看,以行为文化为主,物质文化次之。至于精神文化层面的报道,越南河内大学孔子学院虽有所涉及,但并不深入。如《河内大学孔子学院举办"中越端午节文化交流会"》[①]的报道,只是简要地谈及了"中国端午节的由来与习俗",指出"除了驱毒辟邪,中国的端午节还有纪念屈原、赛龙舟等更多的历史文化活动及其含义,其代表食物是粽子",而没有涉及中国端午节来源的多元化和粽子文化演进的复杂过程,以及由此折射出的文化精神与文化心理。《河内大学孔子学院举办中秋节文化交流活动》[②]也只是介绍了中国中秋文化传统和与中秋节相关的诗词歌赋,而对中秋节所展现的文化价值观缺乏深入的分析。

(二)就中华文化传播的报道基调来看,强调正面报道

所谓正面报道,有学者认为"主要指科学把握社会生活的本质和主流,着力反映社会发展中光明的、积极的、健康的内容的报道。其目的是振奋民族精神,鼓舞人们奋发向上,促进政治稳定、经济发展、社会进步"[③]。一般认为,"正面报道"的特点体现在以下四个方面:报道焦点往往集中在社会的积极部分或光明一面;基调是提倡和鼓励;倡导某种现象或观念,以保持一定的社会道德水平和社会秩序;强调"平衡""和睦"和"稳定"。[④] 从上述论述来看,正面报道的重要功能是强调鼓足干劲、凝聚人心和达成共识。作为中外语言文化沟通理解的桥梁,孔子学院以语言为媒,以文化为桥,成为深化人文交流的响亮品牌。但在中外合作办学的过程中,也不可避免地存在这样那样的问题。在第九届孔子学院大会上,时任国务院副总理刘延东提出要"致力形成共建、共有、共管、共享的合作格局"[⑤],这意味着中外办学单位要管控分歧、增加共识,将孔子学院作为共同的事业去建设,分享孔子学院结出的硕果,也要积极面对和承担在建设过程中客观存在的障碍与困难。

除了在内容上强调积极、健康、向上之外,东盟孔子学院关于中华文化传播的正面报道主要体现在以下三个方面:

一是强调中华文化传播受到中外方领导层与合作单位、院校等的高度重视和支持。例如,《清迈大学孔子学院助力"2018 泰国清迈兰纳博览会"中国馆活动》一文写道:"泰国副总理威萨努(Wissan Krea-Ngam)在中国驻清迈总领事任义生和清迈大学

---

① 范先钢.河内大学孔子学院举办"中越端午节文化交流会"[EB/OL].(2016-06-16)[2018-07-20].http://www.hanban.org/article/2016-06/16/content_647402.htm.

② 秦晓洁.河内大学孔子学院举办中秋节文化交流活动[EB/OL].(2016-09-27)[2018-07-20].http://www.hanban.org/article/2016-09/27/content_657177.htm.

③ 周楠.试析正面报道的负面效应问题[J].新闻知识,2004(6):34-36.

④ 张威.中西比较:正面报道和负面报道[J].国际新闻界,1999(1):49-57.

⑤ 刘延东.迈向孔子学院的新10年——在第九届孔子学院大会开幕式上的主旨演讲[J].孔子学院,2015(1):20-29.

孔子学院中方院长沈毅的陪同下参观了兰纳博览会中国馆。”①一般来说，支持和参加中华文化传播的高层人士往往在导语中出现。比如，2014 年 1 月 27 日，菲律宾红溪礼示大学孔子学院携手红溪礼示市政府举办了一年一度的“恭贺新春——中华文化展”系列活动，其导语是这样写的：“菲律宾前高等教育部部长 Emmanuel Y. Angeles 先生及其夫人，红溪礼示市市长 Edgardo Pamintuan 先生及其夫人，红溪礼示市副市长 Maria Vicenta Vega-Cabigting 女士，红溪礼示市议会众议员 Nepomuceno 先生等宾客共同出席了本次活动的开幕式。”②总体来看，出席和参加中华文化传播活动人物的显著性常常成为考量和评价其新闻价值的重要因素，也是彰显东盟孔子学院中外文化交流活动影响力的重要指标之一。

二是强调中华文化传播活动受到中外媒体的积极关注和充分肯定。例如，2016 年 5 月 10 日，由中国国际广播电台和老挝国立大学孔子学院共同主办的“中国梦 · 老挝情”第二届中文歌曲大赛决赛在老挝国家文化宫举行。消息特别强调“老挝国家电视台、老挝国家广播电台、老挝资讯网、中国国际广播电台、中华网、新华网等媒体对活动进行了报道”③。2016 年 9 月 19 日至 24 日，越南河内大学孔子学院举办“2016 中国文化周暨孔子学院日”系列活动。在消息结尾指明“本次活动吸引了多家中越两国的新闻媒体到场进行现场采访报道”④。

三是强调中华文化传播活动受到当地师生、民众和华人华侨等的热烈欢迎和肯定。例如，2018 年 3 月 25 日，柬埔寨王家研究院孔子学院西哈努克省高级中学汉语中心举办第二届“西港好声音”中文歌曲大赛。消息结尾处直接引用了西港公立港华学校校长吕俊乔的高度评价：“通过比赛，我发现学生们在提高汉语水平的同时，也陶醉在中国的流行文化中，相信他们会慢慢了解中国，慢慢爱上中国。”⑤2018 年 3 月 7 日，在乌达雅纳大学的全力支持下，印尼哈山努丁大学孔子学院旅游汉语培训中心合作承办了中国驻登帕萨总领事馆举办的“中国艺术走进印尼校园”文化交流演出活动。文末强调“中国艺术第一次在乌大校园正式上演，受到 700 余名学生的热烈欢迎和好评”⑥。《老挝孔子学院开展“中华文化进校园”活动》这则消息对活动现场专门有一段描写：“孔子学院展台前人头攒动，参观体验的学生络绎不绝。孔院师生准备的太极表演、剪纸和中国结教学、茶艺演示等深受当地学生的喜爱。他们在孔院教师的指导下，

---

① 清迈大学孔子学院助力“2018 泰国清迈兰纳博览会”中国馆活动[EB/OL].(2018-07-06)[2018-07-22]. http://www.hanban.edu.cn/article/2018-07/06/content_739555.htm.

② 菲律宾红溪礼示大学孔子学院“恭贺新春，金马送福——中国文化展”活动亮相天使之城 2[EB/OL].(2014-02-07)[2018-07-22].http://www.hanban.org/article/2014-02/07/content_523272.htm.

③ 老挝好声音唱响中老友谊之歌 “中国梦 · 老挝情”第二届中文歌曲大赛完美收官[EB/OL].(2016-05-16)[2018-07-22].http://www.hanban.org/article/2016-05/16/content_641772.htm.

④ 秦晓洁.河内大学孔子学院成功举办 2016 中国文化周暨孔子学院日系列活动[EB/OL].(2016-10-10)[2018-07-22].http://www.hanban.org/article/2016-10/10/content_658874.htm.

⑤ 赵丽萍.王家研究院孔子学院西哈努克省高级中学汉语中心举办“西港好声音”中文歌曲大赛[EB/OL].(2018-03-29)[2018-07-25].http://www.hanban.org/article/2018-03/29/content_724210.htm.

⑥ 中国艺术走进印尼校园[EB/OL].(2018-03-14)[2018-07-25].http://www.hanban.org/article/2018-03/14/content_723232.htm.

亲自动手画脸谱、剪纸、编中国结,乐此不疲。”①

(三)就报道体裁和形式来看,主要以消息为主,以“文字+图片”为主

消息是“以简要的语言文字对国内外新近发生的具有一定新闻价值的人和事进行简要而迅速报道的新闻题材”②。可以说,消息是新闻中使用频率很高的一种文体,以“短、快、新”著称。东盟孔子学院中华文化活动一般是动态的事实信息传播,主要采用消息这一体裁进行传播。与此相对应的是,大量文化活动提供了丰富多彩的现场照片,于是“文字+图片”成为东盟孔子学院中华文化报道的标配。以下以老挝国立大学孔子学院和泰国孔敬大学孔子学院为例,对这两所孔子学院中华文化传播活动报道体裁和报道形式进行相关统计(见表4)。

表4 两所孔子学院中华文化传播活动报道体裁和报道形式统计③

孔子学院名称	中华文化传播活动报道体裁(篇)	中华文化传播活动报道形式(篇)	时间跨度
老挝国立大学孔子学院	消息(52);通讯(3)	文字+图片(55)	2011年1月—2018年6月
泰国孔敬大学孔子学院	消息(33)	文字+图片(32);文字(1)	2014年3月—2018年8月

由表4可以看出,除了老挝国立大学孔子学院有三篇通讯外,两所孔子学院中华文化传播活动的报道体裁均为消息;从报道形式来看,除了泰国孔敬大学孔子学院有一篇为文字外,两所孔子学院的报道形式均为“文字+图片”。

三、东盟孔子学院官方网站中华文化传播反思

(一)从传播内容上看,涉及如何看待传统文化的简化问题

由前述分析我们可以看出,东盟孔子学院在中华文化传播内容的选择上偏重于传统文化,而传统文化的传播往往停留在物质和行为层面,同质化程度高。例如,东盟孔子学院的中华文化传播常常被简化成包饺子、剪纸、绘画、舞蹈、武术、书法、中国结、京剧脸谱等文化符号,每年节庆传播的内容也大致雷同,缺乏新意。各种文化展览、演出带给受众更多的也只是视觉上的冲击和享受,精神层面的深度交流和认知以及文化表象背后的价值观传播都比较缺乏。

① 老挝孔子学院开展“中华文化进校园”活动[EB/OL].(2016-11-23)[2018-07-25].http://www.harban.org/article/2016-11/23/content_665745.htm.

② 程曼丽,乔云霞.新闻传播学辞典[M].北京:新华出版社,2012:169.

③ 资料来源:老挝国立大学孔子学院相关新闻[EB/OL].[2018-08-08].http://www.hanban.org/confuciousinstitutes/node_6791.htm? vak=list;泰国孔敬大学孔子学院相关新闻[EB/OL].[2018-08-08].http://www.hanban.org/confuciousinstitutes/node_6810.htm? vak=list.

在我们看来，之所以形成上述情况，原因是多方面的。首先，对传统文化的简化本身往往会削减和损害其丰富性和深刻性。每年孔子学院总部/国家汉办都要委托国内高校对准备赴任的中方院长、外派汉语教师和汉语志愿者教师进行培训，培训的一个重要内容就是文化才艺的培训，而文化才艺主要集中于中国书法、舞蹈、武术、剪纸等方面。对传统文化的简化尽管便于教学和培训，但带来的问题是：在 30 天左右的时间内如何掌握上述文化技艺及其背后的文化精神？因此会招致人们的疑问："川剧变脸很好，但不少人有个错误的印象，好像川剧就是变脸、变个魔术，从事川剧的工作者对这种认识非常反感，认为很多更深层面的文化被忽视了(吴建民语)。而低档一点的就随便舞一下龙，耍一下狮，弄几张剪纸，打几个中国结，忽悠忽悠老外就美其名曰'传播中国文化'了。""如果身为对外汉语教师，只有'知识'，没有文化，是不能胜任'文化使者'称号的。但是中国扩招后的大学生的质量大不如前，……大多数人都是只懂得一点皮毛的'知道'先生或女士，经过短期培训就仓促上阵了。"[①]

其次，对传统文化存在认知上的偏差致使中华文化传播陷入与当代社会与文化现实脱节的怪圈之中。有一种典型的观点认为传统文化是建筑在过去时代的经济和政治之上的，因此与当下的社会与现实环境是脱节的，是格格不入的。我们认为，传统文化确实诞生于传统社会，但文化本身是发展的、流动的，传统文化的精神和意蕴会流淌在我们的思维方式和行为模式中。当然，传统文化要延续和发展，必须要进行创造性转化、创新性发展。其中一个可行的路径是从传统文化中挖掘具有现代价值的精神内涵，并以现代的审美表达、技术方法、传播方式加以转化重述、改编创造，才能让它们与当下的疏离感逐渐减少，才更能发挥其内在文化魅力。[②] 而这正是我们当前努力的方向，也是东盟孔子学院在中华文化传播中需要着重推进的事业。

(二)从报道基调上看，如何看待东盟孔子学院中华文化正面报道的原则

对正面报道往往存在三种误解：一是认为正面报道就是报喜不报忧；二是认为正面报道很好操作；三是认为正面报道费力不讨好，难以取得良好的传播效果。就第一种观点来看，正面报道并不是滑向极端的"片面报道"，而是不回避问题和困难的报道，关键是"如何讲"的问题。就第二和第三种观点来看，其实是一枚钱币的两面：认为正面报道易于操作是低估了增强正面报道的吸引力和感染力的难度；认为正面报道难以取得实效，往往是因为没有用心去做，进而难以产生应有的吸引力和感染力。

在一般人的印象中，西方媒体专注于负面报道，中国媒体集中于正面报道，其实这种二元对立的绝对观点并不符合实际。近年来，一些颇具影响力的西方传统媒体和新媒体机构纷纷开设"好新闻""欢乐新闻"等专门刊载正面报道的专栏或页面，不约而同地加大对"正面报道"的投入。美国的《财富》和《新闻周刊》，多次以封面

---

① 诤言.中国文化应如何平稳走出去[N].国际日报(印尼)，2011-12-17(A7).

② 邓立峰.弘扬传统文化要有当代意识[N].中国艺术报，2017-09-13(1).

图片和数以万字的篇幅全面报道中国大陆的经济腾跃和海外投资发展。作为三大全国性电视网之一,ABC 推出的"美国坚强"(America Strong)的报道题材和内容聚焦于具有独立自强、积极向上精神的重症患者、残障人士、贫弱群体,关注美国本土出现的诸多饱含"正能量"的"公民英雄",宣扬自由、进取、爱国等核心价值观。由此看来,西方媒体争做"正面报道"并非出于偶然,而是对当下充斥于西方社会的"坏新闻疲劳症"的一种反弹。[①] 当然,如此说来,并不是不能触碰东盟孔子学院中华文化传播中面临的障碍和难题,作为双方合作办学的孔子学院也面临着同样的"社会资本"问题。在美国著名政治学者罗伯特·帕特南(Robert D. Putnam)看来,"社会资本"指的是社会上个人之间的相互联系——社会关系网络和由此产生的互利互惠、互相信赖的规范。帕特南认为,怎样使社会资本的积极效应,如相互支持、合作、信任,在提高组织效率等方面达到最大化是一个非常重要的问题。[②] 总体看来,东盟孔子学院中外双方建立了良好的合作关系,但也并不能排除相互之间存在着或多或少的误会、矛盾和分歧。如何在制度框架下加强中外方特别是身处一线的院长之间的相互信任和协作,减少或避免双方之间的猜疑、矛盾和冲突,是推进东盟中华文化异域传播取得良好成效的关键问题。

当下,我们亟须思考和解决的是东盟孔子学院中华文化正面报道本身存在的较为突出的问题。这些问题归纳起来主要包括以下几个方面:一是内容平淡、主题重复。尽管孔子学院总部/国家汉办每年对孔子学院项目构成中有 1/3 创新项目的要求,不过常常出现的情况是在此孔院为创新项目的文化活动,在彼孔院已是明日黄花。不仅如此,一些孔子学院的活动设计理念和具体运作常年不变,致使报道换汤不换药。二是套话多,宣传味浓。报道一般重视出席文化活动嘉宾的职衔、地位,并以活动的规模和数量来评价成绩,多为单方面宣传自身的文化,缺乏有反馈的互动交流。三是报道体裁和形式较为单一。正如之前所分析的,报道主要以消息为主,以"文字+图片"为主。客观地说,以"消息"这种体裁进行报道并非不可以,问题的关键是如果有适合用通讯、特写、深度报道等体裁进行报道的题材,却只用"消息"这一体裁一笔带过,就殊为可惜了。同理,用"文字+图片"的形式进行报道也并非不可以,但如果用图表、视频和音频等形式能取得更好的传播效果的话,前者的局限之处就需要改进了。在我们看来,东盟孔子学院中华文化报道必须适应网络新媒体的平台要求,这样才能在融合媒体时代取得更好的传播效果。有学者总结了融合新闻操作中媒介元素与报道题材的适宜性问题,如表 5 所示。

---

① 屠新时.海外华文传媒同心共建"空中丝绸之路"[C]//夏春平.华文媒体 200 年——薪火传承与时代担当(第八届世界华文传媒论坛论文集).香港:香港中国新闻出版社,2015:118-119.

② 帕特南.独自打保龄:美国社区的衰落与复兴[M].刘波,祝乃娟,张孜异,等译.北京:北京大学出版社,2011:7-11.

表 5　媒介元素的适宜性[①]

媒介元素	事实信息类别
文字	各种事件及非事件信息、观念，时政、教育、社会问题，不宜直接展示的场面或情境
照片	人物、事件、自然
图表	经济与社会发展、复杂数据
漫画	新闻模拟（灾难、事故、警事、科技、航空），暴力或血腥场面，时政、国际、体育等
音频	演讲、直接引语，有特色的声音，不愿意露面的消息来源
视频	冲突事件、灾难、事故、人物、风貌、动物、体育赛事、文艺演出
互动	用户评论、意见调查、用户创造内容
链接	新闻背景、相关新闻

从表 5 中可以看出，一般来讲，在融合媒体时代，采用多种媒介元素呈现信息，可以优化传播效果。因此，如《中柬大学生联袂演出，共庆建交 60 周年》[②]这样比较重大的文化报道，完全可以在“文字＋图片”报道的基础上，配上视频或精彩视频片段的链接，凸显柬中文化交流和两国友好关系。泰国孔敬大学孔子学院赴泰东北益索通职业技术学院开展《舌尖上的中国》中国食品制作课程[③]，其饮食文化教学也可以以视频的形式予以呈现。近些年来，东盟一些孔子学院举办了微电影大赛，这些以学生为主体的创作内容既可以用视频元素生动鲜活地呈现，也可以开设用户评论或进行网络投票，在更大的范围产生更广泛的影响。对于那些已开展多年的品牌文化活动或者文化系列活动，可以设置相关链接，以便用户了解往年或前期举办的相关活动。

（三）就东盟孔子学院来看，如何用讲好“故事”来优化中华文化报道

讲故事是东盟孔子学院中华文化报道的薄弱环节。由前面的分析我们可以得知，东盟孔子学院的中华文化报道主要以消息作为主打。一般来讲，消息以概括性为特点，尽管有短、新、快的优势，但在讲故事方面却有所欠缺。

讲好东盟孔子学院传播中华文化的故事，首先要彰显故事的“具体化”特质。具体化是指故事以具体的人物、情节、环境等的叙写和描摹取胜，与其相对的是概括化和数字化。爱尔兰著名学者理查德·卡尼（Richard Kearney）在《故事离真实有多远》一书中强调“故事”的重要性时指出：“这就是为什么在希腊文学中，如果想了解勇敢的美德，应该讲阿基利斯或伊菲吉妮亚的故事；如果要指出恶行的结局，那就说说喀耳刻或是独眼巨人的故事。同样，在《圣经》中，善与恶并不是通过抽象的思辨，而是通过讲述

---

① 刘冰.融合新闻[M].北京：清华大学出版社，2017：28.

② 中柬大学生联袂演出，共庆建交 60 周年[EB/OL].(2018-06-25)[2018-08-10]. http://www.hanban.org/article/2018-06/25/content_737611.htm.

③ 孙中华.孔敬大学孔子学院开展中国食品制作课程[EB/OL].(2015-01-20)[2018-08-10]. http://www.hanban.org/article/2015-01/20/content_570926.htm.

约瑟与其兄弟的故事、摩西和玛门的故事以及耶稣和陷害折磨他的人的故事来阐释。"[①]美国作家丹尼尔·平克(Daniel H. Pink)指出:"记不住一个孤立的数据,而象棋大师加里·卡斯帕罗夫的有些伤感的故事,却很容易想起来,这并不表示我们记忆力衰退了,或者要患阿兹海默痴呆症(Alzheimer's)了。它们恰恰表示我们大脑是怎样工作的。故事更容易被人记住,因为在很多方面,故事是我们记忆的主要方式。"[②]反观东盟孔子学院中华文化的相关报道,往往更多展示的是过程性的概括文字和数字,缺少有血有肉、有真情实感的故事。正如《美国社区报实操指南》一书的作者所指出的:"如果你在做一篇关于阿巴拉契亚地区贫困状况的报道,就不要简单罗列数据。那会是一个浮于表面的故事。你应该找到当地的一个穷苦人,请他讲故事。这样,把问题具体化,把数据落在个体身上。通过一个人真实的故事,你对阿巴拉契亚地区贫困状况的报道力度将超过全世界有关于此的数据表格的总和。"[③]这样,叙写学员在孔子学院的大家庭中,如何以自己的艰苦努力在学习中华文化的过程中取得成功的故事,往往比花费大量精力和时间报道内容雷同、过程相似的文化推广活动更有亲和力和感染力。

其次,要以他者可接受的"小叙事"的方式讲好故事。后现代主义思想家利奥塔(Jean-Francois Lyotard)认为,与现代性的叙事模式相适应的"宏大的叙事"或"元叙事"不但没落了,而且变得完全不可信了,取而代之的是"细小的叙事"。"细小的叙事"与"宏大的叙事"之间的差异主要表现在以下两个方面:一方面,"细小的叙事"关涉的是日常经验世界,而"宏大的叙事"关涉的则是超越性的层面;另一方面,"细小的叙事"关注的是"行为方式",即在日常生活中人的行为方式如何变得合情合理,"宏大的叙事"关注的则是"行为目的",而行为目的常常是很抽象的,也是充满纷争的。[④] 利奥塔关注"细小的叙事"确实有一定的道理,但是将"宏大的叙事"和"细小的叙事"割裂和对立起来,并不符合讲好中华文化故事的要求。我们在这里强调的"小叙事"尽管主要关注人的基本生存,饮食起居,人际交往,爱情、婚姻、家庭的日常琐事,但这里有更广大的兼容的"哲学",这里有更广大的"宇宙"。这些大说之外的"小说",并不因其小而小,而恰恰是因其"小"而显示其"大"。这是人性之大,人道之大,博爱之大,救赎功能之大。[⑤] 因此,像高铁汉语言文化培训这样的项目[⑥],在报道时更应关注的是高铁汉语言文化培训如何嵌入泰国学员的日常生活和工作之中,高铁又是如何从技术话语转变为"心灵高铁"这一精神文化话语的。如果我们只是简单地放大汉语言文化的功能价值,

---

① 卡尼.故事离真实有多远[M].王广州,译.桂林:广西师范大学出版社,2007:113.

② 平克.全新思维[M].林娜,译.北京:北京师范大学出版社,2006:78.

③ 赵克,陈凯.美国社区报实操指南:无以复加的当地化[M].广州:南方日报出版社,2014:61.

④ 俞吾金."宏大的叙事"会消失吗[EB/OL].(2010-08-08)[2010-08-10].http://www.socio logyol.org/yanjiubankuai/fenleisuoyin/shehuixuelilun/2010-08-08/10778.html.

⑤ 王春林.茅盾文学奖悄然"革命":从宏大叙事到"日常叙事"[EB/OL].(2015-08-20)[2018-08-10].http://culture.ifeng.com/a/20150820/44474344_0.shtml.

⑥ "高铁为媒,汉语搭桥"——孔敬大学孔子学院第二届中泰高铁汉语培训圆满结束[EB/OL].(2017-04-10)[2018-08-10].http://www.hanban.org/article/2017-04/10/content_680421.htm.

而不去关注其背后的精神文化价值及其衍生的心灵故事，那么中泰两国的“民心相通”就很难落实到实处。

2018 年 7 月，孔子学院总部理事座谈会强调，孔子学院经过 14 年快速发展，已经进入提质增效、创新发展的关键时期。[①] 国务院副总理、孔子学院总部理事会主席孙春兰在第十三届孔子学院大会上强调，构建人类命运共同体，推动各国共同繁荣发展，需要更好地发挥语言在增进理解、凝聚共识、促进合作、深化友谊中的独特作用。[②] 对于办学效果突出，处于蓬勃发展期的东盟孔子学院更是如此。其中，中华文化传播作为不可或缺的纽带，把中国与东盟更为紧密地连接在一起。当然，我们也要深刻认识到东盟孔子学院的中华文化传播还存在着不容忽视的问题，其报道质量还有待进一步提高。这就要求我们紧紧抓住当前“一带一路”背景下中华文化传播面临的难得机遇，迎接挑战，大力推动中国与东盟国家的人文交流，增进民心相通，这是时代给予我们的不可规避的责任。

---

① 2018 年孔子学院总部理事座谈会在京举行[EB/OL].(2018-07-19)[2018-08-10].http://www.hanban.edu.cn/article/2018-07/19/content_740065.htm.

② 孙春兰.推动孔子学院高质量发展 为构建人类命运共同体贡献力量[EB/OL].(2018-12-04)[2018-12-22].http://www.xinhuanet.com/politics/2018-12/04/c_1123807457.htm.

儒家传播思想研究

儒家理性与传播主张的歧义表述

The Ambiguous Expression of Rationality and Communication Proposition in Confucianism

◈ 江作苏　李孟名*
Jiang Zuosu　Li Mengming

摘要：儒家思想是中华文化之源绪，蕴含朴素的传播思想。通过对儒家思想中的传播意识及主张的矛盾分析，厘清其在传受意识方面的表达歧义，对其舆论思想存在的理性与非理性因素予以分析，可见儒家传播思想呈现出既互补又冲突的复杂性，其表征恰呈现出古典传播的理性。当今互联网技术背景下社会传播生态发生改变，随着中西方文化交流逐渐深入，后现代社会背景下产生了普遍的伦理困境，从跨域中西的视角来探寻儒家传播思想，有一定现世价值。

Abstract: Confucianism is the source of Chinese culture and contains simple communication thoughts. Through the analysis of the contradictions of communication norms and claims in Confucianism, and clarifying the expression of ambiguity in the consciousness of communication, and the analysis of the rational and irrational factors in the existence of public opinion thoughts, it shows that Confucian communication thoughts present a complementary and conflicting coexistence. Furthermore, Confucian communication thoughts reflects the rationality of classical communication. Under the current development of Internet technology, the social communication ecology has changed. With the deepening of cultural exchanges between China and the West, the general ethical dilemma has emerged in the postmodern society. From a perspective across China and the West, to a certain extent, the exploration of Confucian communication thoughts has the secular values.

关键词：儒家，传播思想，理性，现世价值

Keywords: Confucian, communication thoughts, rationality, the secular values

---

* 江作苏，华中师范大学新闻传播学院教授、博士生导师，高级记者，武汉大学博士生导师，研究方向为媒介伦理与新闻实务；李孟名，华中师范大学新闻传播学院硕士研究生，研究方向为文化传播、媒介伦理。

儒家思想发端于春秋战国之际,形成了以孔孟思想为体系的学派,经荀子批判发展具有了更丰富的内容。汉代以降,儒家思想在兼采各家思想的基础上成为统治者巩固意识形态的思想工具,后经宋明时期的流变,生发为不同的流派。回溯华夏历史,儒家思想对中国社会的影响持续且广泛,原因离不开其区别于其他学派思想的独特的传播意识和方式,结合社会发展实际情况,始终力求其传播思想的经世致用,夯实伦理道德同政治统治的联系,借以强调伦理道德的重要地位,使其包含的意识全方位地渗透到社会生活中。

春秋战国时期,虽然传播手段很原始,但是孔子作为重视教化方法与思想的教育家,已具有朴素的传播意识。陈力丹认为,孔子所有关于传播的论述,均被后世的儒家各派从不同方面加以发挥,深入社会生活每一个微小的领域。"身家国天下"的社会生活传播结构,主要依靠道德规范、行为习惯来维护那些不成文、不证自明的传播秩序,使社会的信息矢量达到整合。①

在具体的社会认知和实践中,理性方法与非理性方法各有其特点,理性因素与非理性因素也往往是共同发挥认识作用的。笔者通过对儒家传播思想中存在的理性与非理性因素的分析发现,其呈现出既互补又冲突的特征。互联网技术发展下社会传播生态发生了改变,随着中西方文化交流逐渐深入,后现代社会背景下产生的伦理困境亟待从横跨中西的科学视角来探寻儒家传播思想的现世价值。

一、传播规范及主张的矛盾融通

(一)"言必信"与"惟义所在"

"信",据《说文》所释,"诚也","从人,从言"。原始字义为言语真诚,不虚伪。而在文化传播的流变中,"信"的字义逐渐发展成为一种极简化的理念之宿。作为儒家思想的重要组成部分,"信"依属于儒家仁学与礼制主张的具体内容,"子以四教:'文、行、忠、信。'"(《论语・述而》),信是传播行为能否收到实效的关键。孔子将"信"作为人际传播的重要原则,一意为"诚而不欺"。在社会化环境中,人与人之间避免不了冲突和摩擦,化解矛盾,既是国家法律制度规范的导向,也与道德建设的目标契合。"人而无信不知其可也"(《论语・为政》),生发了第二层含义,受人信任是有效传播的基础。诚实守信不仅是道德追求,也是从政治国的关键,"上好信,则民莫敢不用情"(《论语・子路》)。

以上体现了"信"这一思想的理性价值。但是,孔子又有言:"言必信,行必果,硁硁然小人哉!"可见,儒家所强调的"信"的规范,这一原则不能固化,要随情况变通,"大人者,言不必信,行不必果,惟义所在"(《孟子・离娄上》),最高境界是关注事态的发展,

① 陈力丹.论孔子的传播思想——读吴予敏《无形的网络——从传播学角度看中国传统文化》[J].新闻与传播研究,1995(1):2-9.

审时度势,“义者,宜也”(《中庸》),重视承诺的同时更应当思考承诺的事情是否适宜做,是否符合当下变化了的情况。为小信而违背大义显然不符合儒学主张,这里“信”的观念因被置于动态变化中考虑而增添了非理性的因素,因为衡量变化难以找到标准,存在为违背诚信行为找寻托辞的可能。

(二)“为仁由己”与“克己复礼”

政治动荡的春秋时代,处于社会转型期,周室衰微,诸侯割据,执政者恃强凌弱,社会矛盾尖锐复杂。“礼崩乐坏”不仅是生产力发展和阶级关系变化所带来的政治体制动摇,更意指信仰缺失和人本精神的淡薄。虽然生产力发展给人类自我意识觉醒创造了条件,但天命鬼神观念仍占据主流。在这种社会背景下,孔子提出了“仁”的主张,并进行了多角度的诠释,从而使“礼乐”传播升华到精神道德层面,为政治传播思想的发展开辟了新的道路,把“仁”的观念注入礼制,赋予了礼制以人文精神,使礼制传播、政治主张、道德传播三者相结合。礼制传播和道德传播作为政治主张实现的传播途径和方法,两者之间存在理性与非理性因素的交融。

首先,“为仁由己”(《论语·颜渊》)体现了儒家思想中对人性可塑的认知倾向,肯定人的价值和行为。这也是对受众具有主观能动性的认识,一方面,用“仁者人也”建立起普适性的道德观念,用“己所不欲,勿施于人”(《论语·颜渊》)的延伸来说明人际交往的社会性,过渡到推己及人的“内省式”的行为提示,这可以说是两千多年后传播学中传播类型之一“人内传播”的东方式古典注解,作为发于中形于外的信息呈现,来自品格的先天气质包含非理性的因子;另一方面,在“仁者安仁,知者利仁”(《论语·里仁》)的主张中,我们了解到“仁”的理性因素,即实行仁德需要智慧,不能愚昧盲从,这并不是说聪明人利用仁来为自己谋得好处,而是表明品德要用理性来驾驭。学者谢清果将儒家修身分为两个层面来阐释,从“内省”到“自悟”,在内省中“由道德认知走向道德实践”,至自悟层面则是从“道德实践返回到内心,提升道德认知”。[①] “唯仁者能好人,能恶人。”(《论语·里仁》)儒家所推崇的仁者是兼有德性和智识的人,这样的人有自己的判断和分析能力,从而善恶分明。

其次,“克己复礼”的主张也是对交往传播行为的理性考量与规范。道德建设之路多有坎坷,“知德者鲜矣”“吾未见好德如好色者也”(《论语·卫灵公》),“今人之性,生而有好利焉,顺是,故争夺生而辞让亡焉”(《性恶篇》)。从这些言论中我们可以看出人的趋利本性与道德修养的矛盾,所以现实存在非理性的毁坏道德的行径,因此需要具体且完备的礼制为道德作导向。“礼”的产生时间早于“仁”,尤其在西周时期已得到广泛推行,但是那时的“礼”带有浓厚的宗教神权色彩,后遭崩坏,孔子“托古立言”,在深入阐释中,丰富了“礼”的人文内涵,“不学礼,无以立”“为国以礼”(《论语·先进》),“礼”不仅是个人为人处世的根基和人际交往的准则,也是国家治理的手段。《晏子春秋·外篇第七》中也说:“礼之可以为国也久矣,与天地并立。”礼在中国传统社会中显

---

① 谢清果.儒家“修身为本”的内向传播意蕴考析[J].吉林师范大学学报(人文社会科学版),2018,46(3):22-29.

现出自然法的特征,即成了社会公民约定俗成的规范,是影响公共传播的深层社会意识。

此外,在文明社会发展过程中,社会公德在未达成社会共识前是对个体的束缚,或者被误解成对个性的压制。我们应当认识到,理想人格的形成需要实践和时间的检验,过渡到儒家思想所宣扬的“天下大同”“人人为公”的理想社会亦需一定的发展过程,当社会群体和个人的道德感得到提升,这种个人利益受损的认知才会得到转化,自觉地形成公序良俗的遵循。

(三)天人关系与中庸之道

存在于儒家思想中的天命观与人性观,兼有顺应自然法则和发扬人文精神的特点,讲求哲理的经世致用。① 而在这种认识论指导下的传播实践,也是中庸之道的体现。

传统的天命观源于对自然神秘力量的敬畏,但是儒家传播观念中没有将天命与鬼神相联系,为“天命”一说赋予了理性认知,更多倾向于万物自然规律和人的作为。“天何言哉?四时行焉,百物生焉,天何言哉?”(《论语·阳货》)天没有指令,四季轮转,万物生长,这是自然发生的,不因天的“意志”而改变,事物发展是动态变化的过程。“上不失天时,下不失地利,中得人和,而百事不废。”(《荀子·王霸》)荀子强调天时地利人和的并重,就可见天命的神秘性实际淡化了,对客观条件要有所把握的理性认识得以凸显。孔夫子“五十而知天命”(《论语·为政》),则是指认识到自身的使命,与其说这是天道的指引,不如理解为这是在人生经历的积累和历练后自我境界的提升,正如儒家修身强调自主性和自觉性②,人性的主观能动性以非理性的因素调和了对自然法则的认知。

“人能弘道,非道弘人”,其中的“道”带着形而上的特征,却也不是无根据的玄想。儒家思想欲发扬的“道”,是“中庸”思想的落脚点,具有朴素的辩证主义意蕴。郑玄注《礼记》,在《中庸》篇释题道:“庸者,用也。”中庸是儒家思想中理想人格的最高道德境界,其包含着对“度”的把握和“和而不同”的理念。一方面,以“执其两端”和“过犹不及”为权衡处世的标准;另一方面,主张“和而不同”来表明对多样性的包容。“我则异于是,无可无不可。”(《论语·微子》)在评价伯夷、叔齐在武王灭商后,退隐山林,采薇而食,抱节守志的行为中,我们了解到孔子顺势而变的思想主张,反对用孤立、静止和绝对的角度看问题,但这并不代表在儒家辩证观中仅有理性因素,实际上,在面对善恶、义利等问题上,儒家学者是非分明,无论是“择其善者而从之,其不善者而改之”(《论语》),还是“舍生而取义者也”(《孟子》),都体现了坚定的道德价值取向,是对理性因素的补充。

---

① 谢清果.新子学的当代转向——以儒家道心、人心的博弈与当代自我传播智慧为例[J].管子学刊,2018(4):35-45.

② 谢清果.儒家“修身为本”的内向传播意蕴考析[J].吉林师范大学学报(人文社会科学版),2018,46(3):22-29.

二、传者和受众意识中的统一与分歧

（一）传者对传播内容的选择

儒家思想中对传播内容的选择有开放坦率的一面，在培养什么样的人才和如何培养的问题上，其理想的育人目标是塑造仁智统一的完善人格。在多方面的修习中磨砺心智，开阔胸襟；在交往传播活动中反思自身行为，注重道德品格的提升；在接受教育时，加强文化修养的意识延伸至高尚精神境界的追求。“士不可以不弘毅，任重而道远。”（《论语·泰伯》）儒家思想所培养的“士”不仅有知识与能力的自身内在要求，也包括承担推行仁道至更广大民众的社会责任要求。广泛吸纳知识是为运用到实现“仁”这一最高标准上来，“子曰：‘推十合一为士。’”（《说文》），后人清代学者段玉裁注解为：“学者由博约返，故云推十合一。”（《说文解字注》）为学和为人的成长相辅相成。《史记·孔子世家》记载：“孔子以《诗》《书》《礼》《乐》教，弟子盖三千焉，身通六艺者七十有二人。”在当时的社会环境下是全面发展的培养人才主张，也是“博学而笃志”（《论语·子张》）的要求，通过学习提升思想境界和人格修养。才艺教育的目的不是为了让学习者成为某一方面的专才，因为“君子不器”，而是提升能力磨炼品性的途径。英国哲学家弗朗西斯·培根（Francis Bacon）有言：“读史使人明智，读诗使人灵秀，数学使人周密，科学使人深刻，伦理学使人庄重，逻辑修辞之学使人善辩：凡有所学，皆成性格。”（《论读书》）可见，在中西方文化中有共通的对知识与美德相辅相成发展的正面认识。

儒家的传播内容不局限于前人的文献典籍研读，在道德习性的培养过程中提倡言传身教，重视传播环境的作用，形成崇尚礼乐的氛围从而助推“仁”的施行。礼、乐、射、御、书、数的六艺之教与生活实践联系紧密，礼乐涉及制度规范，射御涉及军事技能，书数涉及思考和思想表达，全面的教化传播方式包罗日常，适用性强，所以能够获得更全面的传播效果。与实际相结合还考虑到了不同场景下的个人角色定位，人的社会角色不是固定唯一的，而是会依据情况转变，恒定的是对人伦道德的尊崇，譬如“君臣有义，夫妇有别，长幼有序，朋友有信”（《孟子·滕文公上》），且传播内容在传受者之间的互动中生发新的思考。孔子及其弟子对典籍如《诗》的解读向为政以德的角度进行阐释注解，实际上是带着传者和受者各自的主观意识和交流讨论后达成的某些共识，在文本解读中赋予了儒家思想意识。子夏曰：“贤贤易色；事父母，能竭其力；事君，能致其身；与朋友交，言而有信。虽曰未学，吾必谓之学矣。”（《论语·学而》）儒家思想中对传习内容的包容性得以体现，个人在家庭和社会的角色切换因其与社会生活紧密联系，也是受者学习的一部分。此外，“多闻，择其善者而从之”（《论语·述而》），也折射出“身教”的内涵，细致观察，向品格高尚博学多闻的人学习，是日常生活中修养提升的路径之一。

另外，在承载传播内容的语言符号和非语言符号使用中，我们也窥得其思想的非理性成分，即判断是否适宜传播的内容依据主观道德标准来衡量。如孔子“道不同，不相为谋”(《论语·卫灵公》)的主张,还有其谈及财富时“如不可求,从吾所好”(《论语·述而》)的态度,这不仅是说儒家不反对利益追求,也表明了个人独立于利益外的强烈的自我意识,即“可求”与“不可求”不是评价个人能力高低的标准,这取决于自身对人生使命的认识,人每时每刻的自我选择与决定构成了独特的个体。儒家主张的传播内容是以道德判断而非事实判断为价值标准的[①],“放郑声,远佞人。郑声淫,佞人殆”(《论语·卫灵公》)。所谓“郑声淫”,即郑国音乐不符合道德标准。凡是不符合文、行、忠、信的伦理道德标准,有可能对社会造成负面影响的内容,都要坚决反对。

语言是人类重要的传播工具,但是儒家对言辞表达持谨慎的态度,重视非语言符号的使用与表达,比如服饰、神情、脸色、语气。孔子赞美禹,“菲饮食而致孝乎鬼神,恶衣服而致美乎黻冕”,穿衣服很简朴,却把祭祀礼服做的华美,“吾无间然矣”(《论语·泰伯》),没有什么可挑剔的了。作为“礼”的外化形式的符号传播,从而得到儒家的推崇。“八佾舞于庭,是可忍也,孰不可忍也?”(《论语·八佾》)当执掌大权的季孙氏出现僭越的礼仪形式时,孔子给予了严厉的批评。

语言符号及非语言符号所能传递的沟通意义实际上束缚于儒家思想的“仁”与“礼”的主张。“君子欲讷于言而敏于行”(《论语·里仁》),君子说话要谨慎而行动要敏捷,“巧言令色,鲜矣仁”(《论语·学而》),花言巧语,谄媚取悦的态度是与“仁”相去甚远的,还有君子“九思”中的“色思温,貌思恭,言思忠”,神色、表情、言语围绕温良、恭敬与忠诚。在儒家思想中,非语言符号承载了超越语言符号的意义,也是个人品格和处世态度的部分体现。但实际上,很多非语言符号具有本能性,抑或自发性、先天性和无意识性,主要包括不受外力影响的人的表情和肢体动作。[②] 此外,日常生活中传者可通过语言、动作、神情的模仿以及练习,来实现自我形象的建构,但这并不一定代表自身思想境界的提高,往往可能是迎合社交规则的技巧。所以,凭借神色态度来判断个人品行的考量存在非理性倾向。

(二)受众的同一化与圈层化

儒家传播思想对受众的划分同时呈现出同一与分化的特征,受众一方面是被淡化了区别的群体,在统一伦理道德规范指导下行动,另一方面又被划分为“庸人、士人、君子、贤人、圣人”(《孔子家语·五仪解》)五等次,依据德性、才能、特征对不同群体采取不一样的传播策略。孔子对受众同一性的认识源于《论语》中的“风草论”——“君子之德风,小人之德草,草上之风,必偃。”“风草论”所勾勒的是一种单向信息传播的线性传播模式,指的是传者与受者之间具有一种线性相关性,传者因素与传播效应成正比;受者把传者的意识和行为当作共同的意识和行为。[③]笔者看来,传者对受者的影响呈循序渐进扩大范围的趋势,因为这是孔子对权臣季康子询问臣民关系的回答,其将民众

---

① 陈岳芬.从《论语》解读孔子的传播思想[J].汕头大学学报,2004(1):49-52,90.

② 胡玉祯.简析非语言符号的传播优势[J].新闻传播,2014(17):38.

③ 杨小玲.“风草”传播模式说及其政教合一传播思想——《论语》传播学再解读[J].中南民族大学学报(人文社会科学版),2014,34(5):163-166.

视为具有一致性的群体，忽视了个体间的差异。“为政以德，譬如北辰，居其所，而众星共（拱）之。”（《论语・为政》）孔子把民众比作“众星”，拥戴贤明的君主，也是淡化个体差异泛化受众的表现。

但是这种统一的受众观念并没有贯穿儒家传播思想的始终，选择合适的传播受众是其主张的另一方面。子曰：“可与言而不与之言，失人；不可与言而与之言，失言。知者不失人，亦不失言。”（《论语・卫灵公》）可以同受者谈论的内容，却不与他交流，这就失去了合适的传播对象；同不合适的传播对象谈论不合适的内容，这就是言语不当。有智慧的传者既能够选择合适的受众，也能做到依据受众选择恰当的传播内容。受众区分和内容选择的观点也在西方传播观中有所体现，哈贝马斯（Jürgen Habermas）提出，理性交往活动的发生以“交往性资质”（communicative competences）为前提条件。要达到理解，参与交往活动的人必须遵循三个原则：一是说出某种可理解的东西；二是使自己成为可被理解的；三是与他人（听者）达成相互理解或共识。所以，选择合适的传播内容和传播对象关乎传播效果的达成。①

传播“仁”的思想时，儒家也没有一概而论其传播主张，而是循序渐进地引导受众接受和践行“仁”的思想，“仁者，人也，亲亲为大”，从爱身边有亲近关系的人再扩展到对他人、群体组织、社会的大爱，逐步扩大“仁”的影响范围。这种方式可行性更强，通常情况下，一个孝敬父母、友爱兄弟的人，也很难不对群体、组织、社会有奉献的意识。“爱亲者，不敢恶于人；敬亲者，不敢慢于人”（《孝经》）也表明了道德意识水准和态度的持续性和可转移的特点，这样的认识更合乎实际。一环扣一环，呈圈层化扩散传播思想，受众获得集家庭角色和社会角色于一体的认知，将行为规范置于伦理道德视阈中来衡量。这样的受众认识存在矫枉过正的负面影响，后儒和封建统治者将家庭伦理作为维护政治统治的理论依据，以汉代“举孝廉”为官的做法为例，易形成极端非理性的盲从风气或“愚孝”“愚忠”现象，重品行轻能力的传播意识有失偏颇。

三、儒家舆论思想中的理性与非理性

儒家思想中“以民为本”的意识传达了其对舆论的重视，治理国家一方面要仁爱、关心民众，另一方面要教化、引导民众，德教为先，既要依据实际满足民众的需求和稳定发展生产，又要通过伦理道德的教化减少民众的争名夺利之心，减少社会患乱，要同时在这两方面起到传播效果，离不开对理性与非理性因素平衡状态的把握。孔子主张“博施于民而能济众”（《论语・雍也》），孟子继承并结合社会环境发展这一主张提出“民之为道也，又恒产者有恒心，无恒产者无恒心”（《孟子・滕文公》），物质条件的保证和道德观念的培育提升并重，方能达到和谐的社会环境状态。

舆论环境的维护，儒家强调公平公正和安定平稳，从统治者以身作则并且“以德治国”，到臣民大众的伦理规范依循，人伦道德网罗了人际交往传播。“不患寡而患不均，

① 哈贝马斯.交往与社会进化[M].张博树，译.重庆：重庆出版社，1989：29-30.

不患贫而患不安"(《论语·季氏》)就体现了公平意识与和谐理念。孔子还有"君子恶居下流"的认识,评价商纣王的昏庸无道时,他指出君子最怕的是沾染恶名,一旦个人声誉受到损毁,"天下之恶归焉",所有的坏事都会被归结到这个人身上,无论是否与事实相符。这与当下社会"污名化"群体背负长久的负面舆论有相似之处,在缺失信任的前提下被审视的传播主体,其传播效力甚微。孔子认为国家要具备的三要素是"足食、足兵、民信",也指出"民无信不立",君民之间的尊重信任是相互的。孟子发展继承重视受众集体意识,得出了"民为贵,社稷次之,君为轻"(《孟子·尽心下》)的认识,取信于民,民心所向是君王施行仁政的基础。儒家思想对执政者为政以德的劝诫适用于传播活动中对于舆论环境的维护,启示传播主体要建立并维护自身的公信力,谨防陷入"塔西佗陷阱"。同时,重视受众基础,获得受众的尊重和信任建立在传者对受众意识的关注及了解下。舆论是在外部社会环境、个人意见的表露、集体意识的集合、意见领袖的引导以及新闻传媒的介入等几个主要因素的相互作用下形成的,营造良好的舆论环境是儒家思想的理性解读。

辨别真伪、识别真相的意识在儒家舆论思想中是矛盾的。一方面,儒家思想主张对于舆论环境中的言语行为要有理性判断;另一方面,因为准确性受制于传播过程的影响,不得不屈服于可能蒙蔽真相的舆论。子贡问曰:"乡人皆好之,何如?"子曰:"未可也。""乡人皆恶之,何如?"子曰:"未可也。不如乡人之善者好之,其不善者恶之。"(《论语·子路》)

全然依据舆论是不理智的,重视舆论的前提下又要保证不能被舆论蒙蔽很困难,因此在态度上取"善者好之,不善者恶之",体现了儒家中庸之道的无奈,对舆论采取主观回避的折中主义做法。"乡愿,德之贼也",孔子对应付周旋趋炎附势的这类人直截了当表明主观上反对的态度,诉诸信仰、信念的力量,以对理性的背书,来引导他所期望的舆论环境,不能不说这是一种二元的哲学期许。

四、流变至今的影响绪余

千年传承之后,儒家驳杂的舆论主张,似强弩之末不能穿鲁缟。人们普遍相信自然科学的方法可以解决一切问题,人的理性与科学技术的功利性得到了突出的强调。[①] 但这也带来了诸如隐私侵犯、道德沦丧、沉溺虚拟逃避现实等问题,人类自身的精神信仰和价值判断受到了威胁与挑战。原本存在于理性中的人文精神被压制,工具理性占据高地,理性范围变得狭隘。当工具理性僭越人的主体性地位时,回溯华夏千古智慧,从儒学思想中汲取经验,似可借以引导适应新媒介环境中的传播活动。

一是"内容为王"和"受众为王"的观念互补。曾经有媒体从业人员作为内容生产的专业组织机构成员,在设计选题、内容选择、构思呈现方式,以及传播策略的施行等多个环节担当"把关人"的角色,力求优质内容的呈现。而今,数据技术的发展将"产

① 刘大椿.科学理性与非理性的互补[J].山东科技大学学报(社会科学版),2018,20(4):1-7.

品”概念带入了内容生产，媒体内容变得像产品一样，要为受众提供最好的使用体验，不然会被无视。受众在新媒介环境中被置于重要地位，个性化推荐成为内容分发的指向，但我们不能忽略其负面影响。不是每一位受众在内容选择上都有依靠价值观的正确引导，技术能实现有效传播但难以提升内容质量。儒家思想对传播内容标准的判断中对是否符合伦理道德的考量，用以借鉴处理新媒介内容生产的价值观缺失问题，能弥合优质内容与受众的间隔，提高受众道德伦理判断意识。

二是在网络舆情事件中，对事实与价值判断的争议认识。在互联网环境中，受众表达的门槛降低，形成了“人人都有麦克风”的新媒介环境特征。网络舆论上，一方面，受众各抒己见，多方发声，价值多元，观点得以碰撞交流，与春秋时期的“百家争鸣”类似；但另一方面，非理性的情绪化言论、虚假新闻屡见不鲜。“后真相”现象就是诉诸情感而忽视理性真实的集中体现，人们相信自己所见的“部分真实”，理智让位于情绪，事实真相的显现呈现出碎片化事实呈现和价值判断交错的特点。公众间的争议自古有之，作为具有独立意志的个体，在对事实做出评判时不可避免会受到自身利益和价值观念的影响。学界也已有学者提出不必对“后真相”过度批判，这是当下社会传播环境中真理呈现的一种方式。在新媒介环境中，真相不仅是过去人们所认为的“事情的本来面貌”“事实”，而且还包括了事实、规范共识、价值三个部分。① 这与儒家舆论思想观念中重视舆论、辨别真伪识别真相和遵循道德规范的标准相呼应，值得借鉴来分析当下的网络舆情现象。

三是在国际传播中，要发挥有中国特色的传播力量。在不同文化对话中，伦理学家罗国杰曾说：“伦理道德的出发点，人类的同情心，追求崇高的道德价值，是中西文化相互吸收和融合的一个重要契机，这种融合是有利于整个社会发展的。”蕴含在儒家思想中的“中庸”“仁”“和而不同”的观念源远流长，在“一带一路”等国际传播活动中，中国展现了自身独特的国际交往合作主张，崇尚和平，提倡不同文化之间的交流融通和共同繁荣。在儒家思想中，我们探寻到语言符号和非语言符号能共同发挥文化传播交流的作用，因而，在对外传播中，在跨越语言的交流障碍外，我们还要通过不同且多样的文化符号来传达中国特色与中华文化，形成立体综合的传播格局。在现有的情况中，我们看到因民族文化背景、意识形态的差异和利益分歧，要实现有效的沟通交流还有许多矛盾存在，但存在国际间的普适价值标准代表着密切国与国之间的关系有推行的现实依据和理论基础，无论是儒家思想中的“仁”与“义”主张，还是亚里士多德对于“理智德性”和“伦理德性”的认识，都表明了对理性知识和精神追求的同等重视。全球化时代在新媒介环境中进行国际传播活动，要以儒家理性智慧转化矛盾，扩大共通共荣面，发挥具有中国特色的传播力量。

---

① 张庆园，程雯卿.回归事实与价值二分法：反思自媒体时代的后真相及其原理[J].新闻与传播研究，2018，25(9)：51-67，126-127.

儒教当代全球传播、化约儒学与儒教社会科学*

The Communication of Contemporary Confucianism, Reduction Confucianism and Confucian Social Science

吕　力**
Lü Li

摘要:儒教思想的当代传播必须具备理论的简明性、修行的简捷性、内容的调适性,才能扩大其影响,否则其将在与世界各主要宗教的竞争中逐渐衰落。化约儒学以心学一脉为基础,去除其繁复的理论枝叶,使之简明、易于理解;修正阳明理论中的禅学化倾向,使之便捷易行;尤其重视其为全球民众所理解、所信服之可能性。化约儒学的核心要点是:善自良心、乐善忠恕、达善天下、生生不息。以化约儒学为理论基础的儒教可被称为新心教或良心教。使用实证的方法收集实证数据和材料,进行客观的分析和归纳,从而得出科学的理论来解释儒教现象以及儒教与社会其他方面的互动关系的学科可以被称为儒教社会科学。除儒教传播学之外,儒教社会科学还包括:儒教社会学与儒教人类学、儒教心理学、儒教艺术学与儒教文化学、儒教管理学等。

Abstract: The contemporary communication of Confucianism must have the conciseness of the theory, the simplicity of the practice, and the adaptability of the content, in order to expand its influence, otherwise it will gradually decline in the competition with the major religions of the world. Based on the soul philosophy, the reduction Confucianism removes its complicated theoretical branches and leaves it concise and easy to understand. It corrects the tendency of Zen in Yangming's theory to make it convenient and efficient; especially to its understanding and convinced possibility by the global people. The core points of the reduction Confucianism are: self-conscience, happiness and good faith, goodness and good life, endless life. Reduction Confucianism can also be called new soul Confucianism. The use of empirical methods to collect empirical data and materials, objective analysis and induction, to derive scientific theories to explain Confucianism and the interaction between Confucianism

* 国家社会科学基金资助项目(项目编号:11BGL003)。

** 吕力,博士,武汉工程大学管理学院教授、副院长,主要研究方向为新工业文明时代的儒学与儒教。

and other aspects of society can be called Confucian social science.In addition to Confucianism communication studies, Confucian social science also includes: Confucian sociology and Confucian anthropology, Confucian psychology, Confucian art and Confucian culture, Confucian management.

关键词:儒学大众化,儒学宗教化,宗教传播学,化约儒学,新心教

Keywords: popularization of Confucianism, religiousization of Confucianism, religious communication, reduction Confucianism, new soul Confucianism

一、儒教的当代全球传播问题

(一)儒学与儒教

唐君毅、牟宗三等人最早在20世纪50年代左右基于与西方文化抗衡与护持中国文化的心结,开始以新的视域认识、掘发、诠解儒家、儒学中所蕴含的宗教精神。[①] 1958年元旦,唐君毅、牟宗三、徐复观、张君劢四人联合发表《为中国文化敬告世界人士宣言》,标志新儒家已有一整套成型的关于儒教宗教性的看法。

然而,50余年之后,关于儒学是否是宗教的问题依然在社会各界存在巨大分歧。与此同时,基督教在世界范围内传播的速度不断加快,到21世纪初,基督教已经成为一个全球性宗教。基督教人士甚至认为,基督教的源头在巴勒斯坦,但它的将来主要在南美洲、亚洲和非洲。[②]

坊间认为,西方文化发源于希腊,其后经历过数次中断,然而事实是基督教自旧约成书以来保持了相当程度的延续性。从某种程度上可以说,西方文化就是以基督教为参照的文化。与此相对应,中国传统文化则是以儒家学说为核心的文化。自近代以来,中国传统文化在吸收外来先进文化的同时,也受到以基督教为代表的外来文化的极大冲击,儒家的核心价值体系面临瓦解的危险。中国传统文化以儒家学说为其载体,儒家式微将使中国传统文化面临极大的困境,因此,儒学与儒教的当代全球传播问题刻不容缓。

20世纪初,唯科学主义盛行,“宗教”在中国几乎成了贬义词。事实上,当前西方学术界总体上认为宗教与科学并不是互相抵触的关系;宗教也不总是阻碍技术发展——韦伯(Max Weber)甚至认为,基督新教伦理极大促进了技术与商业进步。既然如此,重建和发扬作为一门宗教的儒学也就不是什么“迷信”。况且,由于宗教的大众性,儒学宗教化将加大促进儒学的传播,对于弘扬中国传统文化意义巨大。

(二)宗教传播与宗教传播学

20世纪80年代以来,日益增强的全球化趋势对人类文明与社会生活产生了深远影

① 郭齐勇.现当代新儒学思想研究[M].北京:人民出版社,2017:14.

② 王美秀,段琦,文庸,等.基督教史[M].南京:江苏人民出版社,2008:333.

响,然而,全球化运动并没有导致宗教的边缘化,相反却出现了一场全球范围的声势浩大的宗教复兴。关于宗教传播问题,学术界已有一定数量的研究,主要集中于宗教传播的内容,全球范围内宗教传播对政治、经济、文化的影响,全球范围内宗教传播的新特征,全球化背景下宗教传播的对策思考等,但总体说来还没有形成比较明确的理论体系和框架。①

自20世纪初施拉姆(Wilbur Lang Schramm)等人建立传播学之后,迄今已发展出一套相对完整的学科理论体系框架,对于传播的过程、手段、效果以及传播的社会影响进行了大量研究,产生了丰硕的成果。将相对成熟的传播学理论与宗教传播的现实问题结合思考,建立宗教传播学的理论框架,最终会有力推动儒教的全球传播和儒学的复兴。

(三)宗教传播学视野下儒教的当代性与全球性

根据早期的传播理论,大众传播的效果有限,表现在:第一,大众传播一般不能成为产生受众效果的必要和充足原因,而更可能处于各种因素和影响中,并通过这些因素和影响起作用;第二,在强化现有条件的过程中,这些相互牵制的中介因素一般作为对传播效果有所贡献的代理者,但不是它的唯一原因。上述理论被称为传播的有限效果模式。

然而,在20世纪60年代以电视为代表的大众媒体风靡全美时,有限效果模式理论遭到了挑战,其中最重要的理论是麦克卢汉(Marshall McLuhan)的媒介决定论。媒介决定论的核心思想是,传播媒介最重要的效果在于它影响了我们理解与思考的习惯。基于媒介决定论,儒教如果不能利用大众媒体,它便不能深入大众的头脑,导致儒教传播的当代迟钝。

基督教作为一种强势的宗教,自创始的那一天起,便坚持不懈地在全球范围内吸引信众、扩大影响,包括使用战争等极端方法。全球化之后,基督教的扩散则更多使用了传媒、文化、商业等手段。毋庸置疑的是,全球化环境下,儒教的传播必然遭遇基督教的激烈竞争。因此,显然,在肯定儒学的某些方面与基督教具有共同价值观的同时,也必须强调儒教与基督教的差异,从而凸显中华文化对于世界文明的独特贡献。从这一点出发,儒教的传播应立足于全球,在全球化背景下重建与阐释儒学的价值。

二、化约儒学与新心教

(一)儒教思想的简明性、简捷性与调适性

根据传播学的理论,受众首先要对传播内容有所理解,才便于传播。世界主要宗教或主要教派的教义无不符合传播学的这一基本理论。儒学发展到当代,其体系与诠释系统已非常复杂,只有专业的中国哲学研究者方能入其门径、窥其堂奥,这大大阻碍了儒学的传播。况且,作为新儒家主要思想来源的阳明心学本身并不明晰,以阳明四

① 邹函奇.全球视野下的宗教传播与中国宗教——变革、挑战与对策[J].中共浙江省委党校学报,2011(1):64-69.

句教为例,“无善无恶心之体,有善有恶意之动,知善知恶是良知,为善去恶是格物”,非常难于为普通人所理解。因而,如果不对阳明心学加以改进,其传播必然受限。其次,阳明心学的修行亦困难重重,阳明心学渊源近于禅学,修行的过程强调体悟,对普通人而言难于掌握。且在修行与体悟的过程中,很容易歧念频出,失去作为一种宗教的规范与权威。最后,作为一门宗教需要有广泛的社会适应性①,其理论或教义应广泛适应当代社会各阶层,阳明心学由于其禅学化倾向,只能被少数社会精英阶层所接受,大大限制了儒学的传播。

总体而言,儒教思想的当代传播必须具备理论的简明性、修行的简捷性、内容的调适性,才能扩大其影响,否则将在与世界各主要宗教的竞争中逐渐衰落。事实上,世界各主要宗教今天的扩张策略明确而迅速,其全球性传播速度日新月异。儒教在全球传播的过程中,虽取得了一些成绩,但总体而言没有得到世界范围内广大民众的支持。即从阳明心学的最简易的“致良知”而言,就很难为西方文化圈所理解:何谓“良知”,恐怕只有专业学者才能解释清楚。基于上述理由,必须对传统儒学加以改造,才能使之在全球化的新工业文明时代焕发出新的活力。

(二)化约儒学、新心教与良心教

本文将对传统儒学进行的简明性、简洁性与调适性方面的改进称为化约儒学。化约儒学以心学一脉为基础,去除其繁复的理论枝叶,使之简明、易于理解;修正阳明理论中的禅学化倾向,使之便捷易行;尤其重视其为全球民众所理解、所信服之可能性。以化约儒学为理论基础的儒教我们称之为新心教或良心教。

化约儒学的核心要点如下:第一,善自良心。这是新心教最重要的信条,这一信条是儒教区别于世界各大宗教尤其是基督教的关键所在。孟子提出人皆有善端,而发扬人之善端乃是全社会向善的基础;人之在世并非为了上帝的荣耀,而是为实现人类自身的不断发展完善;人之为善也并非为了上帝面前的救赎,而是发自人的本心。第二,乐善忠恕。新心教强调人并没有“原罪”,人之为善并不是赎罪的痛苦过程,而是在行善的过程中体会到“善”本身的快乐,是为“乐善”,而无论贫富。第三,达善天下。这一信条含有“己欲立而立人,己欲达而达人”以及“修身齐家治国平天下”之双重含义。第四,生生不息。这一信条与基督教的一次性救赎相区别,表达人类永续进步之含义。

三、儒教社会科学及其分支

(一)宗教研究、宗教传播学与儒教传播学

宗教学术研究包括神学、人文和社会科学三大进路。以人文为进路的宗教学研究是从哲学、史学、思想史等角度对宗教进行反思和阐释;而以社会科学为进路的宗教学

① 郭宪春.宗教传播中的调适、误读、异化现象及其启示[J].青年记者,2016(2):19-20.

研究则使用实证的方法,收集实证数据和材料,进行客观的分析和归纳,从而得出科学的理论来解释宗教现象以及宗教与社会其他方面的互动关系。①

本文前述之宗教传播学就是以实证观察的手段研究宗教在全球的传播过程、效果等的学科,宗教传播研究有助于了解每一种宗教在全球传播的动因如何,效果怎样,为人们认识宗教全球传播这一社会现象以及宗教传播本身提供有意义的参考。具体到儒教传播这一问题,有关儒教当代全球传播的系统性研究可以被称为儒教传播学。

(二)儒教社会科学的概念及其分支

对于儒教的社会科学层面的研究还不止传播学,概言之,使用实证的方法收集实证数据和材料,进行客观的分析和归纳,从而得出科学的理论来解释儒教现象以及儒教与社会其他方面的互动关系的学科都可以被称为儒教社会科学。

除儒教传播学之外,儒教社会科学还包括以下分支:

第一,儒教社会学与儒教人类学。尽管20世纪以后,由于政治、经济、文化等诸多原因,儒教的力量不如以前,但儒教在中国仍具有相当的社会基础。儒学小传统作为一种客观的社会事实不容忽视,因而以儒学价值观为核心的社会学研究不仅可能,而且必要。儒教社会学或人类学所关注的问题可以分为宏观和微观两个方面,宏观方面的研究主要包括儒教在当今社会的状态、儒教的变迁史、儒教与社会发展、儒教的未来等;微观方面的研究主要包括作为儒教载体的组织如家庭、企业中的社会关系、社会结构、信任等。

第二,儒教心理学。儒教心理学探讨儒教理念与实践的心理意义、心理来源以及心理模式。儒教及其传播最终将落实于个体层面,与其他宗教类似,个体经验是儒教的核心要素,个体在儒教修行中的经验是儒教心理学研究的重点内容之一。儒教心理学研究有助于我们了解儒教个体经验的重要特征及其与其他宗教的主要差别,从而深化对儒教的认识并可依此提出加快儒教全球传播的对策。此外,儒教心理学研究还包括对儒教信念、儒教行为以及儒教情感的研究。

第三,儒教艺术学与儒教文化学。毫无疑问,宗教传播会借助文化艺术的手段,文化艺术通过外显的现象充分展示宗教的魅力。近现代基督教的传播大量借助了文化艺术手段,通过塑造生动活泼、感人至深的艺术形象宣扬基督教理念。反观儒教的传播,则鲜有形式上的创新,艺术形象塑造上存在刻板、单调的问题。儒教艺术学与儒教文化学研究旨在通过深入探讨儒教艺术问题促进儒教理念与艺术、大众文化的融合,使儒教在新工业文明时代呈现出活泼的生命力。

第四,儒教管理学。人类社会以组织的方式存在,而任何组织中必不可少的要素就是管理,因此我们甚至可以说,管理是人类社会存在的方式。基于此,儒教及其理念必然会对管理有所影响,儒教管理学正是以此为研究对象,探讨儒教对于管理方式的影响、儒教与西方现代管理理念之间的冲突与融合,旨在发掘儒教对管理价值与效率提升的积极因素,并以此贡献于全球管理理论。

---

① 高师宁.宗教社会学[M]//张志刚.宗教研究指要:修订版.北京:北京大学出版社,2013:279.

海外华夏传播研究

儒家视角下的传播能力观与道德修养观*

Communication Competence and Moral Competence: A Confucian Perspective

◈ 肖小穗 [美]陈国明/文 李孟名/译**
Xiao Xiaosui Chen Guoming Li Mengming Tran.

摘要：来自不同文化背景下的人们如何进行有意义且有成效的沟通传播？在地球村的时代，这个问题变得日益重要。在很久以前就深谙如何与世界其他地区和睦共处的儒家，对这一疑问能提供诸多回答。西方学者及从业者们倾向将传播能力视作一种达成目标的能力和实现自我主张的技巧。儒家则相信每个人都具有道德本性，并能够感受、欣赏和尊重他人。从这一角度，传播沟通被看作道德和精神交往过程。这种道德和精神的途径在于将世界理解为一个有机整体，通过“感觉”的交流互相连通，或在新儒家的术语中，称其为“天人合德”。本文阐述了儒家对于传播能力的观点及其哲学基础。

Abstract: How can meaningful and productive communication take place among people of different cultural backgrounds? This question has become increasingly important in the age of the global village. Confucians, who long ago learned to live harmoniously with those from other parts of the world, have much to offer in response to the question. Western scholars and practitioners tend to see communication competence as a goal-achieving capability and self-assertive skill. Confucians believe that every human being is endowed with a moral nature and the capacity to feel, appreciate, and respect others. From this perspective, communication is seen primarily as an ethical and spiritual process. This ethical and spiritual approach lies in an understanding of the world as an organic whole, interconnected by an interflow of sensation or, in Neo-Confucian terms, a universal feeling of humanity. This essay elucidates the Confucian perspective on communication competence and its philosophical foundations.

---

* 此文引用自：肖小穗，陈国明.儒家视角下的传播能力观与道德修养观[J].话语与多元文化，2009，4(1)：61-74.

** 肖小穗，香港浸会大学传播学系教授；陈国明，罗德岛大学传播学教授；李孟名，华中师范大学新闻传播学院硕士研究生。

关键词:传播能力,道德修养,儒家视角

Keywords: communication competence, moral competence, Confucian perspective

儒家视角下的传播能力与道德修养

随着全球社会越来越依靠跨文化间的相互依存和合作,许多西方概念和理论似乎不再足以解释世界多样的文化实践。遗憾的是,这些概念和理论在目前学术界普遍的应用,不仅引起误解,还给非西方文化带来不公平的判断。

这种西方偏见明显地体现在沟通能力(communication competence)的跨文化研究中,因为这类研究主要是由来自西方或在西方接受过教育的学者进行的(e.g. Gudykunst and Nishida,1994; Spitzberg and Cupach,1984; Wiseman,2003)。例如,如果我们依据西方标准,并将自信和自我表露视为沟通能力的重要指标,那么许多亚洲人,如中国人或日本人,就可能被视为交际无能,因为应用西方概念和方法的研究,已经把亚洲人认定为委曲求全、社交焦虑且自我表露度低的(e.g. Barnlund,1989; Chen,1995; Daly and McCroskey,1984; Sussman and Rosenfeld,1982)。这种西方导向的另一个例子是斯匹茨伯格(Spitzberg,1988)将沟通能力定义为"与他人良好互动的能力"。"良好"一词涉及了"准确性,清晰度,可理解性,连贯性,专业性,有效性和得体性"(68)。自古希腊时代以来,这些品质一直是西方传播的基本要求。然而,如果这些品质代表沟通能力,那么孔子所强调的交流方法恐怕是一个糟糕的模式,纵使孔子建立的沟通模式已为世世代代中国人所认可。

理解不同文化视域下的交际能力对于跨文化交流非常重要。跨文化误解的产生主要是因为不同文化对于什么能构成妥善良好的沟通有不同的预期。本文的目的是阐明儒家对交际沟通能力的看法,儒家观点在很多方面已经定义了亚洲交流方式。本文首先概述西方的交际能力观,并以此作为参照,在最后一部分比较儒家和西方的观点。

西方对沟通能力的概念化

沟通能力的研究在西方仍是一个有争议的领域。帕克斯(Parks,1994)已经提供了关于怎样定义交际沟通能力的众多争议中的三个关键问题。第一个问题涉及是否应该从行动者或观察者的角度来判断能力。能力可以通过行动者对其互动成果的满意程度来确定。但是,它也可以通过观察者的目光来判断和评价(Spitzberg and Cupach,1989)。从观察者的角度来看,行动者的能力需要由沟通对象来观察和确认。第二个问题涉及是否应该从认知或行为的角度来看待能力。虽然一些学者只专注于个体行为或认知能力(Chomsky,1965; McCroskey,1982; Phillips,1984),但大多数传播学者认为能力同时具有认知和行为两个维度(Allen and Brown,1976; Parks,1985; Spitzberg and Cupach,1989; Wiemann and Backlund,1980)。换言之,为了有能力,

我们必须不仅要“知道”和“知道如何做到”，而且要“做出行动”和“知道我们达到了目的”（Parks，1985，174）。第三个问题涉及一般的能力。能力常常被看作一种跨时空表现出来的特征（e.g. Foote and Cottrell，1955；McCroskey，1982）。它很少被定义为一套用于处理特定问题或情况的特定技能（Parks，1985；Wiemann，1977）。

三个反复出现的主题：控制、适应和协作

不过，这些概念化沟通能力的不同途径是基于有限的根本问题，特别是贯穿几乎所有西方沟通能力概念的三个主题（Parks，1994；Spitzberg and Cupach，1989）：控制（control）、适应（adaptation）和协作（collaboration）。

首先，西方学者普遍认为，沟通具有内在的目的性和目标导向性。一个得力的传播者必须具有敏锐的控制感，因为“如果我们不依赖他人来实现我们的期望，就没有理由进行沟通交流……这些期望或需求是通过影响或控制他人对我们的回应来实现的”（Parks，1994，592）。根据帕克斯对西方各种定义所做的调查，无论是在对环境的控制还是影响他人反应的意义上，对控制的关注“或隐或显地处于几乎所有交际能力定义的核心”（592-593）。

其次，西方传播能力的一个基本问题是适应性。为了在特定情况下有效和适当地控制他人的反应，沟通者必须理解情境约束下的控制。沟通者还必须能够改变自己的交际策略以应对不断变化的情境因素和来自其他人不断变化的回应（Kellermann，1992）。

最后，许多西方关于沟通能力的概念也包括协作的观念。合作是必要的，因为如果没有其他人的帮助，我们的许多目标都无法实现。因此，有能力的沟通者必须能够维持良好的关系和互动，以实现个人和共同的目标（Canary and Spitzberg，1989）。

有效性和适宜性

在西方，人们对沟通能力的描述多种多样，包括准确性、清晰度、灵活性、感染力、共情性等。然而，有效性（effectiveness）和适宜性（appropriateness）是最常被用来表述沟通能力的概念（Chen，2007a；Chen and Starosta，1996）。有效性是指个体通过互动产生预期效果的能力，通过确定互动目标是否实现以及达到何种程度来衡量。

适宜性一般指的是交际者满足情境的基本语境要求，进行有效沟通的能力（Wiemann and Backlund，1980）。通常涉及的语境要求包括：第一，言语语境，即措辞得当；第二，关系语境，即与特定关系相一致的信息的结构、类型和风格；第三，环境语境，即考虑符号意义或环境对信息传达的约束。继格赖斯（Grice，1975）之后，维曼和巴克伦（Wiemann and Backlund，1980）在下列行为中指出了适当沟通的四个要素为数量、质量、相关性和信息表达方式：第一，说得足够——不要太少或太多；第二，不要错误表达或讲出缺乏证据的事情；第三，将付出与主题和情景联系起来；第四，明确要说的话，并“迅速”说出来。

儒家视角下传播沟通能力的宇宙论

儒家对于沟通能力的看法有所不同,使用的术语、假设,甚至宇宙论都有差别。要彻底理解儒家的看法,就必须探究其对宇宙起源的论述。因此,我们的讨论从儒家的宇宙观开始,特别是从“感应”(行动和回应)这个概念开始。正如许多学者所认同的,儒家宇宙观的特点是有机整体主义(organic holism)和动态生机主义(dynamic vitalism)。李约瑟(Needham,1962)通过以下观察准确地指出了这些特征的实质:

中国人思想的关键字是秩序(order),也就是一种形态[pattern(或首次我称其为“有机体”)]。符号相关或对应都是一个巨大模式的组成部分。事物以特定的方式运行,并不一定是因为之前的行为或其他事物的冲动,而是因为它们在不断移动的循环宇宙中的位置如此之高,以至于它们被赋予了内在的本性,使得这种行为对它们来说是不可避免的。如果不按照这些特定的方式行事,它们就会失去在整体上的关系地位(正是这种关系造就了现在的他们),变成与自己不同的东西。因此,它们是存在且依赖于整个世界有机体的一部分。它们之间的反应与其说是机械性的冲动或医果关系,不如说是一种神秘的共振。

“感应”作为有机的能力

显然,在这样一个有机整体中,各部分之间的相互作用,或李约瑟所说的“神秘共振”,是必不可少的。为了描述这种至关重要的相互联系和相互作用,古代中国人使用了两个含糊不清的术语“感”和“应”,它们分别被翻译为“刺激”和“反应”(Graham,1992,38)。然而,“感”和“应”与刺激和反应的因果过程本质上是不同的,正如格雷厄姆(Graham)所阐述的那样,“当 A 作用于 B 时,B 不仅会被它所改变,而且会主动回应”(38)。

在汉语中,“感应”的概念是指在生活过程的各个方面发生的一种普遍的互动形式。它以两种相互依存的宇宙生命力量的存在和相互作用为前提,这两种力量通常被称为阴阳。正是这两种宇宙力量的相互作用和反应,从根本上把有机部分连接成了一个和谐的整体。从这个意义上说,“感应”是一个广义的范畴,它包括一个有机体内任何心理和生理的相互作用。这一范畴包括人类交流,即人类的言语是对某种内在或外在行为的反应。朱熹区分了内在和外在的“感”:“当一个人说完了话,他必须保持沉默;当他沉默后,感到又必须说话,这是内在的‘感’。但如果另一个人从外界影响了这个人的行为,这只能被称为外部的感。”(Zhu,1986, 2438)

“感应”的概念是儒家学说的基础,它解释了整个宇宙存在和运行的方式,一切皆可为“感”或“应”。程颐甚至认为普天之下除了感应别无他理(Cheng and Cheng,2000, 198; cf. Zhang,1999a, 349)。阴阳两种力量之间的互动与相互感应被视为生命的根本源泉。《易经》(1994)里也有一段描绘阴阳感应的话:“天地氤氲,万物化醇;

男女构精，万物化生。”(85)

“感应”作为一种宇宙运动的过程，被视为天生的能力。万物必须能产生特定的行为和反应从而在有机世界中找到自己的位置。对于儒家学者来说，人类的沟通能力有其天赐的宇宙起源。

“感应”的本体论假设

“感应”的动态概念引发了一种激进的本体论，即假定每一个生命都具有相同的微妙元素和生命力，即所谓的“气”。这一假设为儒家学者提供了一个本体论基础来概念化世界上事物之间可能的相互作用。例如，山和泽是如何相互作用的？答案是：它们通过气相互作用。《易经》(1994)提到，“天地定位，山泽通气，雷风相薄，水火不相射，八卦相错”(122)。中国古代的风水学采用八卦之说，即基于一种不断交互和充满宇宙的气的假设(Chen，2007b)。八卦的运用关系到天、地、泽、山、火、水、雷、风等八类基本自然物体符号之间的相互作用，产生新的意义(Chen，1998；Xiao，2006)。

“感应”的认识论功能

儒家的“感应”概念有认识论的含义。从某种程度上说，所有的相互作用都被看作是发生在一个世界有机体内部的，有机体的每一部分在与其他部分相互作用的同时，也应该能够感知整体的状态和需要，并能够做出适当的行动或反应。每个部分都能以某种方式行动或反应，因为它感知到了这样做的必要性。从这个角度来看，“感应”最终是由机体内的感觉交流互动所驱动和引导的。这种感应是在气的概念中预设的，气本身就是感应的。儒家将事物的“性情”和“人格”分为两类，例如男性化和女性化、坚定和顺从、积极和冷静、热情和冷静等。这些性情和人格，可以用《易经》和其他著作来解释事物的感召力和变化反应，以及由于这些行为和反应，不断变化的膨胀和收缩、运动和静止、光明和黑暗、热和冷等状态(Chen，2008)。

“感应”的伦理道德与精神倾向

现在我们来了解儒家宇宙观中最具特色的“互动”概念：它的伦理价值和精神倾向。“感应”是一种对其他生物和整个有机体的情感或同理心，因此，它不是任何行为和反应，而是一种合乎道德的行为和反应。基于这种伦理价值和精神倾向，新儒学认为儒家的“仁”理想是一种普遍的情感流动，对他们来说，这种情感流动将世界上的万物联系在一起，形成一个和谐的整体(Zhang，1999b)。这种伦理和精神上的倾向从根本上区别了儒家的“感应”与因果的机械概念以及”刺激和反应”的生物学概念。

儒家的传播能力观

儒家对“感应”这一宇宙过程的思考,设定了中国人理解和实践人际传播的框架。因此,儒家的沟通能力概念应该在这个框架内进行考察。在下一节中,我们将从内部和外部能力的角度讨论这一概念。

道德修养能力观

在儒家内部,沟通能力表现为伦理道德的力量,即改变人心的力量。伦理本身就是说服的力量;儒家经典中充满了“(道德)正义就是力量”。例如,在《易经》(1994)里,孔子说:“君子居其室,出其言,善则千里之外应之,况其迩者乎,居其室,出其言不善,则千里之外违之,况其迩者乎……”(58)。《易经》(1994)的一篇评论指出:“鼓天下之动者存乎辞。”(68)据公元前5世纪中国文学评论家刘勰(1983)所说,感动世界的话语力量来源于道的话语。刘勰将孔子的言论比作最辉煌的声光,响彻千里,影响深远,并开启了民智。

对于儒家学者来说,这种改变世界的力量不仅仅是为圣人保留的,它深植于人类的本性之中,因此,每个人都可以得到它。因此,儒家的另一个信念是,每个人都有拥有良好的沟通和说服能力的潜力。要培养这种能力,不需要依靠外界的力量,只需要回归自己的道德禀赋。问题仅仅是一个人是否有道德能力这样做,或者一个人是否能最大限度地发挥潜力。这是值得审视怀疑的,因为儒家学者也相信,一个人来到这个世界后,原本纯洁的心灵会被各种物质和肉体的欲望所阻塞,从而失去其道德恩赐。

儒家的第三个信念为可行的道德实践体系提供了基础,即相信通过真诚的道德修养过程可以恢复天赋之能。“诚”是理解这一过程的关键。“诚”的字面意思是“诚而无欺”(《大学》,1973,89)。在儒家思想中,这一概念指的是道德和精神的完美、真实的状态。因此,修持真诚的美德,就能指引到一个人的道德本性和宇宙起源。儒家经典《中庸》(1973)指出:

“唯天下之至诚,为能尽其性,能尽其性,则能尽人之性;能尽人之性,则能尽物之性;能尽物之性,则可以赞天地之化育;可以赞天地之化育,则可以与天地参矣。”(107-8)

最后一个目标看起来似乎高不可攀,非普通人可以获致。然而,“真诚”对任何人都是可能的。儒家认为,一个人只需要控制自己不适当的或过度的欲望,就能达到这个目标。

凭借真诚,一个人便获得了有效沟通的能力。人们相信,处于真诚状态的心灵能够清晰、真实地感知他人的处境和需求,“就如一面镜子,能映万象”(Cheng and Cheng,2000,215)。当一个人对情境作出反应以及真诚地对待他人的需要时,其作为总是恰当而且有力的。如《中庸》(1973)所言:“诚者,不勉而中,不思而得,从容中道,圣人也。”(107)在儒家思想中,这样的人可以感动天地:“至诚而不动者,未之有也;不

诚，未有能动者也。”（《孟子》，1973，74）

运用道德传播规范的能力

对儒家来说，外在能力指的是能力的行为方面，特别是运用道德传播规范的能力。在传播行为方面，儒家的能力观与西方的能力观较为接近。即便如此，儒家仍然强调传播者的真诚品格、思想的自由表达以及传播规则的创造性应用。

在行为方面，儒家如西方学者般同样关注沟通的有效性和适宜性。问题是如何从儒家的角度来判断沟通的有效性和恰当性。同时，我们必须在儒家世界有机体的框架内讨论这种判断的基础。任何有助于维护和促进社会和谐发展的作为都被认为是有效和合适的。如前文所述，儒家学者已经得出结论，有效和适宜的言行是那些良好且真诚的言行。然而，由于内在的善意与真诚只能通过言行来表达，儒家也发展了一套传播规则和规范体系，以保障和促进良好、真诚的沟通实践，这套规范便是“礼”。

儒家的另一个概念对于理解外部能力至关重要。虽然“礼”的字面意思是“仪式”，但它的实际运用却超越了任何通常发生在特定时间和空间的普通仪式（Fehl，1971）。在儒家的社会，“非礼勿视，非礼勿听，非礼勿言，非礼勿动”（112）。“礼”作为君子进行社会交往的方式，实际上已经渗透中国人日常生活的各个方面。“礼”的精神内涵是尊重和真诚。孔子说：“不学礼，无以立。”（71）除了尊重之外，“礼”也应该真诚地践行。例如，一个人不应该要求别人为自己举行祭祀仪式：“吾不与祭，如不祭。”（69）此外，即使一个人亲自经历了整个过程，但如果他心不在焉，祭祀也是不算数的。因此，一个人必须“祭如在，祭神如神在”（69）。从这个角度来看，“礼”是一种规范和准则系统，专门用于带有尊重和诚意的口头或非口头的传播沟通中。这方面的沟通能力体现在一个人运用这些规范和准则的能力上。

进一步探究“礼”的动态功能对于全面理解儒家的能力观具有重要意义。作为一种源远流长、行之有效的传播规范文化体系，“礼”具有双重目的：规范和创造人之间的互动（Xiao，2001）。一方面，“礼”被规范化，在一定程度上提供了交流的确定性，因此，它是交流者应遵循的可靠行为准则；另一方面，“礼”在一定程度上是开放的，允许和鼓励创造性互动。

约翰·塞尔（John Searle）的规制性规则（regulative rules）和构成性规则（constitutive rules）的概念有助于解释“礼”的这种双重功能。根据赛尔（1969）的研究，有两套基本的规则：规制性规则和构成性规则。规制性规则通过独立存在的行为形式进行规范，而行为形式独立于为规范行为而建立的规则存在。例如，饮食规则规范了我们的饮食方式，但无论给定的规则如何，我们在任何情况下都会吃喝，这些行为不依赖于规则。然而，构成性规则创造了新的行为形式，例如下棋和足球，这些行为仅在规则允许的某些背景中发生，例如，国际象棋和足球的场景。因此，活动依赖于规则。规制性规则具有说明性和限制性，通常以“若 X，要做 Y”的形式表达。例如，“当吃饭的时候，要……这样做”。相反，构成性规则允许个人选择他们认为遵循规则的适当方式。因此,在玩中国象棋时,可以选择移动"卒""车"或任何其他棋子,除非被将军。构成性规则通常以"X 视同 Y"的形式表示,例如,"当你……时,你正在下棋"(33-42)。

儒家"礼"的实践显然涉及这两种规则。也就是说,它包含一组高度限制性的规则,同时使用非常有限数量的构成性规则来运作。因此,能力的类型有两种:一种是遵循规则的能力,以满足某些人际关系和涉及互动的情况要求;另一种是利用构成性规则的能力,以便在传播互动中建立有利于自己地位的地位和情境。

遵守规制性规则的能力

第一种能力似乎不需要特殊技能。但事实并非如此,因为儒学已经制定了非常具体的规则,其中一些非常详细地阐明了,在各种可能的场合,不同等级和社会地位的人应该如何与相同或不同等级和社会地位的人交往。这些规则的根本来源是一种有机世界具有等级复杂性的信念,尽管在本体论上,有机体的每一部分都共有相同的"气"和"仁"心。因此,每一种人际关系都需要一种独特的沟通方式或模式。例如,臣民表达对君主尊崇的方式与儿子表达对父亲尊敬的方式是不同的。一个人的表达只有在与对方的关系相适应的情况下才是有效和恰当的。这就是孔子(1979)所说的:"名不正,则言不顺;言不顺,则事不成。"(118)

经过几个世纪的实践,儒家思想在中国已经发展了无数规范人们应对的具体规则,来确保道德和真诚的沟通。以《礼记》(1967)中规定的封建君主为例,"当封建君主即将被介绍给天子时,他被宣告为'你的臣民某某,某某国之太子'";他对人民说自己是"寡人";如果他服丧,他被称为"嫡长子,孤子";如果他在祖庙参加祭祀,则是"孝子,某某国之太子";如果是另一场献祭,其称呼是"远房某某国之太子"。这些只是封建君主制度交往规则中最基本的部分(112)。因此,这些规则的适当和准确应用涉及对每一人的关系和每一具体情况的具体需要的了解,以及选择遵守最符合这些需求规则的能力。

运用构成性规则的能力

从表面上看,儒家的传播模式似乎都被规制性规则所制约。但在这种规制施行的背后,儒家思想实际上有意为个体传播者留出空间,让他们选择自己认为有效、合适的方式来表达自己的尊重和真诚,甚至建构自己的身份和传播沟通的有利环境。这就是儒家的"礼"如何作为一种道德和真诚的沟通体系,能在中国延续两千多年生命与魅力的主因。

在创造性的传播实践中,人们必须诉诸另一套规则。肖(Xiao,2004)确定了"礼"的三个基本构成规则:尊重、真诚和互惠。这意味着,将其放入"X 视同 Y"的模式中考量,当一个人恭敬、真诚地对他人采取行动并做出反应时,无论采取何种行动或做出何种反应,他都是在践行着"礼"。

习“礼”的早期阶段通常需要遵循规制性规则，但掌握了道德交流的精神或本质之后，就没必要再遵守那些外在的规则。反之，个体应该由精神来引导。构成性规则使传播者能够超越限制性规则来应对不断变化的情况。它们还允许传播者超越习惯做法，以微妙的方式传达尊重和真诚的信息。因此，这些规则在道德和精神修养的更高领域起了作用。要运用尊重、真诚和互惠的原则，传播者必须至少具有一定程度的自由和创造力，而自由和创造力只能从自身的道德和真诚修养中获得。

孔子(1979)主张的“从心所欲不逾矩”(63)，被认为是拥有精神自由和创造力的完美典范。他不只是遵守旧的规则。譬如，“子入太庙，每事问。或曰：‘孰谓鄹人之子知礼乎？’入太庙，每事问。子闻之，曰：‘是礼也。’”(69)。询问每件事似乎不是那个地方的习俗，否则，有人应该看到了它与“礼”实践的相关性。很明显，说这句话的人所指的“礼”不是孔子的“礼”。前者关注的是宗庙内传播沟通的规制性规则，后者关注的是“礼”构成性规则的创造性运用。在这里，只有理解了“礼”的精神和“礼”的构成性规则的人才能理解孔子的真正意图。无论如何，通过让自己显得无知，孔子成功地为自己塑造了一个谦逊的形象。他实际上是在践行《礼记》(1967)中所称的“贵人贱己”的一般原则(65)。

另一个例子是孔子(1979)在《论语》中按照“礼”的构成性规则行事：“孔子于乡党，恂恂如也，似不能言者。其在宗庙朝廷，便便言。唯谨尔。朝，与下大夫言，侃侃如也，与上大夫言，訚訚如也。君子，椒错如也，与与如也。君召使摈，色勃如也，足躩如也。揖所与立，左右手，衣前后，谵如也。趋进，翼如也……入公门，鞠躬如也，如不容。立不中门，行不履阈。过位，色勃如也，足攫如也，其言似不足者。摄齐升堂，鞠躬如也，屏气似不息者。”(101)

孔子对他的听众所说的话实际上并没有被记录下来，不过在这里也不重要。真正重要的是他在不同的受众面前巧妙而富有创造性地展现了不同的角色。角色展现本身就传达了尊重且真诚的强有力讯息。

儒家观念与西方观念

以上的论述表明了儒家对于传播的观点存在着双重的倾向，同时视作一种自然过程和一种伦理道德过程。一方面，人类的交流是高度智性与感性合一的“感应”的宇宙运行过程的一部分；另一方面，不同类型的“感应”或“互动”正是一种道德和精神的召唤。从这个角度来看，传播沟通能力不仅是人类独有的能力，它实际上指的是自然和道德的双重力量。只有在这种宇宙和伦理起源的基础上，我们才能理解儒家传播能力观的深刻内涵。

道德观在这里尤为重要。儒家不相信一个人仅靠自己的天资，就能习得沟通能力。对于儒家和西方人来说，交际传播都是需要勤奋学习和刻苦训练的。不过儒家学者认为，对沟通的研究和训练本质上是一种道德修养过程。因此，在中国，传播沟通能力总是与更广泛的道德教育结合在一起的。

我们可以将西方与儒家的传播能力观进行比较。如前所述,西方的能力观有其哲学渊源,但这些哲学渊源似乎与本文所讨论的宇宙、伦理上的过程没有任何关系。相反,西方的能力概念假定人人生而平等,相互独立;人与人之间的关系是建立在共同利益的基础上,而不是建立在预先确定的有机统一或感情联系的基础上的。

这种本体论的假设预先决定了对西方人对什么是有意义的交流的看法。首先,沟通必须是一种打破个体间相互作用的边界的操控性过程,这就解释了为什么"控制"这一主题支配着西方的传播能力概念。因此,传播必然是目标导向的。也是因此,在西方关于能力和社交技能的文献中,目标的实现、任务的完成或问题的解决自然被认为是一个主要的动机结构(Greene and Geddes,1993)。进而产生了另一种根深蒂固的观点:传播是自我导向的。纵使在与他人合作以实现个人目标时,传播沟通者仍需要"至少对他人有一些关注,至少愿意考虑他人的身份和行为"(Parks,1994,595),每个传播者的行为都是为了自身利益而行的。因此,在西方,自我主张和自我表露往往被用来衡量沟通的有效性,而表达自己的思想、情感和信仰时,其一致性、完整性、清晰度、直率和诚恳等属性在传统上被视为沟通能力的重要组成部分。

本文并无意表明儒家有关传播能力的观念优于西方。相反,本文的目的在呼吁解释中国人交际传播行为时,应该根据一套不同的本体论和认识论假设来处理。只强调西方或儒家的观点无助于促进中西之间的理解。事实上,儒家的观点给我们提供了非常深刻的见解,例如,东方和西方可以通过相互尊重和真诚沟通来理解对方。

在中国方面,对于未来的研究,学者可以更进一步说明更具体与可以实证观察的概念,如自我克制、间接表达、爱面子、互惠和强调特殊关系等(Chen,2002;Chen and Xiao,1993),这样可以从伦理和精神的角度,使中国传播沟通能力的研究更加具体化。此外,这些关于交际能力的中国思想的本体论和认识论假设如何与日常交往中的"面子"((face)、"关系"(interrelation)、"人情"(favour)、"缘"(predestined relation)、"报"(reciprocity)、"客气"(politeness)和"资历"(seniority)等概念相互作用,仍然是学者未来研究的一个具有挑战性的课题(e.g. Chang and Holt,1991, 2002; Chen and Chung,2002; Feng,2004; Hwang,1987, 1997,1998; Jia,1997,1998; Ma,2004)。

参考文献

ALLEN R R,BROWN K L,eds.Developing communication competence in children[M].Skokie, IL: National Textbook,1976.

BARNLUND D C.Communication styles of Japanese and Americans[M]. Belmont, CA: Wadsworth,1989.

Book of rites (also Li chi)[M].LEGGE J,trans. New Hyde Park, NY: University Books,1967.

CANARY D J,SPITZBERG B H.A model of the perceived competence of conflict strategies[J]. Human communication research,1989(15): 630-649.

CHANG H-C.The concept of yuan and Chinese conflict resolution[M]//CHEN G M,MA R. Chinese conflict management and resolution.Westport, CT: Greenwood,2002.

CHANG H-C,HOLT G R.The concept of yuan and Chinese interpersonal relationships[M]//

TING-TOOMEY S, KORZENNY F. Cross-cultural interpersonal communication. Newbury Park, CA: Sage,1991:28-57.

CHEN G M.Differences in self-disclosure patterns among Americans versus Chinese:a comparative study[J].Journal of cross-cultural psychology,1995(26): 84-91.

CHEN G M.A Chinese model of human relationship development[M]//HOFFER B L,KOO H H.Cross-cultural communication East and West in the 1990's.San Antonio, TX: Institute for Cross-Cultural Research,1998:45-53.

CHEN G M.The impact of harmony on Chinese conflict management[M]//CHEN G M,MA R. Chinese conflict management and resolution.Westport, CT: Ablex,2002:3-19.

CHEN G M.A review of the concept of intercultural effectiveness[M]//HINNER M.The influence of culture in the world of business.Germany: Peter Lang,2007:95-116.

CHEN G M. The impact of feng shui on Chinese communication[J]. China Media Research, 2007,3(4): 102-109.

CHEN G M. Bian (change): a perpetual discourse of I Ching[J]. Intercultural communication studies,2008(17): 7-16.

CHEN G M,CHUNG J.Superiority and seniority:a case analysis of decision making in a Taiwanese religious group[J].Intercultural communication studies,2002,11(1): 41-56.

CHEN G M,STAROSTA W J.Intercultural communication competence:a synthesis[J].Communication yearbook,1996(19): 353-383.

CHEN G M,XIAO X.The impact of harmony on Chinese negotiations[J].Paper presented at the annual meeting of the speech communication association, in Miami Beach, FL.,1993(11).

CHENG H,CHENG Y.Er Cheng yishu [Literary remains of the two Chengs][M].Shanghai: Shanghai Guji,2000:15.

CHOMSKY N.Aspects of a theory of syntax[M]. Cambridge, MA: MIT Press,1965.

Classic of changes:a new translation of the I Ching as interpreted by Wang Bi[M].LYNN R J, trans.New York: Columbia University Press,1994.

Confucius:the analects[M].LAU D C,trans. London: Penguin Books,1979.

DALY J A,MCCROSKEY J C,eds.Avoiding communication shyness, reticence, and communication apprehension[M].Beverly Hills, CA: Sage,1984.

Doctrine of the mean.A source book in Chinese philosophy[M].CHAN W T,trans. and ed.Princeton, NJ: Princeton University Press,1973:97-114.

FEHL N E.Li, rites and propriety in literature and life:a perspective for a cultural history of ancient China[M].Hong Kong: The Chinese University of Hong Kong,1971.

FENG H R.Keqi and Chinese communication behaviors[M]// CHEN G M,ed.Theories and principles of Chinese communication.Taipei: WuNan,2004:435-450.

FOOTE N N,COTTRELL L S.Identity and interpersonal competence[M].Chicago, IL University of Chicago Press,1955.

GRAHAM A C.Two Chinese philosophers:the metaphysics of the brothers Ch'eng [Cheng]. 2nd ed.[M].La Salle, IL: Open Court,1992.

GREENE J O,GEDDES D.An action assembly perspective on social skill[J].Communication theory,1993(3): 26-49.

GRICE H P. Logic and conversation[M]//COLE P, MORGAN J, ed. Syntax and mantics 3: Speech acts. New York: Academic Press, 1975.

GUDYKUNST W B, NISHIDA T. Bridging Japanese/North American differences [M]. Thousand Oaks, CA: Sage, 1994.

HWANG K K. Renqin and face: the Chinese power game[J]. American journal of sociology, 1987 (92): 944-974.

HWANG K K. Guanxi and mientze: conflict resolution in Chinese society[J]. Intercultural communication studies, 1997-1998, 7(1): 17-40.

JIA W. Facework as a Chinese conflict-preventive mechanism: a cultural/discourse analysis[J]. Intercultural communication studies, 1997-1998, 7(1): 43-61.

KELLERMANN K. Communication: inherently strategic and primarily automatic[J]. Communication monographs, 1992(59): 288-300.

LIUX. [also Hsieh]. The literary mind and the carving of dragons: a study of thought and pattern in Chinese literature[M]. SHIH Y C, trans. Hong Kong: The Chinese University Press, 1983.

MA R. Guanxi and Chinese communication behaviors[M]// CHEN G M, ed. Theories and principles of Chinese communication. Taipei: WuNan, 2004: 363-377.

MCCROSKY J C. Communication competence and performance: a research and pedagogical perspective[J]. Communication education, 1982(31): 1-7.

MENCIUS. Mencius[M]//CHAN W T, trans and ed. A source book in Chinese philosophy. Princeton, NJ: Princeton University Press, 1973: 51-83.

NEEDHAM J. Science and civilization in China. Vol. 2[M]. Cambridge, UK: Cambridge University Press, 1962.

PARKS M R. Interpersonal communication and the quest for personal competence [M]// KNAPP M L, MILLER G R, ed. Handbook of interpersonal communication. Beverly Hills, CA: Sage, 1985: 171-201.

PARKS M R. Communicative competence and interpersonal control[M]//KNAPP M L, MILLER G R, eds. Handbook of interpersonal communication, 2nd ed. Thousand Oaks, CA: Sage, 1994: 589-618.

PHILLIPS G M. A competent view of "competence"[J]. Communication education, 1984(33): 24-36.

SEARLE J. Speech acts: an essay in the philosophy of language[M]. Cambridge, UK: Cambridge University Press, 1969.

SPITZBERG B H. Progress and pitfalls in conceptualizing and researching intercultural communication competence[M]//Paper presented at the speech communication association Conference. New Orleans, LA, 1988.

SPITZBERG B H, CUPACH W R. Interpersonal communication competence[M]. Beverly Hills, CA: Sage, 1984.

SPITZBERG B H, CUPACH W R. Handbook of interpersonal competence research[M]. New York: Springer-Verlag, 1989.

SUSSMAN N, ROSENFELD H. Influence of culture, language, and sex on conversational distance[J]. Journal of personality and social psychology, 1982(42): 66-74.

The great learning. A source book in Chinese philosophy[M]. CHAN W T, trans and ed. Princeton: Princeton University Press, 1973: 85-94.

WIEMANN J M. Explication and test of a model of communicative competence[J]. Human communication research, 1977(3): 195-213.

WIEMANN J M, BBAKLUND P. Current theory and research in communicative competence[J]. Review of educational research, 1980(50): 185-199.

WISEMAN R L. Intercultural communication competence[M]//GUDYKUNST W B, ed. Cross-cultural and intercultural communication. Thousand Oaks, CA: Sage, 191-208.

XIAO X. Li: a dynamic cultural mechanism of social interaction and conflict management[M]// CHEN G M, MA R, ed. Chinese conflict management and resolution. Westport, CT: Ablex, 2001: 39-50.

XIAO X. Li yu huaren chuanbo xingwei [Li and Chinese patterns of communication][M]// CHEN G M, ed. Theories and principles of Chinese communication. Taipei: Wunan, 2004: 379-405.

XIAO X. Yijing: a self-circulating and self-justified Chinese cultural discourse[J]. Intercultural communication studies, 2006(15): 1-11.

ZHANG S. Mengzi shuo [Treatise on Mencius][M]//Zhang Shi chuanshu [Collected works of Zhang Shi][M]. Changchun: Changchun Chubanshe, 1999: 239-393.

ZHANG S. Renshuo [Treatise on humanity][M]//Zhang Shi chuanshu [Collected works of Zhang Shi]. Changchun: Changchun Chubanshe, 1999: 803-804.

ZHU X. Zhuzi yulei [Classified conversations of Zhu Xi][M]. Beijing: Zhonghua Shuju, 1986.

学术动态

人类文明交往实践的中国思考
——2018年华夏传播研究综述

China's Rethinking on the Practice of Human Civilization Communication
—A Summary of Huaxia Communication Research in 2018

◈ 谢清果　王　婷*
Xie Qingguo　Wang Ting

摘要:2018年是中国传播学发展的第40个年头,学科研究发展势态涌现集体"反思"现象,标志着中国传播学进入一个自觉的主体性思考阶段,同时也是学科研究对象不断深化、研究范式日益彰显的一年。本文从传播学中国化研究重要领域之一的华夏传播研究的相关议题出发,围绕目前华夏传播着力研究的核心主题,评析2018年发表的国内传播学具有学科代表的期刊论文以及本年度出版的较有标志性的研究著作,从而形成九大板块以与读者分享。

Abstract: 2018 is the 40th year of China's communication studies. The development of the subject research emerged as a collective "reflection" phenomenon, marking the beginning of a conscious subjective thinking stage in China's communication. At the same time, it is also a year in which the subject of research is deepening and the research paradigm is increasingly magnificent. Based on the relevant topics of Huaxia communication research, one of the important areas of the sinicization of communication research, this paper focuses on the core themes of the current Huaxia communication research, and analyzes the journal articles published in the field of domestic communication in 2018 and the iconic research books published this year. This article will be divided into nine major sections to share with readers.

关键词:华夏传播,中华文化,文明传播

Keywords: Huaxia communication, Chinese culture, civilization communication

* 谢清果,两岸关系协创中心研究员,厦门大学新闻传播学院教授、博士生导师,厦门大学传播研究所所长,主要研究方向为华夏传播研究;王婷,厦门大学传播学在读博士,贵州师范大学讲师,从事中国传统文化传播研究、跨文化研究。

一、主体与反思:华夏传播研究40年

2018年是传播学入华的第40周年,历经了40年的学科发展,中国传播学积累了丰硕成果。正如吴予敏教授提到的,中国传播学40年发展的重要性即在于同时经历了“中国的改革开放走过了40年的历程”,因此,“(中国传播学40年和改革开放40年)这两个数字不是巧合,而是内在地说明了改革开放和由此开启的中国特色社会主义现代化进程是中国传播学发展的总背景”。①

2018也是中国传播学发展的一个重要节点,这一年不约而同地成了中国各大新闻传播院校、各新闻传播研究机构、各位从事新闻传播事业的研究学者们集体反思的一年。② 许多研究学者对传播学发展问题进行了多元反思,反思、主体性、多元、重构等字眼成为关键词,“反思”这一字眼在这些文章的标题中更是被提到了9次之多。③

在众多提出“反思”的学者中,浙江大学传媒与国际文化学院的邵培仁教授“一针见血”地指出,中国传播学存在的一个学术困境即学术研究“过度西方化”和“过度量化”,这是一种并“不健康”甚至“有病”的状态。复旦大学张涛甫教授认为中国传播学出现的这种“亚健康”状态是一种“影响的焦虑”表现,即传播学主体性缺失所致。④ 与此同时,邵教授针对中国传播学发展存在的问题给出了一个积极的回应,即“现在需要回到中西方平等对话、交流的立场上来,丢掉建构‘中国中心主义’或‘东方中心主义’的幻想,积极探索传播学研究中的‘第三条路经’或‘第三种范式’,携手共同构建人类整体传播学。这既不是西方的,也不是东方的,而是世界的。这样可能导致传播学研究失去部分‘中国性’,但‘薄利多销’的‘宝塔糖策略’会得到更多的‘中国性’。坚持‘传播学本土化研究’,则是强化文化‘中国性’和‘亚洲性’的不二法门,也是实现世界文化多样性、构建人类整体传播学的必经之路”⑤。

不约而同地,针对中国传播学目前发展存在的诸多问题,以及如何进一步让传播学本土化、中国化,或者更确切地说如何让世界传播学丰富、完整、更具活力,西南政法大学全球新闻与传播学院和厦门大学传播研究所于2018年5月19日共同举办了主题为“传统文化与传播的问题、话语与理论建设”的传统文化与传播学术研讨会。来自复旦大学、厦门大学、暨南大学、西南政法大学、华东师范大学、扬州大学、宏德文化基金会等近20所科研院校和文化团体的30余名学者参加了本次研讨会。学者们围绕主题,各抒己见,就中华文明传播的世界意义、华夏传播的微观视域、“一带一路”与华夏文明传播、儒释道文化传播等问题展开深入的专题研讨。在研讨会上,厦门大学谢清果教授给出了对中国传播学当前“反思”后的另一新方案,即“一个可行的方案便是

---

① 吴予敏.“重构中国传播学”的时代场景和学术取向[J].国际新闻界,2018(2):85-98.

② 参见《国际新闻界》2018年第2期,本期话题:反思传播学。

③ 谢清果.光荣与梦想:传播学中国化研究四十年(1978—2018)[M].北京:九州出版社,2018:9-10.

④ 张涛甫.影响的焦虑——关于中国传播学主体性的思考[J].国际新闻界,2018(2):123-132.

⑤ 邵培仁.携手共同构建人类整体传播学[J].国际新闻界,2018(2):62-65.

将'中国'阐释为一种传播观念,即具有中国特色的'共生交往观'……'中国'是一种元传播符号,它集中代表着一种新的交往气象:以'文明中国'的姿态坚守'中道'传统;在世界交往中阐扬'共生'精神。总之,'中国'是一种负责任,敢担当的宏大传播叙事主题与象征符号","也就是说,'中国'是一种世界理念,是一个可以包含世界他国的中国,亦即无外的中国。这是'中国'意涵中最宝贵的地方。她体现出一种独特的文明观念,那就是兼容并包、和谐共生的观念"。[①]

二、礼乐与儒道:华夏文明传播研究

中国传播学发展进入第40个年头,华夏传播研究也走向了一个新的增长点,即"从零到一"[②]的进一步推进。正如吴教授在《从"零"到一:中国传播思想史书写的回顾和展望》中所阐释的:"从零到一"的这个说法,不只是说我们的传播思想史研究,已经告别了"零",迈出了第一步,而且这个第一步是在西方传播知识体系的帮助下走出去的。有的学者认为,中国传播思想史,或者传播思想史的价值在于为建立中国传播学的学科体系做出历史的梳理。这个观念内含了一个"一",就是一个独创的有中国特色的学科地位。

"从零开始"是从无到有的突破,而"从零到一"则是由量通往质的飞跃。纵览2018年一年,华夏传播研究成果众多,礼乐文化传播、儒家思想传播、道教传播思想等研究成果都具有华夏传播研究的特质,且诸多研究成果在这一年的华夏传播研究中较有代表性。

(一)礼乐文化传播研究

郑州大学张兵娟教授在《中华文化与传播研究(第三辑)》的"中国礼文化传播"专栏的主持人语中说:中国礼文化是中华传统文化的核心,也是中华文明的重要标志。在几千年的发展历程中,对增进中华民族凝聚力、促进文化认同、维护社会安定和谐、提升民众文化素质、塑造民族形象发挥了重要作用;在中国,礼文化是以礼治为核心,由礼仪、礼制、礼器、礼乐、礼教、礼学、礼俗、礼义等诸方面的内容融汇而成的一个文化丛,它就是中国文化的代表。今天,"礼文化"仍深深影响着我们生活的各个方面,有必要从传播学的角度进行整体深入的挖掘,以此推进中国本土传播学的研究。[③] 张教授主持的国家社科基金项目"中国礼文化传播与认同建构研究"正是对礼文化在当代中国的深入研究,是将中国礼文化放入全球背景下,如何凝聚力量,重塑"礼仪之邦",构

---

① 谢清果.中华文明传播思想的世界意义[C]//2018年传统文化与传播学术研讨会会议论文集.重庆:西南政法大学,2018:1-22;该篇文章后又发表于2019年第2期的西北师大学报(社会科学版),见谢清果.共生交往观的阐扬——作为传播观念的"中国"[J].西北师大学报(社会科学版),2019(2):5-13.

② 吴予敏.从"零"到一:中国传播思想史书写的回顾和展望[J].国际新闻界,2018(1):90-108.

③ 张兵娟.中国礼文化传播[M]//谢清果,钟海连.中华文化与传播研究:第3辑.北京:九州出版社,2018:1.

建国家认同、文化认同、价值认同的重要课题,目前该项目已有阶段性成果。①

厦门大学谢清果教授、林凯博士的《礼乐协同:华夏文明传播的范式及其功能展演》是继黄星民教授之后进一步研究礼乐传播的又一力作。文章中定义了"中国儒家的礼和乐是中华文化传承的两种特殊而普遍的载体形式,是中国古代社会生活的重要组成部分,更已内化为现代社会生活的基本规范",他们还认为"礼乐协同是华夏文明传播的一种范式,在中国社会发展的历史进程中发挥着重要的作用,彰显了华夏文明的可沟通性和开放包容的品质"②。这一认识是继承了早期研究礼乐传播的黄星民教授的观点和想法并不断推进和扬弃后的积极演变,正如黄教授所说:"毫无疑问,礼乐传播是中国历史上极有特色的重要传播活动之一,礼乐传播表现了中国儒家的高度传播智慧和传播道德,在今天还有启发意义。"③

除此以外,礼乐传播方面的研究还有贵州大学殷志教授提出的将"礼乐制度"视作华夏共同体的符号/象征意义的思考,是孔子在创立儒家学说时的传承与传播方式④,以及讨论"礼文化"在现当代中国社会尤其是互联网社会的现实意义⑤和"礼文化"对日本文化的影响等⑥,都从不同侧面反映了华夏礼乐文化在传播学领域的研究现状。

(二)儒家思想传播研究

先秦儒家思想对后世儒家包括整个华夏文明的影响毋庸置疑,是构建整个中华文明的重要基石。在这一语境下,安徽大学束秀芳副教授和芮必峰教授从当前社会失礼、失信、失和的人际交往困境出发,提出"从中国文化发端处找寻'中国式'的传播价值观",并借鉴胡塞尔(Edmund Gustav Albrecht Husserl)的现象学方法,对中国传统人际交往思想进行一次重估和再释。⑦ 郑州大学哲学社会科学研究院杨云香教授在其2017年度教育部人文社会科学研究规划基金项目"数字时代中华传统文化的传承困境与对策研究"的阶段成果中也提出了以儒家思想为核心的中华传统文化讲仁爱、重民本、崇正义、求大同是中国在新时代下的继承和发展,是中国人最深厚的文化软实力。⑧

2018年,谢清果教授在儒家思想传播研究方面提出关于儒家"修身""自省""自悟"作为儒家文化中一种特有的内在传播活动。儒家内向传播思想的实质即是在心灵世界中的自我对话,在修身成圣的精神感召中,不断反省自我,升华内心,完善自我心

---

① 张兵娟,王闯.传播史上的孔庙祭祀礼制及其当代价值[J].现代传播(中国传媒大学学报),2018(1):29-34.

② 谢清果,林凯.礼乐协同:华夏文明传播的范式及其功能展演[J].新闻与传播评论,2018(6):59-68.

③ 黄星民.礼乐传播初探[J].新闻与传播研究,2000(1):27-35,95.

④ 殷志."礼乐制度"的合法化及其作为文化的衍进[J].贵州社会科学,2018(5):17-25.

⑤ 刘美忆.孔子"礼"的传播思想与互联网文明的建构[J].新闻爱好者,2018(12):61-63.

⑥ 侯巧红,刘俊娟.中国礼文化在日本的传播、影响与认同建构[J].郑州大学学报(哲学社会科学版),2018(3):139-142.

⑦ 束秀芳,芮必峰.先秦儒家人际交往思想重估与再释——基于胡塞尔现象学视野[J].新闻记者,2018(2):58-65.

⑧ 杨云香.新媒体环境下中华传统文化的传承与传播[J].郑州大学学报(哲学社会科学版),2018(6):148-150.

中理想境界达到与社会契合、顺应自然的过程与方法。①

（三）道家思想传播研究

随着全球化的发展，道家思想和《道德经》在世界范围内的影响力也日益加深，是华人在世界舞台上展现出的一个极具东方特点、华夏文明特色的角色形象。道家倡导的“放任自由”“无为而治”等思想观念，无疑区别于“冷战”后以西方为中心的“丛林法则”“弱肉强食”等思想。道家对“道”的阐释和对“道”的追求亦是人类文明未来发展的一个新思路，所以《老子思想向世界传播的文明互鉴意义》②在华夏文明传播中格外具有现实价值。例如，就如何传播老子的思想，郑州大学的汪振军教授在其《从四个维度看老子〈道德经〉的传播观》中提出了四个层面的传播思想：“虚静无为”的内向传播观、“谦下不争”的人际传播观、“道莅天下”的国家传播观和“道法自然”的自然传播观。③李桂全的《论〈老子〉的“道”符号思想》则试图通过对“道”这一符号的解读而探究《老子》的思想精髓。④

在道教思想的传播研究中，谢清果教授进一步提出了老子“玄同”思想的传播理念。⑤ 老子的“玄同”思想旨在启迪世人，与“大同”都是一种人类自我认知的理论成果，是一种人类自我期许的思想境界，进而各自衍生为一种社会理想。老子的玄同思想是为了天下大治，解决社会矛盾，实现无为治国的理想。无论是从文化内涵还是从作为华夏传播特有的一个方式而言，老子“玄同”思想不仅展露的是华夏文明的智慧，亦是联合国教科文组织的“国际传播问题研究委员会”（The International Commission for the Study of Communications Problems）对世界所倡导的“多种声音，一个世界”的传播发展理念和合理要求。

三、元典与诠释：华夏典籍的传播学研究

2018年，谢清果教授等编著的《中庸的传播思想》一书出版。中庸是儒家思想中极其重要的概念，也是中国传统文化的重要理论成果。以《中庸》为核心的儒家文献，力图不仅探讨作为一种儒家实现自我完善和造应社会的内向传播方法意义上的中庸，而且还探讨中庸在政治传播、人际传播、跨文化传播以及游戏文化制作与传播实践中的运用，从多面向、多角度阐释中庸的传播思想。⑥

关于先秦时期的经典研究还有郑州财经学院杨建伟的《先秦时期〈诗经〉的传播形

---

① 谢清果.儒家“修身为本”的内向传播意蕴考析[J].吉林师范大学学报（人文社会科学版），2018(3)：22-29.

② 谢扬举.老子思想向世界传播的文明互鉴意义[J].青藏高原论坛，2018(2)：102-107.

③ 汪振军，杨利贞.从四个维度看老子《道德经》的传播观[J].郑州大学学报（哲学社会科学版），2018(6)：143-147，157.

④ 李桂全.论《老子》的“道”符号思想[J].符号与传媒，2018(2)：104-114.

⑤ 谢清果.老子“玄同”思想体系与人类命运共同体的建构方略[J].中原文化研究，2018(1)：32-41.

⑥ 谢清果，等.中庸的传播思想[M].北京：九州出版社，2018：序1.

态》,开启了对《诗经》口头传播和文字传播两个方面的传播形态研究[①],以及山东社会科学院文化研究所张伟对于先秦诸子在口语方面展开的研究,特别是春秋战国诸子游说各国时各家各派所展示"说"的功夫继而形成百家的观点和思想,这些传播活动在传播理论和实践中逐渐形成了中国古代初具雏形的口语传播理念。[②] 吴大顺所著的《汉魏六朝诗歌传播研究》主要以汉魏六朝诗歌音乐传播为研究对象,在其与文本传播并行、交叉与相互转化的历史语境中,考察诗乐共生和诗乐分离的过程,以及诗歌多种传播方式与诗歌文学嬗变的内在联系。[③]

2018年在教育部人文社会科学研究项目和国家社科基金项目中不乏华夏典籍传播研究的面向,比如,教育部的"魏晋南北朝时期的家传研究"涉及《颜氏家训》,"明清经典小说在英语世界的传播及启示研究"涉及"四大名著","《文心雕龙》在西班牙语世界的译介、接受与影响研究"[④]涉及《文心雕龙》等。还有国家社科基金项目的重大课题如"儒佛道三教关系视域下中国特色佛教文化的传承与发展研究""唐代到北宋丝绸之路(陆路)上的驿站、寺庙、重要古迹与文人活动、文学创作及文化传播""魏晋隋唐交通与文学图考"[⑤]等中华夏典籍传播占据着重要地位。

四、身体与符号:华夏的元传播研究

自2017年起,"元传播"就引起了新闻传播学界的高度兴趣和热情,为此新闻学与传播学名词审定分委员会与《国际新闻界》先后推出了对这一概念的知识考古。"元传播"概念于1951年被提出,在"神经控制论"和"符号—语用论"的时代思潮之下,贝特森(Gregory Bateson)用它来指称人际互动中"关于传播的传播",包括符码化(传播的语言符号和人际关系)、传播发生的情境两个子命题。[⑥] 简单来讲,"元媒介"(meta-media)就是"媒介的媒介",换言之,"元媒介"的研究就是人,是"以人为中心、以连接了所有媒介形态的人类大环境为媒介而实现的无时不在、无处不在、无所不能的传播"[⑦]。从人出发的考察中,身体传播常常成为被忽略的一个方面,如刘海龙教授在其《传播中的身体问题与传播研究的未来》提出传统的传播问题,身体问题几乎一直不受重视,因此刘教授考察该问题的起源与视域力图梳理出传播研究中关于身体问题的思想史,希望在麦克卢汉、媒介考古学、控制论、后人类主义等理论下勾勒出传播中身体

---

① 杨建伟.先秦时期《诗经》的传播形态[J].新闻爱好者,2018(12):58-60.

② 张伟.先秦诸子口传理念探析[J].齐鲁学刊,2018(6):95-100.

③ 吴大顺.汉魏六朝诗歌传播研究[M].北京:中国社会科学出版社,2018.

④ 教育部社科司.教育部社科司关于2018年度教育部人文社会科学研究一般项目立项的通知[EB/OL].(2018-07-24)[2019-04-01].http://www.moe.gov.cn/s78/A13/A13_gggs/A13_sjhj/201807/t20180725_343687.html.

⑤ 全国哲学社会科学工作办公室.2018年度国家社科基金重大项目立项名单公示[EB/OL].(2018-10-23)[2019-04-01].http://www.npopss-cn.gov.cn/n1/2018/1023/c219469-30358047.html.

⑥ 方惠,刘海龙.2017年中国的传播学研究[J].国际新闻界,2018(1):21-37.

⑦ 赵星植.元媒介与元传播:新语境下传播符号学的学理建构[J].现代传播(中国传媒大学学报),2018(2):102-107.

研究的主要议题。[①]

谢清果教授、赵晟博士的《身体交往观视域下的老子思想新探》就是将认识回归人本身，尤其是道家所提倡的修身法制“道法自然”，即对人在本初的传播中的理解，是通过“身体外部的交往，是以修身体用得来的整全身体来影响、反哺人类社会与自然世界，是在与他人身体关联中展开的整体且系统的交往观念，并观照人际传播、组织传播、大众传播、跨文化传播以及天人传播等场域”[②]。这一命题的华夏传播研究与“元传播”研究似乎“不谋而合”。华夏五千年的文明中无不闪烁着大量以人为本、以人为中心的优秀思想和学说，如儒家的“仁”，道家的“柔弱”，墨家的“兼爱”，法家的“法术势”等围绕人和人的交流而展开的各种传播现象和传播活动。在华夏文明语境下的“元传播”始终穿插着人的身体、情感、符号等表达，是为了传播而传播，并传递符号的定义和阐释传播的意涵。谢清果教授、张丹博士的《观象制器：夏商周时期青铜器图像的文化符号表征》又从符号表征的角度，阐释了华夏传播在“元传播”命题上的讨论。文章虽未直接所指“元传播”概念，但夏商周时期为古代华夏文明的重要时期，通过青铜器上“象”的传递符号解读文化本身，无疑不是回归传播原点去理解传播之于人的本真意义。[③]

因此，不难理解，在回归到第一级传播媒介时，人的传播手段也即人本身，如身体、情感和传递的基本信息符号即语言甚至包括声音等媒介。所以基于对麦克卢汉的经典认识——“媒介即人的延伸”的理解上，人们是不是更多想到了向前向外的延伸，而恰恰忽视了延伸之前的本初媒介难道不就是人本身吗？这或许正是“元传播”将为我们打开的传播研究新领域。

五、传播与训诂：华夏传播知识考古研究

南京大学潘祥辉教授是华夏传播考古学研究方法的创新者，其研究以中国传统文化为土壤，用考据学的研究方法，从而在华夏传播的研究范围中开启了一个崭新而广阔的视阈。在潘教授《华夏传播新探 ——一种跨文化比较视角》一书序中，其老师邵培仁教授提到潘教授是中文系出身，又致力于训诂学，博士转到传播学领域，这是传播考古学研究方法得以运用的一个重要方面。同时，这部作品体现“华夏传播学研究的新进展、新前沿、新水准……给沉寂一时的华夏传播研究吹入了一股新风”[④]。邵培仁教授还指出，潘祥辉教授在中国古代传播机构的大视野中发现了三种媒介或媒介化事物的政治传播功能：“第一，是青铜器作为一种传播媒介，不仅在形成和传承中华文明的过程中起着重要作用，更具有宣示与合法化政治权力、实践仪式以进行政治沟通的

---

① 刘海龙.传播中的身体问题与传播研究的未来[J].国际新闻界，2018(2)：37-46.

② 谢清果，赵晟.身体交往观视域下的老子思想新探[J].文化研究，2018(2)：304-319.

③ 谢清果，张丹.观象制器：夏商周时期青铜器图像的文化符号表征[J].符号与传媒，2018(2)：77-92.

④ 邵培仁.一部视野开阔的华夏传播专论——《华夏传播新探》序[M]//潘祥辉.华夏传播新探——一种跨文化比较视野，上海：复旦大学出版社，2018：1.

功能;第二,是先秦歌谣作为一种舆论机制,具备政治表达与品评、舆论监督、'舆情调查'与政治沟通、教化和舆论动员乃至政治博弈等功能,可以简称为'歌以咏政';第三,是女性曾经被作为一种媒介,起着政治联姻的政治功能,尤其是在'秦晋之好'这样的政治婚姻中,当然是反映了古代社会对女性的压迫。特别是作者'接着讲'吴予敏在《无形的网络》中提出的古代君主信息控制的问题,发现了秦汉王朝官僚科层制下信息传播的悖论,出现了'传播失灵'的现象,值得现代人反思。"①

潘祥辉教授的《宣之于众:汉语"宣"字的传播思想史研究》同样采用传播考古学的研究方法并且较为具有代表性,潘教授通过一个汉字"宣"挖掘、整理出了大量的中国古代以"宣"为中心的传播实践,甚至可以说"宣"本身就是一种重要的传播行为或传播活动。② 无独有偶,广西大学新闻传播学院的李庆林教授也提出了汉字可作为一种媒介的思考,尤其是进入网络时代以后,具有高度形象化的汉字的特点是保留完整的"声觉空间"和独特的"象思维"的结合③,在互联网的视觉表达中发挥了汉语文化的文明优势。因此,两位学者都从不同路径但相似的研究对象中发挥出了华夏传播研究的特长和特点。

六、交融中共生:华夏传播的多学科交叉研究

华夏传播研究的一个特质就是与其他学科的交叉性、融合性和互动性。可以说文史哲学科与传播学的交叉融合这一特征本身就是华夏传播研究的特质所在。华夏传播研究致力于研究中国人的交往观与关系哲学,而这些研究离不开文史哲的厚重积累,尤其是华夏传播智慧的珍珠本就在于中华元典及其赓续的经典文献之中。④ 多学科的交叉研究使华夏传播学能够拓展更广阔的研究领域,是与社会、生活、文化等方面的真实相连的尝试,实现实际价值与实践作用而并不只停留于理论上的泛泛而谈。正如吴予敏教授提到的,(中国传播学,当然也包括华夏传播学)作为后起之学,她更需要向中国史学、社会学、语言学和文学等学科学习借鉴。⑤ 在与多学科的交叉研究中,华夏传播研究可以与历史学、舆论学、视觉修辞、媒介学、符号学等方面进行结合和互鉴。

在与历史学和舆论学的交叉研究中,有从中国传统历史与文化中开展舆论学的探讨和研究,如栾保群的《中国古代的谣言与谶语》(江苏凤凰文艺出版社,2018)就揭示了中国正史和野史流传下来形形色色的谣言和谶语,都是中国古代政治权力与斗争的利器,是采取独特视角来观察中国传统文化之于群体传播、舆论制造、政治传播的一个纵面。刘燕燕的《晚明传教士"点金"谣言的传播与辩驳》,将考察范围缩小在明晚期的

---

① 邵培仁,姚锦云.本土之路三十年:华夏传播理论的建构实践(1988-2018)[J].中国传媒报告,2018(3):4-18.

② 潘祥辉.宣之于众:汉语"宣"字的传播思想史研究[J].新闻与传播研究,2018(4):76-94,127-128.

③ 李庆林.论汉字的媒介特性与汉语文化的新机遇——由麦克卢汉"声觉空间"理论引发的思考[J].现代传播(中国传媒大学学报),2018(12):19-23.

④ 谢清果.传播学"中华学派"建构路径的前瞻性思考[J].新疆师范大学学报(哲学社会科学版),2017(6):63-76.

⑤ 吴予敏."重构中国传播学"的时代场景和学术取向[J].国际新闻界,2018(2):85-98.

传教士造成的谣言并对当时社会的传播和影响进行了考察。① 谢清果教授的《华夏文明与舆论学中国化研究》一书(九州出版社,2018),卸下传统西方语境下所讨论的舆论和公众意见的观点,转而以中国传统历史与文化为起点展开关于舆论的研究,试图描述出华夏舆论传播的主要形态与历史特征,并希望可以勾勒出华夏文明下舆论学的一幅新图景。除此以外,田素美副教授的《舆论学视角下的汉代"月旦评"探析》以"月旦评"这一我国传统社会中的民间乡议活动为研究对象,对中国古代民间舆论与官方舆论以及它们之间相联又对立的关系展开传播学视阈下的研究和分析,对于当前社会中的舆论治理与和谐社会发展都可以提供一些有价值的借鉴。②

在与媒介学的交叉研究中,贾南和芮必峰的《作为信仰"装置"的秦汉石刻:一种媒介学的视角》以媒介学视角关注作为载体的秦汉石刻,探讨石刻媒介具有的神圣性、永恒性、稳定性和公告性,是大一统帝国集权统治的符号标志。③ 张婧文的《明清入藏瓷器与汉藏文化交流》将瓷器作为文化传播的媒介,探讨了明清时期大量瓷器通过官方和私人等渠道从内地往西藏的流通情况,并且说明瓷器交往流通的过程中所产生的汉文化对藏传佛教文化地的影响具有多方面的意义。④ 潘祥辉的《"秦晋之好":女性作为媒介及其政治传播功能考》从政治婚姻出发,指出"秦晋之好"制度中把女性也视为一种特殊的媒介,是古代社会建构联盟关系、建立政治信任的最为常见的沟通合作机制,在内政和外交中都被广泛应用。⑤

在与视觉修辞的交叉研究中,李红在《视觉之势:论视觉修辞的活力之源》中提出视觉修辞的活力即来自视觉之势,是一种无限的潜力,并探讨了在中国文化谈到"势"时,能引起人们遐想的通常也是视觉意象,由视觉意象引发的"势"则能够在公共性、意向性和空间性上产生一种引发力。⑥ 刘涛在《意象论:意中之象与视觉修辞分析》中提出了"象",并认为在视觉话语表征体系中,意象产生是一种常见的修辞实践,在中国古代文论传统中,"象"具有积极的媒介功能,可以缓解"言"与"意"之间的尴尬和矛盾。⑦ 而在《以"秽"抗争:表演式抗争实践中的"秽"话语及其视觉生产》中,作者采用训诂方法考察了文字"秽"的来源,并认为视觉文化背景下,各类媒介普遍呈现出表演式抗争的图像文本,其内容广泛征用了具有肮脏、邪恶、不吉内涵的"秽"话语,并且"秽"话语通过象征生成、原型征用和语境重构的表达对中国人的心理结构和社会阶级形成影响。⑧ 东北师范大学博士郭薇的博士学位毕业论文《〈赤壁赋〉的视觉艺术传播研究》

---

① 刘燕燕.晚明传教士"点金"谣言的传播与辩驳[J].华侨大学学报(哲学社会科学版),2018(6):157-162.

② 田素美,谢清果.舆论学视角下的汉代"月旦评"探析[J].现代传播(中国传媒大学学报),2018(7):54-60.

③ 贾南,芮必峰.作为信仰"装置"的秦汉石刻:一种媒介学的视角[J].现代传播(中国传媒大学学报),2018(11):53-69.

④ 张婧文.明清入藏瓷器与汉藏文化交流[J].郑州大学学报(哲学社会科学版),2018(3):127-133.

⑤ 潘祥辉."秦晋之好":女性作为媒介及其政治传播功能考[J].国际新闻界,2018(1):109-127.

⑥ 李红.视觉之势:论视觉修辞的活力之源[J].新闻大学,2018(4):10-15.

⑦ 刘涛.意象论:意中之象与视觉修辞分析[J].新闻大学,2018(4):1-9.

⑧ 王雪晔.以"秽"抗争:表演式抗争实践中的"秽"话语及其视觉生产[J].新闻大学,2018(4):16-23.

也从《赤壁赋》作品文本、视觉艺术主题、视觉艺术与文学传播三个方面展开了研究。①这些学者将视觉修辞与中国文化进行对话,可谓别开生面。

目前与华夏传播研究方面产生交叉性互动研究的其他学科较多,除了上面所提到的三个方面,还有关于集体记忆方面的研究,如中国人民大学王润泽和谭泽明的《〈戊戌政变记〉与政变图像建构:从个体想象到集体记忆》考察了戊戌政变的历史事件所形成的社会集体记忆,梁启超的《戊戌政变记》作为个体的、非客观的历史记录,却为后世构建了一个普遍性认识的记忆图像,成为近代中国关于戊戌政变集体记忆的重要蓝本,深刻影响了戊戌政变的历史图像构建。② 王闯、王志昭的《记忆之场:孔庙的传播特征及其纪念碑性》对孔庙以及其中承载的文化记忆进行思考,试图论证以孔庙为一个记忆得以储存、共享和再生的记忆之场,在当代应当被重新认识和重视。③ 除此以外,还有涉及宗教学与人类学研究的《媒介入寺与当代佛教传播——基于一座汉传佛寺的媒介人类学研究》,作者经过田野调查认为释、俗两种文化在现今更为密切和多元的交往,以寺院为主体的佛教传播在当前特别表现出一种以适应"世俗化"为特征的实践过程。④ 还包括以古籍文献为媒介研究对象,进而梳理特定条件、特定时期和文化下的文化传播,如吉林大学张瑾的博士论文《清代文人笔记研究》,以清代文人笔记资料为切入点,考察清代文人的文学传播活动,并跟进相关的传播渠道、传播方式与媒介、受众的接受与反馈等传播要素。该文爬梳整理了大量文献材料,清代文人基于明代的反思,奠定了文人笔记创作中学者化倾向的清代学风基础,并涉及传播技术的改良,使得清代文人笔记的传播发生在中国文学传播史上由传统雕版、活字印刷术向近代印刷技术转型的这一次传播技术革命时期,以及当时知识阶层对西方文化的认识等亦颇值得思考。⑤

七、传统与现代:传统文化视阈下的现代传播研究

吴予敏教授在探讨如何"重构中国传播学"的问题上提出三点建议,其中一点指明了传播学与当前社会结合的积极面向和现实意义,他说:"中国传播研究必须牢牢把握本土文化情境和脉络,通过感知和实践投入中国本土的生活世界的创造过程,在和历史与现实的交互经验中进行理解和诠释,而不能仅仅停留在抽象观念的层面讨论。"⑥华夏传播研究作为传播学本土化的急先锋,关注的正是从古至今的中华文化传统中的传播观念与传播实践。不仅如此,近些年关于中国影视题材的作品也开始反思本土化的重要性,并且大量作品开始以中国传统的优良文化导入,许多电影、电视剧、小说、话

---

① 郭薇.《赤壁赋》的视觉艺术传播研究[D].长春:东北师范大学,2018.

② 王润泽,谭泽明.《戊戌政变记》与政变图像建构:从个体想象到集体记忆[J].新闻与传播研究,2018(8):109-125.

③ 王闯,王志昭.记忆之场:孔庙的传播特征及其纪念碑性[J].新闻爱好者,2018(4):29-32.

④ 冯济海.媒介入寺与当代佛教传播——基于一座汉传佛寺的媒介人类学研究[J].北京社会科学,2018(1):105-118.

⑤ 张瑾.清代文人笔记研究[D].长春:吉林大学,2018.

⑥ 吴予敏."重构中国传播学"的时代场景和学术取向[J].国际新闻界,2018(2):85-98.

剧等形式的媒体内容都开始不断丰富、增进中国的尤其是传统文化方面的精神和内涵。如《〈白鹿原〉传统儒家文化的传播价值》一文谈到电视剧《白鹿原》获得热映与好评的主要原因之一是对传统儒家文化的经典传播，“仁”“义”“礼”“孝”“和”等传统儒家文化在剧中得到了充分的表达，产生了极大的社会效应。① 杨冼的《传播视域下中华传统文化的传承与创新——以电视节目〈国家宝藏〉为例》认为，央视推出的综艺节目《国家宝藏》是对传统文化传播的一次大胆创新与有益探索。② 因此，从近几年的研究情况来看，华夏传播不只发轫于一个学科内的专业要求与学术发展，华夏文化也在社会生活的各方面进行传播实践，这无论对于传播学本土化的理论建设还是我国传统文化之于社会的现实贡献与中国未来文化复兴来说都是一件值得认可的事情。

除此以外，值得一提的还有吴来安的《融入“家”文化：央视公益广告的文化传播符号分析》。文章对“家”作为一种文化符号进行了分析，尤其是中国人自古都以“家”为一个重要的人生与社会的核心纽带，是中国人在文化认同中可以发挥极其显著的一个因素。文章以调查的两则央视公益广告为研究案例，认为以“家”为核心，深入挖掘“家”文化中各重要元素为符号，可以弥补当前文化传播的符号断裂问题，是讲好中国故事，传播中国好声音的目的。③

2018 年 9 月 14—17 日，由厦门大学传播研究所、中盐金坛盐化有限责任公司、江苏宏德文化出版基金会联合主办的首届“华夏文明传播与企业家精神培育”研讨会在江苏金坛举行。此次会议围绕“传播华夏文明，做华夏文明的传播者，用中华优秀传统文化涵养企业家精神”主题展开深入探讨，与会专家学者们共同讨论如何传承中华优秀文化、促进华夏文明发展，进而以中华文明传播促进“中华文明企业”的塑造和企业家精神的涵养，推进中华优秀传统文化的传承与创新。④ 这次研讨会首先是华夏传播研究与现代社会发展的一次具体探讨与实践；其次对华夏传播研究的发展具有一个特殊意义，凭借本次会议搭建的学术平台，组织方举行了“华夏传播研究会”的成立仪式，这个专业学会的成立标志着华夏传播研究将进入一个更加专业化、学术化、标准化的研究层次，是未来从传播学视角出发研究中华优秀传统文化，努力实现传播学中国化、本土化的一支活力勃勃的生力军。⑤

八、中华文化与海外传播：华夏文明的海外传播研究

在华夏文化的对外传播和中国国际传播等议题方面，“一带一路”的研究成果较为

---

① 农莉芳.《白鹿原》传统儒家文化的传播价值[J].新闻爱好者，2018(12)：54-57.

② 杨冼.传播视域下中华传统文化的传承与创新——以电视节目《国家宝藏》为例[J].新闻爱好者，2018(10)：63-65.

③ 吴来安.融入“家”文化：央视公益广告的文化传播符号分析[J].新闻大学，2018(2)：138-148.

④ “华夏文明传播与企业家精神培育”研讨会在江苏举行[EB/OL].(2018-09-17)[2019-04-01].http://ex.cssn.cn/gd/gd_rwhd/xslt/201809/t20180917_4561799.shtml.

⑤ 中华文化立场 全球传播视野——华夏传播研究会侧记[EB/OL].(2018-09-17)[2019-04-01].http://www.ctoutiao.com/1003919.html.

丰硕,这是响应时代号召的结果。在众多关于中华文化与海外传播的研讨会议中,为贯彻落实《关于进一步加强和改进中华文化走出去工作的指导意见》,为促进中华文化海外传播、增进中外文明交流互鉴、推动构建人类命运共同体提供理论支持和解决方案,由中国新闻史学会全球传播与公共外交专业委员会、大连外国语大学主办的"第二届中华文化海外传播大连论坛"于 2018 年 9 月 15 日在大连外国语大学举办。来自北京大学、清华大学、中国传媒大学等高校以及中国新闻史学会、中国跨文化交际学会等研究机构的近 300 位专家、学者和汉语志愿者围绕如何促进中华文化海外传播、增进中外文明交流互鉴、推动构建人类命运共同体等时代课题进行了深入的交流和探讨。① 在此次中华文化海外传播论坛上,大连外国语大学和中国日报网共建中华文化新媒体海外传播研究基地举行了签字仪式,大连外国语大学校长刘宏和中国日报网总编辑韩蕾出席了签字仪式,并共同为"大连外国语大学—中国日报网中华文化新媒体海外传播研究基地"揭牌②,这是中华文化向海外传播,进一步推进其研究力度和影响传播力的战略发展。

在论文发表情况方面,2018 年关于华夏文化对外传播的不少研究成果,尤其是中国传统文化方面的研究,较为集中在本年的硕士和博士毕业论文中。硕士毕业论文如山东理工大学金善佶的《〈管子〉在朝鲜半岛的传播与影响》、四川外国语大学袁鹤颖的《孔子思想在法国的传播》以及郑州大学穆毅的《传播学视域下孔子人际交往观研究》等都较有代表性,并且研究对象也较集中在先秦诸子及其思想对于后世和海外的传播与影响上。除此以外,山东大学谢依伦(CHIA JEE LUEN)的博士学位论文《〈红楼梦〉在马来西亚和新加坡的传播与研究》则从《红楼梦》被带入马来西亚的可能性(19 世纪 20 年代)开始至 2018 年近两百年的时间,通过文献记录尝试呈现出《红楼梦》在某个时代如何传播,当时的传播主体是谁、传播了什么信息、其受众范围的大小,以及根据受众的反馈来探讨《红楼梦》传播的影响力。③

中国文化如何走出去,华夏文明如何与其他文明进行互动是近十年中国跨文化传播与交流的热点问题,其中尤以四川大学林克勤教授的新作《中国文化走出去的策略与路径创新研究》为代表,该书从多个角度(如国家形象、自我形象、文化身份)、多个层次(如国际话语、中国话语、跨文化背景)描述了中国在国际崛起的不争事实,也勾勒出了中华文明同世界文明接轨的真实图景,"中国文化走出去的深层考量则主要是基于文化逆差的现实规制和文化安全的必然进路。在西方中心主义的霸权思维和霸道行径冲击下,中国必然要型构和坚持自己的东方立场和价值体系,同时也会让中国制造和中国文化共同为世界面临的困难和问题提供解决方案、贡献中国智慧"④。本书作

---

① 2018 第二届中华文化海外传播大连论坛在大连外国语大学举办[EB/OL].(2018-09-17)[2019-04-01].http://www.xinhuanet.com/newmedia/2018-09/17/c_137474233.htm.

② "中华文化新媒体海外传播研究基地"揭牌[EB/OL].(2018-09-16)[2019-04-01].http://www.cssn.cn/gd/gd_rwdb/201809/t20180916_4561051.shtml.

③ 谢依伦(CHIA JEE LUEN).《红楼梦》在马来西亚和新加坡的传播与研究[D].济南:山东大学,2018.

④ 林克勤.中国文化走出去的策略与路径创新研究[M].成都:四川大学出版社,2018:序.

者给出了极富创意和深刻的洞见，更是基于以华夏文明为核心的中国对外传播的一次积极探索。除此以外，在海外传播方面具有代表性的研究还有郭镇之的《“旅侨”概念及中华文化的海外传播》，文章首先对“侨”进行一个文字考察，再对“旅侨”一词深探，对“旅侨”者加以定义，进而希望作为中国在海外最主要的形象代表和舆论代表，应该进一步发挥旅侨在海外维护中国利益、改善中国形象、传播中国声音方面的重要作用。[①] 刘琛等著的《海外华人华侨对中华文化的传承与传播》，全面总结、梳理了我国推动海外华人华侨传承与传播中华文化的主要策略，并提出了中华文化传承与传播的评价指标体系，尽可能准确、客观地评估海外华人华侨对中华文化的传承与传播现状。[②]

在课题研究方面，中国传统文化的对外传播和跨文化传播一直是国家较为关注的热点，如 2018 年全国哲学社科规划办对“儒家思想文化在当代朝鲜社会流变与影响的研究”“王阳明思想在西方的翻译、传播与影响研究”和“中国传统文化跨文化传播体系构建及传播模式研究”[③]等项目进行立项就是华夏传播研究方面的一个拓展和深入。

九、范式与创新：华夏传播理论建构和范式研究的现状与发展

从早期宏观的理论建构情况来看，华夏传播研究的理论体系建构，前有大陆地区吴予敏的《无形的网络——从传播学的角度看中国的传统文化》(1988)，后有台湾地区关绍箕的《中国传播理论》(1994)等著作，都试图从各自的侧重领域探讨中国传播理论的独特表达形态。[④] 正如郑学檬先生提出的如何展开传播学中国化研究的三个基础工作：引进吸收国外的传播学研究成果、调查研究中国当代的传播现状和发掘光大中国传统文化中潜藏的传播理论。[⑤] 在中国内地和港澳台诸多学者的努力下，华夏传播的理论和范式建构在前人基础上又继续取得了不少研究成果，如以中国文化为基础并归纳总结的类似于西方传播研究范式的许多“小理论”都十分具有研究价值，在此之中，既有早期致力于此的华人学者团体的研究，亦包括中国大陆学者们的诸多研究成果。[⑥]

在过去的一年里，基于前人研究的理论和范式，不断发展并持续创新且较有影响

---

① 郭镇之.“旅侨”概念及中华文化的海外传播[J].现代传播(中国传媒大学学报)，2018(11)：15-18.

② 刘琛，王丹丹，宋泽宁，等.海外华人华侨对中华文化的传承与传播[M].北京：北京大学出版社，2018.

③ 全国哲学社会科学工作办公室.2018 年国家社科基金年度项目和青年项目立项结果公布[EB/OL].(2018-06-21)[2019-04-01].http://www.npopss-cn.gov.cn/n1/2018/0621/c219469-30073601.html.

④ 谢清果.传播学“中华学派”建构路径的前瞻性思考[J].新疆师范大学学报(哲学社会科学版)，2017(6)：63-76.

⑤ 郑学檬.《华夏传播研究丛书》总序[M]//郑学檬.传在史中：中国传统社会传播史料选辑，北京：文化艺术出版社，2001：2.

⑥ 华夏传播的“小理论”：脸面(黄光国)、和谐(陈国明)、关系(马成龙)、礼(肖小穗)、报(Richard Holt/张惠晶)、客气(冯海荣)、缘(张惠晶)、风水(陈国明)、占卜(庄瑞玲)、气(钟振昇)等；费孝通的“差序格局论”、翟学伟的“面子论”、黄星民的“风草论”、乔健的“计策论”和金耀基的“耻论”等。吴予敏.从“零”到一：中国传播思想史书写的回顾和展望[J].国际新闻界，2018(1)：90-108.

力的华夏传播研究理论和范式中，以邵培仁教授及其团队提出的“传播的接受观”①和谢清果教授提出的“共生交往观”②较具有理论建构方面的突出价值。除了二位学者当然还有许多学者也共同致力于构建传播学中国化、本土化方面的研究和贡献。不仅如此，每年具有代表性的新闻传播学术会议或论坛中以“华夏传播研究”或“传播学本土化研究”为主题的研讨板块也愈见增多。如2018年11月23—24日，由复旦大学信息与传播研究中心、深圳大学传媒与文化发展研究中心联合主办，深圳大学传播学院协办的“作为问题和方法的中国传播研究”学术恳谈会在深圳大学举行，该次会议汇集了全国十余所高校的新闻传播学院教授共商传播学的本土化问题。③ 同年12月22日，“2018福建省传播学会学术年会”在福州马尾阳光学院召开，会议以“传播新技术与海丝核心区建设”为主题，并且首设了“华夏传播研究”分论坛④，再一次标志着“华夏传播研究”将成为未来传播学本土化研究的一个重要阵地。

但总体来讲，以中国问题出发而展开的研究较多，但建构中国传播学理论和范式的较少，以华夏传播为核心命题的理论建构和范式研究更是少之又少。仍然有不少学者囿于“西方理论，中国经验”⑤的二元式研究方法并常常成为本土研究的一个有效切入点，但鲜有学者专门致力于构建中国的或华夏的传播理论，这多少是目前发展的一个学术困境，即一个“言必称经典”但却是亟待理论创新的时刻⑥。尽管在反思下不断有新的共商议题被提出，如有学者提出可以通过体用观的革新达到与西方传播思想对话的可能性，但不支持“一味地西学为用”，因为这或许会导致走向理论工具化的歧路。⑦ 但总体看来，实现本土化和中国化的道路还很漫长。因而，从前文提到的近些年学界就学科发展不断进行反思和讨论的情况来看，目前华夏传播研究理论建构和范式研究已取得的成果和未来的发展前景对当前传播学的本土化、中国化能够进一步发展有着相当的价值和意义。

最后，笔者做一个关于2018年华夏传播研究总体情况的量化分析尝试，使用的分析工具为中国知网(CNKI)提供的计量可视化分析工具。首先，以“华夏传播”为主题词，通过计量可视化分析工具的“全部检索结果分析”，得到该主题的总体趋势图(见图1)。

从趋势图来看，以“华夏传播”为主题或题名的公开发文量近十年是逐年增加的，尤其是2015至2017年上升显著，从2015年的3篇陡然增加到2017年的15篇。据

---

① 姚锦云，邵培仁.华夏传播理论建构试探：从“传播的传递观”到“传播的接受观”[J].浙江社会科学，2018(8)：120-128.

② 谢清果.共生交往观的阐扬——作为传播观念的“中国”[J].西北师大学报(社会科学版)，2019(2)：5-13.

③ 学术活动综述|“作为问题和方法的中国传播研究”学术恳谈会[EB/OL].(2018-12-02)[2019-04-01].http://www.sohu.com/a/279205539_659782.

④ 2018福建省传播学会学术年会在阳光学院召开[EB/OL].(2018-12-25)[2019-04-01].http://fj.china.com.cn/p/397231.html.

⑤ 胡翼青.传播研究本土化路径的迷失——对“西方理论，中国经验”二元框架的历史反思[J].现代传播(中国传媒大学学报)，2011(4)：34-39.

⑥ 喻国明.传播学的学术创新：原点、范式与价值准则——在“反思传播学圆桌论坛”上的发言[J].国际新闻界，2018(2)：109-117.

⑦ 单波.从新体用观的角度建构中国传播学的反思性[J].国际新闻界，2018(2)：15-21.

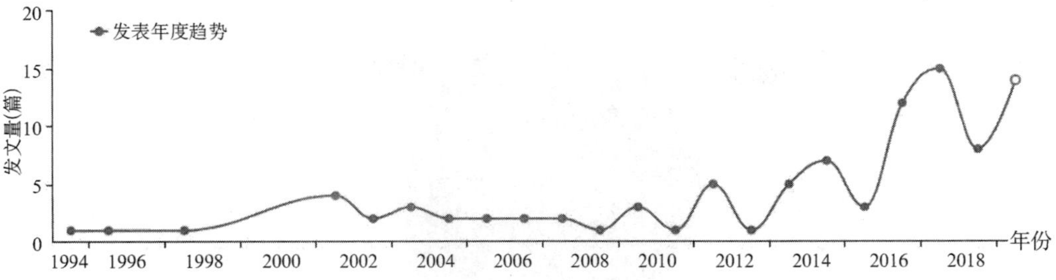

图 1　主题或题名为“华夏传播”的总体趋势分析

分析工具提示，2019 年预计约有 14 篇文章，又将基于 2018 年有所增长。当然，这是以单一主题或题名为“华夏传播”的文章选取并进行分析的，是较为有针对性的检索方式，并且经过了缩小范围的量化筛选，实际上，以“华夏传播”为主题的相关研究远不止于此。

图 2 体现了主题或题名为“华夏传播”论文所涉及的前 25 个主题分布。如图 2，通过词频分析，其中占到 10 篇以上的主题是华夏文明、中华文明以及华夏传播，除此以外还有其他相关研究主题，如中国传播、文明传播、华夏文化等都与华夏传播议题有所关联。

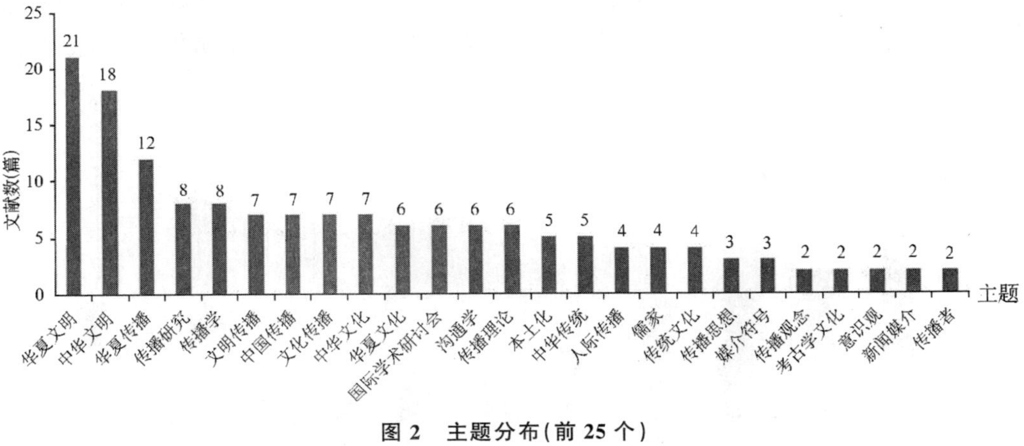

图 2　主题分布(前 25 个)

其次，笔者以“华夏传播”“中国传播学”“传播学本土化”“中国传统文化”等为关键词随机检索到 129 篇符合分析主题的文章(见图 3)，发表时间均为 2018 年，其中包括 113 篇期刊论文、6 篇硕士论文、5 篇博士论文、3 篇报纸文章。

就随机检索到的 113 篇期刊论文来看(其来源分布情况见图 4)，其中，以相关主题如“华夏传播”“中华传统文化”“老子传播”“儒家传播”“中国传播学”等刊载的论文最多的期刊是《中华文化与传播研究》，共计 25 篇，占总数的 22.1%；其次是《新闻爱好者》17 篇，占比 15.04%；共同排在第三的是《国际新闻界》与《现代传播(中国传媒大学

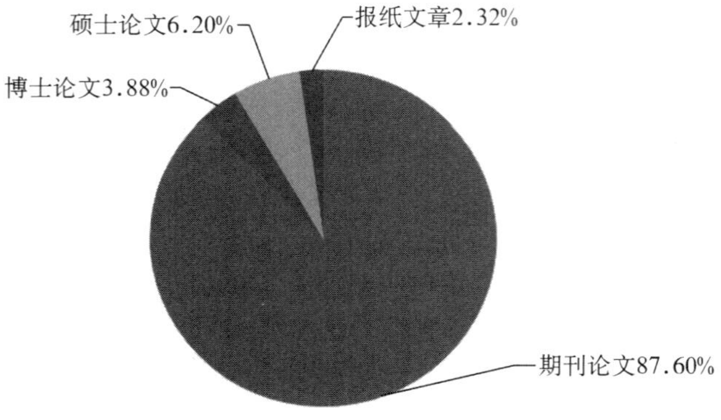

图 3　资源类型分布

学报)》,分别有 14 篇,各占 12.39%;依次往后是《东南传播》8 篇,占 7.08%;《新闻大学》7 篇,占 6.20%;《新闻与传播研究》和《郑州大学学报(哲学社会科学版)》各有 4 篇,分别占 3.54%;《符号与传媒》和《新闻与传播评论》都是 3 篇,分别占 2.65%;最后一个为其他期刊,从中都只随机检索到 1 篇相关主题论文,共计 14 篇,占比为 12.40%。这些其他类期刊研究丰富,学科多元,如《齐鲁学刊》2018 年第 6 期的《先秦诸子口传理念探析》、《管子学刊》2018 年第 4 期的《新子学的当代转向——以儒家道心、人心的博弈与当代自我传播智慧为例》、《浙江社会科学》2018 年第 8 期的《华夏传播理论建构试探:从"传播的传递观"到"传播的接受观"》等等,这些刊物虽然不是传播学的专业杂志,但都广泛刊载以"华夏文明传播""传播学中国化、本土化""中华传统文化"等为议题的论文。

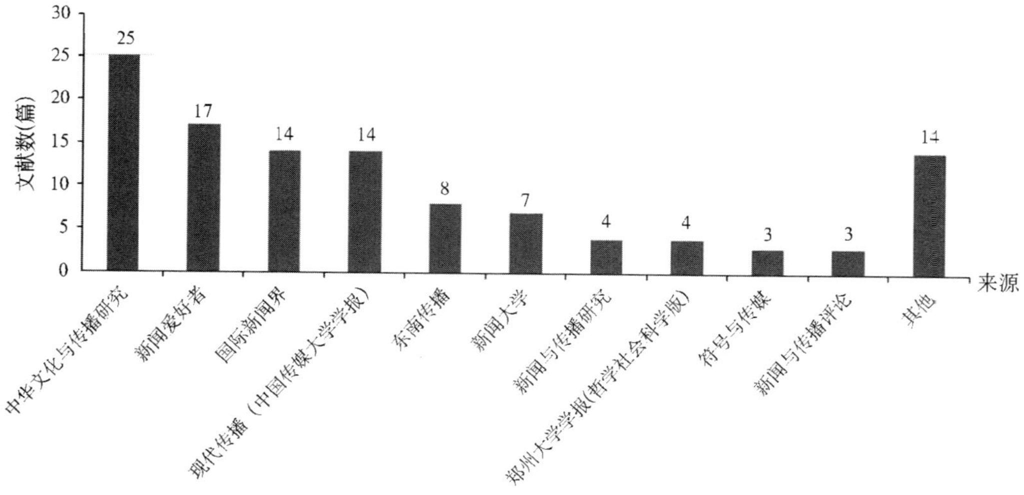

图 4　期刊论文来源分布

通过对总体的 129 篇包括期刊论文、硕博士论文、报纸文章进行量化分析得出一幅总体趋势图(见图 5)。这个趋势图相较图 1 所检索的主题词范围更大,包括"传播"

“传播本土化”“中国传播”“华夏传播”“中华文化”等相关主题，但两组图都有一个共通的趋势，即在近十年内所检索的主题呈逐年递增的状态。

图 5　以多个关键词检索的总体趋势

在文献互引分析中，以 2018 年为主要的观察时间段，则得到本年文献互引关系中较为集中的聚合点 A(见图 6)。在图 7 中，多个关键词都聚合在“元传播；浅描”的周围，包括“传播学研究”“第三人效果”“知识劳动者”“贝特森”“民族主义”“视觉修辞”“互联网”等关键词。这样集中的聚合只能说明在以 2018 年为主要考察年的范围内，“元传播”是研究的热点和兴趣点。除较为集中的聚合点 A 外，还有一个聚合点 B(见图 6)。聚合点

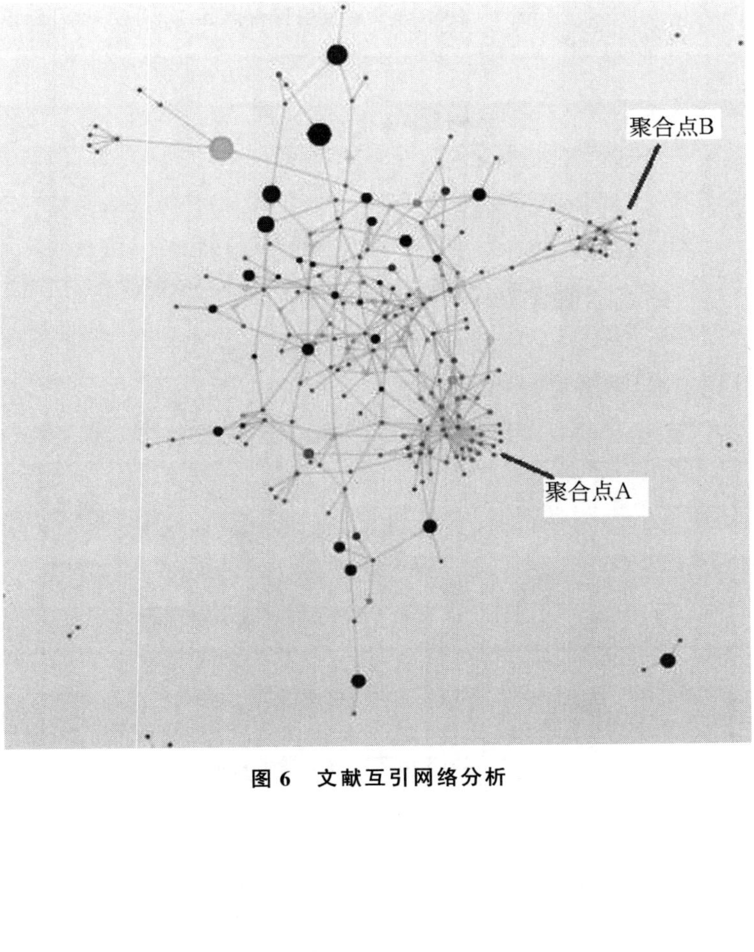

图 6　文献互引网络分析

B的中心是“新世界主义;人类命运共同体”,围绕其中的其他关键词则是“全球化”“世界主义”“国际话语权”“一带一路”等(见图8)。因此,“聚合点B——新世界主义和人类命运共同体”是除“聚合点A——元传播”的另一个研究热点和关注点。

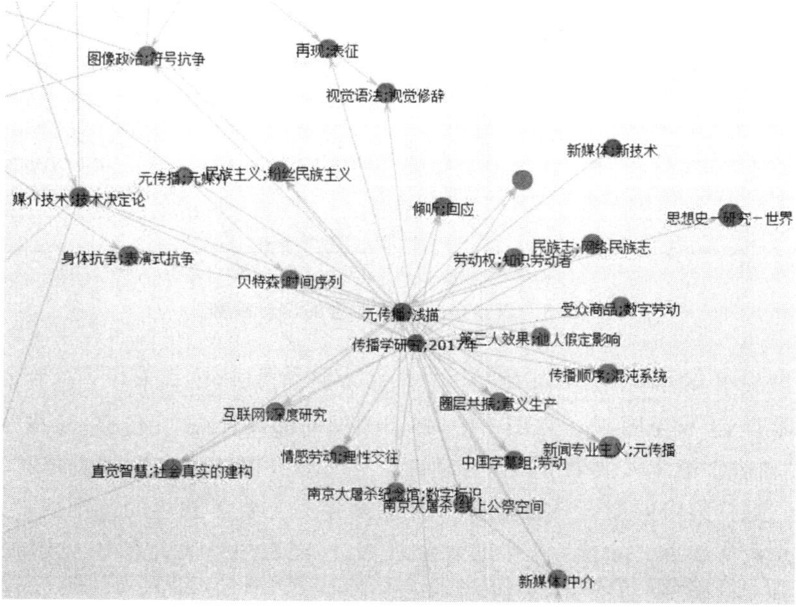

图7 2018年文献互引聚合点A

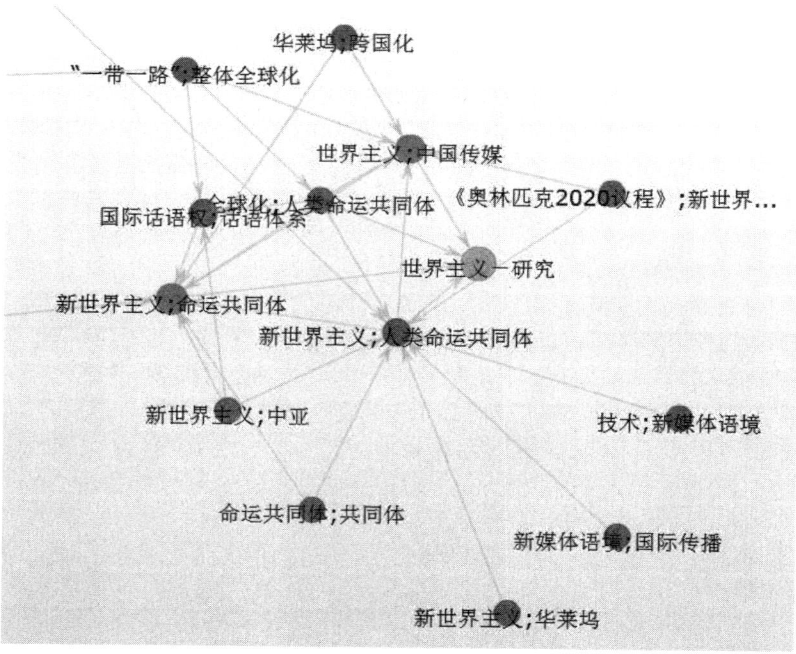

图8 2018年文献互引聚合点B

在关键词共现网络的分析中(见图 9),主要的几个节点为传播学理论、中国传播学、传播学研究等范围较大的中心点,但是有所不同的在于通过分析工具我们可以查看到不同研究侧重点所涉及的其他关键词领域有所区别。比如以“中庸”为考察节点,则得出这样一组关系(见图 10);而以“儒家思想”为考察节点,则得出另一组关系(见图 11)。

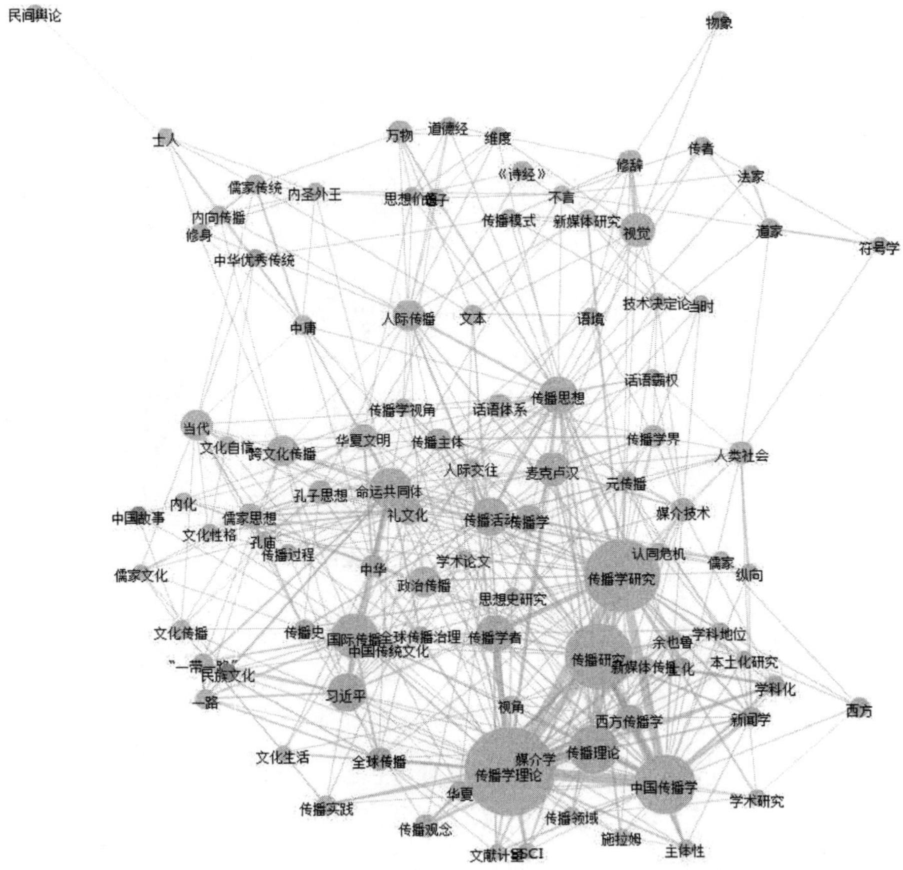

图 9　关键词共现网络的分析

《中国传媒报告》2018 年第 3 期的文章《知识图景:中国传播学 40 年原创著作出版的回顾与总结——基于文献计量的视角》提出,可以以两条思路为切入点进行华夏传播领域的研究①:第一条思路是从中国传统文化中寻找“传”的智慧,即余也鲁先生所倡导的——我们除了可以在中国的泥土上学习与实验这些(西方传播)理论外,以中国人的智慧,应该可以从中国的历史中找寻到许多传的理论与实际,用来充实、光大今天传学的领域;第二条思路是面对中国社会现实的中国特色传播研究,也正是诸多学

① 周岩.知识图景:中国传播学 40 年原创著作出版的回顾与总结——基于文献计量的视角[J].中国传媒报告,2018(3):19-39.

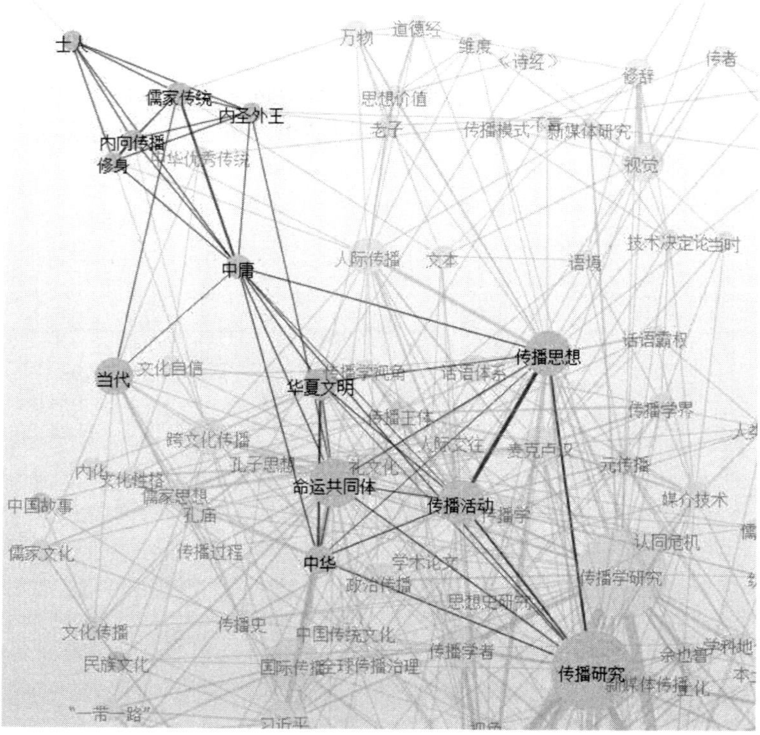

图 10　以"中庸"为考察节点的关系

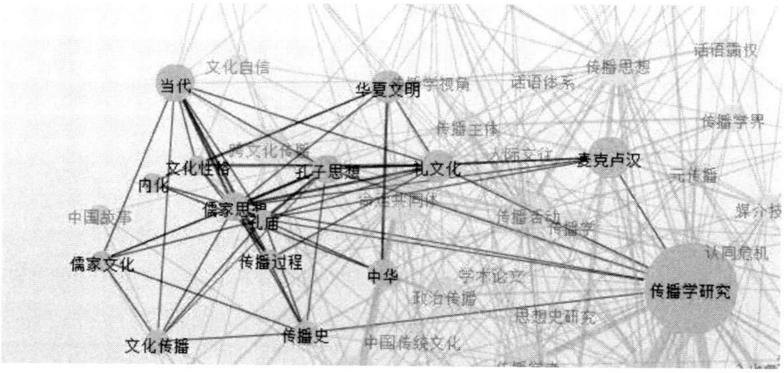

图 11　以"儒家思想"为考察节点的关系

者大家在为中国传播学所勾勒的广阔蓝图——形成"传播学中华学派"(黄星民，2002)①、"传播学的中国学派"(杨瑞明，张丹，季燕京，毛峰；2012)②、"华夏传播学派"

① 黄星民.华夏传播研究刍议[J].新闻与传播研究，2002(4)：80-86.

② 杨瑞明，张丹，季燕京，等.文明传播的哲学视野[M].北京：中国社会科学出版社，2012：前言 3.

（谢清果；2016，2017）[1]为最终实现传播学本土化这一长远学术目标，即使作为短期的学术追求，也能在传播学本土化发展中起到“最大限度避免西方传播学经典理论过度机械地运用于中国实践”[2]的作用，并随着我国在文化、经济、社会等方面国际影响力的日益加深，中国传播学可以在一定程度上实现同西方传播学或前经典传播学派平等对话、交流、沟通和互鉴的学术图景。

---

① 谢清果教授认为华夏传播学可以视为传播学“中华学派”或称“中华传播学”的基础与过渡。谢清果.传播学“中华学派”建构路径的前瞻性思考[J].新疆师范大学学报（哲学社会科学版），2017(6)：63-76；谢清果.华夏文明与传播学本土化研究[M].北京：九州出版社，2016：1-29.

② 周岩.知识图景：中国传播学 40 年原创著作出版的回顾与总结——基于文献计量的视角[J].中国传媒报告，2018(3)：19-39.

《华夏传播研究》征稿函

中国拥有五千年的文明，拥有丰富的传播实践、传播思想，拥有巨大的学术研究空间。前辈学者余也鲁、徐佳士、郑学檬、孙旭培等首倡“华夏传播”，随后黄星民教授在《华夏传播研究刍议》一文中将“华夏传播研究”界定为“是对中国传统社会中的传播活动和传播观念的发掘、整理、研究和扬弃”。华夏传播研究的终极指向是构建系统化的华夏传播学理论。该理论立足于中国历史与现实，能够阐释中华文明传播现象，解决中国社会传播问题，运用中华术语建构起来的具有中国风格、中国气派的理论体系。其使命在于整理中国传统的传播理念、传播理论、传播制度，这不仅是理解当下中国诸社会现象的重要依据，也是反思中国传统、构建未来和谐社会所需要的传播资源，还是丰富世界传播理论的必由之路。总之，华夏传播学作为华夏传播研究领域的理论成就，为促进作为传播学“中华学派”理论表征的“中华传播学”的最终形成奠定了基础。

华夏传播研究具有推动与深化中国传播学研究，回应传播学基本问题的理论特质，未来必将成为研究热点。当前，在中国注重国家形象传播，追求提升自身文化话语权与软实力的大好形势下，传播学主体性凸显的学术界在华夏传播研究方面的热情正在不断被激发，一批青年学者涌现，一批有分量的成果出现，使这一领域大有兴起新高潮之势。21 世纪的第二个十年以来，华夏传播研究获得迅猛发展。

传承与发展中华优秀传统文化是时代的使命，也是学者的责任。为不断发扬光大华夏传播研究事业，我们在广大热爱中华文化、关注中华文化研究与传播的众多学者和社会贤达的大力支持下，将以“厦门大学传播研究所”这一校级机构为组织者，以两岸关系和平发展协同创新中心为联合主办单位，以新闻传播学院为依托，以广大中华文化研究学者和新闻传播学研究学者为强大的后盾，搭建文史哲与新闻传播对话交流的平台，以嘉惠学林。为此，厦门大学传播研究所在学院领导、前辈学者和众多同仁的关心与支持下，决定再创办一本具有鲜明领域特色和专业性、严肃性的学术辑刊——《华夏传播研究》。我们希望以此刊为平台，继续集聚海内外有志于传播华夏文明、展现中华博大精深的沟通智慧的各方人士，分享研究成果，提供学术动态，推进中华文化的社会传播与国际传播，同时兼及新闻学与传播学各领域的新成果，以便更深入地发掘中华文化中的传播智慧，提炼中华传播观念，锻造中华传播理论，推动传播学“中华学派”的早日形成。

稿件方向：

(1)基础理论，研究中华文化的传播思想、传播制度与传播方法等；

(2)历史发展，研究中华文明不同时代的传播观念与传播技术等方面的变迁，探索中华传统文化对于弥合大陆和台湾民众心灵距离、增强文化共有空间的重要意义；

(3)民俗传播，探讨中华大地上民间社会生活中依然鲜活传承的民俗传播形态及其文化传承方式，也包括大陆和台湾民俗交融研究，特别是妈祖文化、闽南文化、客家文化、族谱文化的交流与传承等；

(4)传播观照，包括从健康传播、公共传播、政治传播、科技传播、跨文化传播、情感传播、新媒体传播等各领域来探讨中华文化的传播问题；

(5)古今融通，注重中外传播智慧的比较研究和中国传播观念的古今传承；

(6)经典发微，注重挖掘中华文化经典作品中的传播智慧；

(7)传播实践，着重推介那些致力于国学当代运用的新观点和新做法，积极探讨中华文化海外传播的路径，传扬中华文化传承与发展的实践经验，当然也包括大陆和台湾如何协作共同传承好、发展好中华优秀传统文化的问题；

(8)学术动态，通过译介、摘编、撰写著作提要等方式来介绍海内外学者华夏传播研究的新成果，同时也刊发相关的学术会议综述和重要研究著作的书评。

来稿规范：

论文题目、内容提要、英文摘要、关键词、作者简介、通讯地址(含邮箱和手机号码)、参考文献等内容均应书写清楚，论文字数以控制在 20 000—30 000 字以内为宜，优秀稿件可以不受此限制。引文务必核对原书。格式为自动生成的脚注，以①②为标记，每页重新编号。若有“参考文献”，可放于文末，以[1][2]为序号，格式同引文。引文中已有的，不再罗列。具体注解格式请参照《中国社会科学》。

截稿时间：

本刊为半年刊，上半年截稿时间为当年 5 月 1 日；下半年截稿时间为当年 10 月 1 日。欢迎各位同仁提前联系，探讨相关选题，以保证推出高质量的学术论文，进而推进传播学中国化的进程，以无愧于这个中华传统文化勃兴的时代。

本刊论文仅代表作者观点，不代表本刊立场。如来稿没有特别说明，则视为同意论文为各大数据库收录，不另付稿酬。

稿件一经刊用，酌付稿酬，并赠送样刊两本。

赐稿方式：

来稿请通过电子邮件发送 word 文稿。

本刊编辑部联系地址：福建省厦门市思明区思明南路 422 号厦门大学传播研究所(新闻传播学院内)；

邮政编码：361005；

联系人：若水先生；

赐稿邮箱：hxcs2018a@163.com。

厦门大学传播研究所

《华夏传播研究》编辑部

2020 年 5 月 1 日